Institut für ausländisches öffentliches Recht
und Völkerrecht

Beiträge

zum

ausländischen öffentlichen Recht
und Völkerrecht

Herausgegeben in Gemeinschaft mit

**Friedrich Glum, Ludwig Kaas, Erich Kaufmann, Ernst Schmitz,
Rudolf Smend, Heinrich Triepel**

von

Viktor Bruns

Heft 18a

Berlin und Leipzig 1932

Walter de Gruyter & Co.

vormals G. J. Göschen'sche Verlagshandlung — J. Guttentag, Verlagsbuchhandlung
Georg Reimer — Karl J. Trübner — Veit & Comp.

Das parlamentarische Wahlrecht

Ein Handbuch über die Bildung der gesetzgebenden Körperschaften in Europa

Von

Dr. Karl Braunias

II. Band:

Allgemeiner Teil

Berlin und Leipzig 1932

Walter de Gruyter & Co.

vormals G. J. Göschen'sche Verlagshandlung — J. Guttentag, Verlagsbuchhandlung
Georg Reimer — Karl J. Trübner — Veit & Comp.

Archiv-Nr. 24 05 32

Druck von Walter de Gruyter & Co., Berlin W 10

Inhaltsübersicht.

Allgemeiner Teil.

Übersicht über die Tabellen.

Hinweis auf die Entscheidungen.

Zur Theorie des Wahlrechts.

1. Begriffsbestimmung.

Wahl ist die Bestellung eines Organs durch eine Körperschaft, »von einer Ernennung spricht man, wenn die 'Auswahl' des zu berufenden Organs einem Einzelorgane zusteht. In diesem Falle ist also die Berufung Willensausdruck eines einzelnen, in jenem Falle Produkt eines auf dasselbe Ziel, wenngleich nicht auf dieselbe Person gerichteten Zusammenwirkens mehrerer«. (Merkl, Allg. Verwaltungsrecht, S. 311.) Im Sprachgebrauch des Alltags tritt eine Vermengung beider Begriffe ein. Es zeigt sich jedoch, daß die Bestellung einer Körperschaft in der Richtung von unten nach aufwärts immer als Wahl bezeichnet wird, die Bestellung in der Richtung nach abwärts selbst durch eine Körperschaft als Ernennung angesehen wird. Es spielt hier also der Begriff der Über- und Untergeordnetheit als Unterscheidungsgrundlage mit, doch wird dadurch nur mehr Unklarheit als Klarheit in der Einteilung geschaffen, denn es »müßte in jedem einzelnen Fall untersucht werden, in was für eine rechtliche Beziehung das bestellte zum bestellenden Organ tritt, um je nach dem Ergebnis dieser Untersuchung die Kreationsakte sowohl der Einzelorgane als auch der zusammengesetzten Organe bald Wahl und bald Ernennung zu nennen« (Merkl, a. a. O., S. 311). Wenn z. B. der Sprachgebrauch jede Bestellung durch ein Parlament oder etwa den Schweizer Bundesrat als Wahl bezeichnet, die Bestellung untergeordneter Organe durch ein Ministerkabinett dagegen ausnahmslos als Ernennung, so liegt der innere Grund darin, daß im ersten Fall innerhalb des Kollektivorgans Willensverschiedenheit zulässig ist, innerhalb des Ministerkabinetts bei der Bestellung es nur Einstimmigkeit geben kann, so daß dieser Akt wie der Willensausdruck eines Einzelnen, also als Ernennung angesehen wird.

Die Wahl tritt uns vor allem als technisches Prinzip entgegen. »In der Wahl liegen beide Möglichkeiten; sie kann den aristokratischen Sinn einer Heraushebung des Besseren und des Führers, oder aber den demokratischen Sinn der Bestellung eines Agenten, Kommissars oder Diener haben; der Wähler kann gegenüber dem Gewählten als der untergeordnete oder der übergeordnete erscheinen« (Schmitt, Verfassungslehre, S. 257). Die Wahl ist aber nicht technisches Mittel allein, sie ist Ausdruck einer bestimmten Idee. Das Ernennungsprinzip beruht auf der Auffassung, daß der Ernennende ein bestimmtes Recht dazu besitze, es beruht auf einer Autorität, die letzten Endes transzendentaler Natur ist. Immer mit dem Zurücktreten dieser Auffassung rückt das Wahlprinzip hervor, so z. B. bei den christlichen Sekten. So hat Waldes die Herrschaft von seinen ersten Jüngern auf sich übertragen lassen, die der Auffassung waren, daß niemand das Recht habe, über andere zu herrschen, es ihm aber freiwillig übertragen werden könne (hierzu Seifert: Die Weltrevolutionäre, S. 352; Döllinger, Beiträge zur Sektengeschichte d. Mittelalters, 1890, 2. Bd., S. 42). Seine klassische Ausprägung fand das Wahlprinzip im Kalvinismus, wo infolge der Gleichheit der Gemeindemitglieder keine Investitur von oben die Diener des Kultus einsetzte, sondern die Wahl von unten (hierzu: Ruggiero, Gesch. d. europ. Liberalismus, S. 14/15). So wurde der Grundstein zur modernen Demokratie gelegt, deren wichtigster Ausdruck das Wahlprinzip ist. Gleich wie der Grundsatz »von Gottes Gnaden« dem Herrscher seine Legitimation verleiht, so hat auch die Wahl eine legitimationsbegründende Aufgabe (hierzu vor allem Leibholz, Repräsentation, S. 163). Da jedem Grundsatz das Bestreben nach extremer Durchführung innewohnt, forderten auch die Doktrinäre von den Jakobinern bis zu den Bolschewiken die Anwendung des Wahlprinzips für alle Funktionen im Staat, während die Wirklichkeit immer zu einer Einschränkung drängt. Wir haben uns hier nicht mit dem Wahlprinzip, mit einem philosophischen Problem zu beschäftigen, sondern mit einem Recht.

Wahlrecht im weiteren Sinn ist der Inbegriff der Rechtsnormen, die die Wahl von Organen regeln. Wenn dieses Organ die Mitglieder eines Volksvertretungskörpers sind, der an der Bildung des Staatswillens teilnimmt, so sprechen wie vom parlamentarischen Wahlrecht im weiteren Sinne.

Wahlrecht im engeren Sinn ist das Recht des einzelnen, an der Bestellung von Organen mitzuwirken. Parlamentarisches Wahlrecht im engeren Sinn ist das Recht des einzelnen, in der Bestellung des Parlaments mitzuwirken.

Über die Rechtsnatur des Wahlrechts (im engeren Sinne) gibt es die verschiedensten Auffassungen. Die Aufgabe dieser Ausführungen soll nicht sein, den vorhandenen Theorien eine neue Theorie hinzuzufügen, sondern die vorhandenen Theorien nach ihren Grundgedanken zu gruppieren und sie auf ihre Bedeutung für das öffentliche Leben zu untersuchen. Die Aufstellung einer neuen Theorie möge einem anderen überlassen sein, der sich dazu berufen fühlt, und nicht auf die Worte Mephistopheles' horcht:

»Ich sag' es dir: ein Kerl, der spekuliert
Ist wie ein Tier, auf dürrer Heide
Von einem bösen Geist im Kreis herumgeführt,
Und rings umher liegt schöne grüne Weide.«

Und grüne Weide bietet das Gebiet des Wahlrechtes in so großem Ausmaß, daß der Verfasser sich schon auf den vielen lebendigen Stoff freut, den er verarbeiten will, ohne sich durch dürre theoretische Auseinandersetzungen zu lange aufhalten zu lassen.

2. Lehrmeinungen über die rechtliche Natur des Wahlrechts.

Die Lehrmeinungen über die Rechtsnatur des Wahlrechts lassen sich in zwei große Gruppen teilen, je nachdem sie von dem einzelnen, dem Individuum, ausgehen oder von der Gesamtheit, dem Staats- oder Gesellschaftsganzen. Nach der individualistischen Auffassung ist das Wahlrecht ein individuelles Recht, nach der ganzheitlichen Auffassung ist es eine im Interesse der Gesamtheit auszuübende Funktion. Zwischen diese beiden Gruppen schiebt sich eine dritte, die im Wahlrecht den Gegensatz zwischen den beiden Auffassungen überbrücken will und ein sowohl als auch aufstellt.

A) Die individualistische Auffassung des Wahlrechts.

1. Das Wahlrecht ist ein angeborenes Naturrecht des Menschen. Diese Ansicht wurde von den Naturrechtslehrern vertreten, die auf dem Standpunkt standen, daß alle Menschen von Natur aus gleich sind: so von Locke (Two treatises on civil government 1689) und von Rousseau (zuerst im Discours sur l'origine et les fondements de l'inégalité parmi les hommes 1753 und sodann im Contrat social 1762). Rousseau war sozusagen auch geistig in der französischen Konstituierenden Nationalversammlung anwesend und ganz in seinem Sinne führte Robespierre in seiner Rede vom 22. Oktober 1789 aus: Jedes Individuum hat das Recht, bei der Bildung des Gesetzes und bei der Ver-

waltung mitzuwirken. Und Condorcet unterstützte ihn, wenn er von den politischen Rechten sprach, »que les hommes ont reçu de la nature et qui dérivent essentiellement de leur qualité d'Être sensible«. Wenn auch diese Strömungen in der Nationalversammlung selbst nicht durchdrangen, so gelangten sie um so sicherer nach dem Sturz des Königtums und während der Konventsherrschaft zum Sieg. Die Konventverfassung vom 24. Juni 1793 ist der juristische Niederschlag dieser Auffassung. Aber schon die Direktorialverfassung setzt sich über sie hinweg und erst 1848 kam sie wieder zu Ehren. In Frankreich selbst hatte sie aber ohne Rücksicht auf die jeweiligen staatsrechtlichen Verhältnisse ihre theoretischen Vertreter gefunden, zuletzt Esmein. Auch in den anderen romanischen Ländern mit ihrer individualistischen Einstellung fand sie Anklang; in Italien jedoch a. A. Orlando. Georg Meyer bezeichnet sie um die Jahrhundertwende als überwunden.

Diese Auffassung ist bestechend in ihrer Einfachheit und Klarheit, so daß sich Zweifel kaum ergeben können. Sie findet ihre ideologische Unterbauung in der Lehre vom Gesellschaftsvertrag. Laboulaye bemerkt (Histoire des Etats-Unis, 5. éd. III, 319): »Sous l'influence des idées de Rousseau et de Mably, nos pères voyaient dans le droit électoral, un droit naturel, absolu, que l'homme avait apporté en société. Chaque citoyen s'étant lié par une espèce de contrat pour constituer la société, chacun avait, par conséquent, apporté avec soi son droit de s'occuper des affaires sociales.«. Die politischen Folgen dieser Auffassung sind: das allgemeinste Wahlrecht, das durch keine Beschränkung eingeengt wird, die Verteilung der Abgeordnetenzahl nicht nach der Zahl der Wähler, sondern nach der Bevölkerungszahl; die Abgeordneten sind Beauftragte des einzelnen, sie sind von ihm abhängig und können von ihm abberufen werden; schließlich kann der Wähler mit seinem Wahlrechte, d. i. mit seiner Stimme tun, was ihm beliebt: er kann sie abgeben, kann auf die Abgabe verzichten, ja er kann sie einem anderen übertragen usw. Wegen der weitgehenden Folgerungen, die aus dieser Ansicht gezogen werden kann, machte sich auch schon in der französischen Nationalversammlung die Kritik geltend: Wenn das Wahlrecht ein allgemeines, angeborenes Naturrecht wäre, so müßten auch Wahnsinnige, Frauen, Kinder und Fremde wählen dürfen. Die Naturrechtler erwiderten darauf, daß auch Wahnsinnige und Kinder das Wahlrecht hätten, daß es aber für die Dauer ihrer politischen Unfähigkeit ruhe. Es steht mit ihrem Recht nicht anders als mit dem politischen Rechte eines Bürgers, der schläft.

Der Hauptfehler der individualistischen Auffassung liegt darin, daß sie das Individuum ganz allein für sich betrachtet. Das Wahlrecht setzt ein Ganzes, eine Kollektivität voraus, der der einzelne gegenübertritt. Eine isolierte Betrachtung von individuellen Rechten ist unvollkommen und unbrauchbar. Auch die Freiheitsrechte, die gleichfalls im Naturrecht ihre Wurzeln haben, sind keine individuellen Rechte schlechthin: sie sind auf den Staat projiziert, denn sie schaffen eine Sphäre im Verhalten des einzelnen, in die sich der Staat nicht einzumischen hat. Im Gegensatz zu diesen negativen Freiheitsrechte sind die politischen Rechte positive Rechte, das heißt sie schaffen einen Einbruch des einzelnen in die Sphäre des Staates.

Ein Prüfstein der individualistischen Auffassung ist die Erscheinung der Wahlpflicht, denn ihr gegenüber steht sie ratlos da. Sie kann sich nur so helfen, daß sie wie Esmein (Eléments de droit constitutionnel français et comparé, I. 399) erklärt: »Si le droit de suffrage est un droit individuel, inhérent à la personne, chaque individu doit pouvoir user ou non à son gré comme de tout autre droit qui lui est propre« und eine Unvereinbarkeit zwischen Wahlpflicht und Wahlrecht aufstellt.

2. Das Wahlrecht ist ein Privatrecht des einzelnen. Es ist ein ebensolches Recht, wie z. B. das Recht des Eigentums. Es ist dies die englische Auffassung, wonach das Wahlrecht ein am Boden haftendes Recht ist. Wer früher ein Grundeigentum von einem Jahresertrage von 40 s. hatte, der hatte das Stimmrecht. Bei der allmählichen Ausdehnung des Wahlrechts wurde stets an der Verbindung mit dem Boden festgehalten: zu dem Bodenbesitz trat der Besitz eines Hauses, einer Wohnung oder eines Geschäftes hinzu. Auch bei dem heutigen allgemeinsten Wahlrecht in England läßt sich die Fiktion, daß Bodenbesitz das Wahlrecht gibt, noch aufrechterhalten: die Erfordernisse des Wahlrechtes sind der feste Wohnsitz in einem Orte oder die Innehabung eines Geschäftes.

Gegen diese Auffassung ist zu erwidern, daß sie übersieht, daß bei der Wahl der einzelne nicht Privatmann ist, sondern Staatsbürger. Nicht der Besitzer eines Grundstückes usw. wählt, sondern nur derjenige, der Staatsbürger ist.

3. Das Wahlrecht ist ein individuelles öffentliches Recht des einzelnen. Diese Auffassung ist aber keine rein individuelle mehr, denn sie setzt bereits einen Dualismus zwischen einzelnem und Öffentlichkeit voraus, muß also in der dritten Gruppe (C) behandelt werden.

B) Die ganzheitliche Auffassung des Wahlrechts.

1. Rein ganzheitliche Auffassung: Das Wahlrecht ist kein Recht, sondern eine im Interesse der Gesamtheit ausgeübte Funktion. Wähler ist eigentlich die Gesamtheit, ein gesellschaftlicher Körper, so daß man mit Recht von einem Wahlkörper spricht. Der einzelne führt nur eine für die Handlung der Gesamtheit notwendige Einzelhandlung aus: wenn z. B. Staaten und Völker Krieg führen, muß der einzelne die der Gesamthandlung entsprechende Einzelhandlung ausführen, also gegen einen anderen, den er nicht kennt und der ihm nichts getan hat, schießen. Wählen ist ebenso wie Kriegsführen eine Kollektivhandlung; die Einzelhandlung des einzelnen eine öffentliche Funktion.

Auch diese Auffassung wurde schon in der Konstituierenden Nationalversammlung ausgesprochen: in der Sitzung vom 11. August 1791 von Thouret und Barnave (»L'électeur exerce non pas un droit; mais une fonction ... La fonction d'électeur n'est pas un droit; je le répète, elle existe pour la société qui a le droit d'en déterminer les conditions«). Noch deutlicher wurde sie bei der Beratung der Direktorialverfassung vom 5. Fructidor des Jahres III (22. August 1795) ausgesprochen: das Wahlrecht ist eine öffentliche Funktion, die eine Befähigung voraussetzt. Wie der Berichterstatter des Verfassungsentwurfes, Boissy d'Anglas, meinte, sollte es sich darum handeln, eine Herrschaft der Besten, das heißt der Kundigsten und der Erlauchten aufzurichten. Diese Ansicht blieb in den nächsten Jahrzehnten herrschend und der Ideolog der Restaurationszeit, Benjamin Constant, hielt in seinen »Reflexions sur les constitutions et les garanties« (1814) nur denjenigen befähigt, an den Wahlen teilzunehmen, der ein Interesse an der Staatswohlfahrt habe. Dieses Interesse habe nur derjenige, der über Besitz verfügt. Die Auffassung des Wahlrechtes nicht als Recht, sondern als öffentlicher Befähigung bürgerte sich im Gegensatz zur französischen Wissenschaft in der deutschen ein: sie wurde vertreten von R. v. Mohl (Staatsrecht, Völkerrecht Politik), Bluntschli (Allgemeines Staatsrecht; Politik), Schaeffle (Kern- und Zeitfragen), Jellinek (System der subjektiven öffentlichen Rechte, 1892) und Georg Meyer (Das parlamentarische Wahlrecht, 1901). Nach Georg Meyer ist »die Befugnis zu wählen, Ausfluß der staatlichen Rechtsordnung ... Bei der Ordnung des Wahlrechtes ist lediglich das Staatswohl als maßgebend zu erachten.... Die Frage, welches Wahlrecht in einem Staate bestehen soll, ist nicht von vorgefaßten prinzipiellen Gesichtspunkten aus, sondern lediglich nach politischen

Zweckmäßigkeitserwägungen zu entscheiden.« (S. 412). Auch nach Laband (Deutsches Staatsrecht I, 5. Aufl., S. 331) ist das Wahlrecht kein subjektives, in individuellem Interesse begründetes Recht, sondern lediglich der Reflex des öffentlichen Rechtes, des Verfassungsrechtes, ebenso wie das Recht, einer Schwurgerichtsverhandlung als Zuhörer beizuwohnen, kein subjektives Recht ist, sondern nur der Reflex des Grundsatzes der Öffentlichkeit der Gerichtsverhandlungen. Mit dem Begriff des Reflexes der Verfassung will er den soziologischen Begriff der Gesamtheit in eine juristisch faßbare Form bringen. Die Auffassung des Wahlrechts als öffentlicher Funktion wird auch noch heute vertreten, so von Carl Schmitt (Verfassungslehre, S. 254), der zu deren Unterstützung noch anführt, daß hier auch die Wahlpflicht möglich ist.

Die rein ganzheitliche Auffassung bietet der Kritik dadurch weite Angriffsflächen, daß die Bestimmung des Gesamtinteresses nicht eindeutig vorgenommen werden kann. Es gibt ein Gesamtinteresse, das über allem Privatinteresse erhaben ist, doch begegnet dessen genaue Bestimmung Schwierigkeiten dort, wo damit keine neutrale Stelle betraut ist, sondern wo dies einer Gruppe, einer Partei überlassen werden muß. Auf diese Weise kann sie in einseitiger Weise mißbraucht werden. Zur Verhütung solcher Mißbräuche müßten bestimmte Sicherungen aufgestellt werden, indem dem einzelnen bestimmte Rechte gewährleistet werden müßten, ein Maß von Freiheit, das nicht die Gemeinschaft sprengt, sondern das Unterpfand für das Wirken der Persönlichkeit im Dienst der Gesamtheit ist.

Auf dem ganzheitlichen Standpunkt steht auch das Wahlrecht der Diktaturländer. Nach der Behauptung der Sowjetjuristen gibt es kein individuelles Wahlrecht des einzelnen. Das Wahlrecht wird nach den Grundsätzen der revolutionären Zweckmäßigkeit geregelt. Besonderer individueller Rechte bedürfe es nicht, da die Staatsgewalt ja dem Proletariat gehöre (Eugen Engel in »Das heutige Rußland«, 1923, S. 150).

Der Faschismus steht gleichfalls auf ganzheitlicher Grundlage. Michele Bianchi (La représentation politique dans l'Etat fasciste, im Annuaire des Cinef, 3. année, 1930, S. 53) verwirft die Ansicht, daß die Souveränität dem Volke gehört; sie gehört vielmehr dem Staat. Dem Volke wird das Recht abgesprochen, Ermächtigungen oder Mandate zu vergeben, Rechte auszuüben, Willensakte durch den Willen von Vertretern zu setzen. »Die Abgeordnetenkammer leitet ihre Befugnisse und ihre Macht nicht vom Willen der Wähler ab, sondern ausschließlich und unmittelbar von der Verfassung des Staates und seinen Gesetzen.« Die Reflextheorie Labands in neuer Auflage.

2. Abgeschwächte ganzheitliche Auffassung. Jellineks Ansicht (im System der subjektiven öffentlichen Rechte) ist mit der Labands verwandt: auch nach ihm gibt es kein individuelles Recht des Wählers; das Recht kommt ausschließlich dem Staate zu, womit er ungefähr dasselbe sagt, wie Laband mit Verfassung. Der wesentliche Unterschied ist aber der, daß er dem Staat ein subjektives Recht verleiht und damit eine Gesamtheit nicht kollektivistisch, sondern individualistisch betrachtet. Außerdem führt er ein bestimmtes Recht des Wählers ein, so daß wir auf seine Anschauung unter den dualistischen einzugehen haben.

C) Dualistische Auffassungen.

Diese Auffassungen gehen davon aus, daß der individualistische Standpunkt für die Betrachtung des Wahlrechts ebensowenig ausreicht, wie der ganzheitliche. Der individualistische Standpunkt ist nur dann berechtigt, wenn der einzelne in eine Beziehung zur Gesamtheit gebracht wird; der ganzheitliche nur dann, wenn dem Kollektivum ein wenn auch untergeordnetes, jedoch immerhin selbständiges Einzelwesen entgegengesetzt wird. Je nach dem Überwiegen der individualistischen oder der ganzheitlichen Auffassung entfallen die dualistischen Auffassungen in zwei Gruppen, zu denen als dritte die hinzutritt, welche vom Ganzen ausgeht, es jedoch unter dem individualistischen Gesichtswinkel betrachtet.

1. Überwiegen der individualistischen Auffassung: das Wahlrecht ist ein individuelles Recht, aber ein Recht nicht gegenüber anderen Individuen, sondern gegenüber der Gesamtheit, ein Recht aus öffentlichem Interesse: ein subjektives öffentliches Recht. Vertreter dieser Ansicht sind: Rehm (im Handbuch für Politik, I. Band, 1. Aufl.): das Wahlrecht ist ein individuelles Recht, denn der Wähler handelt im eigenen Namen und nicht im Namen des Staates; Otto Mayer (Deutsches Verwaltungsrecht I, S. 114, Note 21): das Wahlrecht ist ein echtes, subjektives öffentliches Recht, die Macht, durch Stimmabgabe an der Bestellung von Trägern der öffentlichen Gewalt mitzuwirken. In dieselbe Gruppe gehören die Lehrmeinungen von Bernatzik (Wahlrecht ist das Recht auf Organschaft), Gierke (das Wahlrecht ist ein Sonderrechtsverhältnis von Personen, das sich von den Persön-

lichkeitsrechten des rein individuellen Rechtes durch den spezifisch sozialrechtlichen Zusatz unterscheidet), Seidler (Wahlrecht ist das Recht des einzelnen, konstantes Staatsorgan zu sein). Auch Wittmayer (Unser Reichsrathswahlrecht und die Taaffesche Wahlreform, 1902, S. 186) betont den sozialen Charakter des Wahlrechts. Es ist seiner Natur nach berechnet, gesellschaftlich ausgeübt zu werden. Die neuere französische Staatsrechtslehre hat den individualistischen Standpunkt verlassen und den sozialen bezogen: So Duguit: »L'électorat est en même temps un droit et une fonction« (Manuel, p. 91); Hauriou: »Le suffrage est à la fois un droit individuel et une fonction sociale« (Précis p. 566); Giraud (Rev. du Droit public. XLVIII, p. 473) u. a.

2. Individualistische Auffassung des Staates. Jellinek (System der subj. öff. Rechte, Allgemeine Staatslehre) betrachtet den Staat als Individuum, das Wahlrecht ist ein subjektives Recht des Staates. Der Staat ist es, der wählt. Der Wähler wählt im Namen des Staates, für den Staat. Dieser öffentlichen Funktion steht aber auch ein individueller Anspruch des Wählers gegenüber: daß er zur Ausübung seiner öffentlichen Funktion zugelassen werde. Kelsen (Hauptprobleme der Staatsrechtslehre, 1911, S. 679) vertritt die Ansicht, daß das Wahlrecht im objektiven Sinne aus einer Reihe von Rechtssätzen bestehe, durch welche der Staat verpflichtet wird, unter gewissen Voraussetzungen die Wahlerklärung des Untertanen, den Stimmzettel oder die mündliche Bezeichnung eines Kandidaten entgegenzunehmen und in einer bestimmten Weise zu behandeln; so zwar, daß der Staat eine von den abgegebenen Wahlstimmen bezeichnete Person unter bestimmten Voraussetzungen als Abgeordneten erklärt. Diese staatlichen Akte bedürfen der komplementären Handlung seitens der Untertanen. Zum Unterschied von Jellinek ist die Wahl ein Akt der Organisation, nicht schon ein Akt des organisierten Ganzen, des Staates.

In seiner »Allgemeinen Staatslehre« behandelt Kelsen die subjektiven »öffentlichen« Rechte in der Demokratie, worunter die Teilnahme der Normunterworfenen an der Erzeugung genereller Normen zu verstehen sind. In der unmittelbaren Demokratie besteht »das subjektive Recht des einzelnen, sich an der Volksversammlung zu beteiligen, hier mitzureden und mitzustimmen« (S. 152). In der mittelbaren Demokratie ist das Wahlrecht ein subjektives Recht der Wähler, denen als subjektives Recht der Gewählten das Recht auf Mitgliedschaft im Parlament gegenübersteht.

3. Überwiegen der ganzheitlichen Auffassung. Der italienische Gelehrte Palma (Potere elettorale, p. 107) stellte die Lehre von der Korrelation zwischen öffentlichen Rechten und Pflichten auf. Als Gegenwert für die Steuer- und Wehrpflicht erhält der Bürger die politischen Rechte. Diese Ansicht wird von Orlando (Principes de droit public et constitutionnel, 1902 p. 111) aus dem Grunde abgelehnt, weil die Verpflichtungen unabhängig von jeder Korrelation beständen. Hatschek (Das Parlamentsrecht des Deutschen Reiches, 1915, S. 349) unterscheidet die Wahlhandlung, die ein Kollektivakt der Wähler ist und durch die Ausübung ihres subjektiven Wahlrechts unter staatlicher Kontrolle und Leitung ausgeübt wird, von der individuellen Stimmabgabe. Die Kollektivhandlung wird von der Wählerschaft des Wahlkreises vollzogen, nicht von der Wählerschaft des ganzen Staates, weil eben der Wahlkreis den Abgeordneten zu bestellen hat. Die Mitwirkung staatlicher Organe ist für den Wahlakt unbedingt notwendig, wodurch sich diese Auffassung stark von der Otto Mayerschen unterscheidet, der Hatschek im übrigen sehr beipflichtet. Denselben Weg, nämlich die Trennung der kollektiven Wahlhandlung und der individuellen Stimmabgabe beschreitet auch Stier-Somlo (Vom parlamentarischen Wahlrecht in den Kulturstaaten der Welt, 1918, S. 15). Er geht vom Zweck der Wahl aus. Dieser Zweck ist die Schaffung eines Organes, nämlich der Volksvertretung, im Interesse des Staates. Deshalb ist aber der Wähler als solcher nicht bloß Organ des Staates, sondern der unentbehrliche Mittler zur Schaffung der Volksvertretung. Das Wahlrecht ist daher nicht bloße Zulassung zu einer Tätigkeit als Organ des Staates, sondern Ausübung einer staatsrechtlichen Befugnis des einzelnen, an der Bildung des Staatswillens mittelbar teilzunehmen. Es ist demnach zu trennen: die Wahl als Funktion im Interesse des Staates und das Wahlrecht als eine gemäß dem öffentlichen Recht eingeräumte subjektive Berechtigung.

Damit hat hier Stier-Somlo eine wichtige Erscheinung aufgezeigt: den Doppelcharakter des Wahlrechts. Jede Auffassung, die diesen Charakter übersieht, ist unvollständig, weil sie bald nur die eine, bald nur die andere Seite betrachtet und auf eine vollständige Behandlung des Problems oft nur deswegen verzichtet, weil es nicht in ein System paßt. Wissenschaftliche Systeme werden oft a priori aufgestellt und dann haben sie den Ansturm eines ungeheuren Rechtsstoffes, den das Leben bringt, auszuhalten. Gerade das Wahlrecht ist ein Rechtsgebiet, das in seiner Vielgestaltigkeit den Systemen viel Verdruß bereitet; die Einordnung des Wahlrechts in ein System gelingt oft nur durch starke Amputationen.

Der zweite wichtige Gedanke, auf den Stier-Somlo verweist, ist der Zweckgedanke. Wir können die Frage nach der Natur des Wahlrechts nicht vollständig beantworten, wenn wir nicht zuerst nach seinem Zwecke fragen. »Die teleologische Erwägung ist aus der Rechtswissenschaft nicht zu verbannen... Die teleologische Methode ist die dem Gegenstand der Rechtswissenschaft adäquate Methode.« (Triepel, Staatsrecht und Politik, S. 37).

Wir stellen daher die Frage nach dem Zweck des Wahlrechts. Dieser Zweck ist aber verschieden, je nach der Staatsform.

3. Der Zweck des Wahlrechts.

Die Lehre von den Staatsformen ist Jahrtausende alt und wird ewig jung bleiben. Es können immer neue Einteilungsgründe ersonnen werden. In der Zugrundelegung der Einteilungsgründe selbst wird ein Werturteil gefällt, so daß es eine wirklich wertfreie, absolute Einteilung der Staatsformen nicht geben kann. In der nachfolgenden Einteilung nehmen wir einen Einteilungsgrund an, der unserer Bewertung nach der entscheidende für den Staat ist: wer erzeugt den Staatswillen, wo liegt in Wirklichkeit die politische Macht, die diesen Willen zum Ausdruck bringen und durchsetzen kann? Für unsere Untersuchung kommt es nicht darauf an, was die Verfassungsgesetze dazu sagen, wie die statische Lage ist, sondern wie die Dinge in Wirklichkeit liegen, wie sie sich im Flusse der Ereignisse, in der Dynamik verhalten. Auf diesen Unterschied hat treffend K. Rothenbücher (Die Stellung des Ministeriums nach bayerischem Verfassungsrecht, 1922, S. 71) hingewiesen: »Die rechtliche Untersuchung des Verfassungsbaues nimmt als Kern die Staatsgewalt an und stellt fest, wer das dem Staate eigentümliche Befehls- und Verfügungsrecht auszuüben berechtigt sei, an welche rechtliche Voraussetzungen diese Ausübung gebunden sei. Dagegen fragt die politische Betrachtung nach der Regierungsgewalt, d. h. wer unter Berücksichtigung der Gesamtheit aller tatsächlichen Umstände in der Lage sei, durch seinen Willen die Gesamthaltung des Staates nach innen und außen zu bestimmen und über die dem Staat eigenen Machtmittel zu verfügen.« Und Rudolf Smend hat eine neue Einteilung der Staatsformen auf Grund der Lehre von der politischen Gewalt im Staat geliefert. »Wenn ihr Wesen darin besteht, daß durch sie der Staat zur Einheit, zu seinem eigentümlichen Wesen, zum Ganzen integriert wird, dann muß in der Eigenart dieser Integrationsfaktoren die Eigenart des Staats begründet sein, dann müssen die verschiedenen Typen der staatlichen Integrationsfaktoren die wahre Grundlage für die Klassifikation der Staatsformen liefern.« (Die politische Gewalt im Verfassungsstaat und das Problem der Staatsform, 1923 S. 22.) Er stellt an Staatsformen auf: die Monarchie, die Demokratie und den Parlamentarismus. Dadurch aber, daß er die Staatsform des Parlamentarismus geistesgeschichtlich auffaßt und sie als die »typische Staatsform der bürgerlich-liberalen Kultur des 19. Jahrhunderts« darstellt, begrenzt er sie zu stark und kann daher nicht alle derzeit bestehenden Staatswesen in seine Einteilung unterbringen (Smend hat die Einteilung später verlassen und ist zur Gegenüberstellung von Monarchie und Republik gelangt; Verfassung und Verfassungsrecht). Wir wollen im Anschluß an Smend folgende drei Staatsformen aufstellen: Monarchie, Volksstaat und Parteienstaat. In der Monarchie entscheidet über den Staatswillen letztlich der Monarch, im Volksstaat das Volk und im Parteienstaat die Parteien, das sind organisierte Gruppen von Teilen des Staatsvolks.

Der Begriff Staatswille ist (seit Rousseau) bisher immer zu sehr nach der gesetzgeberischen Seite hin verlegt worden. Die dynamische Betrachtung zeigt uns aber, daß diese Überschätzung der gesetzgeberischen Seite unberechtigt ist. Gesetze entstehen in der Regel nicht in den gesetzgebenden Körperschaften, sondern es ist die Regierung, die die Gesetze vorschlägt. In jedem Staat hat es ein Organ zu geben, das regiert, das heißt eine einheitliche Willensrichtung für das staatliche Leben herzustellen sucht. Die Regierung ist unendlich viel mehr, als mit der formalistischen Bezeichnung »Vollzugsgewalt«, »Exekutive« ausgedrückt wird. Die Regierungstätigkeit erschöpft sich nicht in der Vollziehung der von den gesetzgebenden Körperschaften beschlossenen Gesetze, die Regierung ist vielmehr primäres Gesetzgebungsorgan, weil sie die Gesetze ausarbeitet und die Abstimmung in den gesetzgebenden Körperschaften oft nur eine reine Förmlichkeit ist. Schon Constantin Frantz hat bemerkt: »Verkennt man die Natur des Staates, indem man ihn zu einer bloßen Rechtsanstalt machen will, so wird man immer geneigt sein das entscheidende Gewicht in der Gesetzgebung zu suchen, wenn auch der Form nach die Regierung an der Spitze steht. Die praktischen Folgen dieses Irrtums sind unermeßlich. Die Einrichtung einer guten Regierung ist das wichtigste und schwierigste Problem der praktischen Staatskunst. Für die moderne Theorie hingegen tritt dies Problem in den Hintergrund, indem man vielmehr die Hauptsache in der Einrichtung des gesetzgebenden Körpers sucht, offenbar in der Meinung, daß dadurch ganz von selbst auch eine gute Regierung entstehen würde. Eine handgreifliche Täuschung!« (Die Naturlehre des Staates, 1870, S. 246/47). Dieser Täuschung erliegen auch heute noch Staatsrechtslehrer und Politiker und es ist für die Überwindung des formalistischen Geistes bezeichnend, daß der Faschismus in Italien ein eigenes Organ schuf, das den Staat leitet, das die eigentlichen Funktionen der Regierung ausübt, d. i. die »Tätigkeit, in der der Staat sein Wesen bestimmt« (Smend), ein Organ, das technisch weder als gesetzgebendes noch als vollziehendes Organ anzusehen ist: den Großen Rat.

Je nach der letztlichen Abhängigkeit der Regierung von den anderen Mächten lassen sich die drei Staatsformen aufstellen.

I. Monarchien sind nur jene Staaten, wo das gekrönte Haupt wirklich den Staatswillen bestimmt, sei es allein (in der unumschränkten Monarchie), sei es in Zusammenarbeit mit einer Volksvertretung, jedoch so, daß seine Entscheidung die ausschlaggebende ist und ohne seine Zustimmung der Staatswille nicht zustande kommt (verfassungsmäßig beschränkte Monarchie). Im Falle der Meinungsverschiedenheit zwischen der Volksvertretung und den Monarchen, muß dieser das entscheidende Wort sprechen können und es nach der Lage der Dinge auch wirklich tun. Wir können daher als Monarchien nicht alle Staaten mit einem gekrönten Staatshaupt ansehen, vor allem dann nicht, wenn dieses nur repräsentativ wirkt, nur den von der Volksvertretung erzeugten Staatswillen in feierlicher Form kundmacht und die von der Volksvertretung oder dem Volke bestimmte Regierung in feierlicher Form in ihre Würden einführt. Monarchie ist nicht der Staat, in dem im Falle einer Meinungsverschiedenheit zwischen den beiden verfassungsmäßigen Faktoren die Volksvertretung das entscheidende Wort spricht oder wo der König die ihm nach der Verfassung etwa zustehenden entscheidenden Rechte (Verweigerung der Sanktion) nicht ausübt oder praktisch nicht ausüben kann. Monarchien in unserem Sinne bleiben in Europa nur sehr wenige übrig:

1. Unumschränkte Monarchien sind der Staat der Stadt des Vatikans, in der der Papst im Vollbesitze aller Rechte steht; ferner Jugoslawien seit dem 6. Januar 1929. Der König hat alle Gewalt an sich genommen, regiert allein mit Unterstützung einer Regierung, die nur ihm untersteht; durch die Erlassung der Verfassung vom 3. September 1931 hat er sich freiwillig gewisse Schranken auferlegt.

2. Verfassungsmäßig beschränkte Monarchien. Ist Schweden noch eine solche Monarchie? Die Gesetze werden in der Regel vom König in der von der Volksvertretung angenommenen Form kundgemacht, das Sanktionsrecht wird kaum verweigert; dagegen hat der König ein weitgehendes selbständiges Gesetzgebungsrecht (ökonomische Gesetzgebung) und hat in der Auswahl seiner Berater, der Mitglieder des Staatsrats, freie Hand; der Staatsrat ist von dem Vertrauen der Volksvertretung nicht abhängig, denn trotz eines Mißtrauensbeschlusses kann der König ihn doch halten. Diese Grundsätze sind aber in den letzten 25 Jahren, ungefähr seit der Einführung des allgemeinen Wahlrechts ins Wanken geraten. Der König nimmt bei der Bildung der Regierung auf das Parlament Rücksicht und entläßt die Regierung nach einem Mißtrauensbeschluß des Parlaments. Die ökonomische Gesetzgebung ist aus den Händen des Königs von der Regierung übernommen worden. Die Regierungen sind jetzt Parteiregierungen. Während es 1914 bei der Bildung einer überparteilichen Regierung schien, als ob der König die Entwicklung zum Parteienstaat abbremsen wollte, anerkannte die Programmerklärung des Geschäftsministeriums De Geer von 1923 die parlamentarische Regierungsweise als die normale Regierungsweise und sprach damit die endgültige Verlagerung des staatsrechtlichen Schwerpunktes von der Krone in die Parteileitungen aus. — Die Niederlande sind ebenso wie Schweden nach dem Wortlaut der Verfassung eine konstitutionelle Monarchie und die Mehrheit der Wähler gehört Parteien an, die sich in ihren Programmen gegen die Volkssouveränität und für die Monarchie aus dem Willen Gottes aussprechen. Dennoch sind infolge einer jahrzehntelangen Entwicklung die Parteien zum ausschlaggebenden Faktor geworden. Vom März 1926 bis zum Juli 1929 wurde aber gemäß den Vorschriften der Verfassung die Krone wieder das bestimmende Staatsorgan: unter dem Geschäftsministerium De Geer wurden die parlamentarischen Konventionalregeln durch die frühkonstitutionelle Form, daß die Regierung eine Dienerin der Krone ist, ersetzt und auch das Einspruchsrecht der Krone gegen Beschlüsse des Parlaments kam wieder zur Geltung. — Seit April 1931 scheint sich Rumänien immer mehr auf den Weg zu einer echten Monarchie mit einer von den Parteien unabhängigen Regierung zu begeben.

Was die Monarchie soziologisch von der Diktatur unterscheidet, bei der gleichfalls die Befehlsgewalt von einem einzelnen ausgeht, ist, daß der Diktator sich auf eine Partei, Klasse oder Kaste stützen muß, um seine Herrschaft aufrechterhalten zu können, während der Monarch dies nicht braucht, sondern durch die irrationalen Kräfte der Tradition gesichert ist.

II. Der Volksstaat ist der Staat, in dem das Volk die oberste Staatsgewalt innehat. Das Volk braucht nicht der einzige Träger von Rechten sein, es kann neben ihm noch ein Monarch bestehen, der aber nur den Volkswillen kundzumachen hat und die Entscheidung des Volkes über sich ergehen lassen muß. Volksstaat in unserem Sinne wäre das, was man gewöhnlich Demokratien nennt. Wir müssen aber unterscheiden, ob das Volk durch seine Entscheidung wirklich die Richtung der Regierungspolitik eindeutig bestimmt, ob sich das Volk selbst die Regierung und die Gesetze gibt, oder ob das Volk nur die Organe wählt, an die es seine Rechte überträgt, mit der Wahl dieser Organe aber auf seinen Willen verzichtet. Diese Unterscheidung fällt nicht mit der gemeinhin angenommenen Unterscheidung zwischen unmittelbarer und mittelbarer (Repräsentativ-)Demokratie zusammen. Denn wesentlich ist für die Unterscheidung, daß in dem einen Fall das Volk im normalen Verfassungsleben eine eindeutige Entscheidung fällen kann, die Entscheidung also der Ausdruck des Volkswillens ist, während in dem anderen Falle die vom Volke gewählten Vertreter praktisch völlig unabhängig vom Volke Träger der Staatsgewalt werden. Auch in dem ersteren Falle sind Vertreter des Volkes, eine Repräsentation praktisch notwendig, auch in dem ersteren Falle werden sich zwischen dem einzelnen und dem Staatsganzen Gruppen bilden, die nur Teile des Staatsvolkes darstellen, also Parteien, aber in diesem Falle sind die Parteien nur Mittel, nur Helfer, nur Agenten des Volkes; im anderen Falle werden sie aber eigenberechtigte, vom Volke nur beschränkt abhängige Willensträger; sie sind nicht mehr Mittel zum Zweck, sondern Selbstzweck. Je nach dieser Stellung des Volkes und der Parteien in der sogenannten Demokratie können wir den Volksstaat und den Parteienstaat unterscheiden. Im Volksstaat macht sich der Volkswille in seiner plebiszitären Form kund: autoritär, unwidersprechlich, national repräsentierend und zusammenschließend (Fleiner, Schweizerisches Bundesstaatsrecht, S. 315).

Der Volksstaat kommt in einer unmittelbaren und in einer Repräsentativform vor.

1. Unmittelbare Form: diese wird durch die Schweiz, sowohl den Bund als auch die Kantone vertreten. Hiebei ist in den Kantonen der volksstaatliche Charakter ausgeprägter als im Bund, da in den Kan-

tonen fast überall auch die Regierung unmittelbar durch das Volk gewählt wird. Wenn auch die Regierung des Bundes, der Bundesrat, nicht unmittelbar vom Volk gewählt wird, sondern von der Volksvertretung und wenn sich bei dieser Wahl die Parteien ohne besondere Befragung des Volkes untereinander verständigen, so ist der Bund noch immer kein Parteienstaat; denn einerseits muß in den wichtigsten Fragen, wie Verfassungsänderungen, Staatsverträgen, das Volk befragt werden, anderseits kann für jede wichtige Frage (im Bund muß diese Frage so gedreht werden, daß sie als Änderung der Verfassung gehandhabt werden kann) eine Anzahl Bürger verlangen, daß sich die Regierung und die Volksvertretung damit befasse. In allen diesen Fragen können die Parteien nicht unabhängig von den im Volke jeweils herrschenden Strömungen zu einem Einvernehmen kommen; sie laufen Gefahr, daß ihr Kompromiß vom Volke hinweggefegt wird; über Regierung und Volksvertretung schwebt ständig das Damoklesschwert der unmittelbaren Volksrechte. Wohl fordert die Beweglichmachung dieser Volksrechte wieder Organisationen; wegen der leichten Durchführung von Volksbegehren und Volksentscheid kommen aber als solche Organisationen nicht nur die politischen Parteien allein in Betracht, sondern die verschiedensten wirtschaftlichen und kulturellen Verbände, ja für den einzelnen Fall frei zusammengefügte Vereine. Die Inbewegungssetzung der unmittelbaren Volksgesetzgebung ist um so leichter, je kleiner der Kanton ist; je kleiner der Kanton ist, um so leichter wird verhindert, daß politische Gruppen zu eigenberechtigten Trägern von Macht werden.

Das fortwährende Eingreifen des Volkes verhindert das Entstehen einer Parteioligarchie, zugleich aber das Aufkommen einer wagenden und zielbewußten Führung. Die Regierung wird eine gewissenhafte Verwalterin der Volksbelange und so werden alle Probleme vom wirtschaftlichen Standpunkt gelöst (siehe die jährlichen Geschäftsberichte des Bundesrats), so daß die Regierung sozusagen ein Verwaltungsrat wird (G. de Reynold, La Démocratie et la Suisse, p. 217). Dieser echte Volksstaat auf engem Raume verhindert also in gleicher Weise Oligarchie wie Aristokratie. Daß eine solche aber im Volksstaat möglich ist, zeigt der andere Typus:

2. der repräsentative Volksstaat mit Zweiparteiensystem, wie er in England auch noch heute besteht. Auch dieser Staat ist im Wesen plebiszitär, denn die Volksentscheidung ist für die Richtung der ganzen Regierungspolitik maßgebend. Die Wahlen sind Volksentscheide und

diese Entscheidungen sind eindeutig: fallen sie zugunsten der bisherigen Regierung aus, so behält diese ihren Auftrag weiter; fallen sie zu ihren Ungunsten aus, so hat die andere Partei, die als stärkste aus dem Wahlkampf hervorgegangen ist, die Regierung zu stellen und die von der Mehrheit der Wähler verlangte Richtung zu verfolgen. Die Parteien sind nur deswegen vom Volke abhängig, weil die Volksentscheidung nur ein entweder oder kennt. Um einer ungünstigen Entscheidung des Volkes bei den nächsten Wahlen zu entgehen, muß die Regierung immer bestrebt sein, ihre Maßnahmen so zu treffen, daß sie immer der Volksstimmung entsprechen. Ein Mittel, um diese Volksstimmung jeweils feststellen zu können, bieten die Ergänzungswahlen bei Freiwerden eines Abgeordnetensitzes; auch diese Wahlen werden zu einem Plebiszit der Wähler des Wahlkreises über eine besonders brennende Frage der Regierungspolitik der nächsten Zeit. Der Monarch tritt in diesem Volksstaat ganz in den Hintergrund. Er ist Vollstrecker des Volkswillens, indem er den Führer der siegreichen Partei zum Führer der Regierung ernennt und auf dessen Vorschlag die ihr genehmen Männer in das Oberhaus beruft; er vollstreckt den Willen der Volksvertretung, indem er die von dieser beschlossenen Gesetze ohne Möglichkeit einer Sanktionsverweigerung kundmacht. — Dieser Volksstaat beruht also auf zwei Voraussetzungen: auf dem aristokratischen Zug in der Staatsführung, denn der Ministerpräsident hat fast diktatorische Vollmachten und ist vom Parlament praktisch unabhängig, die Parlamentsmehrheit steht und fällt mit ihm. Die zweite Voraussetzung ist das Zweiparteienspiel: eine Partei regiert und trägt die volle Verantwortung für ihre Maßnahmen, die andere Partei überwacht sie und ist Anwärterin auf die Regierung. Damit dieses Spiel im richtigen Gang bleibe, ist erforderlich, daß die Opposition nicht revolutionär sei, die Spaltungslinien zwischen den Parteien nicht auf sozialem Gebiet liegen dürfen und die Streitfragen politischer Art sein müssen (Lowell, Die englische Verfassung, I, S. 428), d. h. es kann sich nur um Meinungsverschiedenheiten über die Bedürfnisse des Staates handeln, über die bessere Wahrnehmung des Gemeinwohls, das schon durch jahrhundertlange Erziehung jedem Briten höher als das Einzelinteresse steht.

III. Der Parteienstaat. Hier sind die eigentlichen Erzeuger des Staatswillens die politischen Parteien. Wir haben schon erwähnt, daß immer, wenn die einzelnen Individuen zum Staate zusammengehalten werden sollen, es hiezu einer Klammer bedarf. Der einzelne tritt nicht dem Staat als solcher entgegen, sondern unter Vermittlung von Organisationen, von Verbänden. Diese Verbände können entweder festgebundene sein, in die der einzelne hineinwächst, also organische, Stände, entweder Berufsstände, geistige Verbände, nationale oder religiöse; oder freie Verbände, in die der einzelne sich frei organisieren kann: die Parteien. Die Parteien sind auch im Volksstaat ein wichtiges Integrationsmittel im Prozesse der staatlichen Willensbildung (Hula, Z. f. öff. Recht VI, 1927, S. 215), dort aber ist ihre Rolle eine ganz andere, denn sie sind eben nur Mittler, im Parteienstaat sind sie aber Träger der Macht. Der Verfassung nach gibt es zwischen Volksstaat und Parteienstaat keine Unterschiede: es ist in beiden Fällen das Volk, das die Volksvertretung wählt, die Volksvertretung schafft die Gesetze und von ihr ist die Regierung abhängig. Wenn wir aber die Rechtswirklichkeit ansehen, so können wir nicht behaupten, daß der Volkswille durch das Parlament geschaffen wird; das entscheidende Moment in dem Prozeß der Gesetzwerdung ist nicht die Abstimmung im Parlament, sondern die Verhandlungen innerhalb der Parteien und zwischen den Parteien. Die Abstimmung im Parlament ist nur mehr eine reine Förmlichkeit. Auch die Regierung wird im Wege der Verhandlung zwischen den Parteien eingesetzt. Das Ergebnis der Volkswahlen hat nur für den einen Typus des Parteienstaates eine Bedeutung, für den

1. Zweiparteienstaat. Dieser unterscheidet sich von dem Volksstaat mit dem Zweiparteiensystem dadurch, daß in letzterem die Parteien nur Hilfsorgane des Volkes und die Vollstrecker dessen Willens sind, während sie im Zweiparteienstaat Selbstzweck und Inhaber von Staatsmacht sind. Dies sind die großen Unterschiede zwischen dem englischen und dem amerikanischen Zweiparteiensystem. In den Vereinigten Staaten nehmen die Parteien, sobald sie zur Macht gelangen, die ganze Staatsmacht in Anspruch, besetzen die Stellen im Staate mit ihren Parteigängern und führen, während sie an der Macht sind, einseitig ihren Parteiwillen ohne Rücksicht auf die jeweilige Volksstimmung durch. Die beiden Parteien sind untereinander über einen Turnus übereingekommen, innerhalb dessen sie einander abwechseln, und sie wenden sich gemeinsam gegen jeden Versuch des Eindringens einer dritten Partei. Für das Volk ist es schließlich gleichgültig, ob sich die eine Partei oder die andere Partei während ihrer Herrschaft bereichert. Wie immer die Volksentscheidung ausfallen mag, immer führt sie zur Herrschaft einer Partei über das Volk. Ähnliche Verhältnisse hatten in früheren Jahrzehnten Spanien und Portugal, wo die

beiden Parteien ursprünglich reine Koterien waren und für sie erst nachträglich eine Ideologie geschaffen wurde: eine konservative und eine liberale. Derselbe Gegensatz von Cliquen bestand früher auch in Rumänien; die Nachkriegsjahre brachten ein Überangebot an Gruppen.

2. Der Vielparteienstaat (Koalitionssystem). Wegen der Vielheit der Parteien kann keine Partei die Mehrheit erzielen und daher ist die Regierung von nur einer Partei unmöglich. Die Regierungen müssen immer Koalitionsregierungen sein, das heißt, sie müssen auf der Zusammenarbeit mehrerer Parteien begründet sein. Wo es Koalitionsregierungen gibt, vollzieht sich die Integration nicht mehr innerhalb des Parlaments und innerhalb des Kabinetts; die Willensbildung geschieht in den interfraktionellen Beratungen, in den Besprechungen der Fraktionsführer, während der Beschluß des Kabinetts und des Parlaments nur mehr die staatsrechtlich erforderliche Transformation des Beschlusses der Koalitionsparteien ist. Der Schwerpunkt des politischen Lebens liegt in den Verhandlungen der Parteien. Diese Verhandlungen sind aber ihrer Natur nach nicht öffentlich, so daß das Volk nur untätiger Zuschauer der öffentlichen Parlamentssitzungen ist, die ein inszeniertes Theaterspiel mit gut verteilten Rollen sind. Wenn in einem solchen Parteienstaat ein gekrönter Monarch vorhanden ist, so bleibt ihm nichts anders übrig, als die Beschlüsse der Parteileitungen, die zu Richtlinien der Regierungspolitik und zu Gesetzen geworden sind, zu sanktionieren und kundzumachen. Er kann wohl im Falle einer Regierungskrise die Parteiführer zu sich kommen lassen und sich mit ihnen beraten; die Bildung der Regierung nehmen aber die Parteiführer selbst in die Hand. Das Volk hat sich darauf zu beschränken, in einem bestimmten Zeitpunkt seine Souveränität an die Parteien frisch abzugeben; es ist, wie schon Rousseau sagte, eigentlich nur im Zeitpunkt der Wahl souverän, während der übrigen Zeit sind die Koalitionsparteien Souveräne. Die Parlamentswahlen haben nicht den Charakter eines Sachentscheides, denn durch die Koalitionsregierung ist die Verantwortung für die Akte der Regierung so verwischt worden, daß man mit freiem Auge nicht sagen kann, welche Partei an einer gewissen Maßnahme schuldtragend ist. Die Volkswahlen selbst können in der Regel keine großen Änderungen herbeiführen; sie können nicht als eindeutiges Urteil für oder gegen die Regierungspolitik aufgefaßt werden, so daß sich nach den Wahlen die Parteileitungen wieder zusammentun müssen, um über die Zusammen-

setzung der Regierung zu verhandeln. Unter diesem System wird der wirkliche Träger der Staatsgewalt eine kleine Schicht: die Parteioligarchie.

Die meisten europäischen Staaten sind heute Vielparteienstaaten, deren Regierung auf einer Koalition mehrerer Parteien aufgebaut ist. In Frankreich wählt das Volk im Grunde keine Parteien, sondern nur Abgeordnete. Auf deren Zusammenarbeiten im Parlament kann es aber keinen Einfluß nehmen; die Zusammenschlüsse vollziehen sich ganz im Willen der Abgeordneten und die Regierungen können sich nur solange halten, als diese freiwilligen Zusammenschlüsse bestehen. Die Regierungen kommen erst nach langen Beratungen der einzelnen Gruppen untereinander zustande. Der Präsident der Republik tritt ganz zurück; er verdankt seine Wahl selbst wieder freien Zusammenschlüssen der Parteien in der Nationalversammlung. — Im Deutschen Reich war die Lage bis 1930 folgende (seither s. unten): Die Entscheidungen fallen ausnahmslos in den Parteiklubs und in den Beratungen zwischen den Fraktionen. Die Regierung wird gleichfalls erst nach vorherigen Beratungen der Parteien gebildet. Wenn auch staatsrechtlich ein Dualismus zwischen Reichspräsidenten und Reichstag besteht und beide dieselben Wurzeln haben, nämlich unmittelbar vom Volk gewählt werden, so sind in Wirklichkeit die Parteien die eigentlichen Träger der Staatsgewalt. Die Wahl des Reichspräsidenten kann nur durch Unterstützung und Zusammenarbeit von Parteien zustandekommen; der Reichspräsident kann selbst nicht regieren; er muß eine Regierung ernennen, die schon vorher zwischen den Parteien vereinbart worden ist und muß diese Regierung entlassen, wenn die Koalitionsparteien die Regierung nicht mehr halten. Viele Rechte, die ihm verfassungsmäßig zugestehen, kann er aus praktischen Gründen nicht ausüben; er kann eine Regierung nicht aus eigener Wahl ohne Mitwirken der Parteien zusammenstellen und kann auch nicht den Volksentscheid anrufen, weil die Inbewegungsetzung des Volksentscheides in einem so großen Reich der großen Organisationen bedarf. Auch die unmittelbare Volksgesetzgebung bedeutet keinen Schutz des Volkes gegen die Parteienherrschaft, weil sie nur von großen Organisationen technisch gehandhabt werden kann und als solche nur die Parteien in Betracht kommen. — In Österreich ist wohl nicht annähernd dieselbe Parteienzersplitterung wie im Reiche, doch liegen auch hier die Mehrheitsverhältnisse so, daß die Wahlen niemals eindeutig die Richtung der Regierungspolitik bezeichnen. Diese muß erst durch Verhandlungen zwischen den Koalitionsparteien aufgestellt werden. Der Bundespräsident, der gleichfalls vom Volke unmittelbar gewählt wird, tritt noch mehr als der Reichspräsident zurück. — Die Tschechoslowakei hat vielleicht den Parteienstaat am höchsten entwickelt. Eine Partei hält die Schlüssel der Staatsgewalt in den Händen und läßt noch so viele andere Parteien heran, als zur Auffüllung der Mehrheit notwendig sind. Nach dem Parteienschlüssel werden sodann die Ressorts aufgeteilt und dann wird versucht, als Richtung der Regierungspolitik jene Linie aufzustellen, die den Sonderbelangen der Koalitionsparteien am wenigsten widerspricht. — Einen Parteienstaat mit Koalitionsregierungen gibt es schließlich noch in Finnland, Estland, Lettland, Danzig, Norwegen, Bulgarien, Belgien u. a.; früher gab es ihn noch in Jugoslawien und Litauen.

3. Der Einparteienstaat. Hier ruht die gesamte Macht in den Händen einer Partei (Klasse, Kaste u. ä.) und das Volk hat überhaupt keinen Anteil an der Staatsgewalt oder wird höchstens dazu berufen, durch Wahlen in gewissen Abständen dieser Partei eine Art Vertrauenskundgebung zu liefern. Da diese Partei aber im Falle, diese Kundgebung zu ihren ungunsten ausgehen würde, von der Macht kaum zurückträte, so ist dieses Wählen nur eine dekorative Geste.

In der Sowjetunion ist die ganze Macht in den Händen der Kommunistischen Partei (Bolschewiken). Neben dieser Partei wird keine andere geduldet, höchstens noch eine geringe Zahl Parteiloser, die sich aber nicht zu einer Partei zusammentun können. Der gesamte Staatswille wird innerhalb der Parteiorganisation erzeugt und geht von dort in die vom Volke (nicht frei) gewählten Körperschaften über, um dort zum Volkswillen erklärt zu werden. — In Italien ist die Faschistische Partei die alleinige Partei. Das Volk kann sich bei den Wahlen nur für diese Partei erklären. Der Staatswille wird von den Führern des Faschismus erzeugt; bevor er als solcher aber erklärt wird, bedarf es noch der rein förmlichen Abstimmung durch das aus einer Partei bestehende Parlament und der ebenso förmlichen Sanktion durch den König. — In Spanien wurde die Macht 1923 von einer kleinen Offiziersklasse übernommen, die alle Parteien auflöste und die dann eine parteiartige Organisation schuf. Der Staatswille wurde durch die obersten Vertrauensmänner dieser Klassen mit dem Diktator an der Spitze erzeugt und vom König als solcher kundgemacht (so bis zum Januar 1930). — Ganz kleine Schichten, vor allem Offiziers- und Intelligenzcliquen sind es, die die Macht in Portugal und in Litauen (seit 1926) inne haben und jede andere Partei und das Volk von der Macht ausschalten.

Der Zweck des Wahlrechts ist je nach der Staatsform verschieden.

In der Monarchie ist durch den Monarchen eine Einheit und eine Regierung schon vorhanden. Er gilt als Repräsentant des Volkes, doch kann neben ihm noch eine andere Repräsentation des Volkes bestehen: das Parlament. Im altständischen Staat trat dem Monarchen eine Mehrheit von Körperschaften, die Standesvertretungen gegenüber; im konstitutionellen Staat dagegen eine Nationalrepräsentation, auf dem Grundsatz aufgebaut, daß die vom Wähler nicht abhängigen Abgeordneten das ganze Volk repräsentieren, d. h. es in seinen verschiedenen Seiten »sichtbar machen und vergegenwärtigen« (Carl Schmitt, Verfassungslehre, S. 209). Die Wahlen haben aber nicht nur die Aufgabe, Repräsentanten schlechthin zu bestellen, sondern in bestmöglicher Weise. So stellte Rotteck in dem berühmten Staatswörterbuch, das das geistige Rüstzeug der Generation von vor 1848 war, die Volksvertretung als Korrektiv für die Mängel beim Fürsten und seinen Ratgeber hin. Ihre Mitglieder sollen den unwürdigen Herrscher am Bösen verhindern und den unaufgeklärten Herrscher aufklären. Daher soll sie die Elite des Landes sein, die Aufgabe des Wahlrecht ist es, diese Elite wirklich zu finden (bei Smend, Maßstäbe des parl. Wahlrechts, 1912).

Im Volksstaat ist eine Regierung und eine Einheit von vornherein nicht gegeben. Hier ist es die vornehmlichste Aufgabe des Wahlrechts, diese zu schaffen. Hier ist Aufgabe des Wahlrechts nicht nur Repräsentation, sondern Zusammenfassung des Volkes zu einer Einheit: Integration. Zu diesem Zwecke muß das Wahlrecht aber auch noch die Auslese der Führer sicherstellen.

Im Parteienstaat fallen die Aufbaugründe der Repräsentation und der Integration hinweg, denn es wird weder eine Volksgemeinschaft noch eine Willenseinheit angestrebt. Das Wahlrecht hat nur mehr die Aufgabe, Vertreter der Interessen des Wählers zu bestellen, auf dem Wege über die Parteien und das nur, solange nicht das Ideal des Parteienstaates erreicht ist, daß alle Wähler politisch organisiert sind, so daß dann die Wahlen überhaupt entfallen könnten. Der von der Monarchie oder vom Volksstaat herübergenommene Repräsentativgedanke ist innerlich ausgehöhlt worden und kann nur mehr durch Fiktionen aufrechterhalten werden; es gibt keine unabhängige Repräsentanten der Nation mehr, sondern nur mehr abrufbare Agenten der Parteien. Das Wahlrecht hat auch nicht mehr der Führerauslese zu dienen: die Parteiführung erneuert sich hauptsächlich durch Zuwahl und innerhalb der Partei hat das Wahlprinzip nur dekorative Bedeutung.

Aus den verschiedenen Aufgaben des Wahlrechts innerhalb der einzelnen Staatsformen ergibt sich auch die Antwort auf die einzelnen Fragen des Wahlrechts.

a) Allgemeines oder beschränktes Wahlrecht. In der Monarchie, wo die Aufgabe der Volksvertretung also Repräsentation des Volkes gegenüber der Regierung ist, handelt es sich darum, geeignete Maßstäbe für diese Repräsentation zu suchen. Es ergibt sich durchaus nicht naturnotwendig, daß alle Kreise des Staatsvolkes vertreten sein müssen. Mindestens sind aber alle Klassen, die für das Leben des Staates wichtig sind, deren Interessen in der Volksvertretung eine Plattform finden sollen, für die Bildung der Volksvertretung heranzuziehen, denn die Nichtberücksichtigung der einen oder anderen Klasse kann für das Staatsganze von Nachteil sein. Infolge der fortschreitenden wirtschaftlichen Entwicklung gewinnen immer mehr Klassen Bedeutung für den Staat, so daß der Kreis der zu vertretenden Bevölkerungsschichten immer mehr erweitert werden muß.

Im Volksstaat ist die Bildung der Willenseinheit durch das Volk die Hauptsache. Das Wahlrecht muß daher so beschaffen sein, daß es diese Willensbildung fördere. Ein beliebtes Mittel des Liberalismus war zu diesem Zwecke das beschränkte Wahlrecht: es wurden nur die oberen Klassen, die durch höheres Einkommen oder höhere Bildung nach unten abgegrenzt waren, zum Wahlrecht zugelassen. Die soziale Homogenität dieser Schichten erleichterte die Willensbildung: diese konnte durch Diskussion, durch gegenseitige Überredung im Parlament verhältnismäßig leicht erreicht werden. Auf dem Boden des Zensus- und Kapazitätswahlrechts konnte aber nur eine scheinbare Integration erzielt werden: der größere Teil des Volkes blieb außerhalb des Integrationsprozesses und war nicht Subjekt des Staates, sondern nur Objekt. Mit der Einführung des allgemeinen Wahlrechtes wurden die bisher außerhalb gestandenen Schichten in den Integrationsprozeß eingeführt; dies bedeutet aber eine ungeheure Erschwerung der Herbeiführung einer Willenseinheit, denn jetzt stehen nicht mehr rein geistige Unterschiede einander gegenüber, die durch Überredung und Überzeugung aus dem Wege geschafft werden könnten, sondern infolge der gesellschaftlichen Verschiedenheiten Gegensätze der Klassen. Trotz dieser Schwierigkeiten muß der Volksstaat grundsätzlich bestrebt sein, daß ganze Volk zur politischen Einheitsbildung heranzuziehen. Beschränkungen ergeben sich aber auf jeden Fall: »Nur solche Klassen sollen politisch berechtigt sein, deren Glieder in ihrem Wohl und Wehe eng mit dem Schicksal des Gemeinwesens verwachsen sind, als die eminent staatlichen (Aristoteles spricht von »wesentlichen«) Klassen« (Wittmayer, Die organisierende Kraft des Wahlsystems, 1902, S. 6). »Die innerhalb der Bevölkerung tatsächlich bestehende Solidarität sucht sich, soweit sie reicht, im Wahlsystem politisch zu verwirklichen, ihre Voraussetzungen kehren als Wahlrechtserfordernisse wieder und der Kreis der Berechtigten soll ebenso weit reichen, als der Kreis der für die Staatssolidarität belangreichen Gruppen.« (Wittmayer, ebendort S. 8.) So wurden durch Cromwells Instrument of Government die politischen Gegner vom Wahlrecht ausgeschlossen, weil sie sich einer Willensvereinheitlichung widersetzten, und in der Virginia Bill of Rights von 1776 heißt es: »That all men, having sufficient evidence of permanent common interest with and attachment to the community, have the right of suffrage«. So obliegt dem Volksstaat die große Aufgabe, das Volk zu einer Einheit zu erziehen und ihm in dem Maße politische Rechte zu geben, als es für deren Ausübung im Sinne der Einheitsbildung reif wird. Werden die Schleusen des allgemeinen Wahlrechts geöffnet, bevor das Volk zu dieser Einheit sich durchgerungen hat, dann wird ein blinder Demos zum Herrscher, dann ist der Parteienstaat am festesten in seinen Angeln. Gerade eine ungebildete, durch Schlagworte leicht zu blendende Masse ist der Boden, auf dem die Herrschaft einer kleinen Minderheit am besten gedeiht.

b) Das Wahlverfahren, wobei wir roh Mehrheitswahl und Verhältniswahl unterscheiden. Für den monarchischen Staat ist das angemessene Wahlverfahren die Verhältniswahl, denn sie gewährleistet am besten eine angemessene Vertretung der verschiedenen Kreise des Volkes, sie unterstützt die Bildung eines möglichst korrekten Repräsentationsorganes. Anders steht es im Volksstaat: hier muß das Wahlrecht integrationsfähig sein. Die Verhältniswahl ist dies nicht, sie wirkt im Gegenteil desintegrierend, indem es das Volk in seine einzelnen Teile zerlegt, statt diese Teile zu einem Ganzen zusammenzufügen. Integrierend wirkt nur ein Wahlrecht, das die Wahl zu einer Entscheidung für oder gegen die Regierungspolitik macht: die Mehrheitswahl. Da die Wahl der Volksvertretung im Volksstaat in erster Linie dazu dient, eine Regierung zu schaffen und die Regierung zu halten, ist ein Wahlrecht notwendig, das imstande ist, große Parteien zu schaffen und dies geschieht gleichfalls nur durch die Mehrheitswahl. Oder aber, man wendet wie in der Mehrzahl der Schweizer Kantone, die Verhältniswahl zur Schaffung der Volksvertretung an, dann muß man der Volksvertretung die Hauptaufgabe, die sie sonst im Volksstaat hat: nämlich die Bildung der Regierung nehmen; die Regierung muß dann unmittelbar durch das Volk gewählt werden, aber nicht mittels Verhältniswahl, sondern mittels Mehrheitswahl. Die Volksvertretung ist kein Kreationsorgan mehr, sondern reine Repräsentation. Infolge der Volkswahl ist die Regierung ein Kollegium überparteilich denkender, gegenüber dem Volke die Verantwortung tragender Männer geworden. Nur in zwei Kantonen (Tessin und Zug) wird in logischer Weiterführung des Verhältniswahlgedankens auch der Regierungsrat mittels Verhältniswahl gewählt; alle Versuche zur Einführung in anderen Kantonen sind an dem Widerspruch des Volkes gescheitert, das in der Verhältniswahl des Regierungsrates das Schwinden der unmittelbaren Verantwortung und das Eindringen des Parteiinteresses sieht.

Wie sehr die Mehrheitswahl beiträgt, daß sie die Entscheidung durch das Volk ermöglicht und kraft der organisierenden Kraft notwendig zum Zweiparteiensystem führen muß, wird von einem Verhältniswahlanhänger (Fleischer, Österr. Wahlreform 1929, S. 7) anerkannt und ihr zum Vorwurf gemacht. Kelsen (Allg. Staatslehre) gibt zu, daß bei der Verhältniswahl die Notwendigkeit der Mehrheitsbildung aus dem Bereiche der Wählerschaft in den der parlamentarischen Willenserzeugung verschoben werde. Diese Verschiebung sei aber berechtigt, weil erst im Parlament der Staatswille erzeugt wird. Nun ist nicht einzusehen, warum in einer »Demokratie«, d. h. Volksherrschaft, nicht das Volk selbst die Entscheidung sprechen könne. Bedeutet nicht die Verschiebung der politischen Entscheidung ins Parlament ein Verleugnen des Volkes und Auslieferung der Volksrechte an die Parteien? Jedenfalls ist an der Richtigkeit des Satzes, daß durch die Verhältniswahl die Verschiebung bewerkstelligt wird, festzuhalten.

Die Verhältniswahl ist ein Schrittmacher der Umwandlung des Volksstaates in den Parteienstaat. Unter dem Schutze der Verhältniswahl tritt eine — ihrer Natur nach allerdings auf Ursachen außerhalb des Wahlverfahrens beruhende — Parteienzersplitterung ein, so daß

Koalitionsregierungen die Regel werden. Durch diese wird das politische Schwergewicht in die Parteileitungen verlegt. Das Volk kann nur beschränkten Einfluß auf die Regierung und deren Bildung ausüben, um so weniger, als ja durch dieses System die Verantwortungen verwischt werden und das wichtigste Problem des modernen Staates: »to find the best means of combining responsibility with representation« im negativen Sinne gelöst wird. Durch die Verhältniswahl ändert sich auch die Stellung der Abgeordneten: aus Trägern des Vertrauens der Wähler werden sie abhängige Agenten der Partei. — Während der Volksstaat mit Mehrheitswahl dem freien Wettbewerb der politischen Kräfte zu vergleichen ist, kommt es im Parteienstaat zu einer Vertrustung der politischen Macht. Die Wahl hat nur den Charakter einer Bestandsaufnahme der einzelnen Gruppen in regelmäßigen Abständen und dient zu einer Neufestsetzung des Anteils der beteiligten Parteien an der Regierung, ebenso wie kartellierte Unternehmungen ihre Anteilsquoten am Gewinn nach einer bestimmten Zeit auf Grund ihrer Absatzerfolge neu feststellen. Der Einparteienstaat macht schließlich die politische Macht zum Monopol einer Partei; die Wahl hat überhaupt keine Bedeutung mehr.

Noch auf eine Aufgabe des Wahlrechts ist hinzuweisen, auf die Führerauslese. Bei der Einerwahl tritt das Ausleseprinzip stark in den Vordergrund und wird auch leicht gelöst: eine örtliche Gruppe sucht die tauglichste und repräsentativste Persönlichkeit des Wahlkreises und empfiehlt sie den Wählern. Wohl gewinnt oft der größte Schreier das Rennen, und das Suchen nach einem Mann, der die verschiedensten Schichten zu vertreten imstande ist, wird oft auf einen Durchschnittsmenschen stoßen, aber die wirklich große und lautere Persönlichkeit, der Führer, setzt sich immer durch, wenn auch nicht im ersten Ansturm. Bei der Verhältniswahl ist es ein kleiner Kreis der Parteibürokratie, der die Listen aufstellt; was die einzelnen Namen für einen Klang innerhalb der Wählerschaft haben, darauf braucht nicht geachtet zu werden. Mehr aber muß der Wunsch der Interessenverbände beachtet werden und ihnen werden sozusagen Blankositze auf der Liste eingeräumt, für die dann die Verbände ihre Geschäftsführer namhaft machen. So wird der »Mietling, der von einer solchen Organisation angestellt ist« (Hellpach), der »Lohnredner« und »Lohnschreiber« (Max Weber) der Typus des kommenden Parlamentariers und politischen Führers. Der in jeder Parteiherrschaft innewohnende Drang nach Zentralisierung wirkt auch nachteilig auf die Führerauslese, die gerade durch das örtliche Element, durch das Bekanntsein auf engem Rahmen erleichtert wird. So bietet der Einerwahlkreis in England und Frankreich einen ewig jungen Bronnen für die Auswahl politischer Führer.

Bei dieser Betrachtung sind wir vom Staate als Einheit ausgegangen. Im Gegensatz hiezu steht die individualistische Auffassung. Diese stellt die Freiheit des einzelnen in den Vordergrund. Die individualistischen Forderungen sind: allgemeines und gleiches Wahlrecht ohne Einschränkungen, Ausschaltung jedes Stimmzwanges und schließlich hinsichtlich des Wahlverfahrens ein Verfahren, daß jeder Stimme möglichst den gleichen Wert gibt: die Verhältniswahl. Gerade dieses Wahlverfahren aber ist es, das zu einer Stärkung der Parteien führt und die Freiheit des einzelnen wieder einschränkt.

Der Weg des politischen Kampfes der letzten Jahrhunderte ist ein ebenso einfacher wie tragischer, wenn wir uns auf den Standpunkt des Individuums stellen. Zur Zeit der Aufklärung kämpfte das Volk gegen die absolute Monarchie und für die Freiheit. Der erste Erfolg in diesem Kampf war die Durchbrechung des alten Ständegedankens durch den modernen Repräsentativgedanken: die Abgeordneten vertreten das ganze Volk. Das Volk hätte diesen Kampf unorganisiert nicht siegreich führen können: die Streitkräfte im Kampf um die Freiheit des Volkes sind die politischen Parteien. Der Kampf ging so lange, bis schließlich das Volk seine Freiheit errungen hatte und der Fürstenabsolutismus bezwungen war. Diese schwer errungene Freiheit geht aber in unseren Tagen wieder verloren, indem das Volk sie den Parteien opfern muß. Die Parteien führen den Gedanken der Nationalvertretung wieder zu dem ständischen Ausgangspunkt zurück: der Abgeordnete ist nicht mehr Vertreter des ganzen Volkes, sondern nur der Partei. Sie führen das gebundene Mandat der Ständevertretung wieder ein. Und die Ketten, in die der freie Mensch früher durch den Absolutismus des Monarchen geschlagen war, werden jetzt durch den Absolutismus der herrschenden Parteien ungleich fester (vgl. hierzu Hula a. a. O.).

4. Die Gestaltung des Wahlrechts.

Das Wahlrecht hat die verschiedensten, einander widersträubenden Aufgaben zu lösen, es hat »Verworrenes beherrschend zu binden«. Bei jeder Lösung muß eine bessere Erreichung des einen Zwecks durch ein Zurücktretenlassen des andern erkauft werden. Aus diesem Grunde verstummen auch nie die Rufe nach Reformen.

Hier soll keiner bestimmten Reform das Wort gesprochen werden. Es sollen nur die Möglichkeiten und deren Grenzen abgesteckt werden. So müssen wir uns die gegenwärtige Lage vor Augen halten. Die Entwicklung drängt zum Parteienstaat und damit zur Vernichtung selbständigen Denkens und zur Zertrümmerung der Volksgemeinschaft. Die Monarchien schwinden immer mehr und der Volksstaat zeigt Sprünge: in der Schweiz tritt bei den Alten eine gewisse Müdigkeit durch das fortwährende Abstimmen und Kontrollieren der Regierenden ein, bei den Jungen wird das Sehnen nach einer Aristokratie stärker. In England arbeitet das Zweiparteiensystem seit dem dauernden Aufkommen einer dritten Partei nicht mehr so glatt wie früher; wenn es nach dem Verschwinden der Liberalen wieder zu einem Schaukelspiel: Konservative-Labour kommen sollte, so besteht doch die Gefahr, daß dieser Gegensatz zu einem Kampf nach sozialen Linien und dadurch zur Aufspaltung des Staates führen kann. Im Parteienstaat ist diese Aufspaltung der Volksgemeinschaft oft schon so weit gediehen, daß der Bürger sich nur mehr als Parteibürger fühlt, nicht mehr als Staatsbürger. In manchen Ländern ist die Entwicklung soweit gegangen, daß innerhalb der Partei alle Bedürfnisse befriedigt werden können, daß die Partei zu einer »Societas perfecta« wird. Der Parteienstaat teilt das Volk in mehrere feindliche Gruppen, ja Heerlager, denn die Parteiarmee ist die letzte Errungenschaft der Parteien. Außerhalb der Parteien gibt es nicht nur keine politische Geltung mehr, sondern auch keinen Anspruch auf wirtschaftlichen Bestand, eine Entwicklung, die im Einparteienstaat am weitesten fortgeschritten ist. Die Vereinigung aller Macht in den Händen einer oder mehrerer Parteien, also die Ersetzung des Grundsatzes der Gewaltenteilung durch den der Gewaltenverbindung macht auch das Recht zur Parteisache.

Wenn die Gestaltung des Wahlrechtes sich nach dem Zwecke richten soll, dem es zu dienen hat, so ist vorerst zu fragen, was für ein Zweck erreicht werden soll. Wenn also die Entwicklung zum vollständigen Parteienstaat drängt, soll diese Entwicklung gehemmt werden? Soll die Gesetzgebung ihr nicht vielmehr nachgeben und tatsächliche Verhältnisse in gesetzliche umwandeln? Dann ergeben sich als Aufgaben der Gesetzgebung, daß die Parteien zu Staatsorganen erklärt und daß für sie bestimmte Organisationsregeln vorgeschrieben werden, daß die Eingliederung der Staatsbürger in die Parteien gefördert werden soll, indem für den Bürger die zwangsweise Organisierung in irgendeiner Partei angeordnet wird. Ein parlamentarisches Wahlrecht kann dann füglich wegfallen, denn auch das Parlament wird überflüssig. An Stelle der zeitraubenden Parlamentsverhandlungen können die Besprechungen der Parteiführer treten. Die schwächeren Partner werden im Laufe der Entwicklung durch die stärkeren zermalmt und es ist nur einem Gleichgewicht der Kräfte zu verdanken, wenn es nicht zum bewaffneten Kampf zwischen den beiden übrigbleibenden Gruppen kommt; jede Gleichgewichtsverschiebung kann ihn hervorrufen.

Die Entwicklung ist also eine unnatürliche und darf nicht noch gefördert werden. Ebensowenig wie eine allgemeine Verrohung der Jugend den Erzieher berechtigt, seine bisherigen Erziehungsgrundsätze als der Entwicklung widersprechend aufzugeben und dem Zuge der Zeit folgend zur Roheit zu erziehen. Welche Wege gibt es, um die Entwicklung von den unrichtigen Bahnen abzuhalten? Was ist da Sache des Wahlrechts?

1. Der konstitutionell beschränkte Parteienstaat. Dieser wird folgendermaßen begründet: Die Parteien sind in modernen großräumigen Staat notwendig und ohne Parteien könnte der Staatsmechanismus nicht aufrechterhalten werden. Der Kampf gegen die Parteien hat keinen Zweck, solange nicht etwas Besseres an Stelle der Parteien gesetzt wird. Selbst parteifeindliche Bewegungen sind nicht in der Lage, die Parteien zu überwinden und das ganze Volk für sich zu gewinnen, so daß sie selbst wieder Parteien werden. Wohl aber kann die Macht der Parteien künstlich eingeschränkt werden, indem ihnen durch die Verfassung Schranken gezogen werden, ebenso wie dem Monarchen in der konstitutionellen Monarchie. Leitend ist hierbei die Betonung der rechtstaatlichen Grundsätze, so daß sich als Einschränkung der Parteienherrschaft die Einrichtung von Kontrolleinrichtungen wie einer nicht auf Parteigrundlagen bestellten Zweiten Kammer, von parteimäßig unabhängigen Verfassungs- und Verwaltungsgerichten, die Stärkung der Regierung und der Beamtenschaft ergibt. Das Wahlrecht hätte hier die Aufgabe, an einer Schwächung der Parteien mitzuwirken, woraus sich ergäbe: vor allem die Abschaffung der Verhältniswahl, die zum Ausbau und zur Stärkung der Parteiorganisationen beitrug, die Einschränkung der Wählbarkeit für die Zweite Kammer, eine Ausschaltung der der

Parteidemagogie am leichtesten zugänglichen Jungwählerschaft sowie die Entpolitisierung des Gemeindewahlrechts.

2. Der Volksstaat. Im unmittelbaren Volksstaat wirken Volksbegehren und Volksentscheid der Entwicklung zum Parteienstaat entgegen. »Das Referendum hat die alte Vormachtstellung der Parteien untergraben; denn bei jeder Volksabstimmung gibt den Ausschlag die große Menge der Aktivbürger, die bei keiner Partei eingeschrieben sind« sagt Fleiner (Schweiz. Bundesstaatsrecht, S. 317). Aus diesem Grunde wird die unmittelbare Volksgesetzgebung von den Demokraten, die als Demokratie nur den Parteienstaat sehen, in der Verkleidung, daß sie dem Grundsatz des Parlamentarismus widerspreche, abgelehnt (Mirkine-Guetzevitch, im Annuaire de l'Institut Internat. du Droit Public, 1931, II), während Parteimänner ganz offen heraus sagen: »Die direkte Volksgesetzgebung übt einen zerstörenden Einfluß auf die Parteiorganisation, insbesondere auf die stärkste politische Organisation, die sozialistische, und auf die Parteibildung überhaupt aus« (Friedrich Weiß: Politisches Handbuch, 1927, S. 38/39) und Karl Kautsky (Parlamentarismus und Demokratie, 1911) ist es, »der alle Mittel der üblichen parteipolitischen Beschwörungskunst anwendet, um die proletarischen Scharen von der demokratischen Tradition: 'direkte Gesetzgebung durch das Volk' frei zu machen« (Koigen: Die Kultur der Demokratie, S. 146). Trotzdem sind Zweifel berechtigt, ob die Einrichtungen der unmittelbaren Volksgesetzgebung bei einem Volk, das nicht damit aufgewachsen ist, den Parteien Schach bieten können; die Erfahrung lehrt eher, daß diese Einrichtungen als ein weiteres Mittel zur Verhetzung des Volkes durch bestimmte Parteien ausgenutzt wurden. — Bleibt der Volksstaat mit dem Zweiparteiensystem. Nun ist es sehr schwierig, zu einem wirklichen Zweiparteiensystem zu gelangen, also zur Schaffung von zwei Volksparteien, die beide gleicherweise auf dem Boden der Volksgemeinschaft stehen und sich nur als Sachwalter des Gemeinwohls fühlen. Die Schwierigkeiten sind ganz besonders groß in Deutschland, wo die Vielzahl der Parteien aus der Zeit des Kaiserreichs, als sie als Interessenvertretungen gegenüber der Regierung zu wirken hatten, stammt und wo heute noch die Parteien zumeist nur an die Vertretung eines Sonderinteresses und nicht des Gesamtinteresses denken. Dementsprechend hat sich auch bei dem deutschen Wähler eine Prinzipientreuheit eingewurzelt, so daß er das Wechseln der Partei von Wahl zu Wahl, wie es das

Zweiparteiensystem mit sich bringen muß, als Gesinnungslosigkeit betrachten würde. — Wenn ein deutscher Volksstaat möglich ist, so scheint dies nur in plebiszitärer Form auf dem Wege möglich zu sein, daß ein vom Volk gewählter Präsident selbst oder durch die nur ihm verantwortlichen Minister die Regierung führt. Voraussetzung ist dafür die Überzeugung, er stehe »auf einer höhern Warte als auf den Zinnen der Partei«. Das Parlament hat als Hauptaufgabe die Kontrolle auszuüben, so daß die Gestaltung des parlamentarischen Wahlrechts nicht so wichtig ist. Um so wichtiger müßte die Gestaltung des Wahlrechts für den Präsidenten sein, denn es müßte eine Wahl von anderen Führern, als es Parteileiter sind, ermöglicht und verhindert werden, daß der Vertrauensmann der Nation als Bewerber im Wahlkampf zu schwer »havariert« werde. Die Wahl durch Wahlmänner hat in den Vereinigten Staaten die Schaffung von zwei Parteien hervorgerufen. Der Präsident ist in erster Reihe Parteimann und das ganze System, das dem Sinne und den Bestimmungen der Verfassung nach eine unparteiische Spitze im Staate sichern sollte, hat in Wirklichkeit den Boden für einen der ausgesprochensten Parteienstaaten geebnet. Das System hat aber dennoch zur Führerauslese geführt, und zwar ist es das Verantwortungsbewußtsein, das die Parteien dazu zwingt. Dies zeigt »das Beispiel der verschiedenartigen Wirkungen, die die Parteikörper, die Parteibürokratie in den Vereinigten Staaten bei den Präsidentschaftswahlen und andererseits bei den Kongreß- und lokalen Beamtenwahlen auf die Führerauslese ausüben. Während im ersten Falle, wo es sich um die Wahl desjenigen Faktors handelt, der in den U. S. A. die einzige klare, durchsichtige, verantwortliche Macht hat, die bosses selbst die politisch Tauglichen zu nominieren suchen und auch die Nominationskonvente, die dabei fast ausschließlich von der zünftigen Parteibürokratie beherrscht werden, sich gut bewähren, die Parteibürokratie also eine fruchtbare Führerauslese durchaus nicht hindert, tut sie dieses in fast ausschließlicher Weise im zweiten Falle und kann das ungehindert tun trotz aller Reformversuche und gesetzlicher Vorschriften, weil für die dabei zu besetzenden Stellen durch die Zersplitterung der Verantwortung die Anonymität gesichert ist« (Ziegler, Arch. f. Sozialwiss. u. Sozialpol. 55. Bd., S. 488/89). Das Bedürfnis nach klarer Verantwortung geht in amerikanischen Einzelstaaten so weit, daß der Gouverneur frei schalten kann und das Parlament nur auf eine bestimmte kurze Tagung, in Alabama sogar nur alle vier Jahre einberufen wird und nicht länger als sechs Wochen beisammenbleiben darf. »Das Volk fühlt sich nicht wohl, wenn die Volksvertreter Gesetze machen; es atmet auf, wenn die Parlamentszeit zu Ende ist« (Rein bei Rohden: Dem. und Partei, S. 113). Und niemand nimmt Anstoß und wittert eine Gefährdung der Demokratie. Und daß ein selbständiges Regieren verantwortungsvoller Führer nicht der Demokratie widerspricht, sagt der vorläufige Bericht der i. J. 1919 eingesetzten Sozialisierungskommission (bei Schiffer in Volk und Reich d. Deutschen, Bd. II, S. 315): »Wenn die Kommission, auch in diesem Punkte völlig einhellig, die Bedeutung der Führerrolle im Wirtschaftsleben so stark betont . . ., so tut sie das in der Überzeugung, daß das den Grundsätzen der Demokratie nicht widerspricht. Denn die Demokratie erfordert gewiß, daß jede Handlung der führenden Persönlichkeiten vom Vertrauen und vom Willen aller Beteiligten getragen sei, aber sie fordert auch, daß die führenden Persönlichkeiten, solange sie von diesem Vertrauen getragen sind, vollkommene Entschluß- und Bewegungsfreiheit haben.«

3. Die Diktatur. Diese kann als Weg zur Überwindung des Parteienstaates nicht angesehen werden, weil sie ja die letzte Folgerung des Parteienstaates, den Einparteienstaat bedeutet. Leibholz (Repräsentation S. 102/103) meint, man könne auf die Diktaturen nicht »den Begriff des Parteienstaates zur Anwendung bringen, weil dessen Voraussetzung, das gleichzeitige Bestehen einer Mehrheit von Parteien innerhalb des Staatsganzen, durch die äußere Ineinssetzung von Staat und Partei in Wegfall geraten ist«. Dies gilt aber für den jetzigen Zustand der Diktaturen noch nicht, denn neben der einzigen zugelassenen Partei gibt es die Masse der nichtorganisierten Parteilosen. Noch stehen zwischen dem Faschismus und dem Volke Scheidewände, die aber nach dem Worte Mussolinis fallen müssen. Dann könnte, wenn auch die Schranken der bürgerlichen Freiheit fallen, die Diktatur in einen Volksstaat einmünden.

4. Die Monarchie. In einer Scheinmonarchie, die tatsächlich ein Parteienstaat ist, ist eine Rückentwicklung zur wirklichen Monarchie nicht sehr schwer, insbesondere dort, wo der Wortlaut der Verfassung eine konstitutionelle Monarchie vorsieht. Damit sich dagegen ein erst herbeigeholter Monarch gegen einen Parteienstaat durchsetzen kann, dazu bedarf es einer langen Entwicklung, es sei denn, daß der Abscheu vor einem Chaos das Sehnen nach dem wirklichen Herrscher zu einem elementaren macht.

5. Der ständische Staat. In diesem wird der Parteienstaat dadurch überwunden, daß an Stelle der anorganischen Gliederung in Parteien die organische nach Ständen tritt. Scheinbar strebt der Parteienstaat gegen seinen Willen diesem Ziele zu, denn die Parteien werden immer mehr verkappte Wirtschaftsgruppen. Im ständischen Staat könnten diese Gruppen sich ohne Umweg über die Parteien an der Staatswillensbildung beteiligen. Die Entwicklung durch den Parteienstaat hat aber Klassen geschaffen und nicht Stände, das sind organische Verbindungen zwischen allen Schaffenden auf demselben wirtschaftlichen Gebiet. — Auf der einen Seite stehen Spann und sein Kreis, für die der Staat ein besonderer Stand ist neben den anderen. Dieser zum Herrschen berufene Stand soll die »Besten« umfassen; die Art seiner Bildung wird technisch nicht hinreichend dargestellt. — Im Gegensatz zu ihnen wollen Herrfahrdt, Tatarin-Tarnheyden, Brauweiler u. a. aus den einzelnen Berufsständen auf demokratischem Wege von unten herauf die politische Gewalt im Staate aufbauen, indem sie das atomistische Wahlrecht mittels Parteien durch ein organisches Wahlrecht in den Berufsständen ersetzen wollen.

Nüchtern betrachtet, fallen zuerst zwei Vorteile in die Augen: Erstens ist ein klareres Hervortreten der Wirtschaftsgruppen mehr zu begrüßen als der gegenwärtige Zustand, wo es sich um ein Versteckenspiel der Wirtschaftskräfte hinter weltanschaulich eingestellten oder programmlosen Parteien handelt. Zweitens ist zuzugeben, daß die stufenweise Wahl in den Betrieben die Auslese besser gewährleistet als die demagogiebewegte Einerwahl im Wahlkreis oder die Aufstellung von Listen seitens kleiner Parteikörper. Es wird auf diese Weise auch eine engere Verbindung zwischen Wählern und Gewählten, ein besseres persönliches Kennenlernen erreicht. Die große Schwierigkeit entsteht aber bei der Bildung des Gemeinwillens. Grundsätzlich soll es keine Überstimmung der Gruppen geben — deren Vertreterzahl immer willkürlich sein muß —, nicht die Geltung des mechanischen Mehrheitsgrundsatzes, sondern nur Einhelligkeit, die durch Verständigung entsteht. Wenn es aber dazu nicht kommt? Wenn eine Gruppe immer Widerstand leistet? So schreit das ganze System, so bald es in die Wirklichkeit umgesetzt wird, nach einem Mittler, einem Schlichter, einer neutralen Gewalt: einen unabhängigen Führer, einen Diktator, einen Monarchen. Im Typus des plebiszitären Volksstaates, der Diktatur, der Monarchie ist der ständische Staat gleicherweise lebensfähig, allein auf sich gestellt, kann er nicht leben.

Das Vorbild des Mittelalters ist nur ein Idealbild: damals waren die Zünfte und Gilden Körperschaften, die auch das geistige Wohl im Auge hatten und damals herrschte die starke Mittlermacht der Kirche, und als sie zu Machtinstrumenten wurden, da war auch schon der Anfang ihres Endes da. Heute sind die Berufsverbände noch viel zu materialistisch eingestellt, und selbst der aus stufenweiser Auslese hervorgehende Führer ist weniger Fachmann als Interessent. Dennoch ist die ständische Gliederung zu beachten. Durch die Untergliederung des Staates in kleinere gleichartige Gebilde, sei es wirtschaftlicher oder gebietlicher Art, wird wieder eine Grundlage für die Geltung des technischen Mehrheitsgrundsatzes geschafft, der in ungleichartigen Körpern immer bedrückend wirkt, durch die Schaffung von Teilganzen mit Selbstverwaltung und eigenem Willen wird der Staat von verschiedenen technischen Aufgaben gereinigt, so daß auf diese Weise eine Volksgemeinschaft erwächst, nicht zentralisiert und uniformiert, sondern aus verschiedenen lebendigen Gruppen bestehend, so wie auch der menschliche Körper aus vielen Lebenszellen besteht und doch eine Einheit ist.

Die Wahlpflicht.

1. Die Wahlpflicht in der Theorie.

Vom individualistischen Standpunkt ist jede Wahlpflicht als Eingriff in die persönlichen Freiheitsrechte abzulehnen. Wenn das Wahlrecht ein individuelles Recht ist, so kann jeder Wähler tun, was ihm beliebt. Ein Zwang zum Stimmen ist daher mit dieser Auffassung unvereinbar. So stellt sich auch das Schrifttum, das vom Wahlrecht als individuellem Recht ausgeht, gegen die Wahlpflicht, so besonders die Franzosen (Esmein I, 399), von den Deutschen vor allem Triepel (1900). Wird jedoch das Wahlrecht als öffentliche Funktion im Interesse der Gesamtheit angesehen, so kann sich die Notwendigkeit ergeben, die Ausführung dieser öffentlichen Funktion zu einer Pflicht zu machen und auf die Nichtausübung eine Strafe zu legen. Der Grund, der eine solche Maßnahme erforderlich machen kann, ist in der Regel der, durch die Wahlpflicht die Wahlbeteiligung zu erhöhen. Es ist im

Interesse eines jeden Gemeinwesens gelegen, die Bürger für die politischen Aufgaben zu interessieren und gerade die Ziffer der Wahlbeteiligung ist ein Maßstab für das politische Interesse, das im Volke herrscht. Eine hohe Wahlenthaltungsziffer stellt immer eine politische Unlust aus diesem oder jenem Grund dar und ist von Staats wegen möglichst herunterzusetzen.

Wenn nun in der Gesetzgebung eines Staates die Wahlpflicht festgesetzt wurde, so läßt sich die Auffassung des Wahlrechts als Individualrecht nicht mehr halten und das Wahlrecht wird dann unbedingt öffentliche Funktion. Die Anhänger der individualistischen Auffassung können freilich einwenden, daß das Gesetz nur eine Pflicht der Teilnahme an der Abstimmung festsetzen kann, nie jedoch eine Wahlpflicht, denn ich kann ja bei der Abstimmung einen leeren Stimmzettel abgeben, so daß ich mich am Wahlprozeß trotz Wahlpflicht nicht beteilige. Die Bestimmung kann also nur eine technische Maßnahme sein, die das individuelle Recht ebensowenig einschränkt, wie die Pflicht, ein Steuereinbekenntnis abzugeben das Recht des Eigentums. Aber selbst ein leerer Stimmzettel ist eine Stimme und bedeutet zumeist, daß der Wähler gegen alle Bewerber gestimmt hat.

Die Geschichte des Wahlrechts in England zeigt uns, daß das Wahlrecht ursprünglich eine Pflicht war. Die Grundbesitzer waren verpflichtet, zum Grafschaftsgericht zu reisen, um dort an der Wahl der Knights (Ritter) der Grafschaft in das Oberhaus teilzunehmen. Diese Pflicht wurde sehr drückend empfunden, so daß es oft zu deren Abwälzung auf wenige Wähler kam. Zu Beginn des 15. Jahrhunderts aber hatte diese Pflicht ihren Charakter geändert: da die Lords Einfluß auf die Wahl der Unterhausmitglieder gewinnen wollten und die Wähler für ihre Stimme bezahlten, wurde der Andrang zu den Wahlen immer stärker. So wurde durch die Statute Heinrichs VI. von 1429 und 1432 die Zahl der Wähler eingeschränkt, indem nur die Freeholders von 40 s. Grundrente zur Wahl zugelassen wurden. Damit war aus der auf dem Grundbesitz ruhenden Wahlpflicht ein Wahlrecht geworden. Der Charakter der Wahlpflicht blieb aber noch lange lebendig und trug dazu bei, daß das Wahlrecht immer als öffentliche Funktion angesehen wurde (Hatschek, Engl. Staatsrecht, I, 254). Auch in der Schweizer Landsgemeindekantone war das Erscheinen an der Landsgemeinde immer Bürgerpflicht. Erst die Geschichte des neueren Wahlrechts, vor allem seit der französischen Revolution, hat zur Auffassung des Wahlrechts als Errungenschaft des Bürgers im Kampfe gegen den absoluten Fürsten und damit zur subjektiven Theorie mit der Ablehnung jeglichen Eingriffs in die Freiheitsrechte geführt.

Diese Auffassung kann aber im modernen Volksstaat, in dem der Bürger nicht mehr dem Monarchen gegenübersteht, sondern selbst Subjekt des Staates geworden ist, als überholt angesehen werden. Wie jedes Recht, so wird auch das Wahlrecht soziales Recht. Die mittelalterliche, durch die Rezeption des römischen Rechts verdrängte, aber in der christlichen Lehre weiterlebende Anschauung, daß jedem Recht notwendigerweise eine Pflicht gegenüberstehe, gewinnt auch in der Theorie immer mehr Boden. So wie dem Rechte des Eigentums die Pflicht gegenübersteht, es im Interesse der Gesamtheit und nicht zu deren Schaden zu gebrauchen, so steht dem Wahlrecht die Wahlpflicht gegenüber.

Aus der Auffassung des Wahlrechts als öffentlicher Funktion heraus tritt Duguit für die Wahlpflicht ein: »La conséquence principale qui résulte de ce que l'électorat est fonction, c'est que l'électeur est obligé de voter comme tout fonctionnaire est obligé de remplir la fonction dont il est investi« (Manuel de Droit Const., 1907, p. 91). Und Giraud fragt, warum es nicht gerechtfertigt sein sollte, einen Bürger zum Stimmen zu zwingen, wenn diese Verpflichtung dem allgemeinen Interesse dient, wenn man demselben Bürger ungleich schwerere und unangenehmere Verpflichtungen auferlegt wie die Zahlung von Steuern und die Militärdienstpflicht (Revue du Droit Publ., XLVIII, p. 473). Nach Carl Schmitt ist das Wahl- und Stimmrecht »eine öffentliche Funktion und konsequenterweise ebensosehr eine Wahl- und Stimmpflicht, weil es nicht von dem Einzelnen als Privatmann, sondern als Staatsbürger, also kraft eines öffentlichrechtlichen Status, ausgeübt wird« (Verfassungslehre, S. 254).

2. Die Wahlpflicht in der Praxis.

In der Praxis wurde die Wahlpflicht hauptsächlich zu dem Zweck eingeführt, um die Wahlbeteiligung zu erhöhen.

Daß die Wahlenthaltung in den Großstaaten sehr groß ist, aber von Jahrzehnt zu Jahrzehnt in einem stetigen Rückgange begriffen ist, zeigen folgende Zahlen über die Wahlbeteiligung in vier Großstaaten:

Die Wahlbeteiligung in vier Großstaaten 1871—1930

	Deutsches Reich	Frankreich	Italien	Großbritannien
1871	50.8		45.5 (1870)	
1874	60.9		55.7	
1876		76	59.2	
1877	60.4	80		
1878	63.1			
1881	56.1	69	59.4 (1880)	
1884	60.4	78 (1885)		
1887	77.2		58.5 (1886)	
1890	71.3	76.6 (1889)	53.7	
1893	72.2	71.1	55.9 (1892)	
1898	67.8	72.3	58.5 (1895)	
1903	75.8	80.— (1902)	58.3 (1900)	
1907	84.4	79.9 (1906)	62.8 (1904)	
1910		77.5	65.3 (1909)	
1912	84.5	77.3 (1914)	60.4 (1913)	
1919	82.7	70.7	56.6	58.9 (1918)
1920	78.4		58.4 (1921)	75.4 (1922)
1924	76.3	83.—	63.1 (1923)	74.1 (1923)
1924	77.7			80.6
1928	75.5	83.7	89.5 (1929)	79.8 (1929)
1930	82.—			80.0 (1931)

Diese Zahlen sind für die Frage der Wahlpflicht von besonderer Wichtigkeit, denn sobald die Wahlbeteiligung stockt oder zurückgeht, setzt in den betreffenden Ländern die Bewegung zugunsten der Wahlpflicht ein.

Die Wahlpflicht wurde zuerst zur Zeit der französischen Revolution erwähnt. In dem »Cahier« der Gemeinde Aurons (Sénéchaussée d'Aix) vom 29. März 1789 heißt es im Art. 36, Abs. 4: »Tout homme âgé de 25 ans et qui aura droit de voter dans les assemblées municipales, qui se tiendront à cette occasion, s'en fera un devoir sacré et sera mis à une amende commune s'il vient à le négliger.« Trotzdem also durch das Cahier der Abgeordnete bzw. Wahlmann der Gemeinde diese Losung in die konstituierende Nationalversammlung mitgenommen hatte, wurde die Wahlpflicht, wenn auch vielfach während der Revolution erörtert, doch in keine der Verfassungen und Wahlgesetze aus der Revolutionszeit aufgenommen. Dagegen wurde sie unter dem Einflusse der französischen Revolution in die Verfassung (»Acte van Staatsregeling«) der Batavischen Republik von 1798 aufgenommen: »Diejenigen stimmberechtigten Bürger, die in drei aufeinanderfolgenden Jahren bei den Grundversammlungen nicht gestimmt haben, werden für die folgenden drei Jahre von ihrem Stimmrecht, von allen öffentlichen Ämtern, Anstellungen und Pensionen ausgeschlossen.« (Art. 14.) In Frankreich wurde die Wahlpflichtsfrage erst 1848 wieder angeschnitten und wurde immer wieder erörtert, wenn die Wahlenthaltung zu groß wurde (1852: 37%, 1857: 36%). In der Nationalversammlung forderte sie der eigentliche Vater der jetzigen französischen Verfassung, der Abgeordnete Wallon (1872/73). Er betrachtete das Wahlrecht nicht nur als Recht, sondern auch als Pflicht, auf deren Verletzung Strafen gesetzt werden sollten. Diese sollten steigend sein: von 5 bis 500 Franken; im Wiederholungsfalle sollte als Verschärfung die Streichung des Säumigen aus dem Wählerverzeichnis verhängt werden. Der einzige Niederschlag dieser Bestrebungen ist der Art. 18 des Gesetzes vom 2. August 1875 über die Wahl der Senatoren: für die von den Gemeinderäten gewählten Wahlmänner ist die Wahl der Senatoren verpflichtend.

In Italien wurde die Frage besonders brennend, weil sich unter dem Einfluß des Non expedit viele Wähler von der Urne fernhielten. 1870, als der Eindruck noch am stärksten war, war die Wahlenthaltung sogar 54.5% und auch in den nächsten Jahren war sie noch immer sehr erheblich. Zur Stärkung der Wahlbeteiligung sollte die Stimmpflicht dienen, die 1881 in der Kammer im Zuge der Wahlreform besonders erörtert wurde. In den nächsten Jahrzehnten bleibt die Frage nur mehr Gegenstand der Publizistik; in die gesetzgebenden Körperschaften drang sie kaum mehr: bei einem individualistischen Volk wie dem italienischen war eine solche Einschränkung der persönlichen Freiheit nicht volkstümlich. Politisch hätte die Durchführung der Wahlpflicht nur bedeutet, daß alle katholischen Wähler zur Urne erschienen wären, was den damaligen liberalen Regierungen sicher nicht genehm war.

In Deutschland gab es in einigen Ländern Wahlpflicht, aber nur bei mittelbaren Wahlen für die Wahlmänner. Dies ist leicht zu verstehen, weil ja das Amt eines Wahlmannes klar als öffentliches Amt erscheint, so daß die Wahlpflicht ohne weiteres verlangt werden kann. Nach dem bayerischen Wahlgesetz vom 21. März 1881 (§ 21) war für die Gültigkeit der Abgeordnetenwahlen die Anwesenheit und die Stimmabgabe von $^2/_3$ der Wahlmänner erforderlich. Wenn wegen zu geringer Anwesenheit die Wahl nicht zustande kam, so hatten die ohne hinreichende Ursache ferngebliebenen Wahlmänner die Kosten der ausgebliebenen Wahl zu tragen.

Die einzigen Länder, in denen es vor dem Kriege zur Einführung der Wahlpflicht kam, sind die Schweiz, Belgien, Österreich und Spanien. In der Schweiz ist die Regelung der Wahlpflicht Sache der Kantone; sie können diese sowohl für die Wahl der kantonalen Gesetzgebungskörper als auch für die Wahl der Mitglieder des Nationalrates einführen. »Das Bundesrecht kennt den Stimmzwang auf dem Gebiete der eidgenössischen Wahlen und Abstimmungen nicht; es verbietet aber den Kantonen auch nicht, für ihr Gebiet den Stimmzwang sowohl für kant. und Gemeindeangelegenheiten als auch für eidg. Wahlen und Abstimmungen vorzuschreiben« (Burckhardt II. Nr. 390). In einer großen Zahl von Kantonen ist die Wahlpflicht eingeführt; wir haben hierbei die Landsgemeindekantone von den Repräsentativkantonen zu unterscheiden. In den Landsgemeindekantonen ist die Wahlpflicht darauf zurückzuführen, daß das Erscheinen an der Landsgemeinde ursprünglich eine Ehre war, die nur den freien Männern zustand. Bei dieser Gelegenheit mußten die Bürger auch Gehorsam schwören, und so entwickelte sich allmählich eine Pflicht, die entweder nur als reine Bürgerpflicht ausgesprochen ist (App. J.-Rh., Glarus, Uri, Unterw.) oder aber mit einer Sanktionsklausel ausgestattet wird (App. A.-Rh.): der pflichtsäumige Bürger muß eine Geldbuße zahlen. In den Repräsentativkantonen wurde die Wahlpflicht zuerst im Kanton St. Gallen eingeführt (1835), später in Solothurn (von 1856 bis 1887), Thurgau (1870), Aargau (1871), sodann in Bern, Luzern, Zug, Neuenburg, Schaffhausen.

In Belgien wurde die Wahlpflicht schon seit den Sechzigerjahren angesichts der starken Wahlenthaltungen in die politische Debatte geworfen, dann seit 1890 besonders tatkräftig durch den damaligen Finanzminister Bernaert verfochten, bis sie 1893 anläßlich der Verfassungrevision in die Verfassung aufgenommen wurde (Art. 48). Sie wurde als Korrelat zu dem damals eingeführten allgemeinen Wahlrecht angesehen: durch die Wahlpflicht sollten die bürgerlichen Kreise zur Ausübung ihrer politischen Rechte angehalten werden.

In Österreich wurde durch die Reichsratswahlordnung vom 26. Januar 1907, RGBl. Nr. 17, der Landesgesetzgebung überlassen, für die Wahl der Mitglieder durch die innerhalb des betreffenden Landes Wahlberechtigten die Wahlpflicht einzuführen, was in sechs Ländern geschah. Auch hier waren es konservative Politiker, die die Einführung der Wahlpflicht im Zusammenhang mit der Herstellung des allgemeinen und gleichen Wahlrechtes durchsetzten.

In Spanien bildete die Einführung der Wahlpflicht durch das

Wahlgesetz vom 8. August 1907 ein Mittel zur Hebung der politischen Sitten. Es sollte Wahlmachenschaften der Art, daß weite Wählermassen durch Einschüchterung oder Bewirtung sich zum Fernbleiben von der Wahl bewegen ließen, ein Riegel vorgeschoben werden.

In Liechtenstein besteht gemäß dem Gesetz vom 19. Februar 1878 (nunmehr Gesetz vom 31. August 1922) Wahlpflicht, deren unentschuldigte Unterlassung bestraft wird.

Während des Krieges wurde 1917 in den Niederlanden die Wahlpflicht gelegentlich der Verfassungsdurchsicht in die Verfassung aufgenommen; auch hier ging die Einführung der Wahlpflicht Hand in Hand mit der Einführung des allgemeinen Stimmrechts.

In Bulgarien führte der Führer des Bauernbundes, Stambolijski, durch das Gesetz vom 3. Dezember 1919 die Wahlpflicht mit dem politischen Zweck ein, durch Strafbestimmungen die bäuerlichen Wähler in größerer Zahl zur Urne zu bringen.

1920 folgte die Tschechoslowakei, indem sie in § 6 der Wahlordnung für die Abgeordnetenkammer vom 29. Februar 1920 (übernommen gemäß § 2 der Wahlordnung für den Senat auch für die Senatswahlen) die Wahlen zu verpflichtenden machte, nachdem für die Gemeindewahlen schon durch die Wahlordnung vom 31. Januar 1919 die Wahlpflicht festgesetzt worden war.

Rumänien machte durch seine Verfassung von 1923 die Wahlen der Abgeordneten (Art. 64 Verf.) und Senatoren (Art. 68 Verf.) verpflichtend. In Ungarn sind gemäß §§ 14 und 74 des Wahlgesetzes von 1925 die Wahlen verpflichtend; in Griechenland besteht Wahlpflicht gemäß Art. 6 des WG. vom 24. Januar 1929, in Luxemburg gemäß Art. 259 des WG. vom 31. Juli 1924.

In Österreich bestehen für die Anwendung der Wahlpflicht auf die Nationalratswahl dieselben Grundsätze wie in der Schweiz für den Nationalrat: es bleibt den Ländern überlassen, ob sie die Wahlpflicht einführen wollen oder nicht. Sie besteht derzeit nur in den beiden Ländern Tirol und Vorarlberg.

Von den deutschen Ländern hatte nur Lippe (durch das Gesetz vom 20. Dezember 1924) die Wahlpflicht eingeführt, durch das Gesetz vom 15. Oktober 1928 wieder aufgehoben; das Landtagswahlgesetz von Mecklenburg-Strelitz erklärt in § 7: »Jeder Wahlberechtigte, der das 70. Lebensjahr nicht überschritten hat, ist zur Wahl verpflichtet«, ohne eine Strafbestimmung zu enthalten, ebensowenig die Verfassungen von Baden (§ 3: »Die Ausübung des Wahl- und

Stimmrechts ist eine allgemeine Bürgerpflicht«) und von Braunschweig (Art. 2: »Jeder ist verpflichtet, an Wahlen und Abstimmungen teilzunehmen«).

Die Wahlpflicht kann entweder in der Verfassung ausgesprochen sein (Schweizer Kantone, Belgien, Rumänien, früher Niederlande), teils erst in den Wahlgesetzen (Liechtenstein, Ungarn, Tschechoslowakei, Niederlande, Tirol und Vorarlberg) oder aber sie wird in den Gesetzen nicht ausdrücklich genannt, sondern es wird nur eine bestimmte Handlung verlangt, die in ihren Wirkungen auf einen Stimmzwang hinausläuft: so im Kanton Zürich, wo die Pflicht besteht, daß der Wähler bei der Abstimmung seine Ausweiskarte abgibt. Der Wähler kann aber auch die Wahlkarte schon früher an die Wahlbehörde zurücksenden; langt die Wahlkarte weder durch persönliche Abgabe bei der Abstimmung noch durch Zurücksendung binnen der beiden folgenden Tage ein, so hat die Gemeinde sie einzusammeln und dafür eine Buße einzuheben (Verordnung vom 22. Dezember 1888, O. S. XXII. 100).

Die Wahlpflicht wird entweder nur als moralische Pflicht, als Bürgerpflicht aufgestellt oder es werden an die Verletzung dieser Pflicht Straffolgen geknüpft. Wahlpflicht ohne Sanktion besteht nur in den Kantonen Bern, Luzern, Appenzell J.-Rh., beide Unterwalden, Glarus Zug und Neuenburg. In den Niederlanden hatte die Durchführung des 1917 in die Verfassung aufgenommenen Grundsatzes der Wahlpflicht große Schwierigkeiten gefunden, weil die Wahlenthaltung in den großen Städten sehr groß war, ohne daß die pflichtsäumigen Wähler der Strafe zugeführt werden konnten. Besonders die Kalviner widersetzten sich der Wahlpflicht, weil sie gegen die göttliche Ordnung verstoße und so opferte die Regierung die Verfassungsmäßigkeit der Wahlpflicht, indem sie den entsprechenden Artikel bei der Verfassungsdurchsicht von 1922 aus der Verfassung strich. Die Wahlpflicht ist also nur mehr im Gesetz vorgesehen. Die Regierung ging dann 1925 noch einen Schritt weiter, indem sie gelegentlich der Änderung des Wahlgesetzes den Antrag stellte, daß die Wahlpflicht nicht mehr eine Rechtspflicht, sondern nur eine moralische Pflicht sein soll, so daß auch die Sanktion wegfiele. Die Zweite Kammer verwarf jedoch den Regierungsantrag und das Gesetz vom 23. Juni 1925 behielt die Wahlpflicht als Rechtspflicht bei, verbesserte jedoch das Verfahren zur Bestrafung der Pflichtsäumigen.

Die Sanktionen, mit denen die Verletzung der Wahlpflicht belegt wird, sind moralischer Art, Geldbußen und politischer Art.

1. Moralische Sanktionen.

a) Verweis: in Belgien (bei der ersten Verletzung).

b) Öffentliche Bekanntmachung der Pflichtsäumigen: in Belgien (bei wiederholter Verletzung). Der Wert der moralischen Sanktionen ist nicht zu unterschätzen. Viele Wähler zahlen eine Geldbuße ohne Wimperzucken, während ihnen ein Verweis von einem anderen Menschen peinlich ist. Die öffentliche Bekanntmachung ist ein »An-den-Pranger-Stellen«, und wenn dies auch nur auf Amtstafeln oder in Amtsblättern geschieht, so kann es doch vorkommen, daß der eine oder andere Interessent und politische Gegner die Namen liest.

2. Geldstrafen.

a) Ersatz der Kosten für eine Ersatzwahl, weil die erste Wahl infolge des Fernbleibens einer zu großen Wählerzahl nicht zustande kam. Diese Strafe bestand nach 1881 in Bayern; heute ist diese Strafart ausgestorben.

b) Geldbuße. Diese ist heute die häufigste Sanktionsart. Die Bemessung der richtigen Höhe ist schwierig. Die Erfahrung zeigt, daß die Geldbuße nicht zu niedrig bemessen werden darf, da dies einerseits dem Wähler zum Bewußtsein bringen könnte, daß seine Stimme nur so und soviel wert sei; andrerseits weil eine zu geringe Geldbuße der Wahlenthaltung Vorschub leistet, denn der Wähler zahlt lieber die Geldbuße, als daß er, wie in den Schweizer Kantonen vorkommt, zu bestimmten Jahreszeiten fast jeden Sonntag zur Urne schreitet, so daß das Abstimmen das Sonntagsvergnügen geworden ist. Die Geldbuße darf aber auch nicht zu hoch bemessen werden, weil in diesem Falle die Eintreibung der Buße auf Schwierigkeiten stößt, die verschiedensten Ausflüchte gebraucht werden, um sich vor der Bestrafung zu drücken, usw. Es empfiehlt sich, eine nicht zu geringe Geldbuße als Mindestmaß festzusetzen und je nach der finanziellen Lage des Pflichtsäumigen und nach der Häufigkeit der Verletzung die Summe nach eigenem Ermessen der Instanzen zu erhöhen, doch muß ein Höchstausmaß vorgeschrieben werden. Die derzeit als Geldbußen üblichen Summen sind folgende:

Thurgau, Schaffhausen 1 Fr., St. Gallen, Aargau und Waadt 2 Fr.

Belgien: 1 bis 3 Fr.; bei Wiederholung binnen 6 Jahren 3 bis 25 Fr. (WG. 150).

Niederlande: höchsten 3 Gulden; bei Wiederholung binnen 2 Jahren: höchstens 10 Gulden (WG. 150).

Liechtenstein: höchstens 10 Fr. (WG. 4).

Rumänien: 50 Lei.

Ungarn: 1 bis 10 Goldkronen (WG. 172).

Tschechoslowakei: 20 bis 5000 Kč (WG. 58) oder Arrest bis zu einem Monat.

Österreich: Vorarlberg 10—100 S. oder Arrest bis zu 3 Tagen; Tirol 3—50 S.

Bulgarien: 20—500 Lewa (WG. 161).

Luxemburg: 5 bis 20 Fr.; bei Wiederholung binnen 6 Jahren 10 bis 30 Fr.; im zweiten Wiederholungsfall binnen 9 Jahren 30 bis 50 Fr. (WG. 262).

Griechenland: 25—2000 Drachmen (WG. 142).

3. Politische Sanktionen: die wichtigste ist der Ausschluß von den politischen Rechten. Der Einwand, daß es widersinnig sei, jemandem das Stimmrecht zu entziehen, weil er doch durch seine Stimmenthaltung erklärt hat, daß ihm an dem Stimmrecht nichts läge, ist nicht stichhaltig; es bleibt die psychologische Tatsache, daß jemand, der sein Stimmrecht nicht ausübt, sich sofort in seinen Rechten beschränkt fühlt, wenn man ihm das Stimmrecht entzieht. Die weitestgehenden Sanktionen politischer Art hatte der eingangs erwähnte Art. 14 der Verfassung der Batavischen Republik von 1798; in Belgien wird mit der Entziehung des Stimmrechtes auf 10 Jahre derjenige bestraft, der während 15 Jahre viermal die Stimmpflicht verletzt hat (WG. 210). In Luxemburg erfolgt die Streichung aus den Wählerlisten auf 6 Jahre bei zweimaliger Verletzung der Wahlpflicht innerhalb 9 Jahre (WG. 262).

Die Auferlegung der Strafsanktionen ist entweder Sache der Verwaltungsorgane oder der Gerichte. In der Regel kann der bei der Wahl nicht erschienene Wähler während einer bestimmten Frist vor Verwaltungsbehörden (Niederlande: Bürgermeister; Liechtenstein: Ortsvorsteher), vor der Wahlbehörde (Ungarn) oder vor dem Gerichte (Belgien: Friedensrichter) mündlich oder schriftlich seine Entschuldigungsgründe anführen. Als solche werden angesehen:

a) Krankheit und körperliche Gebrechen: Tschechoslowakei, Liechtenstein, Vorarlberg.

b) Hohes Alter: über 70 Jahre Tschechoslowakei, Luxemburg, Vorarlberg.

c) Unaufschiebbare Berufs- oder Amtspflichten: Tschechoslowakei, Liechtenstein, Vorarlberg.

Ferner noch in der Tschechoslowakei: Zurückhaltung durch Verkehrsstörungen, zu große Entfernung vom Wahlort (über 100 km); ferner in Liechtenstein: Landesabwesenheit, schwere Krankheit naher Verwandter, tiefe Trauer. In den Niederlanden wurde durch das Rundschreiben des Ministeriums des Innern und Landwirtschaft vom 20. Juni 1928 Nr. 5995 den Bürgermeistern aufgetragen, Gewissensbedenken als hinreichende Entschuldigungsgründe anzusehen. Wenn die Entschuldigungsgründe anerkannt werden, so ist der Fall erledigt; wenn nicht, so wird die Verurteilung ausgesprochen: entweder durch Verwaltungsbehörden (in Ungarn: Polizei; Tschechoslowakei: politische Behörde; Liechtenstein: Wahlbehörde) oder das Gericht (Belgien: Friedensrichter; Niederlande: Kantonsrichter). Wo die Entscheidung durch Verwaltungsbehörden getroffen worden ist, ist gegen die Entscheidung ein Berufungsverfahren an die höheren Verwaltungsinstanzen zulässig (Ungarn, Liechtenstein).

Die Wirkungen der Wahlpflicht. Die Wahlpflicht hat im allgemeinen die in sie gesetzten Hoffnungen erfüllt. In Belgien betrug die Wahlenthaltung 1892 noch 16%, 1894 nach Einführung der Wahlpflicht nur mehr 5%. In der Schweiz machen wir die Feststellung, daß die Kantone mit Wahlpflicht eine höhere Wahlbeteiligung aufweisen als die ohne Wahlpflicht. Sie war bei den Nationalratswahlen von 1928 am höchsten in Schaffhausen: 91—92½%, Aargau 99.7 bis 88.3%, St. Gallen 91—87%, Thurgau 84.8—82.6%, Zürich 78%. Sie stehen alle über dem Durchschnitt für die Schweiz von 78.8%. Bemerkenswert war die Entwicklung im Kanton Waadt. Dort wurde 1925 der Stimmzwang eingeführt, aber nur für die Volksabstimmungen, nicht aber für die Wahlen. Er wirkte sich aber gleichwohl auch auf die Wahlen aus. Während 1919 und 1922 die Wahlbeteiligung mit 71.3 und 66.9% stark unter dem schweizerischen Durchschnitt von 80.4% und 76.4% zurückblieb, überschritt sie nach Einführung des Stimmzwanges 1925 und 1928 mit 87.1% und 82.6% den schweizerischen Durchschnitt von 76.8% und 78.8%. In Österreich standen bei den Nationalratswahlen von 1927 mit einer durchschnittlichen Wahlbeteiligung von 91% die beiden Wahlpflichtländer Vorarlberg mit 94% und Tirol mit 92% an der Spitze; sie wurden nur durch einige Wiener Wahlkreise übertroffen (Nordost: 95%, Südost 94%, West und Südwest 93%) (1930: dieselbe Beteiligung von 93% in Vorarlberg, Tirol und Wien), wobei zu bemerken ist, daß in diesen beiden Gebirgsländern mit ausgedehnten, weitverzweigten Ortschaften die Ausübung des Stimmrechts viel schwieriger ist als in der Großstadt Wien. Schon im alten Österreich war bei den Reichsratswahlen die Wahlbeteiligung in den Wahlpflichtländern bedeutend höher als in den übrigen, nämlich 93% gegenüber einem Reichsdurchschnitt von 84.6%. Dasselbe gilt von den Staaten, die in der Nachkriegszeit die Wahlpflicht eingeführt haben: so von Bulgarien, wo die Wahlbeteiligung von 54.2% i. J. 1919 auf 76.6% i. J. 1920 und 86.4% i. J. 1923 gestiegen ist und sich in diesem überwiegend bäuerlichen Land auf dieser Höhe hält; von der Tschechoslowakei, wo sie 1929 91.6% betrug, von Luxemburg, wo gemäß einer Mitteilung des Staatsministeriums (vom 9. Oktober 1931 an den Verf.) »die Wahlpflicht zur Folge hatte, daß die Beteiligung an den Wahlgeschäften erheblich zugenommen hat«. Dasselbe gilt schließlich von den Niederlanden, wo die größte Gegnerschaft gegen die Wahlpflicht entstanden ist. Gegen diese wurden religiöse Bedenken erhoben und auch der Einwand, daß eine solche Pflicht dem Rechtsbewußtsein eines individualistisch eingestellten Volkes widerspreche; weitere Schwierigkeiten ergaben sich bei der Anwendung des Gesetzes: so betrug in Amsterdam allein bei den Wahlen zur Zweiten Kammer von 1925 die Zahl der Wahlenthaltungen 43722 oder 11% der Wähler, so daß die Arbeit, die dadurch den Behörden verursacht wurde, eine erhebliche war. Der weitaus größte Teil konnte sich entschuldigen, und nur 7534 wurden bestraft. Die Gegner der Wahlpflicht müssen aber zugeben, daß seit deren Einführung Gepflogenheiten wie das Abholen der Wähler in Wagen und Autos sowie ihre Bewirtung so gut wie verschwunden sind, so daß also die Wahlpflicht zur Hebung der Wahlsitten beigetragen hat (vgl. hierzu Gargas im AöR. N. F., Bd. 17, S. 206 ff.).

In technischer Hinsicht erfüllt also die Wahlpflicht alle Erwartungen. (Wieweit die Erwartungen der einzelnen Parteien erfüllt wurden, darauf ist die Antwort schwer.) In technischer Hinsicht bringt die Wahlpflicht aber eine Inanspruchnahme der Behörden und Gerichte mit sich, so daß einzelne Länder zu einer großzügigen Behandlung der Pflichtsäumigen übergegangen sind. In ethischer Hinsicht läßt sich freilich nicht sagen, ob der Zwang den Bürgersinn gehoben hat. Die Erfahrung zeigt, daß sich auch ohne Wahlpflicht die Wahlbeteiligung immer dann gehoben hat, wenn etwas auf dem Spiel stand, wenn Wahlen zu Entscheidungen wurden und nicht wie bei Verhältniswahlen zur bloßen Zählung der Parteiherde.

Die Organisation der gesetzgebenden Körperschaften.

1. Das Zweikammersystem im monarchischen Staate.

Der mittelalterliche Staat war auf dem Dualismus zwischen Volk und Fürst aufgebaut. Die Organisation der Vertretung des Volkes war wegen des reichen genossenschaftlichen Lebens naturgemäß eine ständische: jede der großen Sozialgruppen bildete einen Stand, der für sich beriet und zu einem Gesetze war in der Regel ein übereinstimmender Beschluß aller Stände erforderlich. Wir finden 1225 in England ein Parlament, das aus den Baronen, den Prälaten und Äbten, die persönlich einberufen wurden, und aus den Abgeordneten der Grafschaften, Städte und Märkte und der niederen Geistlichkeit bestand. In Frankreich gab es drei Stände: den Adel, die Geistlichkeit und den dritten Stand (Städte und flaches Land). Der deutsche Reichstag bestand aus drei Kollegien, von denen jedes für sich entschied: dem Kurfürstenkollegium, dem Fürstenrat, bestehend aus einer weltlichen und einer geistlichen Bank und der Vertretung der Städte. In den nordischen Staaten hatte der Bauernstand noch seine Freiheit und Gleichheit mit den übrigen Ständen erhalten, so daß wir in Dänemark und Norwegen, Schweden und Finnland ein Vierständeparlament finden: Adel, Geistlichkeit, Städtebürger und Bauern. Die Vielheit der Stände war aber ihre Schwäche gegenüber einem dank dem Eindringen der Geldwirtschaft einerseits, der humanistischen Ideen und des römischen Rechts andrerseits immer stärker werdenden Landesfürsten. So wurden die Generalstände in Frankreich seit 1614 nicht mehr einberufen, in Spanien schon seit dem 16. Jahrhundert, in Portugal seit Ende des 17. Jahrhunderts nicht mehr; in Dänemark und in Norwegen wurden sie 1660 aufgehoben, und im Deutschen Reiche fristeten sie ein Schattendasein; der Reichstag war ein Gesandtenkongreß geworden. In Ungarn erschöpfte sich die Aufgabe des Reichstages im Vorbringen von Beschwerden und Wünschen.

In England blieben die Stände erhalten, doch machte sich langsam eine Umwandlung bemerkbar. Während sie ursprünglich wohl in vier Kammern zusammengetreten waren (Stubbs), läßt sich 1341 eine Trennung in zwei Gruppen erkennen: in die persönlich einberufenen Barone und hohen Geistlichen und in die mittels allgemeinen königlichen Schreibens einberufenen Vertreter der Grafschaften und Städte. 1351 bilden diese, die Gemeinen, eine besondere Versammlung, die 1377 zum erstenmal einen Sprecher aus ihrer Mitte wählt. Neben den Gemeinen traten Adel und Geistlichkeit als Lords zu einem Magnum Concilium, dem späteren Hause der Lords zusammen, immer aber gleichzeitig mit den Gemeinen. Im Laufe der Zeit werden die Weisungen, die die Abgeordneten der Grafschaften und Städte von ihren Wählern erhielten, immer allgemeiner, bis sie zuletzt überhaupt verschwanden. Durch diese Loslösung der Wähler von den Gewählten entwickelte sich die Ansicht heraus, daß jedes Mitglied Teil der Reichsvertretung ist, sein Wille nicht Wille des ihn entsendenden Verbandes, sondern Willenselement des ganzen Reiches ist (Jellinek S. 574). So bildet die Geschichte des englischen Unterhauses das Beispiel einer allmählichen, fast ununterbrochenen Entwicklung von der mittelalterlichen Ständevertretung zur modernen Volksvertretung. Dem Unterhause gegenüber stand das Haus der Lords als dasjenige Gesetzgebungsorgan, durch das der König seinen Anteil an der Gesetzgebung ausüben konnte. Dieser Anteil wurde nämlich nicht durch das Sanktionsrecht ausgeübt, da seit 1706 die Sanktion nicht mehr verweigert wurde, sondern durch das Oberhaus. Da dessen Mitgliederzahl unbeschränkt war, hatte der König durch die Schaffung neuer Pairswürden die Möglichkeit, ein ihm nicht ergebenes Oberhaus zu einem ergebenen zu machen. Meist genügte schon die Drohung mit dem Pairsschub, um das Oberhaus zur Besinnung zu bringen; durch das Oberhaus konnte er also jederzeit eine ihm unangenehme Volksvertretung in Schach halten, denn zu einem Gesetze ist die Übereinstimmung aller drei Zweige des Parlaments nötig: des Königs, der Lords und der Gemeinen.

In dieser Form trat die englische Gewaltenteilung und das Zweikammersystem den festländischen Gelehrten des 18. Jahrhunderts gegenüber und diese Form war es auch, die den Liberalismus mit der Monarchie versöhnte. Die Ideologie zu diesem Kompromiß lieferte Benjamin Constant, der das Oberhaus als besondere Repräsentation der Dauer und der Kontinuität der Abgeordnetenkammer als Repräsentation der öffentlichen Meinung gegenüberstellte. In dieser Form wurde das englische Zweikammersystem von der französischen Charte von 1814 übernommen. Mit der Überlassung der Pairskammer an den König, und der Reservierung der Abgeordnetenkammer an die großbürgerlichen Kreise hatte der französische Liberalismus sich von dem Alpdruck der demokratischen und zäsaristischen Bestrebungen seit 1789 befreit. Die Verfassung von 1791 mit ihrer einzigen Kammer hatte ja den Reigen einer Anzahl von extrem demokratischen Verfassungen eröffnet, auf die rasch wieder eine Rückwirkung ganz nach dem Wunsche des großen Korsen folgte. So opferte der Liberalismus gerne eine staatsrechtliche Ordnung wie die von 1791, die im Auslande in der spanischen Cortesverfassung von 1812, der portugiesischen Cortesverfassung von 1822 und der norwegischen Verfassung von 1814, alle mit nur einer Kammer, nachgebildet wurde. Ungleich stärker war die Anziehungskraft der Charte von 1814: ihre Ordnung der gesetzgebenden Gewalt wurde von den Niederlanden (1815), den deutschen Einzelstaaten (besonders von 1818 an), von Portugal (1826), Spanien (1837 und 1845), Luxemburg (1841), Sardinien (1848), Preußen (1850) übernommen und der Einfluß war sogar noch 1861 stark, als die österreichische Reichsvertretung neugeschaffen wurde, durch das Februarpatent, dem sich die endgültige 67er Verfassung eng anschloß. Auch die Zensusbestimmungen der französischen Charte von 1814 für die Abgeordnetenkammer wurden in verschiedenem Ausmaß übernommen. Während aber in der französischen und romanischen Welt der Liberalismus sich bei der Wahl der Abgeordnetenkammer mit seinen individualistischen Forderungen durchgesetzt hatte, indem das Volk als Summe gleichberechtigter Individuen galt und daher alle Anklänge an das Ständewahlrecht fielen, blieben die Parlamente der deutschen Welt bei einer ständischen Gliederung stehen, die Prälaten, Ritterschaft und Städte umfaßte, zu denen noch eine Vertretung der Bauernschaft hinzutrat. In dieser Form erhielt sich die landständische Vertretung in Mecklenburg bis 1918; ebenso lang in der Umwandlung durch ein Klassenwahlrecht auch in Preußen und in anderen Ländern. Der alte Vierständereichstag (Adel, Geistlichkeit, Bürger und Bauern) blieb in Schweden bis 1865 bestehen, in Finnland bis 1906.

Die französische Julirevolution 1830 war das Zeichen für das neuerliche Auftreten der demokratischen Forderungen, die seit dem Thermidor erstickt worden waren. Das liberale Großbürgertum hatte durch ein engbegrenztes Wahlrecht die Volksvertretung zu seiner eigenen Vertretung gemacht. Gegen die Zensusmonarchie liefen nun die vom Wahlrecht Ausgeschlossenen, vor allem die Arbeitschaft Sturm. Die liberalen Freiheitsgrundsätze hatten sich als Freiheit für den wirtschaftlich Stärkeren entpuppt. Nun wurde dieser liberalen Freiheit die demokratische Forderung nach Gleichheit gegenübergestellt, nach politischer Gleichheit, gleichem Wahlrecht. Die Liberalen machten diese Forderungen mit, solange sie sich gegen das Königtum richteten; sobald sie sich aber gegen sie zu wenden schienen, machten sie wieder mit dem Königtum gemeinsame Sache. So war das Ergebnis der Julirevolution nur ein sehr mäßiges Vordringen der Demokratie in Frankreich: das Wahlrecht zur Abgeordnetenkammer wurde erweitert, für die Pairskammer das Ernennungsrecht des Königs auf bestimmte Kategorien beschränkt. Anders war es in Belgien, in den südlichen Provinzen der Niederlande, wohin die Julirevolution übergriff. Die Charte von 1830 war auch auf die belgische Verfassung von 1831 von Einfluß, indem nach ihr zwei Kammern geschaffen wurden. Aber die revolutionäre Entstehung des Staates, die Verankerung des Grundsatzes der Volkssouveränität in der Verfassung und die Ableitung der Königsmacht aus einer Wahl des souveränen Volkes brachten es mit sich, daß dem König kein Einfluß auf die Bildung des Oberhauses eingeräumt wurde, so daß auch dieses vom Volke gewählt wird, nur nach etwas anderen Grundsätzen als die Volkskammer. Die belgische Verfassung machte große Schule, insbesondere 1848: sie wurde auf den Reichstagen in Frankfurt, Berlin und Kremsier als Ideal gepriesen und 1849 wurden nach diesem Ideal die österreichische Verfassung, die dänische und die niederländische erlassen. Als Rumänien 1866 eine neue Verfassung erhielt, wurde sie nach dem belgischen Muster zugeschnitten. Die anderen, auf dem Balkan entstehenden Reiche aber glaubten auch ohne Senat auszukommen: Serbien, Bulgarien und Griechenland (nur kurze Zeit ein vom König ernannter Senat).

Der andauernde Rückgang der Königsmacht und das Vordringen der demokratischen Strömungen führte zu einem Verbleichen des Glanzes der Oberhäuser. Wo das Oberhaus weiterhin vom König ernannt blieb, erfolgte eine Einbuße seines Ansehens schon dadurch, daß die Ernennung nur dem Namen nach dem König oblag, in Wirklichkeit aber der Regierung, die die Vorschläge dem König unterbreitete. Dies und der Mißbrauch des Rechts des Pairsschubes machten das Oberhaus ebenso zu einer parteipolitischen Körperschaft wie die Abgeordnetenkammer. Da über dem englischen Oberhaus stets das Damoklesschwert des Pairsschubes schwebt und dieser dem Kabinett, also einem Ausschuß der Unterhausmehrheit zusteht, war es in Wirklichkeit eine von der Unterhausmehrheit abhängige Körperschaft, bis es durch die Parliament-Act von 1911 seine noch rechtliche Gleichstellung mit dem Unterhaus verlor. Eine ähnliche Ansehensbuße erlitten die Senate in Spanien und in Italien. Die Demokratisierung führte einerseits dazu, daß der König dort, wo er das Recht zur Ernennung eines Teiles der Oberhausmitglieder hatte, so in Dänemark von 18, in Island von 8, auf dieses Recht verzichtete (1915), andrerseits daß für die vom Volke gewählten zweiten Kammern eine Ausdehnung des Stimmrechts erfolgte, das dem für die Volkskammer gleichkommt; in Belgien, den Niederlanden, Schweden. Das ungarische Magnatenhaus (nunmehr Oberhaus genannt) wurde 1926 dadurch demokratisiert, daß nicht mehr alle Häupter der adeligen Familien Sitz haben, sondern nur mehr eine von ihnen gewählte Vertretung; dafür rücken Vertreter der Selbstverwaltungs- und Berufskörperschaften in das Haus ein. In Rumänien wurde für den Senat seit 1923 das allgemeine Wahlrecht angewendet, doch ist als Gegengewicht eine Vertretung bestimmter Kategorien von Rechts wegen geschaffen worden. Nach dem Weltkrieg verschwinden mit dem Sturz einiger Monarchien auch weitere Herrenhäuser: in Rußland, Preußen, Österreich; in den an die Stelle der Monarchien getretenen Republiken nimmt die zweite Kammer eine andere Stellung ein.

Das englische Oberhaus wirkt als starker Prellblock gegen die Parteipolitik im Unterhaus, doch sind auch seine Mitglieder schon wegen der Art ihrer Ernennung — über Vorschlag des Premiers — parteimäßig eingestellt. Die Erblichkeit der Würde wirkt konservativ und damit auch im parteipolitisch konservativen Sinn. Im italienischen Senat gab es keine Parteien; doch waren fast alle Senatoren liberal, bis der Faschismus durch Pairsschübe eine faschistische Mehrheit schuf. Die Oberhäuser in Belgien, in den Niederlanden, in Dänemark und Schweden machen dieselbe Parteipolitik mit wie die Volkskammern, jedoch mit einer maßvolleren und sachlicheren Einstellung, wofür die besonderen Erfordernisse für die Mitgliedschaft, aber auch die Rolle des örtlichen Faktors bei der Bildung die Ursachen sind.

2. Das Zweikammersytem in der Republik.

Vorbildlich für die zweite Kammer in der Republik ist die französische Verfassung von 1875 geworden, die Verfassung der dritten Republik. In den beiden ersten Republiken war das Zweikammersystem als mit dem Gedanken der einen und unteilbaren Souveränität des Volkes unvereinbar abgelehnt worden (nur die Direktorial- und die Konsularverfassung hatten zwei Kammern). Die konstituierende Nationalversammlung der dritten Republik aber war in ihrer Mehrheit eine royalistische; und wenn diese schon am 25. Febr. 75 einer republikanischen Verfassung als vorläufigem Ausweg zustimmte, so hatte sie am 24. Februar 1875 einen Senat geschaffen, der durch seine Zusammensetzung der Hüter des royalistischen Gedankens im Gegensatz zu einer etwa republikanischen Mehrheit der Abgeordnetenkammer sein sollte. Dazu sollten konservativ wirkende Mittel dienen, wie mittelbare Wahl, lange Gesetzgebungsdauer von 9 Jahren, Drittelerneuerung an Stelle der Ganzerneuerung, Mindestalter von 40 Jahren für die Wählbarkeit; hierzu kam noch die ungefähr gleiche Behandlung der Departements, von denen jedes zwei Sitze erhielt, die größten Departements aber höchstens drei bis fünf; schließlich noch die Schaffung eines Wahlkörpers, in den unter anderem jede Gemeinde, ohne Rücksicht auf ihre Größe, gleich viel Wahlmänner entsandte, wodurch die kleinen Gemeinden ein Übergewicht erhielten. Was der Senat sein sollte, sagte auch der Bericht der Commission des Trente klipp und klar: »Nous n'avons pas voulu donner aux grandes communes plus de délégués qu'aux petites communes. C'eût été donner raison à ceux qui n'auraient pas manqué de réclamer dès lors la représentation proportionnelle des communes. Nous aurions ainsi reconnu, sous une autre forme, la loi du nombre, et c'est le contrepoids de la loi du nombre que nous avons voulu créer en organisant le Sénat. C'est à ce prix qu'il donnera satisfaction aux intérêts conservateurs, dont il est et doit rester le gardien.« Weiters sollte der Senat durch die 75 unabsetzbaren, durch Kammer und Senat gemeinsam gewählten Senatoren ein möglichst fester Hort konservativer und royalistischer Gesinnung sein. Er hatte 1878, als er MacMahon die Zustimmung zur Auflösung der Kammer gab, die Hoffnungen seiner royalistischen Väter nicht enttäuscht. Als aber in der Folgezeit die Republikaner endgültig das Oberwasser gewannen, da war er lange Jahre in deren Augen argwöhnisch betrachtet worden und nichts lag näher, als daß die Radikalen ihn überhaupt zu beseitigen trachteten. 1884 wurde die verdächtige Kategorie der Senatoren auf Lebenszeit auf den Aussterbezustand gesetzt; das Übergewicht der kleinen Gemeinden wurde gebrochen, indem die Zahl der Wahlmänner von der Bevölkerungszahl der Gemeinden abhängig gemacht wurde. Unter diesen Bedingungen wurde der Senat auch in der dritten Republik heimisch und er wurde auch ideologisch auf eine feste Grundlage gebracht: er sollte gegenüber der allzu fortschrittlichen und vorwärtsstürmenden Kammer die reifere Körperschaft sein, er sollte dem jugendlichen Sturm der Kammer die kühle Überlegenheit des Alters gegenüber stellen, so wie sich in der Direktorialverfassung der Rat der Alten und der Jungen gegenüberstanden. Diese Gründe waren es auch, die in den später geschaffenen Republiken zugunsten der Übernahme des Senats nach französischem Muster angeführt wurden: so 1911 in Portugal, 1920 in der Tschechoslowakei, 1921 in Polen, 1925 und 1927 in Griechenland. Freilich, die Übernahme französischer Einrichtungen war leichter in die Verfassung aufzunehmen, als in Wirklichkeit zu setzen, da in diesen Ländern die Verwaltungskörperschaften, wie Arrondissement- und Generalräte, die den Senat zum »Generalrat der Gemeinden Frankreichs« (Gambetta) machten, fehlten, so daß überall nur der Weg der unmittelbaren Volkswahl übrigblieb. Um den Senat aber doch nicht zu einem bloßen Abklatsch der Abgeordnetenkammer zu machen, wurden gewisse Unterschiede in der Wahl eingeführt: höhere Altersgrenzen für Stimmberechtigung und Wählbarkeit, größere Wahlkreise, längere Gesetzgebungsdauer und kleinere Mitgliederzahl. Trotz all dieser künstlichen Unterschiede ist der Senat in diesen Ländern ein Abklatsch der Kammer geworden, weil die wirklichen politischen Kräfte, die Parteien, in beiden gleichermaßen vertreten sind.

Der Wunsch, im Senat nicht eine Wiederholung des Parteienparlaments zu schaffen, sondern andere Kräfte in die Gesetzgebung einzufügen, war bei der Schaffung des Senats des Irischen Freistaats maßgebend. Er sollte durch das Volk gewählt werden; damit aber diese Wahl nicht nach parteipolitischen Grundsätzen durchgeführt werde, sollten Landtag und Senat eine Liste der Bewerber in dreifacher Zahl der zu vergebenden Sitze aufstellen, und hier Männer und Frauen vorschlagen, die Verdienste um den Staat erworben haben oder eine Ehre für die Nation sind (Elitecharakter) oder die wichtige Zweige des Wirtschaftslebens vertreten (berufsständischer Einschlag). Damit nicht wie bei der Wahl der Volkskammer örtliche Belange zu sehr betont werden, sondern der Senat eine wirkliche Vertretung der Staatseinheit würde, sollte das ganze Land einen Wahlkreis bilden. Die großzügige Konstruktion war aber im luftleeren Raum gemacht. In der rauhen Wirklichkeit wurde gerade das Gegenteil dessen erreicht, was angestrebt war. Infolge der unangenehmen Erfahrungen wird seit 1928 der Senat von Landtag und Senat gemeinsam gewählt. Wenn auch noch die obenerwähnten Erfordernisse für die Wählbarkeit bestehen, ist der Senat doch nun praktisch zu dem geworden, was er ursprünglich auf keinen Fall werden sollte: eine reine Parteienvertretung, er ist es in einem noch stärkeren Maße als die Volkskammer selbst, denn den Senat können die Parteien ohne Rücksicht auf den Volkswillen besetzen. Damit ist der Senat die beste Verankerung der Parteiherrschaft geworden. Dasselbe gilt von Teilen der zweiten Kammer in:

Belgischer Senat (seit 1920) 20 (von 153) Senatoren, durch die Senatoren kooptiert;

Dänisches Landsting (seit 1915) 19 (von 76) Mitglieder, von den Mitgliedern des abtretenden Landstings gewählt.

Griechischer Senat (seit 1929) 10 (von 120) Senatoren, von Kammer und Senat alle vier Jahre gewählt.

Diese Kooptationsmöglichkeiten wurden damit begründet, daß auf diese Weise Männer der Wissenschaft und des praktischen Lebens, die die Bewerbung im Wahlkampf scheuen, zur Mitarbeit an der Gesetzgebung herangezogen werden sollten. In der Praxis werden diese Möglichkeiten nur ausgenützt, um in der Wahlschlacht durchgefallene Parteileute zu einem Sitze zu verhelfen. Statt eine Elite zu beherbergen, wird die zweite Kammer zu einer Zufluchtsstätte für eine zweite Parteigarnitur. Dies ist auch die Ursache für das geringere Ansehen der zweiten Kammer; und wo Wahlen zu ihr stattfinden, ist die Wahlbeteiligung immer geringer als zur Volkskammer. Die einzige Ausnahme bildet der französische Senat, der auch Regierungen stürzen kann. »Das verfassungsmäßige Übergewicht des Senats, obgleich er nicht aus einem allgemeinen Wahlrecht hervorgeht, gibt ihm die Macht, die allgemeine Politik Frankreichs zu bestimmen und sie gegen den Willen, wie er durch die allgemeine Abstimmung ausgedrückt wurde, zu lenken« (Aulard in Demokratie und Parlamentarismus, S. 13).

In Republiken, auf deren Verfassung die französische Verfassung nicht einen solchen unwiderstehlichen Reiz ausübte wie in den früher erwähnten, wurde von der Einführung eines Senats überhaupt abgesehen: in Finnland, Estland, Lettland, Litauen und Danzig. Auch die Verfassung der Spanischen Republik vom 9. Dezember 1931 hat keinen Senat eingeführt.

3. Die zweite Kammer im Bundesstaat.

Nach althergebrachter Lehre und Praxis wird die Gesetzgebung im Bundesstaat nicht allein von einer vom ganzen Bundesvolke gewählten Kammer ausgeübt, sondern von ihr gemeinsam mit einer zweiten Kammer, die zur Vertretung der einzelnen Gliedstaaten berufen ist. Neben dem zentralistischen Organ der Volkskammer soll als föderatives Organ ein Rat der Gliedstaaten geschaffen werden. Wie die demokratische Doktrin für die Volkskammer die Wahl durch die einander gleichen Individuen, die den Gesamtstaat zusammensetzen, verlangt, so muß sie die Wahl der zweiten Kammer durch die einander gleichberechtigten Glieder, die den Bundesstaat bilden, vorsehen. Daher haben im Senat der Vereinigten Staaten alle Staaten ohne Rücksicht auf ihre Größe gleicherweise zwei Sitze, ebenso im schweizerischen Ständerat jeder Kanton. Beide Kammern sind grundsätzlich gleichberechtigt. Von diesen Grundsätzen wurde in der Verfassung des Deutschen Reichs von 1871 abgegangen. Bismarck war ein zu großer Kenner der nüchternen Wirklichkeit, als daß er Preußen und Schaumburg-Lippe dieselbe Vertretung im Bundesrat zugestanden hätte. Dennoch sollte in dieser Körperschaft, die keineswegs zweite Kammer, als vielmehr oberstes Regierungsorgan war, eine Überstimmung durch den größten Staat verhindert werden: jeder Staat erhielt mindestens einen Sitz, Preußen nur 17 von insgesamt 58.

Bei den Beratungen der Weimarer Nationalversammlung tauchte wieder der Gedanke eines wirklichen Bundesrates als zweiter Kammer auf, so wie schon in der Frankfurter Verfassung das Volkshaus gemeinsam mit dem Staatenhaus, als Vertretung der Staaten, den Reichstag bildete. Das Staatenhaus nach dem Preußschen Entwurf vom 3. Januar 1919 sollte ein föderatives Organ sein und von den deutschen Landtagen gewählt werden. Die Weimarer Verfassung entschied sich für eine Kammer; der Reichsrat ist keine zweite Kammer, die mit dem Reichstag zusammen ein Parlament bildet, sondern eine Versammlung instruierter Vertreter der Landesregierungen (Carl Schmitt), die freilich in ihren Aufgaben einer zweiten Kammer sehr nahe kommt. Jeder Gliedstaat hat mindestens eine Stimme, der größte Staat darf aber nicht mehr als $^2/_5$ der Stimmen innehaben.

In der österreichischen Bundesverfassung von 1920 fand der föderative Gedanke in der Schaffung eines Bundesrates seinen Ausdruck. Der von den Landtagen gewählte Bundesrat ist aber zum Unterschied vom deutschen Reichsrat wirkliches Gesetzgebungsorgan, eine zweite Kammer, die mit dem Nationalrat zusammen die Bundesversammlung bildet. Trotzdem sind die Befugnisse des Bundesrates geringer als die des deutschen Reichsrates: er hat nur ein Einspruchsrecht gegenüber Gesetzesbeschlüssen des Nationalrates und dieser kann den Einspruch bei nochmaliger Beratung des Entwurfs brechen; die Stärke des Reichsrates besteht, von dem Einspruchsrecht und der Anrufung des Volksentscheides abgesehen, in der so wichtigen Vorberatung der Gesetzesvorlagen der Reichsregierung. Der Bundesrat besteht nicht aus einer gleichen Vertretung der Länder, sondern einer abgestuften, indem das Land mit der stärksten Bevölkerung 12 Sitze hat, jedes andere Land entsprechend weniger, mindestens aber 3. Durch diese verschieden große Beschickung und durch die Verhältniswahl hatte sich der Bundesrat in ein zweites Parteienparlament verwandelt, das seine Aufgaben viel zu wenig in der Richtung der Verteidigung gliedstaatlicher Belange sieht. — Der Grundsatz einer gleichmäßigen Vertretung der Länder wurde in Österreich im Christlichsozialen Verfassungsentwurf vom 14. Mai 1919 aufgestellt, nach dem im Ständehaus, das gleichzeitig auch eine berufsständische Körperschaft sein sollte, jedes Land drei Sitze haben sollte; ähnlich wurde im Kremsierer Verfassungsentwurf von 1849 bestimmt: in der Länderkammer sollte jedes Land gleichmäßig vertreten sein; ebenso sollte jeder der nationalen Kreise eine kleinere Vertretung erhalten, eine Bestimmung, die zur Milderung der nationalen Gegensätze beitragen sollte.

Ähnlich wie im Kremsierer Entwurf wurde in Osteuropa oft der Versuch unternommen, durch den Föderalismus nationale Gegensätze zu überbrücken. So brachte der Verfassungsentwurf für Polen von Professor Buzek vom 30. Mai 1919 einen Bundesstaat nach Schweizer Muster und mit einem Senat, in den die Vertretung jeder der Provinzen je zwei Abgeordnete entsendet. In der Sowjetunion ist das bundesstaatliche Organ der Nationalitätenrat des Bundesvollzugsausschusses, in dem jeder Gliedstaat und jede autonome Republik durch 5 Mitglieder, jedes autonome Gebiet durch ein Mitglied vertreten ist. Die Bedeutung dieses Rates im Staatsleben ist sehr gering.

In der Praxis hat sich der Reichsrat als gewisses Gegengewicht gegen die durch den Reichstag verkörperte Parteiherrschaft erwiesen und im hohen Maße die Belange der Länder verteidigt. Dagegen wirken die echten Vertretungen der Gliedstaaten wie der amerikanische Senat, der schweizerische Ständerat und der österreichische Bundesrat weitaus schwächer im föderalistischen Sinn. An Stelle von Verteidigerinnen der gliedstaatlichen Interessen haben sie sich zu Oberhäusern etwa nach dem Muster des französischen Senats entwickelt, zu reiferen Körperschaften mit höherem Alter der Mitglieder, mit umfassenderer Sachkenntnis und größerer Sachlichkeit. Die Parteien, die Mitglieder der beiden Kammern gleicherweise umfassen, wirkten hier im einigenden Sinn. Wenn diese Körperschaften aber doch nicht so ausgesprochene Parteiparlamente geworden sind wie die Volkskammern, so verdanken sie dies der stärkeren örtlichen Bindung, die im natürlichen Gegensatz zum Zentralismus der Parteien steht.

4. Die berufsständische Vertretung.

Trotz des Sieges von Liberalismus und Demokratie, von individualistischer Freiheit und Atomisierung der Gesellschaft und des Staates über die ständische Ungleichheit und Gebundenheit, ist der ständische Gedanke nie ganz vernichtet worden. In vielen Ländern, vor allen in den germanischen hat er sich in der altständischen Form in geringen Resten noch lange halten können. Dort aber, wo der Liberalismus und die Ideale von 1789 vollständig siegten, setzte langsam eine Reaktion ein, die umso stärker wurde, je mehr die Schwächen der parlamentarischen Vertretungsform an den Tag traten. Der Parlamentarismus ist nur so lange integrations- und lebensfähig, als eine gewisse Gleichartigkeit in der Bevölkerung vorhanden ist, sowohl geistiger als auch in gesellschaftlicher Hinsicht. Nur so lange konnte in Gegeneinanderstellen der Meinungen und durch Diskussion ein einheitlicher Wille erzeugt werden, der technisch durch einen Mehrheitsbeschluß zustande kam. Wo aber die Gleichartigkeit nicht vorhanden war oder durch geistige oder gesellschaftliche Verschiedenheiten zersetzt wird, da ist eine Integration sehr erschwert oder unmöglich und der Mehrheitsbeschluß wird zur Tyrannei. Gegen diese Tyrannei setzten zwei Gegenströmungen ein: die eine verlangte als Abhilfe den Schutz der Minderheiten, die andere die berufsständische Gliederung. Diese soll einerseits die wirtschaftliche und gesellschaftliche Homogenität durch Schaffung einheitlicher Gruppen herstellen, andrerseits dem reinen Übergewicht der Zahl ein Gegengewicht auf Grund der Bedeutung der Gruppen für den Staat bilden. Die Strömungen sind der verschiedensten Art; gemeinsam ist ihnen allen, daß sie dem individualistisch-mechanischen Staat ein organisches Staatsbild gegenüberstellen wollen. Auf die zahlreichen schriftstellerischen Anwälte dieser Strömung kann hier nicht eingegangen werden. In die Praxis konnte sie aber mit nur geringem Erfolg eindringen. So wurde in der französischen Abgeordnetenkammer der Antrag des Abbé Lemires von 1894 auf Umwandlung des Senats in eine Interessenvertretung ebenso abgelehnt, wie die ähnlichen Anträge, die von Féron und anderen gelegentlich der belgischen Verfassungsreform von 1893 gestellt wurden. Die während der Revolution von 1848 unter dem Vorsitz von Louis Blanc einberufene »Commission du Gouvernement pour les travailleurs«, die sozialpolitische Fragen zu beraten hatte, litt kläglich Schiffbruch, die syndikal organisierte Kommune von 1870 erlebte ein rasches Ende und der 1880 von Bismarck errichtete preußische Volkswirtschaftsrat, dem die Rolle eines wirtschaftlichen Nebenparlaments oder vielleicht sogar die eines Reichsparlaments an Stelle des Reichstags zugedacht war, schlief 1884 ruhig ein. Angesichts der starken Verankerung des Repräsentativsystems mußten die Anhänger des organischen Staatsgedankens, um nicht »wegen reaktionärer Tendenzen diskreditiert« zu werden (Herrfahrdt S. 85), ihre Forderungen auf die Einführung der berufsständischen Vertretung in den parlamentarischen Staatsaufbau beschränken, diesen aber sonst unangetastet lassen. Sie setzen daher dort ein, wo das parlamentarische System Schwächen zeigt, die durch Aufpfropfung organischer Reise geheilt werden könnten. In diesen Bahnen bewegen sich die neueren Pluralisten, so Duguit, der neben die von den Individuen gebildete Volkskammer eine Berufskammer stellte; Mr. und Mrs. Webb, die ein politisches Parlament mit politischen Aufgaben, daneben aber ein wirtschaftliches Parlament mit wirtschaftlichen Aufgaben fordern. Eine rein wirtschaftliche Interessenvertretung streben so verschiedene Gruppen wie die Regionalisten in Frankreich und der britische Gildensozialismus an. Für die Verwirklichung des berufsständischen Gedankens warben aber mehr als alles Schrifttum und organisierte Bewegungen die unorganisierte Unzufriedenheit mit dem Parlamentarismus vor allem in den schweren Nachkriegsjahren und die Überdrüssigkeit mit der Parteienherrschaft, der gegenüber die berufsständische Gliederung wieder als ein Ideal und als ein Ausweg aus der Krise erscheinen konnte. Zu dieser Einstellung aber trugen drei Umstände bei: die Verwirtschaftlichung der Politik, der Einfluß des Bolschewismus und der des Faschismus.

a) Die Verwirtschaftlichung der Politik. Die Parteien hatten wohl immer eine gewisse wirtschaftlich-soziale Unterlage: die Konservativen zumeist als Vertretung des Grundbesitzes, die Liberalen als Vertretung von Industrie, Handel und Finanz, die Sozialdemokratie als Arbeiterpartei. Dennoch kann man diese Parteitypen niemals

als Wirtschaftsparteien bezeichnen. Sie sind immer Parteien mit einem bestimmten Programm gewesen, das an eine bestimmte soziale Klasse nicht gebunden war, sondern sich an alle wandte und Anhänger aus allen Bevölkerungsschichten warb. Und wenn in den nordischen Ländern seit Jahrzehnten die Bauernschaft als besondere Partei auftritt, so verficht sie politische Ziele, die von Nichtbauern ebenso geteilt werden können. Erst während des Krieges setzt im Norden im größeren Ausmaß eine parteipolitische Organisation der Bauernschaft ein, die sich der Verfolgung rein wirtschaftlicher Ziele der Bauernschaft widmet, so 1917 in Schweden und Norwegen (in Finnland schon seit 1906), dann in den Nachkriegsjahren in vielen anderen Ländern. Aber nicht nur die Bauernschaft sucht ihre wirtschaftlichen Belange durch besondere Parteien zu vertreten, sondern auch viele andere wirtschaftliche Gruppen, so daß vor allem in Mitteleuropa Parteien des Mittelstandes, des Gewerbes, der Hausbesitzer, der Mieter, der Beamten, Pensionisten, Rentner u. a. entstehen. Durch die Bildung solcher Berufs- und Wirtschaftsparteien wurde aber der bisherige parlamentarische Rahmen gesprengt. Dieser umfaßte wesentlich Staatsparteien, daß heißt Parteien, die imstande waren, die Regierung zu übernehmen und sie zum Wohle des Gesamtvolkes auszuüben. Die neuen Berufs- und Wirtschaftsparteien aber haben nur ihr engbegrenztes Einzelwohl im Auge und sind für wichtige Staatsaufgaben nur durch besondere Zugeständnisse an ihre Gruppe zu haben. Damit zersetzen sie den alten Parlamentarismus mit seiner Verantwortungsnotwendigkeit; durch Betonung ihres eigennützigen Interesses wirken sie einer Integration im Staate entgegen. Die Stärke dieser Parteien ist in manchen Ländern eine ganz erhebliche:

Berufs- und Wirtschaftsparteien.

Wahljahr	Land	Bewerbende Parteien	Stimmenzahl	Sitzezahl
1925	Tschechoslowakei	11 von 29	1.943.694 27 %	83 von 300
1929	„	7 von 27	1.799.954 24.3%	88 von 300
1928	Deutsches Reich	17 von 34	2.375.293 7.9%	48 von 490
1930	„	14 von 32	3.310.999 9.5%	50 von 577
1926	Estland	7 von 14	270.424 51 %	52 von 100
1929	„	5 von 11	257.950 51 %	51 von 100
1928	Lettland	11 von 43	237.254 = 25.5%	22 von 100
1928	Polen	26 von 181	2.021.385 = 18.7%	87 von 444
1930	„	—	—	59 von 444

Wahljahr	Land	Bewerbende Parteien	Stimmenzahl	Sitzezahl
1930	Finnland	2 von 11	329.163 = 29.1%	60 von 200
1928	Schweden	1 von 8	263.501 = 11.2%	27 von 230
1927	Österreich	3 von 13	230.039 = 6.3%	9 von 165
1930	,,	1 von 12	—	9 von 165
1927	Norwegen	1 von 8	149.026 = 14.91%	26 von 150
1930	,,	1 von 7	190.220 = 15.9%	25 von 150
1928	Schweiz	4 von 12	144.039 = 18 %	35 von 198
1929	Niederlande	9 von 36	91.398 2.8%	2 von 100
1927	Danzig	9 von 19	15.513 8 %	8 von 120
1930	,,	4 von 17	12.058 6 %	3 von 72

Durch das Aufkommen dieser Parteien aber ist noch nicht allein das Vordringen der Wirtschaft in die Politik erschöpft. Sie dringt auch in die bestehenden Parteien mit rein politischer Einstellung ein. Da in der Demokratie nur das Kopfzahlprinzip gilt, müssen die wirtschaftlich starken, aber zahlenmäßig schwachen Kreise auf andere Weise versuchen, zu einem politischen Einfluß zu kommen. Dies gelingt ihnen unschwer, so daß sie die Parteien, die in der Massendemokratie großer Geldmittel zur Aufrechterhaltung ihres Apparates bedürfen, zu Vorspanndiensten verwenden können. So werden in den Parteien die politisch-ethischen Ziele durch politisch-wirtschaftliche verdrängt; an Stelle der Parteigesinnung tritt die wirtschaftliche Einstellung.

Diese Tatsachen zeigen, wie nötig die Einordnung der wirtschaftlichen Kräfte in den Staat ist. Die bisherigen Versuche, die durch Aufnahme von Vertretern der Berufs- und Wirtschaftsverbände in das Oberhaus gemacht wurden, sind gänzlich unzureichend, so erhielten die wirtschaftlichen Berufskammern und sonstigen Einrichtungen in ungarischen Oberhaus 16 von 245 Sitzen, im rumänischen Senat 16 von 250 und im griechischen Senat 15 von 120. Bei dieser geringen Zahl können sie auch keinen Einfluß ausüben. Eine Gesamtlösung wurde nur durch den Räteaufbau des Bolschewismus und den korporativen Aufbau im Faschismus versucht.

b) Der Räteaufbau des Bolschewismus. Für den Aufbau des Staates hatte der Bolschewismus nur die Stufen zu übernehmen, auf denen ehemals die Wahlen zur Reichsduma vor sich gingen. Während diese Stufen früher aber nur Wahlversammlungen für die Wahlmänner waren, formte sie der Bolschewismus unter dem Einfluß der Pariser

Kommune zu Gesetzgebungs- und Vollziehungskörpern um, so daß eine Pyramide mit einer riesenhaften Basis, aber einer kleinen Spitze entstand, in denen sich die Wahlen von unten zur Spitze zu vollzogen. Die einzige berufliche Gliederung in diesem Staatsaufbau, neben dem noch ein ähnlich gearteter Aufbau der Volkswirtschaft geschaffen wurde, ist die zwischen Bauern und Städtern, sowie daß die Räte der Städte und Industrieorte nicht in gebietlichen Wahlkreisen, sondern an der Betriebsstätte gewählt werden.

Als in der Novemberrevolution 1918 dieser Aufbau von Deutschland übernommen wurde, war es natürlich, daß der Aufbau der größeren wirtschaftlichen Gliederung Deutschlands angepaßt werden mußte. Nachdem aber der 1. Rätekongreß am 16. Dezember 1918 sich gegen den politischen Aufbau des Staates nach dem Rätesystem und für die Einberufung einer Nationalversammlung nach demokratischem Wahlrecht aussprach, trat der Rätegedanke in den Hintergrund und wurde nur in einem beschränkten Ausmaß im Art. 165 der Weimarer Verfassung verankert. Von dem wirtschaftlichen Aufbau, der zum Unterschiede vom bolschewistischen auch die Arbeitgeber umfaßte, sind aber nur die untersten Stufen (Betriebsräte) und die oberste Spitze, der Reichswirtschaftsrat, geschaffen worden, die Mittelstufe (Bezirksarbeiter- und -Wirtschaftsräte) blieb auf dem Papiere stehen. Der Reichswirtschaftsrat ist schließlich nur eine beratende Versammlung, die über die ihr von der Reichsregierung vorgelegten Gesetzesvorlagen wirtschaftlicher und sozialer Art Gutachten abgibt, die gemäß dem Entwurf über den endgültigen RWR. dem Reichstag vorgelegt werden müssen. Nach diesem Entwurf hat der RWR. das Recht, wirtschafts- oder sozialpolitische Gesetzesvorlagen zu beantragen und selbst gegen den Willen der Reichsregierung im Reichstag einzubringen.

Der Artikel 165 der Weimarer Verfassung wirkte beispielgebend für eine Anzahl anderer Nachkriegsverfassungen: so für die Danziger, die polnische und die irische Verfassung, wo aber überall die berufsständische Vertretung auf dem Papier blieb. In einer Anzahl anderer Länder wurden solche Vertretungen beantragt, so in Österreich durch den Christlichsozialen Entwurf vom 14. Mai 1919, in Griechenland 1921 durch den Entwurf der Regierung Gunaris, in Südslawien durch verschiedene Entwürfe, doch drangen diese alle nicht durch. Der einzige Wirtschaftsrat, der sichtlich unter dem Weimarer Einfluß geschaffen wurde und wirklich ins Leben trat, ist der des Memelgebietes (6 Mitglieder, drei Vertreter der Stadt- und Landverwaltung und je ein Vertreter des Handels, der Landwirtschaft und der Arbeit).

Nur mehr der Schatten einer Vertretung der Wirtschaft sind der französische Conseil National Economique und der Wirtschaftsbeirat in der Tschechoslowakei. Sie haben kein Gesetzesvorschlagsrecht und sind ihrer Natur nach weniger einem Gesetzgebungskörper zu vergleichen als einem technischen Beirat der Regierung, einem Sachverständigenausschuß, der in den Behördenaufbau eingebaut ist.

c) Der korporative Staat des Faschismus. Die geistesgeschichtlichen Wurzeln des Faschismus liegen denen des Bolschewismus nahe, nämlich im revolutionären Syndikalismus. Dieser lehnt die Beteilung des Proletariats am Leben des bürgerlichen Staates ab und tritt für die »direkte Aktion« ein; im Staatsaufbau des Syndikalismus haben nur die an der Betriebsstätte gewählten Arbeiter Platz. Dies wurde auch vom Bolschewismus verwirklicht. Für den Faschismus war die Lage eine schwierigere, da der Kampf gegen den Sozialismus in Italien gemeinsam von den Syndikalisten nach dem Schlage George Sorels und von konservativen kapitalistischen Kreisen geführt wurde. Der Gegensatz zwischen diesen beiden Polen im faschistischen Lager wurde besonders scharf in der Stellung zum liberalen Staat. Eine glückliche Überbrückung dieser Gegensätze bot die Abschaffung des liberalen Staates nach dem Muster der Verfassung Gabriele D'Annunzios für Fiume, der Carta della Libertà di Carnaro vom 8. Sept. 1920. Danach sind die Grundlage der Regierung die Kräfte der produktiven Arbeit. Die Produzenten, die die Grundlage der Organisation des Staates bilden, werden zwangsweise in 10 Korporationen (Berufs- und Wirtschaftszweige einschließlich der auf materiellem und geistigem Gebiet Schöpferischen) gegliedert. Diese Korporationen entsenden ihre Vertreter in den Consiglio dei Provvisori, eine Wirtschaftskammer, die gesetzgeberische Aufgaben auf wirtschaftlichem Gebiete zu erledigen hat. Neben ihr gibt es einen aus gleichem Wahlrecht hervorgehenden Consiglio degli Ottimi, die politische Kammer, die gesetzgeberische Aufgaben auf dem Gebiete des Rechtes und der Landesverteidigung hat. Beide Kammern treten einmal im Jahre zusammen, um als Gran Consiglio über die auswärtigen Angelegenheiten, Finanzen, Verfassungsreform u. a. zu beraten und eine 7 gliedrige Vollzugsgewalt zu wählen. Diese niemals ins Leben getretene Verfassung sollte für den faschistischen Staat in der Weise umgebildet werden, daß die

Abgeordnetenkammer bleiben, an die Stelle des vom König ernannten Senats jedoch eine Wirtschaftskammer treten sollte. Da aber eine nach individualistischen Grundsätzen gewählte Abgeordnetenkammer immer wieder der Nährboden für Parteien wäre und die Parteien immer eine der Staatsgesinnung oft widersprechende Parteigesinnung schaffen, wurde die Volkskammer durch die Wirtschaftskammer ersetzt, während der Senat wie bisher bestehen blieb. Die Auslese der Bewerber für die neue politische Vertretung vollzieht sich innerhalb der einzelnen Korporationen, also eigentlich unpolitischer Gruppen. (Die politischen Elemente werden durch den Großen Rat aufgepfropft.) Die einzelnen Korporationen bauen sich aus den Arbeitgeber- und Arbeiterverbänden desselben Wirtschaftszweiges auf; jeder Verband hat einen pyramidenförmigen Aufbau vom Ortssyndikat bis zum Reichsverband. So ist die Abgeordnetenkammer eine Spitzenvereinigung der Wirtschaft, die über alle, sowohl wirtschaftliche als auch politische und kulturelle Fragen entscheidet. Für die Begutachtung wirtschaftlicher und sozialer Fragen ist noch eine zweite Spitzenvereinigung geringerer Bedeutung, der Nationale Rat der Korporationen, eingerichtet worden.

Der korporative Staatsaufbau in seiner Reinheit hat etwas Bestechendes an sich, denn er verspricht, gleich zwei der größten Übel unserer Zeit mit einem Schlage zu beseitigen: den Klassenkampf und die Desintegration des Staates durch die Parteien. Er findet daher rasch Anhang in deutschen Ländern, wo die Blicke wieder auf das Ideal des germanischen Staates mit seinem genossenschaftlichen und ständischen Aufbau, der mit dem ausgehenden Mittelalter verschwunden ist, zurückfinden. Denselben Anhang findet er aber in jenen Kreisen Frankreichs, die die Revolution von 1789 nicht als Geistestat des französischen Volkes betrachten, sondern als Selbstmord des Volkskörpers. Aber auch in anderen Ländern wird die Losung des organischen Ständestaates dem mechanischen Parteienstaat gegenübergestellt. Der Ständestaat wird die positive Formulierung des Kampfes gegen den Parlamentarismus und die Parteien.

Die Verwirklichung des berufsständischen Gedankens. Diese kann auf verschiedene Weise möglich sein, wobei überall noch die Unterscheidung gemacht werden müßte, ob es sich um eine berufsständische Vertretung handelt, die alle Berufsstände, so z. B. auch die geistig Schaffenden, die Verwaltungsbeamten umfaßt, oder nur um eine Vertretung der Wirtschaft.

1. Rein berufsständischer Aufbau des Staates. In diesem organischen Staat wären keine auf individualistischer Grundlage gebildeten Körperschaften vorhanden, noch wäre Platz für eine Parteienbildung auf politischer Grundlage. Alle Fragen, auch die kulturellen, werden im Ständeparlament entschieden. Hier klafft freilich der große Unterschied zwischen der mittelalterlichen Auffassung und den wirklichen Verhältnissen der Gegenwart. Die mittelalterlichen Verbände sorgten für die geistige Bildung und das wirtschaftliche Wohl ihrer Angehörigen, die in den Verband hineingeboren wurden. Die modernen Wirtschaftsverbände sind nüchtern stofflich eingestellt; sie denken nur in Geld und Arbeitsstunden. Die Auslieferung geistiger Bedürfnisse an solche Verbände ist undenkbar. In wirtschaftlichen und sozialen Fragen müßte wie in jedem Parlament die Mehrheit entscheiden. Es kommt darauf an, wie die einzelnen Verbände vertreten sind; dies erfordert eine anordnende Gewalt, die außerhalb des berufsständischen Aufbaues steht. Aber auch sonst ist ein Wirken des Parlaments nicht ersprießlich; entweder wird es zur Tyrannei der stärksten Wirtschaftsgruppe, oder aber es werden Bestimmungen zum Schutz der Minderheiten eingeführt, wodurch es dauernd zu einem Stillstand kommen kann. Darum erfordert der geordnete Betrieb wieder eine außenstehende, von anderswo als den Berufsständen sich ableitende Gewalt. So konnte diese Organisation auch nur in Rußland und in Italien eingeführt werden, denn hier hat sie sich nur an die Herrschaft einer Klasse oder einer Partei anzulehnen. Es sind daher auch die einzelnen Stufen des staatlichen Aufbaus nicht selbständig, sondern von der Spitze des hierarchischen Systems abhängig. Insbesondere sind die Korporationen keine unabhängigen Selbstverwaltungskörper, so daß in Wirklichkeit kein organischer Aufbau vorhanden ist, sondern eine von oben zusammengehaltene mehr oder weniger künstliche Konstruktion.

2. Verteilung der Gesetzgebung auf zwei Parlamente. Das politische Parlament hat nur über die politische Fragen zu entscheiden, das Wirtschaftsparlament über die wirtschaftlichen, wozu etwa noch als drittes Parlament ein Kulturparlament treten könnte. Es sind dies Pläne, die u. a. Rudolf Steiner (Dreigliederung des sozialen Organismus), Mr. und Mrs. Webb ausgedacht haben und die D'Annunzio in seiner Verfassung für Fiume ins Leben setzen wollte. Die Schwierigkeiten würden sich schon bei der Abgrenzung der einzelnen Gesetzgebungsgegenstände ergeben, denn es kann z. B. Außenpolitik nicht

von Wirtschaftspolitik getrennt werden; es müßten daher Angelegenheiten von zwei Parlamenten geordnet werden, deren Verhältnis zueinander organisch nicht geregelt ist. Nichtübereinstimmungen könnten nur durch unsichere Mittel, wie gemeinsame Ausschüsse, gemeinsame Versammlung mit Durchzählung der Stimmen und schließlich durch Volksabstimmung entschieden werden. Die Erfahrung lehrt, daß immer eines der Parlamente die wirkliche Macht an sich reißt, und zwar notwendigerweise dasjenige, das über die Finanzen zu entscheiden hat. Aus diesen und noch zahlreichen anderen Gründen hält Laski den Plan der Webbs für einen »inherently unworkable plan«.

3. Trennung des Parlaments in eine Volkskammer und eine berufsständische Kammer, so daß alle Gegenstände von beiden Kammern behandelt werden. Durch die Verfassung wird geregelt werden müssen, wie Meinungsverschiedenheiten zwischen beiden Kammern geschlichtet werden. In die österreichische Bundesverfassung wurde gelegentlich der Reform von 1929 eine Ständekammer als Vertreterin der Berufsstände des Volkes neben dem Bundesrat und mit den gleichen Rechten wie dieser im Verhältnis zum Nationalrat d. i. der Volkskammer eingebaut. Das heißt, der Ständerat hat ein Einspruchsrecht gegen die vom Nationalrat angenommenen Gesetzesentwürfe; dieser Einspruch kann aber vom Nationalrat durch nochmalige Abstimmung (bei höheren Anwesenheitserfordernissen) entkräftet werden. Auf diese Weise ist die Volkskammer das eigentliche und einzige Gesetzgebungsorgan; denn die Verleihung des Einspruchsrechtes genügt nicht, um den Ständerat zu einer gesetzgebenden Körperschaft zu machen (Carl Schmitt, S. 299). Außerdem hätte die Einführung einer solchen Berufsvertretung erst dann einen praktischen Wert für die Gesetzgebung, wenn sie die Gesetzesvorlagen wirtschaftlicher und sozialer Art zuerst berät, bevor sie an die Volkskammer gelangen. — Der Ständerat ist bisher nicht verwirklicht worden.

4. Repräsentation der Wirtschaft als beratende Körperschaft. Das wichtigste Beispiel dafür ist der Reichswirtschaftsrat, der keine zweite Kammer ist, sondern nur begutachtende Aufgaben hat. Dennoch kann seine Bedeutung größer sein als die einer zweiten Kammer mit bloßen Einspruchsrecht (wie der öst. Bundesrat und Ständerat), denn er nimmt an der Vorberatung der Gesetzesvorlagen teil und kann auf diese Weise einen viel größeren Einfluß auf die Gestaltung des Gesetzes nehmen als durch Ausübung eines Einspruchsrechtes. Sollte

seine Stellung der des Reichsrates angeglichen werden, so könnte er wie dieser die Vorlagen der Reichsregierung zerzausen oder liegen lassen und schließlich im Falle eines Zwistes mit der Regierung oder dem Reichstag in einem ganz anderen Maße als der Reichsrat die öffentliche Meinung unter der Losung: hier sachgemäße Arbeit, dort verantwortungslose Parteipolitik zur Stellungnahme auffordern. So darf die politische Bedeutung einer rein beratenden Wirtschaftsrepräsentation nicht unterschätzt werden. Ihre Hauptbedeutung ist aber die, daß sich in ihr, wenn auch nicht in öffentlicher Parlamentssitzung mit Redeschlachten, sondern in engen Ausschußsitzungen eine Angleichung der Anschauungen und Forderungen der Arbeitgeber und Arbeitnehmer und der einzelnen Wirtschaftszweige vollzieht; kommt es nicht zu einem einheitlichen Gutachten, so haben auch Mehrheits- und Minderheitsansichten ihren Wert.

5. Beratende Körperschaften der Regierung. So z. B. der französische und der tschechoslowakische Wirtschaftsbeirat. Sie sind keine Repräsentation der Wirtschaft, sondern Fachmännerbeiräte der Regierung. Sie haben nicht die Gestalt eines Gesetzgebungskörpers, sondern sind in den Behördenaufbau des Staates eingebaut. Dies geschah vor allem deshalb, um nicht den Argwohn der gesetzgebenden Körperschaften, die als eigentliche Vertreterinnen der Volkssouveränität gelten wollen, zu erwecken. So heißt es im Begleitberichte Herriots zum Dekret über den Conseil National Économique vom 16. Januar 1925: »Elle (l'organisation) ne sera, en aucune façon, un parlement ou même une chambre professionnelle, comme cela a été tenté dans certains pays voisins. Elle laisse entières la souveraineté du Parlament et l'autorité gouvernementale. Elle diffère cependant des conseils administratifs ou interministériels en ce que, composée de représentants désignés librement par les organismes professionnels ou sociaux les plus représentatifs, elle cherchera des solutions générales.« Infolge der Organisation dieses Studienausschusses fehlt die Möglichkeit einer Berufung an die öffentliche Meinung ganz.

6. Vertretung von Berufskörperschaften im Oberhaus. Eine beschränkte Zahl von Oberhausmitgliedern in Ungarn und Senatoren in Rumänien und Griechenland wird durch bestimmte Berufskörperschaften (Kammern) gewählt. Sie sollen die Aufgabe haben, durch ihre Kenntnisse den Beratungen der im übrigen nach politischen Grundsätzen aufgebauten Kammer zu nützen. Die Erfahrung, die bisher mit dieser Vertretung gemacht wurde, ist die, daß die Berufs-

vertreter in dem Kampf der politischen Parteien hineingezogen wurden, so daß sie in Ungarn und in Rumänien bereits nach parteipolitischen Grundsätzen gewählt werden. Das griechische Gesetz will dies verhindern, indem es die Wahl von Berufsvertretern nach einem politischen Programm verbietet; es kann aber nicht verhindert werden, daß diese Vertreter im Senat die politischen Parteien stärken. Eine besondere sachliche Politik können sie schon wegen ihrer geringen Zahl nicht führen.

7. Alleinstehende Berufskammern mit Begutachtungsaufgaben. So bestehen z. B. in Luxemburg und in Österreich besondere Landwirtschafts-, Arbeiter-, Handels- u. a. Kammern, die entweder nur selbständige Unternehmer oder nur Arbeitnehmer umfassen, und die Regierung ist verpflichtet, für ihre Gesetzesvorlagen Gutachten der beteiligten Kammern einzuholen. Der Wert solcher Gutachten ist nicht mit dem der Gutachten des RWR. zu vergleichen, denn sie widerspiegeln nur den Standpunkt eines Wirtschaftszweiges oder einer Klasse, während die des RWR. schon der Ausdruck einer Überbrückung der Gegensätze zwischen Wirtschaftszweigen oder den Klassen sind.

Die Zusammensetzung der berufsständischen Körperschaften. Gemeinsam allen berufsständischen Körperschaften ist, daß sie nicht auf der Gleichheit der einzelnen Individuen aufgebaut sind. So gilt für sie (mit Ausnahme des Sowjetsystems) der Grundsatz, daß die beiden Klassen, Arbeitgeber und Arbeitnehmer, gleichberechtigt sind. Damit werden grundsätzlich Kapital und Arbeit gleichgestellt, während die demokratische Volksvertretung nur das indifferenzierte Kopfzahlprinzip kennt. Die Parität wird jedoch dadurch gestört, daß es bestimmte Interessenbeziehungen gibt, die nicht in die beiden Klassen eingereiht werden können, so daß sozusagen noch eine dritte Abteilhng geschaffen werden muß: für die freien Berufe, die öffentlichen Beamten, die Konsumenten, die Genossenschaften u. a.

Die zweite Folgerung der Ablehnung des Kopfzahlprinzips für die berufsständische Vertretung ist die, daß die Verteilung der Sitze innerhalb der einzelnen Klassen nicht nach der Kopfzahl, sondern nach einem anderen Grundsatz vorgenommen werden soll. Als diesen Grundsatz hat schon Mirabeau die »importance« aufgestellt. »Mais comment fixer cette importance«, fragt er. »Elle ne résulte pas seulement de l'égalité qu'il pourrait y avoir entre les nombres des électeurs dans chaque agrégation. Cette égalité doit être combinée avec celle des richesses, et avec celle des services que l'état retire des hommes et des fortunes. L'incertitude des données ne permet peut-être pas une égalité parfaite; mais on peut du moins et l'on doit en approcher.« Die Frage, die sich Mirabeau gestellt hatte, besteht heute noch; ebenso auch die Meinung, daß die Lösung nur eine annähernde, mehr oder weniger willkürliche sein kann. So baut sich die Sitzeverteilung im endgültigen RWR. gemäß der Begründung zum Gesetze auf der Zahl der beschäftigten Personen und den Wert der Erzeugung der verschiedenen Wirtschaftszweige auf, doch reichen natürlich diese beiden Momente zur Festsetzung der wirtschaftlichen Stärke der Erwerbszweige, deren Spiegelbild der RWR. sein soll, nicht aus. Die Verteilung der Sitzezahl im französischen Conseil National Economique begründet sich nach dem Motivenbericht im allgemeinen auf der Zahl der Berufsangehörigen der einzelnen Erwerbszweige mit einer Verringerung des Anteils der stärkeren Wirtschaftszweige und einer verhältnismäßigen Erhöhung des Anteils der schwächeren. Die Schwierigkeit der Verteilung wird um so größer, als die Sitzezahl der Körperschaft eine beschränkte ist, die Differenzierung der Berufszweige aber eine möglichst weitgehende sein soll. Angesichts dieser Schwierigkeiten ist es auch verständlich, daß sich eine auf einer gewillkürten Zusammensetzung aufgebaute Körperschaft nicht als allein entscheidendes Parlament eignet; wenn sie aber eine nebengeordnete gesetzgebende oder nur beratende Körperschaft ist, kann sich diese Willkür bei einer Überstimmung von Berufsgruppen durch andere weniger gefährlich für die Gesamtheit äußern.

Größere Bedeutung hat die Frage der Verteilung der Sitze in der italienischen Abgeordnetenkammer, denn diese ist das entscheidende Organ der Gesetzgebung. Der Verteilung hat der Faschismus nicht die Zahl der Berufsangehörigen allein zugrunde gelegt, was ein mechanischer Einteilungsgrund wäre, sondern ein Gewicht auch auf »die politischen Verhältnisse, die kulturellen, wirtschaftlichen, sozialen Beziehungen der Angehörigen der einzelnen Berufe, ihre moralische, politische und geistige Vorbereitung zur Ausübung des parlamentarischen Mandats gelegt« (Statistica delle Elezioni generali politiche per la XXVIII Legislatura, p. 16). So ist der Anteil an den Berufsangehörigen (über 10 Jahre nach der Volkszählung) und an den vorzuschlagenden Sitzen: für die Landwirtschaft 57.90 : 24, für die Industrie 26.81 : 20, für den Handel 6.76 : 12, für das Transportwesen 6.25 : 18, für das Bankwesen 0.34 : 6, für das Handwerk 1.94 : 20. Die Landwirtschaft ist also stark untervertreten. Für das faschistische

Parlament kommt es aber nicht auf die zahlenmäßig genauen Vertretungen der einzelnen Wirtschaftszweige an, weil es in erster Reihe ein faschistisches Parlament ist, d. h. aus Parteimännern besteht, die sich hinter die Regierung stellen, und die Regierung selbst ihre Vorlagen auf Grund ihrer schiedsrichterlichen und vermittelnden Stellung über den Wirtschaftsgruppen ausgearbeitet hat. Dem Parlament obliegt nur, die Zustimmung zu den Vorlagen zu geben.

Die Art der Bestellung der Mitglieder der berufsständischen Körperschaften ist beeinflußt von dem doppelten Zwecke dieser Körperschaften: einerseits sollen sie Repräsentationen der Wirtschaft oder der Berufsstände sein, anderseits sollen sie als Fachmännerausschüsse wirken. Dem Repräsentationscharakter würde die Wahl durch die Berufsangehörigen entsprechen; eine Auslese der Fachmänner wird aber niemals durch Wahlen möglich sein, sondern nur durch Bezeichnung durch die Vorstände und Leitungen der Berufsverbände. Aus diesem Grunde wird die Wahl durch die Berufsangehörigen abgelehnt; ein andrer Grund ist der, der im französischen Motivenbericht angeführt wird: durch unmittelbare Wahlen könnte der Wirtschaftsrat eine zu starke Autorität gewinnen und dadurch mit dem politischen Parlament als Vertreter der Volksouveränität in Wettbewerb treten. Deshalb wird im französischen Wirtschaftsrat, aber auch im RWR. die Bezeichnung der Bewerber den Leitungen der Berufsverbände übertragen. Auch für das faschistische Parlament ist die Bezeichnung der Bewerber den aus den Verbandssekretären bestehenden Generalräten der einzelnen Verbände, einem Körper von ungefähr 600 Personen, vorbehalten; aus diesen Vorschlägen stellt der Große Rat des Faschismus (gegen 30 Männer) eine Bewerberliste zusammen, die die Wähler anzunehmen oder abzulehnen haben.

5. Die Lehrmeinungen über das Zweikammersystem.

Über hundert Jahre politischer und juristischer Wissenschaft haben keine neuen Meinungen über das Zweikammersystem gebracht, denn alles ist bereits durch Montesquieu für die Monarchie und durch den »Federalist« sowie Prévost-Paradol für die Demokratie ausgesprochen worden.

Nach Montesquieu ist die Aufgabe des Oberhauses der Schutz der für den Staat wertvollen Minderheiten vor dem Mehrheitsprinzip des demokratischen Unterhauses (Esprit des Lois, XI, 6: »Es gibt immer in einem Staate Menschen, die sich durch Geburt, Reichtum und Ansehen auszeichnen. Würden sie aber im Volke aufgehen, so wäre die gemeinsame Freiheit ihre Unterdrückung, und sie hätten kein Interesse, die Freiheit zu verteidigen, weil die meisten Beschlüsse gegen sie gerichtet wären. Ihr Anteil an der Gesetzgebung muß deshalb ihren besonderen Interessen Rechnung tragen«). Aus der Gewaltenteilungslehre Montesquieus leitet dann die Bibel des nordamerikanischen Staatsrechts, der »Federalist« von Hamilton, Madison und John Jay, das Zweikammersystem ab, es dient ihm zur Aufrechterhaltung des Gleichgewichtes zwischen den Gewalten. Da die gesetzgebende Gewalt immer eine zu große Macht gegenüber den andern in den Händen hat und das Bestreben zeigt, die Befugnisse der andern an sich zu reißen, muß man sie schwächen, indem man sie in zwei Kammern teilt und den schwächern Teil der Gesetzgebungsgewalt mit der Vollzugsgewalt zu gewissen Verwaltungsaufgaben verbindet. Und dieselbe Begründung findet man bei Theoretiker der parlamentarischen Demokratie, bei Prévost-Paradol, der die Gewaltenteilung ablehnt und deren Vereinigung im Träger der Volkssouveränität, im Parlament, fordert. Damit aber die Volkskammer nicht zu mächtig werde und ihre Macht mißbrauche, soll ihr als Korrektiv eine erste Kammer als Interessenvertretung gegenübergestellt werden. Diese Rationalisierungsversuche genügten, um das Zweikammersystem in den meisten Staaten einzuführen, so daß Lord Bryce 1895 sagen konnte, daß das Zweikammersystem ein Axiom politischer Wissenschaft geworden ist und auf den Glauben beruhe, daß jeder Versammlung das Bestreben innewohnt, hastig, tyrannisch und korrumpiert zu werden, und daß dies nur durch eine an Autorität gleiche Kammer unterdrückt werden kann (The American Commonwealth). Was an sonstigen Rationalisierungsversuchen vorgebracht wurde, ist von geringer Bedeutung (z. B. Mäßigung der Gesetzgebung, Verbesserung von Irrtümern, Rat der Reiferen u. a.) und zeigt nur den geringen absoluten Fortschritt der politischen Wissenschaft in mehr als 150 Jahren. Das Oberhaus läßt sich, wie Orlando richtig sagt, überhaupt durch keine juristischen Erwägungen rechtfertigen, sondern nur durch praktische. Aber auch das Arsenal der Argumente gegen das Zweikammersystem ist sehr alt und seit der französischen Revolution kaum mehr angefüllt worden. So wurde in der Nationalversammlung von Rabaud Saint-Etienne erklärt, daß durch das Zweikammersystem die Souveränität der Nation geteilt würde, was dem Gedanken der unteilbaren Souveränität widerspreche. Sodann wurden die praktischen Folgen ins Auge gefaßt: »Wenn die beiden Kammern dieselbe Zusammensetzung haben, wird eine von ihnen überflüssig, weil sie nur ein notwendigerweise immer von andern beeinflußter Ort wäre, wenn aber ihre Zusammensetzung nicht die gleiche ist und man den Entwurf eines Senats annimmt, würde er die Aristokratie errichten und zur Unterjochung des Volkes führen« (de Montmorency, 5. Sept. 1789, Arch. Parl. VIII, p. 585). Und dies ist die einfache Formel: Stimmen beide Kammern überein, dann ist die eine überflüssig; stimmen sie nicht überein, dann ist das System gefährlich. Über diese rationalistische Formel sind die Gegner des Zweikammersystems in 140 Jahren nicht hinausgekommen; es sei denn, daß sie sich an den Schwierigkeiten bei der Bildung einer zweiten Kammer geweidet haben. Weiter als die Theorie ist die Staatenpraxis gekommen: sie hat in dem norwegischen Storthing (und nach seinem Muster im isländischen Althing) ein Parlament geschaffen, das den Rationalisten in beiden Lagern zusagt. Den Anhängern des Zweikammersystems, weil sich das Storthing in zwei Abteilungen, Lagthing (1/4) und Odelsthing (3/4), teilt, von denen das Odelsthing die Entwürfe zuerst berät und beschließt, das Lagthing dann dasselbe tut und Einsprüche erheben kann; bei zweimaligen mißlungenen Versuch einer Einigung zwischen beiden Abteilungen treten sie zu einer gemeinsamen Abstimmung zusammen. Somit erfüllt das Storthing die Aufgabe, als »check« zu wirken, hastiger Beratung entgegenzutreten und Irrtümern der Einkammer vorzubeugen. Das Storthing entspricht aber auch den Forderungen der Anhänger des Einkammersystems, denn es ist wirklich nur eine Kammer, die vom Volke als einheitlicher Gesetzgebungskörper gewählt wird. So ist die norwegische Methode nur das »blasse Gespenst einer wirklichen Versammlung« (Laski S. 331). Welche Bedeutung aber die Schaffung erblicher Peerswürden für das englische Oberhaus für das nationale Leben hat, kann der Rationalismus nicht ermessen, ebensowenig wie er die Gründe begreift, warum sich die Lords immer gegen die Schaffung von nur lebenslänglichen Peerswürden gewehrt haben.

Das Zweikammersystem findet eine neue Rechtfertigung im Parteienstaat. Hier soll die zweite Kammer als Schutz der Wählerschaft, des Volkes, gegen die Parteiherrschaft durch die »Volkskammer« dienen. So bemerkt Marriot (S. 62): »The British electorate is exceptionally defenceless against the encroachment of an autocratic Executive or a selfsatisfied House of Commons: We have the experiences

... to show to what length of usurpation an omnipotent legislature is apt to go when relieved of all immediate responsibility to Crown or to People.« Gegen diese Mißbräuche unverantwortlicher Versammlungen soll eine zweite Kammer auftreten, die gleichfalls vom Volk gewählt sein muß, jedoch auf einer anderen Grundlage als auf parteipolitischer. Sie muß auch die »höheren Elemente der Nation« (Stahl, Staatslehre) beherbergen, die, weil sie die Wahl scheuen, durch das Staatshaupt berufen werden oder kraft des Amtes Sitz haben.

6. Allgemeine Grundsätze für die Einrichtung der gesetzgebenden Körperschaften.

a) Art der Wahl. Es ist hierunter zu unterscheiden die unmittelbare Wahl, bei der die Wähler sofort den Abgeordneten wählen, und die mittelbare Wahl, bei der sich zwischen Wählern und Abgeordneten die von den Wählern gewählten Wahlmänner schieben, die dann erst die Abgeordneten wählen. Die unmittelbare Wahl entspricht den demokratischen Forderungen, denn der Volkswille soll klar zum Ausdruck kommen und nicht durch eine Zwischenschicht getrübt werden. Die mittelbare Wahl wird damit als vernünftig erklärt, daß sie die Auslese der Abgeordneten erleichtere. Denn bei der Größe der Wahlkreise lassen sich die geeigneten Männer durch die Volksmasse nicht leicht herausfinden; dagegen ist es für die Wähler viel leichter, innerhalb jeder Gemeinde die geeignetesten Männer herauszufinden; diese bilden zusammen das Kollegium der Wahlmänner, das dann die geeignetesten Männer aus dem ganzen Wahlkreis zu wählen hat.

Während in England die Wahlen stets unmittelbare waren, waren sie in Frankreich zu den Generalständen mittelbare, ebenso auch bei deren Wiedereinberufung 1789. In den zahlreichen Verfassungen der Folgezeit wechselte das mittelbare Wahlverfahren mit dem unmittelbaren ab, und zwar im großen und ganzen so, daß bei stärkerer demokratischer Grundeinstellung der Verfassung das unmittelbare Wahlverfahren, bei schwächerer oder demokratiefeindlicher Einstellung dagegen das mittelbare aufgenommen wurde. Aber gerade die Zensusmonarchie von 1814 nahm die unmittelbaren Wahlen auf, hauptsächlich wegen der geringen Zahl der damaligen Wähler; seither ist Frankreich dem unmittelbaren Wahlverfahren treu geblieben. Nach dem französischen Vorbild wurde auch in anderen konstitutionellen Staaten die unmittelbare Wahl eingeführt: in Spanien (seit 1837), in Portugal (1822; dann von 1826 an wieder mittelbare; von 1838 endgültig unmittelbar), in Luxemburg (seit 1848), in den Niederlanden (seit 1849), im Deutschen Bund bzw. Reich (seit dem Reichswahlgesetz von 1849), in Österreich Vfg. (1848 mittelbare Wahlen; Vfg. 1849: unmittelbar; Vfg. 1861: Wahl durch die Landtage; 1867: ebenso; 1873: unmittelbare Wahlen, für die Abgeordneten der Landgemeinden dagegen durch Wahlmänner; seit 1897 auch für die Landgemeinden unmittelbar), Ungarn (seit 1848). In den nächsten Jahrzehnten wurde die mittelbare Wahl auf der ganzen Linie verdrängt und hielt sich nur in Island bis 1903, in Norwegen bis 1905, in Preußen bis 1918, in Rumänien (für die Kleinbauern und Pächter) bis 1917, in Rußland für die Reichsduma von 1906 bis 1917. Dagegen führte eine Anzahl Staaten sofort bei Beginn ihres konstitutionellen Lebens die unmittelbare Wahl (für die Volkskammer) ein: Belgien, Sardinien, Dänemark, Griechenland, Bulgarien.

Die Gründe der endgültigen Verdrängung der mittelbaren Wahl liegen darin, daß sie ihre Aufgabe nicht erfüllt hat. Denn statt daß die Wahlmänner das Ursprüngliche wären und diese sich erst auf die Wahl der Abgeordneten einigen sollten, wurden die Abgeordneten-Bewerber das Ursprüngliche und die Wahlmänner wurden nur mit Rücksicht darauf gewählt, daß sie sich zum Stimmensammler eines bestimmten Bewerbers erklärt hatten. Dadurch verloren die Wahlmänner ihre Bedeutung, und die mittelbare Wahl erschwerte nur die Wahlhandlung. Das einzige Mittel, zu dem sie noch taugte, war das, das Aufkommen von Minderheiten und neuen Parteien zu unterbinden; selbst wenn diese schon stark genug waren, um bei Mehrheits- und unmittelbaren Wahlen durchzudringen, so wurde ihr Vormarsch durch die nochmalige Mehrheitswahl im Wahlmännerkollegium sehr gehemmt. Außerdem bietet die mittelbare Wahl die Möglichkeit zu einer Reihe von Mißbräuchen und Unzukömmlichkeiten. Laski sagt (S. 330): »Experience, moreover, has lamentably shown that of all methods of maximising corruption, indirect election is the worst.« Der Grundgedanke, daß eine Zwischenschicht zwischen Wählern und Abgeordneten die Auslese der Abgeordneten durchführen sollte, ist aber auch bei der unmittelbaren Wahl praktisch wirksam: diese Zwischenschicht heißt Partei.

Es ist jetzt überall in Europa für die Wahl der Volkskammer die unmittelbare Wahl gebräuchlich. Hiervon weichen nur die stufenweisen Wahlen im Rätebund, die mittelbare Bewerbervorschlagung oder plebiszitäre Abstimmung im faschistischen Italien sowie schließlich Monaco ab.

Anders als bei der Volkskammer hat sich für die Wahl der zweiten Kammer die mittelbare Wahl noch behauptet. Denn dort, wo zwei Kammern bestehen, hat die Zweiheit nur dann eine praktische Bedeutung, wenn die Kammern in irgendeiner Weise verschieden gestaltet sind. Ein Mittel hierzu ist die mittelbare Wahl, die außerdem noch die Folge hat, daß eine größere Beständigkeit in der Zusammensetzung herbeigeführt wird. Und dies soll ja auch ein Kennzeichen der zweiten Kammer sein. Für die mittelbare Wahl bieten sich zwei Wege: entweder die Wahl durch besondere Wahlmänner, oder die Wahl durch ihrerseits aus unmittelbaren Volkswahlen hervorgehenden Gebietskörperschaften, wie Landtage, örtliche Vertretungen u. ä., sowie Berufskörperschaften; schließlich ist noch eine Verbindung möglich: das Wahlkollegium umfaßt besonders gewählte Wahlmänner und Gebietsvertreter (Frankreich, Rumänien). Die Mitglieder der zweiten Kammer werden jetzt folgendermaßen gewählt:

Art der Wahl der Mitglieder der zweiten Kammern.

	unmittelbare Wahl	Wahl durch Wahlmänner	Wahl durch Berufskörperschaften	Wahl durch Gebietsvertretungen	Wahl durch das Parlament
Irischer Freistaat	—	—	—	—	60
Nordirland	—	—	—	—	26
Frankreich	—	314	—	—	—
Belgien	93	—	—	40	20
Niederlande	—	—	—	50	—
Portugal	85	—	—	—	—
Schweiz	36	—	—	8	—
Österreich	—	—	—	50	—
Dänemark	—	57	—	—	19
Schweden	—	16	—	114	—
Ungarn	—	—	36	76	—
Griechenland	92	—	18	—	10
Rumänien	113	71	20	—	—
Tschechoslowakei	150	—	—	—	—
Polen	111	—	—	—	—
Jugoslawien	—	—	—	46	—

(Eine nicht gewählte, sondern vom Monarchen ernannte zweite Kammer besteht derzeit nur in England und Italien; in Ungarn hat der König bzw. Reichsverweser das Recht zur Ernennung von höchstens 40 Mitgliedern in das Oberhaus. Hierzu kommen noch die Mitglieder des Hauses Habsburg-Lothringen und 38 Vertreter der Adelsfamilien. Im rumänischen

Senat haben noch Mitglieder von Amts und Rechts wegen Sitz. Die Hälfte der Mitglieder des jugoslawischen Senats wird vom König ernannt.)

Die mittelbare Wahl wiegt also für die zweite Kammer vor, und zwar hauptsächlich durch Gebietsvertretungen. Solche sind in Österreich die Landtage, in der Schweiz die kantonalen Gesetzgebungen (Kantonsrat, Großer Rat), in Belgien, in den Niederlanden und in Schweden die Provinzialvertretungen (in Schweden Landstinge genannt; die städtischen Abgeordneten werden aber durch besondere Wahlmänner gewählt). Die Wahl durch die Volkskammer gemeinsam mit der zweiten Kammer wird im Irischen Senat und für 10 Mitglieder des griechischen Senats vorgenommen; die Wahl durch die Volkskammer allein erfolgt in Nordirland; Kooptationen durch die zweite Kammer finden in Belgien und Dänemark für 20 bzw. 19 Mitglieder statt.

Die gleichartige, unmittelbare Wahl beider Kammern führt dazu, daß keine Unterschiede in ihrer politischen Zusammensetzung bestehen und die eine der Abklatsch der anderen wird und auf diese Weise ihre Bedeutung verliert, wie es z. B. in der Tschechoslowakei und in Polen der Fall ist.

Politische Zusammensetzung der beiden Kammern (in %).

Tschechoslowakei (1929)	Abgeordn.-Haus	Senat
Regierungsparteien:		
Bund d. Landw., Arb. u. Wirtsch. Gem.	5.33	6.—
Deutsche Sozialdem.	7.—	7.33
Tschech. Nat. Soz.	10.67	10.67
„ Soz. Dem.	13.—	13.33
„ Nat. Dem.	5.—	5.33
„ Volkspartei	8.33	8.67
„ Agrarier	15.34	16.—
„ Gewerbepartei	4.—	4.—
	68.67	71.33
Gegnerschaft:		
Kommunisten	10.—	10.—
Ung. Block	3.—	4.—
Polen u. Juden	1.33	—
Deutsche Nationalpart.	2.33	—
Liga gegen gebundene Listen	1.—	0.67
Deutsche Christlichsoz.	4.67	5.33
Slowakische Volkspartei	6.33	6.—
Deutsche Nationalsoz.	2.67	2.67
	31.33	28.67

Polen (1928)	Sejm	Senat
Rechte:		
Nat. Volksverband	22.1	27.—
Christlichnat.	6.3	8.2
Christl. Dem.	9.7	7.2
Zentrum:		
Piast	15.8	15.3
Nat. Arbeiterpartei	4.1	2.7
Linke:		
Wyzwolenie	10.8	4.2
P. P. S.	9.2	6.3
Kommunisten	0.4	—
Nat. Minderheiten:		
Deutsche	3.6	4.5
Juden	7.7	10.8
Ukrainer und Weißrussen	7.—	7.2

Die Zusammensetzung deckt sich demnach in beiden Kammern, so daß die Beschlüsse der Parteiklubs, die schon die Grundlage für das Verhalten in der Abgeordnetenkammer bildeten, im Senat nur wiederholt zu werden brauchen, wodurch der Senat keine wirkliche Arbeit leistet, sondern nur ein Wiederkäuer ist. Anders steht es bei mittelbaren Wahlen: hier kann sich in beiden Kammern ein selbständiges Parteienwesen entwickeln und dadurch der zweiten Beratung der Gesetze in der zweiten Kammer neue Züge verleihen. So steht der in unendlich zahlreiche Gruppen zerfallenden französischen Abgeordnetenkammer ein nur aus vier großen Gruppen bestehender Senat gegenüber, der dadurch eine Stärkung seiner Stellung erhält und ein besonders gekennzeichnetes

Alte und neue Parteien in den beiden Kammern (in %).

Belgien (1925)	Kammer	Senat
Alte Parteien:		
Katholiken	41.7	46.5
Liberale	12.3	15.—
	54.—	61.5
Neue Parteien:		
Sozialisten	41.7	38.5
Frontpartei	3.3	—
Kommunisten	1.—	—
	46.—	38.5

Dänemark	Volksting (1929)	Landsting (1928)
Alte Parteien:		
Konservative	16.6	15.7
Linke	28.4	37.—
	45.—	52.7
Neue Parteien:		
Rad. Linke	10.9	10.5
Sozialdem.	40.9	35.5
übrige Parteien	3.2	1.3
	55.—	47.3

Schweden (1928)	Zweite Kammer (d. h. Volkskammer)	Erste Kammer
Alte Parteien:		
Rechte	31.7	32.7
Liberale	1.7	4.7
Freisinnige	12.2	16.—
	45.6	53.4
Neue Parteien:		
Bauernbund	11.7	11.3
Sozialdem.	39.1	34.7
Kommunisten	3.6	0.6
	54.4	46.6

Niederlande (1929)	Zweite Kammer (d. h. Volkskammer)	Erste Kammer
Alte Parteien:		
R. K. Staatspartei	30	32
Christl. Hist.	11	14
Antirevol.	12	12
Liberale	8	12
Freisinnig-Dem.	7	8
	68	78
Neue Parteien:		
Sozialdem.	24	22
kleinere Parteien	8	—
	32	22

Eigenleben führt. In den anderen zweiten Kammern, die aus mittelbaren Wahlen hervorgehen, sowie im belgischen Senat, auf den dies zu 1/3 zutrifft, wirkt sich die mittelbare Wahl dadurch aus, daß die alten Parteien viel besser ihr Übergewicht gegenüber den neu aufkommenden Parteien verteidigen können, wie vorstehende Beispiele zeigen.

Der Senat der Vereinigten Staaten wurde bis 1913 durch die gesetzgebenden Körperschaften der Einzelstaaten gewählt. Dieses Verfahren führte zu Unzukömmlichkeiten, denn erstens dauerte es bei Ausscheiden eines Senators oft mehrere Monate, bis es einem Bewerber gelang, die nötige Stimmenmehrheit zu erreichen, so daß in der Zwischenzeit der Staat ohne genügende Vertretung im Senat war; zweitens kam es wegen der kleinen Wählerzahl zu Bestechungen. Aus diesen Gründen wurde durch das 17. Amendment zur Unionsverfassung von 1913 die Volkswahl der Senatoren vorgeschrieben; die Beteiligung an diesen Wahlen ist sogar eine höhere als an den Abgeordnetenwahlen. Die Mitglieder der Senate der Einzelstaaten gehen gleichfalls aus unmittelbaren Volkswahlen — in größeren Wahlkreisen als die Mitglieder des Repräsentantenhauses des Staates — hervor.

b) Die Gesetzgebungsdauer. Die demokratische Auffassung mit ihrem Gleichheitsgrundsatz läßt nur eine kurze Dauer des Auftrages (Mandates) der Abgeordneten zu, denn durch eine zu lange Dauer könnte sich der Abgeordnete zu sehr einarbeiten, eine zu große politische Routine erhalten und dadurch ein Übergewicht über die übrigen Staatsbürger erhalten. Freilich läßt sich die Praxis durch solche doktrinäre Erwägungen nicht leiten; für sie gelten Vernunftsgrundsätze, und diese sprechen für eine längere Mandatsdauer. Erst durch diese kann sich der Abgeordnete einarbeiten und für die Gesetzgebung etwas leisten. Lange Amtsdauer der Gesetzgebungskörperschaft machen Gesetzgebung und Regierung stabiler und fester als kurze. Außerdem ist das letzte Jahr der Gesetzgebungszeit für sachliche Arbeit unbrauchbar, denn es wird von den Parteien jede noch so wichtige und lebensnotwendige, aber unvolkstümliche Maßnahme vermieden, aus Angst vor den bevorstehenden Volksbefragung. So herrscht in jedem Parlament in seinem letzten Jahre eine Torschlußpsychose, die sich naturgemäß öfter wiederholt, wenn die Gesetzgebungsdauer eine kurze ist. Schließlich sprechen für die lange Gesetzgebungsdauer das Bestreben nach Verringerung der Wahlkosten und der Wunsch, die Bevölkerung nicht allzuoft in eine politische Erregung zu versetzen.

Im mittelalterlichen England wurde das Parlament vom König einmal jährlich einberufen, und jeder Einberufung ging eine Wahl voraus. Später bürgerte sich langsam der Brauch ein, daß der König nach der Sitzungsdauer das Parlament nicht auflöste, was Neuwahlen zur Folge hätte, sondern erklärte, nur seine Arbeiten zu unterbrechen und es in einem späteren Zeitpunkt wieder einzuberufen. Dieser praktische Brauch wurde unter den Stuarts zu einem Mißbrauch: so blieb das sog. lange Parlament unter Karl I. von 1640 bis 1660 mit Unterbrechungen, aber ohne Neuwahlen beisammen, das sog. zweite lange Parlament unter Karl II. von 1661 bis 1678. Gemäß dem Gesetze 16 Charl. II c. l. sollte das Parlament mindestens alle drei Jahre einberufen werden; die Einführung eines alljährlichen Haushaltsplanes machte die jährliche Einberufung des Parlaments notwendig. Von dieser Einberufungspflicht ist jedoch die Amtsdauer des gewählten Parlaments zu unterscheiden: diese wurde durch 6 u. 7 Will. and Mary c. 2 (1694) mit drei Jahren vom Tage des ersten Zusammentrittes an gerechnet bestimmt. Im J. 1716 beschloß das damalige whigistische Parlament, das Angst vor ihm ungünstig erscheinenden Neuwahlen hatte, seine Amtsdauer sowie die der folgenden Parlamente von drei auf sieben Jahre zu verlängern (sog. Septennial Act 1 Geo. I stat. 2c. 38). Durch dieses Gesetz,das als Staatsstreich und Usurpation bezeichnet wurde, ist den bisherigen Auflösungsarten des Parlaments (Ablauf der Mandatsdauer und Tod des Herrschers) eine dritte hinzugefügt worden: die Auflösung durch den König vor Ablauf der Gesetzgebungsdauer. Der Auflösungsgrund infolge Thronwechsels wurde 1867 im Zuge der zweiten Reformakte aufgehoben. So hat die Septennial Akte in vieler Hinsicht eine große Bedeutung: die Verlängerung der Gesetzgebungsdauer machte das Unterhaus unabhängiger von der Wählerschaft und so selbständiger in seiner Tätigkeit; doch wirkte immer das Auflösungsrecht des Königs entgegen, wenn sich das Haus infolge seiner Sicherheit vor der Wählerschaft zu Maßnahmen hergegeben hätte, die der Wandlung der öffentlichen Meinung widersprochen hätten. Von den 29 Parlamenten von 1801 bis 1910 erreichte keines seinen natürlichen Tod, und nur drei wurden über 6 Jahre alt; ebenso viele nicht einmal ein Jahr alt, 4 keine zwei Jahre, 4 keine drei Jahre, 4 keine vier Jahre, 3 keine fünf Jahre und nur 7 mehr als fünf Jahre. Durch diese Praxis ist denn auch die ursprüngliche Unzufriedenheit mit der Siebenjahrsfrist und die Forderung nach deren Verkürzung verstummt. 1910 wurde die letztere Forderung wieder aufgenommen: im Zusammenhang mit der Demütigung des Hauses der Lords wurde erwogen, daß dieses noch mehr an Ansehen verlieren sollte, wenn es einem mit dem Volk in engerer Berührung stehenden Unterhaus gegenübersteht. Zu diesem Zweck wurde durch die Parlaments-Akte von 1911 die Wahlperiode für das Unterhaus von sieben aut fünf Jahre herabgesetzt.

In Frankreich bestimmte die demokratische Verfassung von 1791 die Wahlperiode der Nationalversammlung mit zwei Jahren (unter augenscheinlicher Beeinflussung durch das amerikanische Vorbild). Die extrem demokratische Konvents-Verfassung von 1793 setzte die Dauer auf ein Jahr herab. Die nächsten Verfassungen verlängerten in dem Maße, indem sie sich von der Demokratie entfernten, die Gesetzgebungsdauer: die Direktorialverfassung auf drei Jahre (mit Drittelerneuerung), die napoleonischen Verfassungen auf fünf Jahre (mit Fünftelerneuerung); die Charte von 1814 behielt diese Frist bei, und durch das Gesetz vom 9. Juni 1824 verlängerte die damalige um die Sicherung ihrer Herrschaft besorgte Abgeordnetenkammer ihre Gesetzgebungsdauer auf sieben Jahre (mit Gesamterneuerung): ein Gegenstück zur Septennial-Akte von 1716. Damit war Höhepunkt erreicht: nunmehr setzt wieder eine demokratische Strömung ein. Nach der Charte von 1830 beträgt die Gesetzgebungsdauer 5 Jahre und ist die Gesamterneuerung endgültig eingeführt. Die Gesetzgebungsdauer der Nationalversammlung nach der Verfassung von 1848 machte nur drei Jahre aus; dann beginnt die plebiszitäre Scheindemokratie unter Napoleon III., dessen Verfassungen von 1852 und 1870 die Gesetzgebungsdauer auf 6 Jahre erhöhten. Für die Abgeordnetenkammer der dritten Republik wurde sie endgültig mit vier Jahren bestimmt.

Die Wahlperioden der deutschen Staaten waren bis 1848 meist sehr lang, mindestens 6 Jahre, aber auch bis zu 12 Jahren. Der Verfassungsausschuß der Frankfurter Nationalversammlung entschied sich für die Vierjahrsfrist, die Reichsverfassung von 1849 bestimmte jedoch, daß nur das erste zu wählende Volkshaus 4 Jahre im Amt sein solle, die anderen jedoch nur drei Jahre. Die Dreijahrsfrist ging in die Preußische Verfassung von 1850 über, in den Entwurf der Verfassung des Norddeutschen Bundes und schließlich in die Deutsche Reichsverfassung von 1871. Schon 1881 machte sich der Wunsch nach einer Verlängerung auf 5 Jahre in einer Vorlage der verbündeten Regierungen geltend. Die Gründe für die Verlängerung waren: der Wunsch nach

Verminderung der Wahlagitation und die Förderung der sachlicheren Behandlung der Geschäfte durch längere Amtsdauer. Die Fünfjahrsfrist wurde dann durch das Reichsgesetz vom 1. März 1888 eingeführt. Die Neuerung bewährte sich. Im alten Reichstag mit dreijähriger Dauer »klangen in der ersten Session noch die Wahlagitationen nach, in der dritten klangen sie schon wieder vor, so daß nur die mittlere Session zu verhältnismäßig ruhiger Arbeit übrig blieb. Jetzt (d. i. seit 1888) gibt es statt der einen drei mittlere Sessionen« (Meyer S. 685). Die Fünfjahrsfrist wurde auch von dem preußischen Abgeordnetenhause übernommen, in den anderen Einzelstaaten blieb es aber vielfach noch bei der Dreijahrsfrist. Die Weimarer Verfassung setzte die Gesetzgebungsdauer des Reichstags mit vier Jahren fest.

In den Vereinigten Staaten wurden die Mitglieder des Kongresses nach den »Articles of Confederation« von 1778 nur auf ein Jahr gewählt, seit der Verfassung von 1787 beträgt die Wahldauer 2 Jahre. Von den Einzelstaaten wählen 42 die Repräsentantenkammer auf 2 Jahre, 2 auf 1 Jahr und 4 auf 4 Jahre.

Derzeit sind für die Volkskammern folgende Wahlperioden üblich:

1 Jahr: in dem Schweizer Kanton Appenzell I.-Rh.

2 Jahre: in dem Schweizer Kanton Graubünden.

3 Jahre: in den Schweizer Kantonen: Zürich, Appenzell A.-Rh., Glarus, beide Basel, St. Gallen, Thurgau, Neuenburg und Genf. — In den deutschen Ländern: Braunschweig, Bremen, Hamburg, Lübeck, Mecklenburg-Schwerin, Oldenburg, Schaumburg-Lippe und Thüringen. — In Portugal, Norwegen, Lettland, Estland, Finnland und Memel.

4 Jahre: im Deutschen Reich sowie in den nicht vorher angeführten Ländern; in Österreich zum Nationalrat sowie zu den Landtagen von Burgenland, Kärnten, Steiermark und Tirol; in Danzig, Frankreich, Belgien, in den Niederlanden, Dänemark, Schweden, Rumänien, Jugoslawien, Griechenland, Albanien, Andorra, Liechtenstein, Monaco und San Marino; ferner in den Schweizer Nationalrat und in den Kantonen: Bern, Luzern, Uri, Schwyz, Obwalden, Zug, Solothurn, Schaffhausen, Aargau, Tessin, Waadt und Wallis.

5 Jahre: in England, Nordirland, im Irischen Freistaat, Spanien (bis 1923), Italien, Ungarn, Polen, Litauen (Vfg. 1928); in den öst. Ländern: Niederösterreich, Salzburg, Vorarlberg und Wien; im Schweizer Kanton Freiburg.

6 Jahre: in der Tschechoslowakei und in Luxemburg; in dem öst. Bundesland Oberösterreich und im Schweizer Kanton Nidwalden.

Das Überwiegen der Vierjahrsfrist und in zweiter Reihe der Drei- und Fünfjahrsfrist dürfte bereits die Antwort auf die Frage der brauchbarsten Wahlperiode geben. »Zahlenbestimmungen haben immer etwas Willkürliches« bemerkt Meyer (S. 682). Doch hat die Erfahrung manches gelehrt und hat vor allem kurze Fristen als für die Gesetzgebungsarbeit ungeeignet abgelehnt. Dies haben auch die Sowjetpraktiker eingesehen. In der ersten Verfassung vom Juni 1918 wurde die Dauer des Mandats der Abgeordneten aller Arten mit drei Monaten begrenzt, in folgerichtiger Durchführung der demokratischen Gleichheitsforderung. Schon 1920 wurde die Frist auf ein Jahr verlängert, bis schließlich die Zweijahrsfrist angenommen wurde, aus dem Grunde, weil in den kürzeren Fristen die Abgeordneten sich nicht einarbeiten konnten. Aber auch die dreijährige Frist hat sich als zu kurz erwiesen, und es sind Schweden und Dänemark in den Jahren 1915 und 1918 zur Vierjahrsfrist übergegangen. In Griechenland wurde die Dreijahrsfrist der Verfassung von 1925 durch eine vierjährige im J. 1927 ersetzt, in Litauen im nächsten Jahre durch eine fünfjährige. Das Schweizer Volk hat in seiner Abstimmung vom 15. März 1931 für die Bundesversammlung und den Bundesrat die vierjährige Amtsdauer beschlossen. Ebenso verlangten die letzten Verfassungsreformvorschläge in Estland die vierjährige Amtsdauer. Der Reichssparkommissar hat sich in einem Gutachten über die Landesverwaltung Thüringens für die vierjährige Gesetzgebungsdauer des Landtages ausgesprochen, und Hessen hat diesen Rat 1930 befolgt.

So bürgert sich am meisten die Vierjahrsfrist ein. Eine fünfjährige Amtsdauer hat sich z. B. in Polen als zu lang erwiesen, so daß der 1922 gewählte Sejm bei seinem Erlöschen 1927 keine Übereinstimmung mit den Verhältnissen in der Wählerschaft zeigte. In der Tschechoslowakei bemerkte der Bericht des Verfassungsausschusses der Nationalversammlung (V.-A. 2421): »Eine sechsjährige Periode ist allzulang — die Abgeordneten sollen nicht überflüssig lang ohne tatsächliche Kontrolle der Wähler sein.« Tatsächlich hat bisher auch kein Parlament in der Tschechoslowakei seine volle Lebensdauer erreicht, es wurde immer vorzeitig aufgelöst. Dies gilt auch von anderen Ländern, wo das Parlament nur ausnahmsweise bis zum letzten Tag lebt und in der Regel eines vorzeitigen Todes stirbt. Das letzte Lebensjahr erreichten von 27 italienischen Abgeordnetenkammern (von 1848 bis 1929) nur 7, von 6 deutschen Reichstagen (1919—1932) nur 2, von 6 irischen Dáils (1918—1931), von 4 österreichischen Nationalräten (1919—1930), von 6 dänischen Volkstingen (1918—1929), von 3 Abgeordnetenhäusern der Tschechoslowakei (1918—1929) und von 7 rumänischen Abgeordnetenkammern (1919—1932) nur je eine, von 5 britischen Unterhäusern (1918—1931) überhaupt keines. Ferner zeigt sich, daß die durchschnittliche Lebensdauer weit hinter der gesetzlichen Wahldauer zurückbleibt: Italien 3 Jahre statt 5, Großbritannien 2 Jahre 8 Monate statt 5 Jahre, Irischer Freistaat 1 Jahr 10 Monate statt 5 Jahre, Tschechoslowakei 3 Jahre 8 Monate statt 6 Jahre, Deutsches Reich und Österreich 2 Jahre 10 Monate, Dänemark 2 Jahre und Rumänien 1 Jahr 9 Monate statt 4 Jahre.

Die Volkskammern werden überall nach Ablauf der Amtsdauer zur Gänze neu gewählt; die teilweise Erneuerung ist bis auf Luxemburg und Obwalden völlig verschwunden.

Anders steht es mit Amtsdauer und Erneuerungsart der zweiten Kammer. Schon Benjamin Constant hat die Ansicht verfochten, daß die Volkskammer die öffentliche Meinung widerspiegeln soll, die zweite Kammer aber der Ausdruck der Stetigkeit sein soll. Dies wird auch heute noch auf dieselbe Weise erzielt wie vor hundert Jahren: durch längere Amtsdauer und durch Teilerneuerung, so daß sie eigentlich ewige Körperschaften sind, wenn sie nicht vorzeitig aufgelöst werden:

Die Gesetzgebungsdauer der Kammern.

	Volkskammer	Zweite Kammer	Erneuerungsart der 2. Kammer
Irischer Freistaat	5 Jahre	9 Jahre	1/3 alle 3 Jahre
Nordirland	5 "	8 "	1/2 " 4 "
Frankreich	4 "	9 "	1/3 " 3 "
Belgien	4 "	4 "	Gesamterneuerung
Niederlande	4 "	6 "	1/2 alle 3 Jahre
Schweiz	4 "	verschieden,	vom Kanton abhängig
Österreich	4 "	"	" Bundesland "
Dänemark	4 "	8 Jahre	1/2 alle 4 Jahre
Schweden	4 "	8 "	1/8 jedes Jahr
Ungarn	5 "	10 "	1/2 alle 5 Jahre
Griechenland	4 "	9 "	1/3 " 3 "
Rumänien	4 "	4 "	Gesamterneuerung
Polen	5 "	5 "	"
Tschechoslowakei	6 "	8 "	"
Jugoslawien	4 "	6 "	1/2 alle 3 Jahre
Vereinigte Staaten	2 "	6 "	1/3 " 2 "

Hierzu wäre noch zu bemerken, daß in Dänemark die 19 vom Landsting gewählten Mitglieder auf acht Jahre mit Ganzerneuerung gewählt werden; die 10 von Kammer und Senat gemeinsam gewählten Senatoren in Griechenland werden auf die Zeit der Amtsdauer der Kammer gewählt, die Vertreter der Berufskörperschaften nur auf drei Jahre. Schließlich gibt es in Island, dessen Althing auf vier Jahre gewählt wird und sich wie das norwegische Storthing in zwei Abteilungen spaltet, 6 Mitglieder, die immer im Oberen Tingteil, also sozusagen im Oberhaus, Sitz haben und die auf 8 Jahre mit Halberneuerung alle 4 Jahre gewählt werden.

Längere Gesetzgebungsdauer und Teilerneuerung erfüllen im allgemeinen die Aufgabe, daß die zweite Kammer die reifere und konservativere bildet und von der augenblicklichen Volksstimmung nicht so leicht mitgerissen werde wie die Volkskammer. Bei Schweden ist im Bd. 1, S. 481, gezeigt worden, wie langsam sich eine Änderung der politischen Zusammensetzung des Landes in der Ersten Kammer (d. i. im Oberhaus) infolge der Achtelerneuerung in jedem Jahr durchsetzt. Darin liegen wohl auch Gefahren, denn dadurch kann die Spannung zwischen den beiden Kammern zu groß werden. So hatten in den Niederlanden um die Jahrhundertwende die Rechtsparteien die Mehrheit in der Volkskammer erreicht. In der ersten Kammer (d. i. im Oberhaus) bestand dagegen eine Linksmehrheit, und bei dem damaligen Erneuerungsverfahren ($^1/_3$ alle drei Jahre) hätte es 15 Jahre gebraucht, bis auch diese Kammer eine Rechtsmehrheit erhalten hätte. So benützte der damalige Führer der Rechtsregierung Abraham Kuyper einen Meinungsunterschied zwischen den beiden Kammern, um die erste Kammer auflösen zu lassen, so daß er bei der folgenden Gesamterneuerung in ihr eine Rechtsmehrheit erreichte. Andrerseits geht aber der Sinn der längeren Gesetzgebungsdauer der zweiten Kammer ganz verloren, wenn auch sie bei vorzeitiger Auflösung der Volkskammer aufgelöst wird. Dies geschah bisher immer in der Tschechoslowakei. Damit ist wohl einer Befürchtung, die der Verfassungs-Ausschuß der Nationalversammlung ausgesprochen hatte: »Ein gewählter, auf acht Jahre petrifizierter Senat ist eine enigmatische Einrichtung« vorgebeugt worden, der Senat ist aber auch dadurch als eine zwecklose Einrichtung anerkannt worden.

c) Das Wahlalter. Für die demokratische Grundanschauung sind

Altersgrenzen die einzigen zulässigen Beschränkungen des allgemeinen Wahlrechts. Diese Altersgrenze muß aber möglichst niedrig und für Stimmberechtigung und Wählbarkeit dieselbe sein. Wenn man aber das Staatsganze ins Auge faßt, wird sich ein höheres Wahlalter rechtfertigen lassen, insbesondere für die Wählbarkeit und erst recht für die zweite Kammer, denn diese soll zur reiferen und gemäßigten Kammer gemacht werden. Darum hat auch die erste Zweikammerverfassung der französischen Revolution, die Direktorialverfassung, die beiden Kammern auf dem Gegensatz zwischen alt und jung aufgebaut. Das Wahlalter für den Rat der Alten war 40 Jahre, für den Rat der Jungen 25 Jahre. Der Rat der Jungen arbeitet die Gesetze aus und beschließt sie, der Rat der Alten überprüft die Gesetzesbeschlüsse, um sie anzunehmen oder abzulehnen. An diesen Grundsatz wird auch jetzt noch vielfach festgehalten, wie die Festsetzung des Mindestalters im Zweikammersystem darlegt.

Das Wahlalter für die beiden Kammern.

	Stimmberechtigung		Wählbarkeit	
	Volkskammer	Zweite Kammer	Volkskammer	Zweite Kammer
Irischer Freistaat	21	—	21	30
Nordirland	21	—	21	21
Frankreich	21	40	25	40
Belgien	21	21	25	40
Niederlande	25	25	30	30
Schweiz	20	verschieden	20	verschieden
Österreich	21	21	29	29
Dänemark	25	35	25	35
Schweden	23	27	23	35
Ungarn	24	24	30	35
Griechenland	21	21	25	40
Rumänien	21	40	25	40
Polen	21	30	25	40
Tschechoslowakei	21	26	30	45
Jugoslawien	21	21	30	40
Ver. Staaten	21	21	25	30

Infolge des höheren Mindestalters für die Stimmberechtigung zur zweiten Kammer ist auch die Wählerzahl eine beschränktere als die für die Volkskammer, weil die jüngeren Jahrgänge fortfallen.

Zahl der Wähler zu den beiden Kammern.

	Wähler zur Volkskammer	Wähler zur zweiten Kammer	Verh. der Wählerzahl
Polen (1930)	15.809.912	10.940.521	69.2%
Dänemark (1928/29)	1.786.092	1.232.046	70 %
Schweden (1927/28)......	3.505.672	2.979.117	85.1%

Die notwendige Folge dieser Verschiedenheiten ist natürlich ein höheres Durchschnittsalter der Abgeordneten der zweiten Kammer, doch schneidet bei einem Vergleich die Volkskammer auch nicht gerade als »Rat der Jungen« ab, z. B. Durchschnittsalter in Dänemark $52^2/_3$ Jahre für die Volkskammer und $58^2/_3$ Jahre für das Oberhaus, in Schweden 50.4 Jahre bzw. 55.6 Jahre, in der Tschechoslowakei 47.7 Jahre bzw. 55.6 Jahre.

d) Die soziale Zusammensetzung der Kammern.

Die Frage der sozialen Zugehörigkeit der Abgeordneten soll in diesem Zusammenhange nur gestreift werden, und zwar mit Rücksicht auf ihre Bedeutung für die Unterscheidung der beiden Kammern. Die demokratische Auffassung mit dem allgemeinen Wahlrecht kennt auch nur die allgemeine Wählbarkeit und lehnt besondere Erfordernisse für die Wählbarkeit ab, insbesondere eine höhere soziale Stellung. Im Gegensatz hierzu steht eine Betrachtung vom Gesichtspunkte des Staatsganzen aus: Für jedes öffentliche Amt sind besondere Kenntnisse und Fähigkeiten vorgeschrieben; für viele kleine Beamte sind Prüfungen vorgeschrieben, wodurch sie ihre Eignung für ihre Aufgaben bekunden sollen. Warum sollten nun gerade für die Abgeordneten, die die Entscheidung im Staate fällen, keine besonderen Kenntnisse und Fähigkeiten vorgeschrieben werden? Solche Erfordernisse sind dann ganz besonders notwendig für die zweite Kammer, die die Irrtümer der Volkskammer berichtigen soll. So ist auch die Wählbarkeit zu der zweiten Kammer in manchen Ländern an bestimmte Vorbedingungen geknüpft, während sie für die Volkskammer unbeschränkt ist, so z. B.

Belgien: die Senatoren müssen bestimmten, in der Verfassung aufgestellten Kategorien angehören, die höhere Staatsanstellungen, leitende Stellung in Industrie und Handel, höhere Steuerleistung, höhere Bildung, frühere politische Betätigung u. a. umfassen. Damit soll ein höheres soziales Niveau der Senatoren im Vergleich zu dem der Abgeordneten erreicht werden. Die Zugehörigkeit zu einer der

Kategorien gilt aber praktisch kaum als eine Beschränkung der Wählbarkeit, da die Kategorien auch ehemalige Bürgermeister und Schöffen umfassen, für deren Wahl keine besondere Erfordernisse gelten.

Italien: die Senatoren (die vom König ernannt werden) müssen bestimmten Kategorien angehören, wie höhere Staatsbeamte, Richter, Höchstbesteuerte, ehemalige Parlamentarier und Minister u. a.

Ungarn: die höchstens 40 vom König (dzt. Reichsverweser) zu ernennenden Mitglieder müssen aus der Mitte der Männer entnommen werden, die sich um das Vaterland verdient gemacht haben.

Irischer Freistaat: die Senatoren müssen sich durch öffentliche Dienste um die Nation verdient gemacht haben oder durch besondere Befähigungen oder Kenntnisse wichtige Seiten im Leben der Nation vertreten.

Schweden: die Mitglieder der Ersten Kammer müssen seit mindestens drei Jahren vor der Wahl ein Grundstück im Steuerwert von 50.000 Kronen besitzen oder in dieser Zeit für ein jährliches Mindesteinkommen von 3.000 Kronen Steuer gezahlt haben.

Als weiteres Mittel zur Hebung des sozialen Niveaus der zweiten Kammer wurde die Diätenlosigkeit benützt. Dadurch sollten nur reichere unabhängige Persönlichkeiten gewählt werden. Das Mittel erwies sich jedoch als unwirksam und bot den Vorschub zu einer Korrumpierung der Gesetzgebung, indem einflußreiche Kreise und Persönlichkeiten aus eigener Tasche Tagegelder an ihnen ergebene Leute zahlten, die im Parlament ganz bestimmte Interessen zu vertreten hatten und von ihren Geldgebern völlig abhingen. So sind auch die zweiten Kammern überall zur Zahlung von Tagegeldern übergegangen, so in den Niederlanden und in Schweden, ausgenommen jedoch Großbritannien.

Eine höhere soziale Stellung ist in gewissen zweiten Kammern immer durch die »Mitglieder von Rechts wegen« (Virilisten) gegeben, so z. B. in dem früheren spanischen Senat, aber auch in Ungarn: das Oberhaus zählt als Mitglieder von Rechts wegen 9 weltliche Würdenträger, höhere Richter, Militärs und Vorsitzende staatlicher Einrichtungen, 20 geistliche Würdenträger sowie 38 Vertreter der Adelsfamilien, die im früheren Magnatenhaus Sitz hatten und die von den wahlberechtigten Angehörigen dieser Familien gewählt werden.

Rumänien: Senatoren von Rechts wegen sind ehem. Ministerpräsidenten (mit vierjähriger Amtsdauer), ehem. Abgeordnete und Senatoren (die 10 Parlamenten angehört haben), oberste Richter und Generäle sowie kirchliche Würdenträger.

Auch die Vertreter der Berufskörperschaften geben den zweiten Kammern überall eine höhere Stellung, insbesondere weil in den untenstehenden Fällen unter den Berufsvertretern die Arbeitgeber überwiegen.

Ungarn:	Berufsvertreter:	16	Arbeitgeber	und	1	Arbeitnehmer
Rumänien:	„	12	„	„	4	„
Griechenland:	„	11	„	„	4	„

Schließlich ist auch die Vertretung der Universitäten ein geeignetes Mittel, um der zweiten Kammer geistige Kräfte zuzuführen: In Ungarn 20 Vertreter der Universitäten und wissenschaftlichen Einrichtungen, in Rumänien vier Vertreter der Universitäten und in Griechenland drei Vertreter der Universitäten und Technischen Hochschulen.

Durch diese Mittel gelingt es tatsächlich, die zweite Kammer auf einen höheren sozialen Stand als die Volkskammer zu bringen, z. B.:

Unterschiede in der Berufsgliederung der beiden Kammern.

	Schweden		Irischer Freistaat	
	Zweite Kammer (d. i. Volkskammer)	Erste Kammer (d. i. Oberhaus)	Dail	Senat
Geistliche	5	3	—	—
Lehrer u. Professoren	8	16	15	4
Ärzte	—	2	11	4
Rechtsanwälte	—	1	10	3
Öff. Beamte u. Offiziere	31	34	11	10
Großgrundbesitzer	4	9	2	6
Landwirte	95	35	36	4
Unternehmer u. leit. Direktoren in Handel und Industrie	18	17	44	21
Angestellte	5	7	} 3	—
Arbeiter	27	4		
Gewerkschafts- u. Verbandssekretäre	7	3	9	5
Journalisten	24	15	3	1
Sonst.	6	4	9	2
	230	150	153	60

e) Die Mitgliederzahl der Kammern.

Die Bestimmung der Mitgliederzahl der gesetzgebenden Körperschaften ist besonders wichtig für das Zweikammersystem. Dort, wo für gewisse Handlungen sowie zur Bereinigung von Meinungsverschiedenheiten beide Kammern zu einer gemeinsamen Sitzung zusammentreten, soll die Volkskammer eine größere Mitgliederzahl haben als die zweite Kammer, damit sie, die die eigentliche Repräsentantin des Volkes ist, die Mehrheit erzielen kann. Die Volkskammer hat aber in der Regel auch in jenen Staaten, in denen ein Zusammentreten beider Kammern nicht vorkommt, eine größere Mitgliederzahl als die zweite Kammer, ausgenommen das englische Oberhaus und der italienische Senat.

Mitgliederzahl der beiden Kammern.

	Mitgliederzahl		Gemeinsame Versammlung beider Kammern unter dem Namen:
	Volks-kammer	zweite Kammer	
England	615	759	—
Nordirland	52	26	—
Irischer Freistaat	153	60	Oireachtas
Frankreich	615	314	Assemblée Nationale
Belgien	187	153	—
Niederlande	100	50	Generalstaaten
Italien	400	417	—
Schweiz	187	44	Bundesversammlung
Österreich	165	50	„
Dänemark	149	76	Reichstag (keine gem. Vers.)
Schweden	230	150	„
Ungarn	245	Dzt. 245	„ (keine gem. Vers.)
Griechenland	250	120	Nationalversammlung
Rumänien	387	Dzt. 245	„
Polen	444	111	„
Tschechoslowakei	300	150	„
Jugoslawien	306	92	Nationalvertretung
Ver. Staaten	435	96	Congress of the U. S.

Die Bestimmung der Mitgliederzahl selbst hat natürlich etwas Willkürliches an sich. Nach folgerichtiger demokratischer Auffassung müßte die Mitgliederzahl gleich der Wählerzahl sein, dann wäre die unmittelbare und wirkliche Demokratie verwirklicht. Da dieser Grenzfall aber nur in ganz kleinen Gebieten erreicht werden kann, sollen in den übrigen Fällen die Mitgliederzahlen möglichst groß sein, damit in der Körperschaft alle Anschauungen im Volke vertreten seien. Dieses Gebot wird in der Praxis auch meistens für die Verfassunggebenden Versammlungen eingehalten, die größer als die gewöhnlichen eingerichtet werden. So zählte die französische Konstituierende Nationalversammlung von 1848 900 Mitglieder, und ebenso viele Mitglieder sollte jede folgende Nationalversammlung haben, die sich mit der Verfassungsänderung beschäftigt; die russische Verfassunggebende Versammlung von 1917/1918 zählte 601 Mitglieder. Die bulgarische Verfassung sieht für besonders wichtige Fragen wie Gebietsänderungen, Verfassungsänderungen, Neuwahl des Herrschers u. a. eine Große Nationalversammlung mit doppelt soviel Mitgliedern als die gewöhnliche vor; ebenso die frühere serbische und südslawische Verfassung von 1921. In den Niederlanden werden bei Freiwerden des Thrones doppelte Generalstaaten in doppelter Anzahl der gewöhnlichen einberufen.

Die große Mitgliederzahl hat außer der Aufgabe, die Vertretung aller Anschauungen zu ermöglichen, auch eine vorbeugende: nämlich die Anhäufung von zuviel Macht in den Händen von wenigen zu verhindern. Dadurch ergibt sich eine Mindestgrenze, unter die selbst kleine Staaten nicht hinuntergehen. Daher kommt es, daß die Volksvertretung kleiner Staaten eine Mitgliederzahl hat, die die der Parlamente großer Staaten im Verhältnis ganz ungeheuer übertrifft.

Einer großen Mitgliederzahl wirken praktische Gründe entgegen; vor allem die großen Kosten und die Schwerfälligkeit zu großer Körperschaften. Gerade Parlamente mit großer Mitgliederzahl führen das herbei, was die demokratische Doktrin mit ihnen verhüten will, daß sich nämlich die Macht in wenigen Händen zusammenballt. Infolge der Schwerfälligkeit solcher Körperschaften verschiebt sich das politische Schwergewicht in die kleineren Ausschüsse, die leicht alle Macht an sich reißen können. So leistete die 750 köpfige Gesetzgebende Körperschaft nach der französischen Verfassung von 1848 wenig brauchbare Arbeit und ebnete den Weg zur Errichtung der Alleinherrschaft Napoleons III. Das größte Parlament der Welt, der Unionsrätekongreß der Sowjetunion, mit seinen über 1700 Abgeordneten ist so schwerfällig, daß er nur alle zwei Jahre zusammenberufen werden kann. In der Zwischenzeit geht alle Macht auf den ungefähr 600 Mann starken Hauptvollzugsausschuß über, der einmal vierteljährlich zusammentritt; in der Zwischenzeit zwischen dessen Sitzungen, also während elf Monate im Jahr, ist der wirkliche Machtträger ein kleiner Vorstand des Bundeshauptvollzugsausschusses.

Diese Erwägungen führen dazu, daß die Mitgliederzahl innerhalb bestimmter vernunftgemäßer Grenzen sich bewegt:

Mitgliederzahl der Volkskammern.

Land	Gesetzliche Grundlage (V = Verfassung)	daher Mitgliederzahl	Ein Abgeordneter kommt auf ... der Bevölkerung
Großstaaten über 20 Millionen Einwohner:			
Sowjetunion	1 : 25.000 Wähler in d. Städten 1 : 125.000 E. auf dem Lande (V)	1781	90.000
Deutsches Reich	1 : 60.000 Stimmen	608	103.000
Großbritannien	1 : 70.000 E.	615	71.000
Italien	400 Abg.	400	102.900
Frankreich	1 : 75.000 E.	615	66.600
Polen	444 Abg.	444	71.900
Spanien	1 : 50.000 E.	470	50.600
Mittelstaaten von 10 bis 20 Millionen Einwohnern:			
Rumänien	387	387	46.500
Südslawien	1 für jeden Bezirk.	306	45.500
Tschechoslowakei	300 (V)	300	49.100
Mittelstaaten von 5 bis 10 Millionen Einwohnern:			
Ungarn	245	245	35.000
Niederlande	100 (V)	100	79.204
Belgien	1 : 40.000 E. (V)	187	43.100
Schweden	230 (V)	230	26.700
Österreich	165	165	39.000
Griechenland	höchstens 300, mindestens 200 (V)	250	24.800
Bulgarien	1 : 20.000 E. (V)	274	22.000
Mittelstaaten von 2 bis 5 Millionen Einwohnern:			
Finnland	200 (V)	200	17.800
Schweiz	1 : 22.000 E. (V)	187	21.800
Dänemark	höchstens 152 (V)	149	23.900
Irischer Freistaat	1 : 20.000 mindestens, 1 : 30.000 E. höchst. (V)	153	19.400
Norwegen	150 (V)	150	18.700
Kleinstaaten von 100.000 bis 2 Millionen Einwohnern:			
Lettland	100 (V)	100	19.000
Nordirland	—	52	24.000
Estland	100 (V)	100	11.150
Albanien	1 : 15.000 Einw. (V)	56	18.000
Danzig	72 (V)	72	5.600
Luxemburg	1 : 5.500 E. (V)	54	5.500
Memel	1 : 5000 E. (V)	29	5.000
Island	42 (V)	42	2.600
Kleinststaaten unter 100.000 Einwohner:			
Liechtenstein	15 (V)	15	670
San Marino	60 (V)	60	216
Andorra	24 (V)	24	217
Monaco	12 (V)	12	100 (Staatsb.)

Je größer ein Land ist, um so größer ist in der Regel die Bevölkerungszahl, auf die ein Abgeordneter entfällt. Im Deutschen Reich ist dieses Verhältnis das höchste, doch darf man nicht die Landesparlamente übersehen, die allein 1540 Abgeordnete beherbergen. In Österreich gibt es außerdem noch 408 Abgeordnete der Landtage, in der Schweiz 2286 Abgeordnete der kantonalen Gesetzgebungskörper. Selbst wenn man diese Abgeordneten nicht einrechnet, so ergibt sich für Europa eine Zahl von 9146 Abgeordneten der Volkskammern und 3245 der zweiten Kammern, insgesamt 12 391 Abgeordnete. Rechnen wir die Landesparlamente noch dazu, so kommen wir auf 16 676 Parlamentarier.

In den letzten Jahren sind vielfach Bestrebungen zur Herabsetzung der Abgeordnetenzahl im Gange. Am radikalsten wirkten sie sich wohl in Spanien, Portugal, Litauen und Südslawien aus, wo das Parlament zeitweilig überflüssig wurde und 985 Abgeordnete erspart wurden. In Italien wurde 1928 die Abgeordnetenzahl von 535 auf 400 verringert, 1930 in Danzig von 120 auf 72, in der Schweiz 1931 die Hinaufschiebung des Bevölkerungsverhältnisses von 20 000 auf 22 000 durchgeführt.

Einer der wesentlichsten Gründe, der für die Verkleinerung der Parlamente ins Feld gebracht wird, ist der der Kostenersparnis. Tatsächlich spielt auf der Ausgabenseite der Parlamentshaushalte — eine Einnahmenseite haben sie kaum — die Abgeordnetenentschädigung die ausschlaggebende Rolle. Der deutsche Reichstag kostet jährlich 7 863 350 RM. (1931, hiervon über 5½ Millionen RM. für Entschädigungen), die Ausgaben für die Volksvertretungen des Reiches und der Länder wurden 1927 mit 18 854 000 RM. errechnet. So hoch dieser Betrag auch ist, er ist nur ein verschwindend kleiner Bruchteil des Gesamthaushaltes, er ist kaum ein Zehntel dessen, was die Universitäten kosten, und ein Viertel der Ausgaben für die Strafanstalten. Auf den Kopf der Bevölkerung vollends ergibt sich eine jährliche Belastung durch Reichs- und Länderparlamentarismus von 32 Pfennig, wobei sich noch zeigt, wie billiger der Großbetrieb davonkommt: der Reichstag belastet die Bevölkerung nur mit 14 Pfennig auf den Kopf, das Preußenparlament mit 17 Pfennig jährlich, die Landtage der kleinsten Länder kosten jedoch bis zu 45 Pfennig (Braunschweig) und 78 Pfennig (Mecklenburg-Strelitz).

Die Stimmberechtigung.

1. Die Entwicklung und der gegenwärtige Stand des allgemeinen und gleichen Wahlrechts.

Die demokratische Auffassung verlangt das allgemeine und gleiche Wahlrecht, das heißt jeder Wähler hat das Recht, eine Stimme abzugeben, und die Stimme eines jeden Wählers ist gleich. Wird die Frage aber nicht individualistisch, sondern vom Standpunkt des Staatsganzen aus betrachtet, so kommt man zu der Forderung, daß nicht gemeinhin jeder Herr über das Schicksal des Volkes sein soll, sondern nur jemand, der auch die Verantwortung tragen kann. Daher ist natürlich ein Ausländer vom Stimmrecht auszuschließen; dann jedermann, der nicht über sein eigenes Schicksal entscheiden kann; und jeder soll um so größeren Anteil an der Leitung des Staates haben, als er an ihm interessiert und mit ihm durch Grund und Boden, anderen Besitz, durch Anstellung u. a. verknüpft ist. So wird die Sorge um das Gemeinwohl immer eine Auslese derjenigen erfordern, denen sein Schicksal anvertraut werden darf. Es lassen sich hier freilich keine bestimmten Grenzen angeben, wie schließlich auch das Gemeinwohl kein eindeutig festzustellender Begriff ist. Die demokratische Doktrin lehnt den Begriff überhaupt ab. »Es gibt kein allgemeines Interesse. Das ist ein unrichtiger und gefährlicher Begriff: es gibt nur eine Gruppe von Herrschenden, welche ihre eigenen Interessen als das Gesamtinteresse hinstellen wollen. Das wirkliche Gesamtinteresse ist nur eine Resultante von Sonderinteressen« (Kelsen). Die Erfahrung widerlegt diese Ansicht, doch hat sie viel Wahres, weil das Gesamtinteresse so oft mißbraucht wird. Gerade die Geschichte des Wahlrechts zeigt uns, daß unter Hinweis auf das Gesamtwohl das Stimmrecht engherzig zugunsten einer bestimmten herrschenden Klasse eingeengt wurde; sie zeigt uns aber auch, daß sich diese Beschränkungen immer wieder gegen diese Klasse selbst gerichtet hatten. Statt die aufsteigenden Klassen vom Wahlrecht fernzuhalten, hätte sie sie dazu heranziehen und zur politischen Verantwortung erziehen müssen.

Der engherzige Klassenstandpunkt des Liberalismus und die Angst des Konservatismus vor Revolutionen führten im konstitutionellen Staat des 19. Jahrhunderts zu einer Beschränkung des Kreises der Wahlberechtigten. Die Mittel dazu waren:

1. das Zensuswahlrecht: nur der Wähler, der eine Steuer in bestimmter Höhe zahlt (Steuerzensus) oder einen bestimmten Besitz

(Besitzzensus) hat oder ein bestimmtes Jahreseinkommen (Einkommenzensus) bezieht, ist stimmberechtigt. Die Ideologie zu diesem Wahlrecht der Reichen lieferte Benjamin Constant. Um sich ein Urteil über die öffentlichen Interessen zu bilden, ist Muße notwendig, und diese Muße gewährt nur der Besitz. Nur derjenige, der über ein Einkommen verfügt, das ihm die Möglichkeit gewährt, unabhängig von jedem fremden Willen zu existieren, erscheint befähigt, die politischen Rechte auszuüben.

2. Das Kapazitätswahlrecht: höhere Bildung oder Innehabung höherer gesellschaftlicher Stellung ersetzt den fehlenden Zensus und gewährt das Stimmrecht.

Dieses beschränkte Wahlrecht konnte vor dem Ansturm der demokratischen Bewegung, die zuerst 1830, dann 1848 mit voller Wucht ausbrach, nicht gehalten werden. So wurde in einer Anzahl von Staaten das allgemeine Wahlrecht bald Schritt für Schritt, bald auf einmal eingeführt. Damit das Wahlrecht aber nicht zu einer politischen Entthronung der bisherigen politisch führenden Schichten führe, wurde diesen ein Schutz in der Form des ungleichen Wahlrechts gewährt. Jeder Bürger ist stimmberechtigt, seine Stimme hat aber nicht denselben Wert wie die eines anderen, der reicher ist. Die Arten des allgemeinen, aber ungleichen Wahlrechts sind:

1. Das Klassenwahlrecht, z. B. in Preußen (s. Bd. I, S. 110).

2. Das Kurienwahlrecht, z. B. in Altösterreich (Bd. I, S. 409).

3. Das Mehrstimmrecht. Dieses stuft das Stimmrecht von besonderen sozialen Gesichtspunkten aus ab, indem es jedem Wähler eine Stimme gewährt, für bestimmte soziale Befähigungen jedoch eine weitere Stimme. So z. B. Belgien (Bd. I, S. 10). Die Gründe, die ein Mehrstimmrecht verleihen, waren höheres Alter samt Familienstand und kleine Steuerleistung, ferner Reichtum und Bildung. Im Vergleich zum Klassen- und Kurienwahlrecht drückt sich aber das Übergewicht der reicheren Klassen nicht stark aus, sondern es ist nur ein kleines Korrektiv des allgemeinen Wahlrechts.

4. Ungleiche Wahlkreiseinteilung. Die Grundlage des deutschen Reichswahlgesetzes von 1869 bildete die Volkszählung von 1864, und zwar sollte auf je 100000 Einwohner ein Abgeordneter kommen. Jedes Land hatte mindestens einen Abgeordneten zu wählen. Infolge der starken Bevölkerungszunahme des Reiches wurde dieses gleiche Wahlrecht zu einem höchst ungleichen, weil die Bevölkerung in den Landbezirken nur schwach anwuchs, in den Industriebezirken jedoch

riesenhaft, so daß sich 1912 solche Verschiebungen daraus entwickelt hatten, daß z. B. in Schaumburg Lippe ein Sitz auf 10 709 Wähler kam, im Wahlkreis Berlin-Nord-Nordwest aber auf 219 782 Wähler. Damit war das gleiche Wahlrecht praktisch ein Pluralwahlrecht zugunsten der kleinen Einzelstaaten und der schwach besiedelten landwirtschaftlichen Gebiete östlich der Elbe geworden.

Die fortschreitende demokratische Bewegung setzte sich aber auch über diese Schranken hinweg; sie fielen alle spätestens zu Kriegsende, und so war das Feld für das allgemeine und gleiche Wahlrecht frei.

Das allgemeine Wahlrecht besteht jetzt überall in Europa, ausgenommen in:

1. San Marino und Andorra, wo nur die Familienhäupter stimmberechtigt sind; doch sind in Marino außer den Familienhäuptern noch Lizentiaten, Milizangehörige und Steuerzahler von 150 Lire stimmberechtigt;

2. Ungarn, Sowjetunion und Italien (seit 1928), wo ein Zensuswahlrecht besteht.

Der ungarische Zensus ist im wesentlichen ein Bildungszensus, da das Wahlrecht an die Vollendung von 4 Volksschulklassen geknüpft ist; Absolventen einer Hochschule sind schon vor dem sonst geltenden 24. Lebensjahr stimmberechtigt.

Der in der Sowjetunion geltende Zensus wird mit Vorliebe »Arbeitszensus« genannt, weil nur diejenigen stimmberechtigt sind, die ihren Lebensunterhalt durch produktive und sozial nützliche Arbeit verdienen, sowie diejenigen, die durch ihre hauswirtschaftliche Tätigkeit den ersteren ihre produktive Arbeit ermöglichen.

Das faschistische Wahlrecht in Italien ist eine Verbindung von Arbeits- und Einkommens(Steuer)zensus, nach dem die beitragleistenden Gewerkschaftsmitglieder einerseits, dann die Steuerzahler von über 100 Lire, Aktionäre, die Rentner, die jährlich 500 Lire beziehen, und die Empfänger eines Gehaltes aus öffentlichen Kassen andrerseits stimmberechtigt sind. Zu ihnen treten noch die Geistlichen.

In den Vereinigten Staaten wird das Wahlrecht nicht durch die Bundesgesetzgebung, sondern durch die Gesetzgebung der Einzelstaaten geregelt, so daß diesen die Aufstellung von besonderen Wahlrechtserfordernissen nicht verwehrt ist. So bestand auch in den ersten Jahrzehnten der Union ein durch einen Vermögens- und Steuerzensus beschränktes Wahlrecht, bis sich in den Dreißigerjahren des 19. Jahrhunderts das allgemeine Wahlrecht Bahn brach (zuerst

1800 in Vermont und Kentucky). In den Fünfzigerjahren setzte jedoch eine Gegenbewegung ein: Connecticut führte zuerst die »literacy test« ein, d. h. der Wähler muß, wenn er kein entsprechendes Schulzeugnis vorweisen kann, die Kenntnis des Lesens durch eine Prüfung nachweisen. Derzeit besteht in den meisten Staaten dieses Wahlrechtserfordernis. Nach dem Gesetz des Staates New York von 1922 nehmen die Schulbehörden diese Prüfungen vor, und 10—20% der Prüflinge fallen durch. Die Kenntnis des Lesens und Schreibens kann heute gewiß nicht als Einschränkung des Wahlrechts angesehen werden.

Der Sieg des allgemeinen Wahlrechts ist zumeist auch der des Frauenwahlrechts. Die Bestrebungen um das Frauenstimmrecht erhielten festen Boden, als Frauen bis in die höchsten wissenschaftlichen und wirtschaftlichen Berufe vorrückten und vollends, als während des Weltkriegs die Frauen einen schweren Kampf im Hinterlande mit Erfolg bestanden. So drang in den Nachkriegsjahren das Frauenwahlrecht in breiter Front ein, während es sich vor dem Kriege nur in Finnland (seit 1906) und Norwegen durchgesetzt hatte. Nun traten mit Kriegsende die übrigen germanischen Staaten an ihre Seite: Schweden, England, das Deutsche Reich, Dänemark, die Niederlande, Luxemburg, Österreich; sodann die vielen neu geschaffenen Staaten: Estland, Lettland, Litauen, Memel, Polen, Danzig, die Tschechoslowakei und der Irische Freistaat. Dagegen konnte sich das Frauenstimmrecht in den romanischen Ländern nicht durchsetzen, weder in Frankreich, noch in Spanien, Portugal, Italien, Monaco, San Marino, Andorra, Rumänien und in den vom romanischen Kulturkreis beeinflußten Staaten Belgien und Schweiz (samt Liechtenstein). Kein Frauenstimmrecht gibt es in den südslawischen Ländern: Jugoslawien, wo zwar die Verfassung von 1921 die Einführung durch ein späteres Gesetz in Aussicht stellte, und Bulgarien, ferner in Griechenland und Albanien. In Spanien ist seit der Verf. v. 1931 Frauenstimmrecht.

Ein Frauenstimmrecht unter ungünstigeren Bedingungen als für die Männer wurde zuerst 1918 in England eingeführt, jedoch 1928 an das Männerwahlrecht angeglichen. Ein beschränktes Frauenstimmrecht besteht in Ungarn (Bd. I, S. 605) und in Belgien (Bd. I, S. 17). In den Vereinigten Staaten ließ als erster Staat Wyoming 1869 die Frauen zum Wahlrecht zu; bis 1919 folgten zehn andere Staaten. Das 19. Amendment zur Verfassung der Union (von 1920) schreibt nun den Staaten vor, daß das Geschlecht kein Grund für die Vorenthaltung oder Beschränkung des Wahlrechtes sein darf.

Auch das demokratischeste Wahlrecht muß einige Erfordernisse zulassen, an die das Stimmrecht gebunden werden kann. Diese sind:

1. Staatsangehörigkeit. Nur die Staatsbürger sollen stimmberechtigt sein, nicht jedoch die sich im Lande aufhaltenden Ausländer. Die Volkssouveränität klebt nicht am Staatsgebiet, sondern ist auf einem persönlichen Verband, dem der Staatsbürger, aufgebaut. Das monegassische Staatsvolk sind nicht die 22.000 Einwohner von Monaco, sondern die 1200 Personen, die monegassische Staatsangehörigkeit besitzen. Die Staatsangehörigkeit ist notwendige Voraussetzung der politischen Rechte. Mit diesem Grundsatz bricht radikal die Sowjetverfassung: auch die in der Union sich aufhaltenden Ausländer sind stimmberechtigt, wenn sie derselben Klasse wie die wahlberechtigten Sowjetbürger angehören, wenn sie Proletarier sind.

Hier wird also die Klassenzugehörigkeit über den Staatsverband gestellt. Es kann aber auch die Volkszugehörigkeit über den Staatsverband gestellt werden: so wurde zu den Wahlen zur südslawischen Verfassunggebenden Nationalversammlung allen Slawen das Stimmrecht gewährt. Deutsche in Deutschösterreich und Deutschösterreicher im Reiche waren zu den Wahlen zu den Verfassunggebenden Nationalversammlungen der beiden Staaten vom Januar und Februar 1919 stimmberechtigt. In die österreichische Bundesverfassung wurde 1929 die Bestimmung eingefügt, daß auch Ausländern bei Gegenseitigkeit das Stimmrecht gewährt werden kann. Die dänischen Staatsbürger sind auch in Island, die isländischen in Dänemark stimmberechtigt.

Im Bundesstaat ist in der Regel der Bundesbürger zum Parlamente eines jeden Gliedstaates stimmberechtigt, so in den Schweizer Kantonen, in den österreichischen Bundesländern und seit 1918/1919 auch in den deutschen Ländern. Anders verhält es sich in gewissen autonomen Gebieten, die zum Oberstaat in einem bundesstaatsähnlichen Verhältnis stehen. So sind zum Landsting der Åland-Inseln nur die Åländer stimmberechtigt, die sonstigen finnländischen Staatsbürger aber erst nach einem fünfjährigen Aufenthalt auf den Inseln. Im Memelgebiet sind zum Memellandtag nur die Memelbürger stimmberechtigt; ein sonstiger litauischer Staatsbürger, der ein Jahr im Gebiet lebt, muß, um das Stimmrecht erwerben zu können, erst um die Memelbürgerschaft einkommen. Die Grundlage für die Wahlberechtigung zum Landesrat im Saargebiet ist die Saareinwohnerschaft, denn eine eigene Landesbürgerschaft kann nicht geschaffen werden, solange die Saarländer juristisch deutsche Reichsangehörige sind. Saareinwohner kann aber auch ein anderer Staatsbürger als ein Deutscher aus dem Saargebiet werden.

In den Vereinigten Staaten erteilten früher einzelne Staaten den eingewanderten Ausländern das Stimmrecht, wenn sie erklärten, Bürger der Vereinigten Staaten zu werden, eine Bestimmung, die von den herrschenden Parteien zur Heranziehung einer blinden Gefolgschaft ausgenutzt wurde.

2. Zurücklegung eines bestimmten Alters. Selbst wenn das Wahlrecht ein dem Menschen angeborenes Recht wäre, so könnte er es doch erst in einem bestimmten Alter ausüben, so wie er erst nach einem bestimmten Alter das freie Verfügungsrecht über sein Vermögen erlangt. Die Altersgrenzen für die Stimmberechtigung sind derzeit folgende:

18 Jahre: Albanien, Sowjetunion, Italien (für Wähler, die verheiratet oder verwitwet sind und Nachkommen haben), Kanton Schwyz.

19 Jahre: Kanton Zug.

20 Jahre: Deutsches Reich und Länder, Schweiz (Bund und Kantone außer Schwyz und Zug), Danzig, Saargebiet, Estland.

21 Jahre: Frankreich, Italien, England, Nordirland, Irischer Freistaat, Belgien, Luxemburg, Österreich und öst. Länder, Tschechoslowakei, Polen, Südslawien, Rumänien, Lettland, Griechenland, Liechtenstein, San Marino.

23 Jahre: Norwegen, Schweden.

24 Jahre: Litauen, Memelgebiet, Finnland, Ungarn (für Männer; für graduierte Akademiker bereits nach Erlangung des Grades).

25 Jahre: Dänemark, Island, Niederlande.

30 Jahre: Ungarn (für Frauen).

Die Mehrzahl der Staaten hat sich für 21 Jahre entschieden, weil es in diesen Ländern zumeist auch das Alter ist, in dem der Staatsbürger volljährig wird. Wenn auch ein zwingender Zusammenhang zwischen dem Volljährigkeitsalter und dem Wahlrechte nicht besteht, so hat es jedenfalls keinen inneren Grund, dem jungen Bürger das Recht, über das Schicksal des Landes zu entscheiden, in einem Alter zu geben, in dem er noch nicht über sein eigenes Schicksal entscheiden kann.

Andererseits ist ein zu hohes Wahlalter, wie es z. B. in Dänemark bis 1915 das 30. war, bedenklich, weil der junge Staatsbürger allzulange von seinen politischen Aufgaben ferngehalten wird, so daß er sich dann, wenn er wahlberechtigt wird, überhaupt nicht mehr dafür interessiert, oder daß er in Ermangelung einer gesetzlichen Betätigungsmöglichkeit sich in ungesetzlichen Bahnen betätigt. Die Demokratisierung der letzten Jahrzehnte führte überall zu seiner Senkung des Wahlalters; ein Jahrzehnt praktischer Ausprobung der Demokratie ließ den Wunsch nach Hinaufsetzung des Wahlalters in verschiedenen Ländern, z. B. in Estland, Polen u. a., laut werden, und in Österreich und in Litauen wurde dies auch verwirklicht: in Österreich wurde (1929) das Wahlalter von 20 auf 21 Jahre, in Litauen (1928) von 21 auf 24 Jahre hinaufgesetzt.

3. Seßhaftigkeit. Die Forderung einer besonderen Seßhaftigkeit für die Ausübung des Wahlrechts ist mit dem folgerichtigen Gleichheitsgedanken der Demokratie unvereinbar. Vom staatspolitischen Standpunkt ist jedoch eine solche Forderung durchaus geboten, denn nur derjenige wird die Folgen seiner Entscheidungen über das Los des Gemeinwesens erwägen, der auch die Folgen zu tragen hat. Der heimatlose Agitator, der bald hier, bald dort wohnt, wird eine solche Verantwortungslast nicht kennen. So ist das Verhältnis in unseren Tagen noch dasselbe wie zur Zeit der Sophisten in Griechenland, die von Stadt zu Stadt zogen und überall gegen die Autorität ankämpften, weil sie eben eine Verantwortung für den Schutz eines Gemeinwesens nicht kannten. So soll die Forderung der Seßhaftigkeit dazu dienen, um das bodenständige, unter dem Gewicht der Entscheidungen unmittelbare leidende Bürgertum gegenüber den fluktuierenden Schichten, die am Gemeinwesen keinen Anteil nehmen und für dessen Schicksal keine Verantwortung tragen, zu schützen. In der Praxis ergibt sich die Forderung der Seßhaftigkeit zumeist schon aus technischen Gründen: weil die Wählerverzeichnisse zu einem bestimmten Zeitpunkt vor den Wahlen abgeschlossen werden müssen, damit eine geordnete Wahlhandlung überhaupt möglich ist. Wo es an Stelle der für eine bestimmte Wahl aufgestellten Wählerverzeichnisse jedoch ständige gibt, die zu einem bestimmten Zeitpunkt im Jahre abgeschlossen und dann ohne jede Veränderung für die im Laufe des Jahres vorgenommenen Wahlen verwendet werden, kann als Folge eine fast einjährige Seßhaftigkeit eintreten, wenn z. B. die Wählerverzeichnisse im Januar abgeschlossen wurden und die Wahlen im Dezember stattfinden.

Besondere Seßhaftigkeitsfristen werden gefordert, d. h. der Wähler muß bereits vor Aufnahme in das Wählerverzeichnis eine bestimmte Zeit sich in der Gemeinde aufgehalten haben:

3 Monate: Tschechoslowakei, England (für Soldatenwähler nur 1 Monat).

6 Monate: Belgien, Frankreich.

1 Jahr: Polen (für den Senat; wird für Staatsbeamte und Neusiedler erlassen).

2 Jahre: Ungarn (wird für Geistliche, Staats- und Privatbeamte, Pensionisten u. a. erlassen).

Statt einer Seßhaftigkeit in einer bestimmten Gemeinde wird in anderen Ländern die Seßhaftigkeit innerhalb des Wahlkreises verlangt, z. B. in Island (einjähriger Wohnsitz), oder ein längerer Aufenthalt im Lande, z. B. drei Monate in Liechtenstein, 5 Jahre in Island und Norwegen. Doch sind die meisten Erfordernisse dieser Art von der Hochflut der Demokratie hinweggespült worden.

Der Siegeszug der Demokratie wurde überall auch von der Einführung des gleichen Wahlrechts begleitet. Das Klassen-, Kurien- und Pluralwahlrecht verschwand; was aber dennoch in der egalitären Demokratie geblieben ist, ist die Ungleichheit durch Wahlkreisgeometrie, so z. B. in Litauen, Südslawien, Polen, Rumänien zuungunsten der nationalen Minderheiten; in Frankreich zuungunsten der Industriegebiete und des Nordens und zugunsten der landwirtschaftlichen Gebiete und des Südens, der auf diese Weise gegen 100 Abgeordnete mehr ins Palais Bourbon zu entsenden hat, als ihm nach der Kopfzahl zukämen.

Ein ungleiches Wahlrecht besteht ferner in der Sowjetunion: so kommt zum Bundesrätekongreß oder zum Allrussischen Rätekongreß ein Abgeordneter auf 25.000 städtische Wähler oder auf 125.000 Einwohner der Landgemeinden. Dieses Verhältnis von 1 Wähler zu 5 Einwohnern oder ungefähr 1 zu $2\frac{1}{2}$ ist auf den meisten Stufen des Sowjetaufbaues festgehalten.

Ein doppeltes Stimmrecht besteht in zweifacher Form in England:

1. Das Stimmrecht erlangt der Engländer infolge dreimonatigen Wohnsitzes in einer Gemeinde oder infolge der Führung eines Geschäftes, Handels u. ä. Befinden sich der Wohnsitz und die Geschäftsniederlassung im gleichen Wahlkreis, so hat der Wähler nur eine Stimme; liegen sie aber in verschiedenen Wahlkreisen, so kann der Wähler in dem einen Wahlkreis wegen seiner Wohnsitzqualifikation,

in einem anderen wegen der Geschäftsniederlassungsqualifikation wählen. Dieses Doppelwahlrecht hat aber jetzt keine praktische Bedeutung mehr, da die Wahlen seit der Representation of the People Act von 1918 an einem Tage im ganzen Lande stattfinden, während sie früher an verschiedenen Tagen, je nach der Entfernung des Wahlkreises von London, vorgenommen wurden.

2. Der Wähler kann außer auf Grund der einen oder beider vorerwähnter Qualifikationen noch ein Diplom einer Universität besitzen, wodurch er im Universitätswahlkreis stimmberechtigt wird. Von den 615 Sitzen zum Unterhaus werden 12 in Universitätswahlkreisen vergeben. Der akademische Wähler hat also ein doppeltes Stimmrecht, wenn freilich auch die praktische Bedeutung eine recht geringe ist. Im nordirländischen Unterhaus sind der Universität 4 Sitze von 52 vorbehalten, im Landtag des Irischen Freistaates 6 von 153.

Gegen das gleiche Wahlrecht wird von vielen Kreisen jetzt nach meist zehnjähriger Erprobung wieder Sturm gelaufen. Es sind wertvolle Minderheiten, die den Kampf mit der Losung: Gleiche Rechte, gleiche Pflichten führen. Das gleiche Wahlrecht konnte natürlich nie eine Gleichheit der Pflichten verwirklichen, ja es hat eher die Pflichten der Minderheiten noch vermehrt. Die Vorschläge zielen entweder auf die Einschränkung des allgemeinen Wahlrechts, z. B. nur auf die Steuerzahlenden oder auf ein abgestuftes Stimmrecht, bei dem die Stimmen nicht gezählt, sondern gewogen werden sollen. In dieser Richtung bewegen sich die Bestrebungen zugunsten eines Familienstimmrechtes, z. B. für jedes Kind eine weitere Stimme, wie es vielfach in Frankreich vorgeschlagen wird. Die Erfahrung lehrt aber, daß ein Mehrstimmrecht, das sich innerhalb gewisser vernünftiger Grenzen hält, nicht das Ziel erreicht, nämlich eine Minderheit aus der Masse herauszuheben. Eine Einschränkung des allgemeinen Wahlrechts ist überall dort, wo es einmal eingeführt worden ist, kaum möglich, da sofort eine starke Bewegung gegen diesen Versuch einsetzen würde. Die einzige Möglichkeit eines Schutzes wertvoller Minderheiten ist die einer zureichenden Vertretung in der zweiten Kammer.

2. Die Wahlausschließungsgründe.

Die folgerichtige Demokratie mit dem allgemeinen Wahlrecht kennt keine Ausschließungsgründe. Aus der staatspolitischen Praxis heraus lassen sich aber solche Ausschließungsgründe rechtfertigen: es hat z. B. keinen Sinn, demjenigen, der nicht über seine eigene Person oder über sein eigenes Vermögen verfügen kann, an der Verfügung über den Staat teilnehmen zu lassen. Hieraus ergibt sich der Ausschluß von Narren, Geisteskranken, unter Vormundschaft stehender oder im Konkurs befindlicher sowie in Gefängnissen eingekerkerter Personen vom Stimmrecht. Es liegen hier sozusagen Fälle politischer Unwürdigkeit vor. Dann sind Ausschließungsgründe im Interesse der Reinhaltung der Wahlhandlung vor jeder Korruption und jedem Druck geboten: dies könnte geschehen, wenn Wähler in persönlich abhängiger Stellung von ihren Übergeordneten verleitet werden, nach den Vorschriften der letzteren zu stimmen. So empfiehlt sich die Ausschließung von abhängigen Gruppen, wie der Bezieher von Armenunterstützungen, der Inwohner von Armenhäuser, sowie der Soldaten. Zu diesen abhängigen Gruppen wurde früher vielfach auch das Hausgesinde gerechnet, so z. B. in Dänemark bis 1915, aus der Erwägung heraus, daß diese Personen zu sehr dem Einfluß ihrer Dienstgeber unterliegen würden, wodurch die Reinheit der Wahlen gefährdet würde. In diesen Fällen ist also nicht von politischer Unwürdigkeit zu sprechen, sondern nur von Vorbeugungsmaßnahmen zwecks Reinhaltung der Wahlen. Die erstgenannten Fälle sind subjektive Ausschließungsgründe, weil der Ausgangspunkt das Subjekt, der einzelne Wähler ist, letztere sind objektive Ausschließungsgründe, weil der Ausgangspunkt die Wahlhandlung und deren etwaige Beeinflussung ist. Die österreichische Reichsratswahlordnung von 1907 sprach von Ausschließung vom Wahlrecht für die Fälle politischer Unwürdigkeit und von Ausnahmen, z. B. für die Soldaten. Eine weitere Unterscheidung ist zwischen dauernder und vorübergehender Ausschließung zu machen; diese kann wieder als eine wirkliche Ausschließung auf bestimmte Zeit gehandhabt werden, oder als Ruhen des Stimmrechts (Suspension), wobei der Wähler in das Wählerverzeichnis eingetragen wird, also nach außenhin als Wähler betrachtet wird, sein Wahlrecht aber nicht ausüben darf, solange der Hinderungsgrund besteht.

Die Ausschließungsgründe waren früher viel zahlreicher, ja sie bezogen sich auf ganze Klassen. So war vor 1848 in Deutschland die Zugehörigkeit zu einem christlichen Bekenntnis Erfordernis für die Stimmberechtigung, so daß die Juden ausgeschlossen waren.

In Rumänien waren die einheimischen Juden bis 1923 keine vollwertigen Staatsbürger — mit geringen Ausnahmen —, sondern sie wurden nur als Schutzbefohlene betrachtet und hatten auf diese Weise keine staatsbürgerlichen Rechte (aber auch keine Pflichten, wie Heeresdienst). Ausschließung wegen Zugehörigkeit zu einer bestimmten Rasse oder Farbe spielt in Europa keine Rolle, wohl aber in Nordamerika und Südafrika. Die einzigen Ausschließungsgründe, die gegen ganze Klassen gerichtet sind, sind derzeit folgende:

1. Die Peers in England. Diese gewohnheitsrechtliche Regel ist nur geschichtlich erklärbar, nämlich aus dem ursprünglich ständischen Charakter des Parlaments. Das Unterhaus ist die Vertretung des städtischen Bürgertums und der Grafschaften; das Oberhaus umfaßt den Stand der Geistlichen und des Adels, so daß ein Peer eben schon im Oberhaus vertreten ist.

2. Die Geistlichen in Griechenland. Der Grund ist nicht etwa Undankbarkeit gegenüber einer Klasse, die sich die größten Verdienste um die Freiheit des Volkes erworben hatte, noch die Angst vor Beeinflussung der Wahlhandlung durch sie, sondern der Wunsch, die Diener eines Herrn, »dessen Reich nicht von dieser Welt ist«, von den politischen Ausschreitungen fernzuhalten.

3. Die Geistlichen in der Sowjetunion. Hier spielen ganz andere Beweggründe mit als in Griechenland, nämlich politische Vergeltungsabsichten: die Geistlichkeit war eine Stütze des Throns im alten Rußland, sie hat noch heute großen Einfluß auf das gläubige Volk, daher muß ihr Einfluß aus Gründen der revolutionären Zweckmäßigkeit gebrochen werden.

4. Reichere Personen in der Sowjetunion. Es handelt sich hier einerseits um Personen, welche fremde Arbeitskraft mieten, was im Sowjetstil »ausbeuten« heißt, ein arbeitsloses Einkommen durch Kapital beziehen oder Handels-, Wechsel- und andere kleine Geschäfte betreiben; in allen diesen Fällen handelt es sich nicht um produktiv tätige und arbeitende Menschen, die allein nach dem Sowjetwahlrecht stimmberechtigt sind.

5. Personen mit politischer Vergangenheit. So schließt das Sowjetwahlrecht Personen aus, die mit dem zaristischen Regime in enger Verbindung gestanden sind, das ungarische Wahlrecht wiederum Personen, die mit der Räteherrschaft in Ungarn verwickelt waren. Einen mittelbaren politischen Ausschließungsgrund kennt das fa-

schistische Wahlrecht, indem es die Stimmberechtigung u.a. Mitgliedern der anerkannten Gewerkschaften zuerkennt; für die Mitgliedschaft wird aber gutes politisches Betragen in nationaler Hinsicht verlangt.

Eine ganz besondere Wichtigkeit hat der Ausschluß der Neger für die Vereinigten Staaten. Das 13. Amendment von 1865 hatte nach dem Sezessionskrieg die Sklaverei abgeschafft, und das 14. Amendment (1868) verkündete die Gleichheit aller Bürger. Die Staaten wurden dadurch allerdings nicht gezwungen, den Negern das Stimmrecht zu verleihen; wenn sie es nicht taten, so wurde die Zahl ihrer Vertreter im Repräsentantenhaus entsprechend der Zahl der nichtstimmberechtigten farbigen Bevölkerung verkürzt. Da diese Änderung aber nicht viel nützte, so bestimmte das 15. Amendment von 1870, daß Rasse, Farbe oder frühere Leibeigenschaft keine Ausschließungsgründe sein dürfen. Die Südstaaten wehrten sich gegen diese Vorschrift, indem sie Bildungserfordernisse einführten, die zwar in gleicher Weise auch auf die Weißen anzuwenden sind, aber in ihrer praktischen Wirkung auf die Neger beschränkt bleiben. So sind diese Verfassungsbestimmungen in den Südstaaten toter Buchstabe geblieben; in fünf Südstaaten (South-Carolina, Georgia, Alabama, Mississippi und Louisiana) sind nur 19000 Neger stimmberechtigt, 2224991 im Wahlalter stehende jedoch nicht.

3. Die politischen Wirkungen des allgemeinen Wahlrechts.

Von den vielfachen politischen Wirkungen des Wahlrechts wollen wir nur folgende festhalten, weil wir für sie zahlenmäßige Unterlagen besitzen.

1. Rückgang der außerparlamentarischen Bewegungen. Solange ein großer Teil der Bevölkerung vom Stimmrecht ausgeschlossen war, versuchte dieser auf andere Weise politische Macht auszuüben: durch anarchistische Umtriebe, Generalstreiks, durch die »direkte Aktion«. Durch das allgemeine Stimmrecht sind diese Bewegungen zum größten Teil in den geordneten Rahmen einer politischen Partei überführt worden und sind von umstürzlerischen Bewegungen zu geordneten, parlamentarischen Bestrebungen geworden, deren Hauptziel auf die Erreichung von möglichst vielen Sitzen gerichtet ist. Der Parlamentarismus hat durch Abgeordnetengehälter und Eisenbahnfreikarte selbst für Abgeordnete der revolutionärsten Vergangenheit etwas so

Bestechendes an sich, daß die einmal gewählten Abgeordneten auch der radikalsten Gruppen im entscheidenden Zeitpunkt ihre Anhänger von jedem außerparlamentarischen Schritt abhalten. So ist vielfach an Stelle von Revolver und Dynamit der Stimmzettel getreten. Daß es in so vielen Ländern aber schon nach einigen Jahren allgemeinen Wahlrechts wieder zu außerparlamentarischen Strömungen kam, die selbst das Parlament hinweggefegt oder mindestens gedemütigt haben, hängt mit dem Überwuchern des Parteiengeistes zusammen.

2. Vergrößerung der Wählerzahl. Die Ausdehnung des Stimmrechts gab den für die staatlichen Aufgaben ungeschulten Massen den Stimmzettel in die Hand und trieb sie zumeist in das Lager der Demagogen. So stärkte das allgemeine Wahlrecht die radikalen Parteien und wurde zu einer Prämie des Schlagwortes. Die sachliche Arbeit der Parlamente muß vor Torschluß vor dem Bestreben, eine zugkräftige Wahlparole zu finden, zurücktreten. Die Bearbeitung der Massen stellt an die Wahltechnik erhöhte Ansprüche und führt so naturnotwendig zu einer Stärkung der Parteimaschine sowie der Parteipresse. Das vorzeitige Öffnen der Schleusen des allgemeinen Wahlrechts, bevor die Massen zu den politischen Aufgaben erzogen worden sind, hat zur Überflutung der niedrig gelegenen Gelände des Staatsaufbaues durch die richtungslosen Fluten der Masse geführt.

3. Senkung des Niveaus der Parlamente. Die neuen Wählerschichten haben zum großen Teil Angehörige ihrer Berufe entsendet, wodurch auch die Zusammensetzung der Parlamente sich änderte. Außerdem hat die Stärkung der Parteiorganisation in der Massendemokratie die selbständige Bewerbung von Männern der Wissenschaft und Wirtschaft, die den Abgeordnetenberuf aus Liebhaberei und staatsbürgerlichem Verantwortungsgeist heraus anstrebten, unmöglich gemacht, so daß der ganze politische Betrieb den Parteien ausgeliefert werden mußte, die nur ihnen ergebene und abhängige Personen in das Parlament entsenden. Eine große Schicht dieser neuen Parlamentarier bilden die Partei- und Verbandssekretäre, die mit genauesten Weisungen ins Parlament entsendet werden. Eine tiefgreifende Änderung trat durch die Einführung des gleichen Wahlrechts im Deutschen Reich und des allgemeinen und gleichen Wahlrechts in Preußen in der Zusammensetzung des Reichstags und des Preußenparlaments ein:

Berufsstatistik des Deutschen Reichstags und des Preußischen Landtags.

	Deutsches Reich		Preußen	
	1912	1919	1913	1919
Großgrundbesitzer ...	10.3%	0.9%	21.9%	0.7%
Mittelbesitzer	9.4	2.1	9.5	2.5
Kleinbesitzer	3.5	4.9	1.5	1.2
Landwirtschaft zus.	23.2	8.0	32.9	4.4
Kaufleute	6.8	3.5	3.6	4.0
Industrielle	1.0	2.6	3.4	1.2
Gewerbetreibende ...	1.0	0.9	1.3	1.5
Handel u. Ind. zus...	8.8	7.0	8.3	6.7
öff. Beamte	11.6	11.4	25.2	13.5
Lehrer..............	5.0	7.5	5.4	15.5
Geistliche	5.3	2.6	4.9	3.7
Rechtsanwälte, Notare	10.1	7.3	6.5	6.2
Privatbeamte	3.5	4.5	4.7	6.7
Parteibeamte	3.0	6.1	0.7	6.0
Gewerkschaftsbeamte	5.6	20.5	0.6	14.4
Privatb. usw. zus. ..	12.1	31.2	6.0	27.2
Ärzte...............	1.7	0.5	0.9	1.2
Schriftsteller	14.4	15.2	2.0	7.9
Rentner u. Private ..	2.0	0.9	5.4	0.7
Handwerker.........	2.5	1.9	1.4	2.7
Arbeiter	0.5	2.4	0.2	4.0
Angestellte	1.8	2.1	—	4.0
Handw. usw. zus. ..	4.8	6.4	1.6	10.7
Sonstige	0.2	0.9	0.4	2.1

Der Hundertsatz der an der Wirtschaft unmittelbar beteiligten und daher die Hauptlast der wirtschaftlichen und sozialen Gesetze tragenden Abgeordneten ist von 46.3 im alten Reichstag auf 24.5 im Nachkriegsreichstag gesunken. Drei Viertel der Abgeordneten beschließen über Gesetze, deren wirtschaftliche Folgen sie nur mittelbar zu tragen haben. Dies darf aber nicht dem Wahlrecht angekreidet werden, denn der Ausschluß der Selbständigen in der Wirtschaft ist ein freiwilliger. »Früher gestattete das Tempo unseres Lebens, auch des Wirtschaftslebens, dem Manne des Besitzes, neben seinen eigenen Angelegenheiten noch öffentliche Angelegenheiten zu verwalten. Die Zahl dieser Männer wird immer kleiner. Die Männer der Wirtschaft gehen nicht mehr in die Parlamente, sondern senden ihre Berufsbeamten, ihre Syndizi hin« (Rothenbücher in Volk und Reich d. Deutschen, Bd. II, S. 241). Sie selbst sind »unabkömmlich« geworden.

4. Das Frauenstimmrecht. Durch die Gewährung des Frauenstimmrechts ist die Wählerschaft mit einem Schlage überall um rund 100% gestiegen, und die Schwierigkeiten, die sich aus der Vergrößerung der Wählerzahl ergaben, wurden dadurch nur verstärkt. Die erste Folge des Frauenstimmrechts ist, daß in der Wählerschaft die Frauen überwiegen:

Zahl der männlichen und weiblichen Wähler.

	Männliche Wähler	Weibliche Wähler	v. H.
England (1931)	14.098.833	15.846.492	52.8
Belgien (1929)	2.488.106	9.340	0.3
Österreich (1930)	1.926.598	2.194.684	53
Tschechoslowakei (1929).	3.830.464	4.352.998	53.2
Ungarn (1922)	1.519.564	862.520	36.2
Schweden (1928)	1.677.620	1.828.052	52.1
Norwegen (1930)	730.413	821.487	52.9
Island (1927)	21.721	24.326	52.9
Finnland (1930)	803.030	919.558	54.8
Estland (1925).........	307.958	393.811	56.3

Im größten Gegensatz zu dem Anteil der Frauen in der Wählerschaft steht jedoch die Zahl der Frauen in den Parlamenten:

Zahl der weiblichen Abgeordneten.

	Volkskammer	Zweite Kammer
England (1931)	15 von 615 2.4%	Frauen ausgeschlossen
Nordirland (1929)	1 „ 52 2.0%	—
Irischer Freistaat (1927)	1 „ 153 0.6%	5 von 60 8.3%
Niederlande (1929)......	5 „ 100 5.0%	— „ 50 —
Deutsches Reich (1930) .	39 „ 577 6.7%	—
Danzig (1930)	5 „ 72 7.0%	—
Österreich (1930)	10 „ 165 6.6%	5 von 50 10.0%
Tschechoslowakei (1929)	10 „ 300 3.3%	4 „ 150 2.6%
Dänemark (1929)	3 „ 149 2.1%	6 „ 78 7.7%
Schweden (1928)	3 „ 230 2.5%	1 „ 150 0.6%
Norwegen (1930)	2 „ 150 1.3%	—
Island (1931)		1 von 14 7.0%
Finnland (1929)	15 von 200 7.5%	—
Estland (1929)	1 „ 100 1.0%	—
Lettland (1931)	1 „ 100 1.0%	—
Belgien (1929)	1 „ 187 0.5%	1 von 153 0.6%
Ver. Staaten (1930).....	6 „ 435 1.4%	1 von 96 1.0%

Im Deutschen Reichstag hält sich die Zahl der weiblichen Abgeordneten ungefähr auf gleicher Höhe: 1919: 39; 1920: 33; 1924/I: 29; 1924/II: 33; 1928: 33; 1930: 39; dagegen steigt die Frauenvertretung im englischen Unterhaus von Wahl zu Wahl: 1923: 8; 1924: 9; 1929: 14; 1931: 15.

Von allen Frauenabgeordneten verdankte nur eine, die im Isländischen Althing, ihre Wahl einer reinen Frauenpartei; alle anderen wurden von den übrigen Parteien gewählt, in die die Frauen ziemlich reibungslos aufgegangen sind. Der Geschlechtsverband erwies sich nirgends als dauernd politisch organisatorisch. Die Erfahrungen, die mit dem Frauenstimmrecht gemacht wurden, haben gezeigt, daß die Frauen sich radikaleren Schlagworten in einem viel geringeren Ausmaße zugewandt haben als Männer und daß sie die konservativen Parteien, vor allem die konfessionellen, verstärkten. Bei den Reichstagswahlen von 1930 war nach Teilberechnungen von Zurkuhlen der Frauenanteil auf je 100 Wähler: beim Christlich-sozialen Volksdienst 69.5, beim Zentrum 63.3, bei den Deutschnationalen 60.8, bei der Deutschen Volkspartei 57.8, bei den Konservativen 53.8, den Sozialdemokraten 52.6, der Staatspartei 52.4 und der Wirtschaftspartei 52, gegenüber nur 49.6 bei den Nationalsozialisten, 49.5 beim Landvolk und 45.6 bei den Kommunisten. So verhilft das Frauenstimmrecht manchen Parteien zu einer größeren Sitzezahl, und zwar sind dies in der Regel die konservativeren Parteien, wie z. B. in Österreich, wo 1927 von 100 gültigen Stimmen von den Männern 55 bürgerlich und 45 marxistisch stimmten, von den Frauen aber 60 bürgerlich und 40 marxistisch. Das Ergebnis der Wahlen von 1930 wäre gewesen:

	falls die Männer allein gewählt hätten	falls die Frauen allein gewählt hätten	tatsächliches Ergebnis
Christlichsoziale	58	73	66
Sozialdemokraten	78	67	72
Nat. Wirtschaftsblock und Landbund	19	18	19
Heimatblock	10	7	8

Infolge dieser konservativen und stark konfessionellen Einstellung der Frauen wenden sich sog. fortschrittliche Parteien gegen das Frauenstimmrecht, so in Belgien die Liberalen und Sozialisten, in der Schweiz die Freisinnig-Demokraten.

Die Frauen beteiligen sich in der Regel etwas weniger an den Wahlen als die Männer, wodurch auch der Gesamtdurchschnitt der Wahlbeteiligung herabgedrückt wird, doch sind die Unterschiede nicht sehr groß und nach Sozialgruppen verschieden.

5. Das Wahlrecht der Jungen. Die Gewährung des Wahlrechts an die 20- bis 24—25jährigen hat vielfach Bedenken ausgelöst, die von der Furcht vor einer Radikalisierung des Parlaments veranlaßt wurden. Tatsächlich gibt es auch starke radikale Bewegungen, die überwiegend von der Jugend getragen werden. Hier handelt es sich aber nicht allein um Jahrgänge, die z. B. seit der Revolution in Deutschland das Stimmrecht erhalten haben, sondern z. T. um ältere Jahrgänge, z. T. aber auch um solche, die noch nicht stimmberechtigt sind. Eine Ausschließung von drei bis vier Jahrgängen — um mehr kann es sich nicht handeln — würde aber keineswegs die radikalen Parteien sehr schwächen, die Ausgeschlossenen jedoch noch mehr in eine radikale Richtung drängen. Zudem darf das Stimmgewicht dieser Jahrgänge nicht überschätzt werden: sie haben erstens eine schwächere Wahlbeteiligung (sie blieb Mai 1924 in vier beobachteten Bezirken um 2.7% hinter dem Durchschnitt von 84.5% zurück; s. Kaisenberg in Zs. f. ges. Staatswiss., Bd. 90, S. 474), zweitens dürfte sich von 1935 an wegen der 1915 beginnenden Geburtenabnahme der Anteil der Jungwählerstimmen am ganzen Wahlkörper stark vermindern (Löbe im Berl. Tageblatt 22. Februar 1931). 1928 sind nur 15% aller Sitze durch diese Altersklasse gewählt worden (Schauff im Heimatdienst VIII, Nr. 14). Wichtiger aber als diese Erwägungen ist eine staatsbürgerliche Erziehung der Jugend im Gedanken des Volksganzen, daß sie sich »gründliches Wissen und ethische Sauberkeit aneigne« (Rich. Schmidt in Probleme d. Dem. II, S. 8), damit sie nicht Verhetzungen zum Opfer falle.

Wenn vielleicht auch durch das Wahlrecht der Jungen die Parteien etwas radikalisiert werden, so läßt sich nicht dasselbe vom Parlament sagen, da ja die Zahl der jungen Abgeordneten ähnlich wie die der weiblichen Abgeordneten eine geringe ist (s. S. 110).

Die Wählbarkeit.

1. Die Erfordernisse für die Wählbarkeit.

Vom individualistischen Standpunkt der egalitären Demokratie aus betrachtet, ist jeder wählbar, der stimmberechtigt ist. Einschränkungen widersprechen sowohl dem Gleichheitsgrundsatz als auch dem der Freiheit, daß jeder Wähler seine Stimme demjenigen geben kann, dem er sie geben will. Wird das Wahlrecht jedoch als öffentliche Funktion aufgefaßt, die im Interesse des Gesamtwohls ausgeübt werden soll, so soll nur derjenige wählbar sein, der imstande ist, das Amt eines Abgeordneten auszuüben. Hieraus ergeben sich besondere Erfordernisse für die Wählbarkeit sowie der Ausschluß ungeeigneter Personen.

Mit der egalitären Demokratie steht es in keinem Widerspruch, wenn als Voraussetzung für die Wählbarkeit die Stimmberechtigung gefordert wird. Es genügt jedoch im allgemeinen, daß der Bewerber bzw. Abgeordnete stimmberechtigt ist, das heißt, daß er allenfalls die für das Stimmrecht erforderlichen Voraussetzungen besitzt, ohne aber in einem Wählerverzeichnis aufgenommen zu sein, das allein die Unterlage zur Zulassung zur Stimmabgabe bildet. So kann z. B. der sich im Auslande aufhaltende Wähler, der deshalb nicht in ein Wählerverzeichnis aufgenommen werden kann, wählbar sein, z. B. in Ungarn, in den Niederlanden u. a., auf welche Weise der auf einem ausländischen diplomatischen Posten stehende Staatsmann zum Abgeordneten gewählt werden kann. Die Saarländer, die an den Reichstagswahlen nicht teilnehmen dürfen, weil sie derzeit der deutschen Souveränität entzogen sind, sind jedoch zum Reichstag wählbar. Eine Neuerung schuf die belgische Verfassung von 1831, die von anderen Staaten, wie Luxemburg und den Niederlanden, übernommen wurde: während die Stimmberechtigung an einen Zensus gebunden war, war die Wählbarkeit uneingeschränkt.

In der Regel ist heute die Wählbarkeit an die Stimmberechtigung geknüpft, doch werden zumeist noch bestimmte Erfordernisse aufgestellt:

1. Höheres Alter als für die Stimmberechtigung: Für die Tätigkeit im Parlament ist unbedingt eine gewisse Reife und Sachkenntnis erforderlich, die wohl nur durch ein höheres Alter erzielt werden kann, obwohl freilich das höhere Alter allein noch kein Kriterium für die Reife ist. Das Mindestalter für die Stimmberechtigung und die Wähl-

barkeit ist gleich in England (21 Jahre), Dänemark (25 Jahre), Sowjetunion (18 Jahre), Estland (20 Jahre), Lettland (21 Jahre), Liechtenstein (21 Jahre), Finnland (24 Jahre), Schweden (23 Jahre), verschieden jedoch in einer Anzahl Staaten mit einer zweiten Kammer, die wir bereits an der betreffenden Stelle in einer Übersicht zusammengestellt haben (S. 83), sowie in folgenden Einkammerstaaten:

Das Wahlalter in Einkammerstaaten.

	Mindestalter			Mindestalter	
	Stimmrecht	Wählbarkeit		Stimmrecht	Wählbarkeit
Deutsches Reich	20	25	Spanien	—	23
Danzig	20	25	Albanien	18	30
Luxemburg	21	25	Norwegen	23	30
Bulgarien	21	30			

Für die zweite Kammer wird durchwegs ein höheres Wahlalter für die Abgeordneten verlangt, gleichfalls aus der Erwägung heraus, daß diese Kammer die reifere Körperschaft sein und bremsend wirken soll. Die Praxis zeigt, welche geringe Bedeutung die unteren Altersgrenzen haben, denn die Zahl der Abgeordneten, die diese Grenze streifen, ist äußerst gering. Es dauert meistens lange Jahre, bis ein strebsamer Parteiarbeiter bis in die vorderste Linie, die der Parlamentsabgeordneten, gelangen kann; bis dahin muß er sich in der Parteiorganisation und in örtlichen Vertretungskörpern abmühen. Besonders stark ist die Zurückdrängung der jungen Jahrgänge in den Verhältniswahlländern. In England hingegen ist die Möglichkeit des Vorrückens von Abgeordneten in jungen Jahren ziemlich groß, weil der Einerwahlkreis nicht so versteinernd wirkt wie das Listensystem mit der Reihung durch die Parteibürokratie, für die ebenso wie für die staatliche Bürokratie das Dienstalter am entscheidendsten ist. Eine wesentliche Verjüngung des Reichstages haben nur die neuen Scharen der nationalsozialistischen und kommunistischen Mitglieder nach dem 14. September 1930 mit sich gebracht, deren Durchschnittsalter von 35.5 bzw. 39.3 Jahren weit unter dem des Landvolks (47), der Christlichsozialen (47.7), des Zentrums (48.7), der Deutschnationalen (49.6) und der Sozialdemokraten, Staatspartei, der Wirtschaftspartei (je 50) sowie der Volkspartei (51) und der Bayrischen Volkspartei (51.6) steht. Eine internationale Untersuchung zeigt noch, daß im allgemeinen die Kommunisten den niedrigsten Altersdurchschnitt aufweisen, die Sozialisten wegen des großen Anteils der langdienenden Parteibeamten und Gewerkschaftler den höchsten und oft einen schwächeren Zug zur Verjüngung zeigen als die konservativen Parteien.

Altersgliederung der Parlamente.

	Alter des jüngsten Abgeordneten ( ) = ges. Mindestalter			Zahl der Abgeordneten unter 35 Jahren	Durchschnittsalter Volksk.	2. Kammer
England	(1931)	25	(21)	100 von 615 = 16 %	50.7	—
Irischer Freistaat	(1927)	27	(21)	6 „ 153 = 4 %	42.0	53.0
Frankreich	(1931)	28	(21)	18 „ 612 = 3 %	54.3	63.7
Belgien	(1929)	28	(25)	9 „ 186 = 4.8%	52.0	58.5
Luxemburg	(1929)	36	(25)		50.5	—
Niederlande	(1929)	33	(30)	1 „ 100 = 1 %	52 ¼	60.5
Deutsches Reich	(1930)	25	(25)	76 „ 577 = 13 %	46.2	—
Danzig	(1930)	27	(25)	14 „ 72 = 19 %	42.0	—
Österreich	(1930)	30	(29)	6 „ 165 = 3.6%	50.4	—
Schweiz	(1931)	30	(20)	5 „ 187 = 3 %	52.0	59.0
Italien	(1929)	26	(21)	80 „ 400 = 20%	43.6	69.2
Tschechoslowakei	(1929)	30	(30)	21 „ 200 = 10.5%	47.7	55.6
Polen	(1928)		(25)		42.0	53.0
Ungarn	(1927)		(30)	4 „ 244 = 1.5%	48.0	61.5
Dänemark	(1930)	33	(25)	3 „ 149 = 2 %	52.7	58.7
Schweden	(1928)	31	(23)		50.4	55.6
Norwegen	(1930)	35	(30)		51.5	—
Island	(1931)	33	(25)	2 „ 42 = 5 %	47.2	—
Finnland	(1930)	29	(24)	8 „ 200 = 4 %	47.0	—
Estland	(1929)	24	(20)	24 „ 100 = 24 %	42.8	—
Lettland	(1928)				44.0	—
Bulgarien	(1927)	30	(30)	38 „ 273 = 14 %	41.0	—

2. Längere Seßhaftigkeit und längerer Aufenthalt im Lande. Der Sinn dieser Forderung ist der, daß nur derjenige die Belange seines Landes mit genügender Kenntnis und Tatkraft vertreten kann, der in dem Lande lebt und mit ihm verwachsen ist. So wird ein Wohnsitz im Lande z. B. in Rumänien und Luxemburg verlangt, in Island ein fünfjähriger Wohnsitz im Lande, in Norwegen ein zehnjähriger Aufenthalt. Dagegen kommt die Seßhaftigkeitsforderung z. B. in solchen Ländern in Wegfall, wo sie eine Folge der Anfertigung der Wählerverzeichnisse ist, so z. B. in Frankreich, wo ein Wähler ohne Eintragung in das Wählerverzeichnis und daher ohne besonderes Ansässigkeitserfordernis wählbar wird. Ein besonderes Erfordernis der

Seßhaftigkeit ist, daß der Abgeordnete innerhalb des Wahlkreises wohnhaft sein muß. Der Zweck ist der, daß nur auf diese Weise der Abgeordnete die Interessen seines Wahlkreises kennen lernen kann, mit den Wählern in dauernder Verbindung steht und schließlich von den Wählern jederzeit befragt und beaufsichtigt werden kann. So entwickelte sich dieses Band im mittelalterlichen England aus dem Sinne der ständischen Vertretung heraus, daß er nämlich die Belange seiner Grafschaft oder Stadt vertreten soll. Mit der Entwicklung des modernen Repräsentativgedankens, daß nämlich der Abgeordnete nicht einen Wahlkreis vertritt, sondern die ganze Nation, ist dieses Band immer mehr gelockert und schließlich durch das Gesetz 14 Geo. III c. 48 weggefallen. Auch in Frankreich war das Erfordernis zu den Generalständen üblich und ist sogar in die Verfassung vom 3. Sept. 1791 übergegangen, doch schon 1793 aus der Konventverfassung verschwunden. Heute besteht das »Socken- (d. i. Kirchspiel-) Band« nur mehr in Norwegen, wo es 1905 und 1913 gelockert wurde, indem die gewesenen und dermaligen Minister (Staatsminister und Staatsräte) davon befreit wurden, in Dänemark (für das Landsting), in Island und in Schweden. In den Nordstaaten wird als besonderes Ziel dieser Forderung die Verhinderung eines Berufspolitikertums angestrebt, das in der Hauptstadt wohnt und sich um das wirkliche Volksinteresse nur zu Zeiten der Wahlen kümmert.

In den Vereinigten Staaten besteht das Wohnsitzerfordernis sowohl für die Repräsentanten als auch die Senatoren, d. h. die Mitglieder müssen im Staate wohnen, in dem sie gewählt werden. Außerdem ist für die Repräsentanten eine mindestens 7jährige, für die Senatoren eine mindestens 9jährige Staatsangehörigkeit vorgeschrieben.

3. Höhere soziale Stellung und Bildung der Abgeordneten. Wenn schon für den Wähler eine bestimmte Bildung und politische Schulung erforderlich ist, gilt dies in einem bedeutend größeren Maße für den Abgeordneten. Bildung konnte früher aber nur durch Reichtum erworben werden, so daß als Meßzahl der Bildung ein Besitz- oder Einkommenszensus aufgestellt wurde. Nach dem mittelalterlichen englischen Rechte (Statut von 1445) mußte der Abgeordnete Grundbesitzer sein, was damals die wichtigste Quelle des Reichtums war. 1838 trat neben dem Grundbesitz noch bewegliches Eigentum, bis schließlich 1858 beides aufgehoben wurde (21 u. 22 Vict. c. 26). Auch Frankreich hielt an einem höheren Zensus für die Wählbarkeit als für die

Stimmberechtigung fest, so in der Verfassung vom 3. Sept. 1791 und in der Charte von 1814, bis 1848 alle Schranken fielen. Eine andere Entwicklung zeigte, wie bereits erwähnt, Belgien schon seit der Verfassung von 1831; der Verzicht auf jeden Zensus für die Wählbarkeit hat jetzt für die Volkskammer überall durchgegriffen, und nur für die zweite Kammer blieb der Zensus noch hie und da erhalten.

Seitdem Bildung nicht mehr ein ausschließliches Vorrecht des Reichtums ist, kann das Erfordernis einer bestimmten Bildung ohne weiteres gestellt werden. Es geschieht dies nur selten und nur in Ländern mit größerer Analphabetenzahl, wo die Kenntnis des Lesens und Schreibens verlangt wird. Außerdem wird noch die Kenntnis der Staatssprache verlangt z. B. in Südslawien, Bulgarien, Albanien, Ungarn.

Als besonders wichtiges Erfordernis würde sich empfehlen: politische Schulung und Vorbildung, insbesondere durch mehrjährige Tätigkeit in örtlichen Vertretungskörpern. So meint Laski (S. 340): »Wenn von den Mitgliedern gefordert würde, bevor ihre Bewerbung gültig ist, daß sie drei Jahre in einem örtlichen Vertretungskörper gedient haben, würden sie jenes Gefühl für Institutionen gewinnen, welches so notwendig für den Erfolg ist. Wir würden dann die Sicherheit haben, daß sie wirklich wünschen, die Natur des öffentlichen Amtes zu verstehen, und wir würden, glaube ich, nicht wenig tun, um das lokale Leben wieder zu beleben, indem wir es zur notwendigen Bahn für den Weg in das nationale Parlament machen. Wir würden dadurch keine ernste Persönlichkeit von der politischen Laufbahn ausschließen, und es würde nicht schwer sein, Ersatzqualifikationen (zum Beispiel Amt eines öffentlichen Beamten) für jene auszudenken, für die die Mitgliedschaft zu einem örtlichen Vertretungskörper von vornherein unmöglich ist.« Und Fleiner führt aus, daß das politische Leben in der Schweiz gleichbedeutend sei mit »einer schrittweisen administrativen und politischen Schulung, zunächst im berufsmäßigen oder ehrenamtlichen Dienst der Heimatgemeinde und sodann im gesetzgebenden Rat, im Gericht oder der Regierung des Heimatkantons. Erst diese Erprobung gibt die Anwartschaft auf eine Kandidatur bei den Nationalrats- oder Ständeratswahlen. Daher besteht die Bundesversammlung nicht aus Berufspolitikern, d. h. aus Männern, die aus der Ausübung ihres Mandates ihre Lebensaufgabe machen, sondern aus Leuten der Praxis« (Schweizerisches Bundesstaatsrecht, S. 185).

Außer den gesetzlichen Erfordernissen für die Wählbarkeit gibt es eine Reihe von Erfordernissen auf Grund der Parteisatzungen.

Da im Parteienstaat außerhalb der Parteien fast keine Möglichkeit besteht, gewählt zu werden, ist die Parteizugehörigkeit eine Vorbedingung für die Wählbarkeit. Nur in seltenen Fällen kommt es vor, daß die Parteien auch einen nicht organisierten Bewerber aufstellen; die sozialdemokratischen Parteien stellen Parteiangehörige erst nach mindestens dreijähriger Mitgliedschaft als Bewerber auf. In der Nationalsozialistischen Partei können nur Deutsche arischer Abkunft als Mitglieder und nur Männer als Bewerber zugelassen werden. Die Parteien der amerikanischen Südstaaten schließen Farbige von der Mitgliedschaft und damit von der Wählbarkeit aus.

2. Unwählbarkeit und Unvereinbarkeit.

Die Ausschließungsgründe sind fast immer dieselben wie für die Stimmberechtigung, was schon daraus folgt, daß der Nichtstimmberechtigte auch von der höheren öffentlichen Funktion, dem Amte eines Abgeordneten, ausgeschlossen sein soll. Jedoch gibt es Ausnahmen: so bedeutet z. B. in Lettland und in Estland der Aufenthalt in Untersuchungshaft nur den Verlust der Stimmberechtigung, nicht aber den der Wählbarkeit; denn die Untersuchungshaft ist nur eine vorübergehende Haft, während der der Wähler der freien Verfügung über seine Person beraubt ist, demnach auch nicht wählen kann; die Wahl aber erfolgt für eine längere Dauer, während der der Betreffende schon wieder frei sein kann. Dasselbe gilt für die militärische Dienstpflicht; wenn die Wahl in die Zeit der Dienstleistung fällt, soll der Wähler nicht wählen; die Wahl zum Abgeordneten erfolgt aber für längere Zeit. Es sind daher z. B. in der Tschechoslowakei die ihren gewöhnlichen Militärdienst ableistenden Wähler nicht stimmberechtigt, aber wählbar.

Außer diesen Ausschließungsgründen, die sich aus der mangelnden Stimmberechtigung ergeben, gibt es dann noch zwei andere Gruppen von Beschränkungen, die wir folgendermaßen voneinander unterscheiden können: Unwählbarkeit und Unvereinbarkeit. Im ersteren Falle ist der Betreffende nicht wählbar, und wenn er gewählt wird, ist seine Wahl ungültig; im anderen Falle kann der Betreffende gewählt werden und die Wahl ist gültig; doch hat er sich binnen einer bestimmten Frist zwischen dem Mandat des Abgeordneten und seinem Berufe u. dgl. zu entscheiden. Es handelt sich in beiden Fällen um Personen, die stimmberechtigt sind, jedoch einen bestimmten Beruf innehaben, dessen Ausübung notwendigerweise zu einer Beeinflussung ihres Handelns als Abgeordneter führen könnte. Die Notwendigkeit solcher Ausnahmen ergibt sich auch schon aus der liberalen Lehre, die erklärt, daß die Abgeordneten Vertreter des ganzen Volkes sind und bei der Ausübung ihres Auftrages nur an ihr Gewissen gebunden sind. Verschiedene Berufsbande könnten ihnen jedoch die freie Ausübung ihres Mandates erschweren; dies ist die individualistische Begründung der Ausnahmebestimmungen. Vom Staatsganzen können diese Bestimmungen damit gerechtfertigt werden, daß die Beeinflussung des Parlaments von den persönlichen Bindungen der Abgeordneten verhindert werden soll. Das Parlament soll von Sonderinteressen frei und wirklich eine Volksvertretung sein.

Unwählbarkeit und Unvereinbarkeit sind wohl in ihren Wirkungen klar ausgeschieden, in der Praxis geht jedoch ihre Anwendung gradweise ineinander über; auch ist die Begriffsbestimmung nicht überall so genau, und es werden vor allem in den romanischen Ländern als Unvereinbarkeits- (Inkompatibilitäts-) Fälle solche Fälle angesehen, die wir als Fälle der Unwählbarkeit bezeichnen. Allein wörtlich genommen hat die romanische Begriffsbestimmung Recht, denn die Ämter usw., die Frankreich, Belgien usw. angeführt haben, sind eben mit dem Abgeordnetenmandat unvereinbar, nur tritt nicht die Wirkung ein, die wir an das Institut der Unvereinbarkeit knüpfen, sondern die Wirkung der Unwählbarkeit. Schließlich gibt es noch Zwischenstufen, wenn z. B. für die rechtskräftige Bewerbung eines Staatsbeamten verlangt wird, daß er etwa binnen einer Woche nach Wahlausschreibung von seinem Posten zurückzutreten hat. Für eine formal-juristische Betrachtung würde dieser Fall unter den Tisch fallen, denn zur Zeit der Wahl ist er eben nicht mehr Staatsbeamter, so daß die Unwählbarkeitsbestimmungen keine Anwendung mehr auf ihn finden. Trotzdem hat dieser Fall eine große praktische Bedeutung. Oder eine andere Zwischenstufe: der Gewählte scheidet selbsttätig aus seinem Amte aus, wenn er nicht binnen einer bestimmten Frist die Wahl ablehnt. Wegen dieser verschiedenen Gestaltung der Ausnahmebestimmungen wollen wir für die nachfolgende Aufstellung die Unterscheidung nach den Berufsklassen machen, für deren Zugehörige entweder Unwählbarkeits- oder Unvereinbarkeitsbestimmungen bestehen.

Von Werner Weber (AöR. N. F. Bd. XIX, S. 161 ff.) wurden in ganz vorzüglicher Weise die verschiedenen »Parlamentarischen Unvereinbarkeiten« nach dem inneren Grunde in eine Anzahl von

Gruppen geteilt. Wenn wir seine Einteilung vereinfachen, zeigt sich, daß es im wesentlichen nur zwei Gruppen von Unvereinbarkeiten gibt, von denen die eine aus dem alten Grundsatz der Gewaltentrennung folgt, während die andere von dem modernen Grundsatz des neutralen Staates abzuleiten ist.

Der Grundsatz der Gewaltentrennung wird im modernen Staat nicht mehr aufrechterhalten, und die sog. Demokratie, insbesondere der Parteienstaat, drängt auf eine Zusammenfassung der Gewalten. Das praktische Leben zeigt jedoch, wie wichtig Gegengewichte sind, soll im Staate nicht Parteiwillkür herrschen, und so hat der alte Grundsatz heute noch den technischen Charakter einer Funktionenteilung. Aus diesen Erwägungen ergeben sich folgende Unvereinbarkeiten bzw. Unwählbarkeiten:

1. Das Staatsoberhaupt: Für die Monarchie ist dies selbstverständlich, und für die Republik ist es bezeichnend, daß die französische Gesetzgebung eine besondere Vorschrift darüber für überflüssig erachtet.

2. Die Mitgliedschaft zur anderen Kammer: Dieser Unvereinbarkeitsgrund stammt aus einer Zeit, wo das Oberhaus jener Zweig der Gesetzgebung war, durch den der Monarch seinen Anteil an ihr ausübte. Im modernen Staat hat das Zweikammersystem nur dann einen Sinn, wenn in den beiden Kammern andere Leute sitzen, so daß auch hier die französische Gesetzgebung die Unvereinbarkeit nicht besonders vorschrieb. Im deutschen Bundesstaat führt die Zulässigkeit der Mitgliedschaft im Reichstag und im Reichsrat dazu, daß derselbe Redner bald im Reichsrat, bald im Reichstag dieselben Brandreden hält; im österreichischen Bundesstaat hat wiederum die Unvereinbarkeit zwischen Nationalrat und Ständerat zur Folge, daß sich die Landeshauptmänner für den politisch wichtigeren Nationalrat entscheiden und der Bundesrat »bagatellisiert« wird.

3. Die Minister, deren Unvereinbarkeit daraus folgt, daß sie an der Spitze der Vollzugsgewalt stehen. Insbesondere in den Vereinigten Staaten besteht aus diesem Grund Unvereinbarkeit zwischen den Staatssekretären und dem Kongreß. Dieser konstitutionellen Auffassung mit der Unvereinbarkeit zwischen Minister und Abgeordneten steht die Auffassung der Kabinettsregierung gegenüber, nach der die Vollzugsgewalt von einem Ausschuß der Parlamentsmehrheit ausgeübt wird. Die konstitutionelle Auffassung wirkt noch

nach in den Niederlanden, wo die zu Ministern ernannten Abgeordneten aus der Kammer ausscheiden, in Norwegen, Luxemburg und in den deutschen Ländern Anhalt, Mecklenburg-Strelitz, Oldenburg und Schaumburg-Lippe, wo die Regierungsmitglieder während ihrer Amtszeit ihren Sitz im Parlament nicht einnehmen dürfen. Unwählbarkeit bzw. Unvereinbarkeit haben auch die durch eine kollegiale Regierung ausgezeichneten Gemeinwesen wie die Schweiz, Bremen und Lübeck. Die Vorteile einer Trennung zwischen Minister und Abgeordneten sind: sachlichere Geschäftsführung durch den Minister, der nur das Gemeinwohl im Auge zu halten braucht und nicht Diener einer Partei sein soll; wirkungsvollere Kontrolle der Vollziehung durch das Parlament, wenn der Minister nicht selbst im Parlament sitzt und über sein eigenes Schicksal abstimmt. Im Parteienstaat ist freilich eine solche Trennung unpraktisch, denn hier sollen die Minister die Führer der Partei bleiben, die für die Regierung die Verantwortung trägt. Eine Unvereinbarkeit bedeutet hier die Unterbrechung der Fühlung zwischen Kabinett und Parlament und die Errichtung einer Nebenregierung innerhalb der Parlamentsparteien.

4. Die öffentlichen Beamten. So war im mittelalterlichen England seit 1372 (46 Edw. III) der Sheriff nicht wählbar, weil er Beamter des Volkes ist. Eine genaue Regelung der Unwählbarkeit erfolgte sodann unter Anna, und zwar in einer so klaren Weise, daß sie im Vergleich zu den auf Gewohnheitsrecht aufgebauten anderen politischen Regelungen auffällt. Aber es handelte sich um nichts anderes, als dem Einfluß des Königs auf das Unterhaus Schach zu bieten. Daher wurde die Unwählbarkeit der »neuen Ämter« beschlossen, das ist jener Ämter, die nach 1705 geschaffen wurden und vom König direkt ohne Vermittlung durch einen Departementschef vergeben werden; ebenso sind jene Personen unwählbar, die eine Pension oder ein Gnadengeschenk von der Krone erhalten. Für die alten Ämter wurde nur teilweise Wahlunfähigkeit beschlossen, d. h. die betreffenden Beamten sind wählbar und die Wahl ist gültig; nur haben Personen, die ein solches Amt annehmen, sich einer Neuwahl zu unterziehen. Wenn auch heutzutage die Grundlage für die Unwählbarkeit weggefallen ist, da die Ämter nur im Namen der Krone, tatsächlich aber durch das Kabinett, das ist den Ausschuß der Unterhausmehrheit verliehen werden, so hat doch die jahrhundertelange Fernhaltung des aktiven Beamtenstandes (nicht jedoch der Pensionisten) vom Unterhaus und von der Politik nur gute Folgen für die von der Politik sorgsam gereinigte Verwaltung

gehabt. Die Sachkenntnisse, die die Beamtenschaft besitzt, sind der Gesetzgebung auf dem Wege der Wahl pensionierter Beamten, oft solcher, die sich wegen des politischen Interesses vorzeitig pensionieren ließen, sowie durch die Verleihung der Pairswürde an besonders ausgezeichnete Beamte zugute gekommen.

In Frankreich ist seit der Verfassung vom 3. Sept. 1791 die Stelle eines Beamten mit dem Mandate »unvereinbar« (im romanischen Sinn). Der Grund war ursprünglich der, daß die Nationalversammlung als eine dauernd tagende Versammlung angesehen wurde, sodaß die amtliche Funktion und das Abgeordnetenmandat nicht gleichzeitig hätten ausgeübt werden können. Die Konventverfassung von 1793 ließ keine Einschränkungen der Wählbarkeit zu. Auch in den Napoleonischen Verfassungen und in der Charte von 1814 finden sich keine Einschränkungen vor, aus dem Grunde, weil vom Zentralismus des Kaiserreichs bzw. der Zensusmonarchie die Beamtenschaft als instruierte Jasager gewählt und ins Parlament geschickt wurden. Die zahlreichen Mißbräuche hatten dann Einschränkungen zur Folge, so das Verbot der Wahl von Beamten in ihrem eigenen Amtsbezirk. Nach der Julirevolution wurden die Verbote ausgedehnt, jedoch nur sehr mäßig, so daß es noch immer genug Beamte unter den Abgeordneten gab. Um solchen Mißbräuchen ein für allemal zuvorzukommen, erklärte die Verfassung vom 4. Nov. 1848 die Innehabung eines besoldeten Staatsbeamten mit dem Amte eines Abgeordneten für unvereinbar. Wenn der gewählte Beamte in die Nationalversammlung eintrat, verlor er sein Amt; kein Abgeordneter durfte während der Gesetzgebungsdauer sowie nach Ablauf weiterer sechs Monate zu einem besoldeten Amte berufen werden. Die jetzige Regelung in Frankreich geht in den Grundzügen auf die von 1848 zurück; es besteht einerseits bedingte Unwählbarkeit, d. h. bestimmte Staatsbeamte dürfen nicht in ihrem Amtsbezirk gewählt werden; sodann gibt es Unvereinbarkeit für alle Staatsbeamte, d. h. sie dürfen gewählt werden, verlieren aber ihr Amt, wenn sie binnen acht Tagen nach Beglaubigung der Wahl nicht erklären, daß sie das Mandat ablehnen. Ausgenommen sind Minister, Unterstaatssekretäre, Professoren und mit amtlicher Mission beauftragte Personen.

Im ausgesprochenen Gegensatz zur französischen Regelung steht die deutsche Regelung: Beamtenstellung und Abgeordnetenmandat sind grundsätzlich vereinbar; dagegen sollen Minister und sonstige Regierungsmitglieder nicht Abgeordnete sein. Das Ministerialverbot stammt noch aus der Zeit vor 1848 und war von dem Bestreben geleitet, eine allzu enge Verbindung zwischen dem Ministerium und der Volksvertretung, welche zu einer parlamentarischen Regierung führen könnte, auszuschließen (Meyer). Bei der Beratung der Verfassung des Norddeutschen Bundes 1867 wurde der Versuch gemacht, die Beamten von der Wählbarkeit auszuschließen. Bismarck selbst war für die Vorlage, weil durch die politische Tätigkeit der Beamten die Disziplin in der Beamtenschaft leide. Die Vorlage wurde jedoch zurückgezogen wegen des Widerstandes, der sich darauf gründete, daß durch das Verbot das Parlament seine sachkundigsten Mitglieder verlöre; so ist die Wählbarkeit auch in die Reichsverfassung von 1871 und in die Weimarer Verfassung übergegangen. Die Verfassung von 1871 hat jede Erschwerung der politischen Betätigung der Beamten, die sich früher vielfach aus der Forderung nach Zustimmung der Regierung für die Übernahme des Mandates ergaben, durch Artikel 21 aufgehoben: »Beamte bedürfen keines Urlaubes zum Eintritt in den Reichstag«. Diese Bestimmung gehört zum eisernen Bestand aller Verfassungen, die den Grundsatz der Beamtenwählbarkeit aufgenommen haben. Die Forderung eines besonderen Urlaubes könnte ja von der Regierung mißbraucht und dadurch der Eintritt von Beamten gegnerischer Einstellung in das Parlament verhindert werden. Das Deutsche Reich und die deutschen Länder, aber auch andere Länder, wie z. B. Schweden, sind immer stolz darauf gewesen, daß Beamte mannhaft ihre Gesinnung im Parlamente vertreten haben, was immer ein größerer Gewinn ist als die Wahl von Puppen.

5. Die Geistlichen. Wo diese als Beamte gelten, finden die Bestimmungen über die Beamten auf sie im allgemeinen Anwendung; so sind sie auch dort, wo Beamte nicht wählbar sind, von der Wählbarkeit ausgenommen (z. B. Belgien, Luxemburg). Sie sind aber auch in Großbritannien und in der Schweiz nicht wählbar: in Großbritannien mag dies eine Rückwirkung des ständischen Wahlrechts sein; in der Schweiz ist das Verbot eine der zahlreichen Kulturkampfbestimmungen der Bundesverfassung von 1874.

6. Offiziere. Auch für sie gilt zumeist dasselbe, wie für die Staatsbeamten. Die Gründe, die für diese gelten, sind für die Offiziere von noch größerer Bedeutung. Ein Verbot soll die militärische Disziplin aufrecht erhalten und das Militär von der Politik reinhalten; aber auch die Politik vom Militär, was besonders für Griechenland und Portugal gilt, wo das Offizierskorps als politischer Faktor auftritt. Die Unwähl-

barkeit der Offiziere ist am meisten dort verbreitet, wo auch den Beamten die Wählbarkeit fehlt.

7. Die Richter. Hier würde sich die Unvereinbarkeit gleichfalls aus der Gewaltenteilung heraus ergeben. Die gesetzliche Regelung ist dieselbe wie für die öffentlichen Beamten. Eine eigene Regelung erfordern besondere Gerichte, wie a) Gerichte zur Entscheidung über die Ministerverantwortlichkeit, b) Verfassungsgerichtshöfe und Verwaltungsgerichte und schließlich c) Rechnungskontrollen, wo eine Unvereinbarkeit mit der Mitgliedschaft im Parlament deswegen notwendig ist, weil der Parlamentarier vor solchen Gerichten Partei sein kann und nicht Richter in eigener Sache sein darf (siehe Bd. I, S. 93, Deutsches Reich; S. 421, Österreich; S. 573, Tschechoslowakei). Trotzdem kennt eine Anzahl von Ländern keine Unvereinbarkeit zwischen Staatsgericht und Mitgliedschaft im Parlament (Anhalt, Bayern, Oldenburg, Thüringen), ja setzen solche Gerichte zum Teil aus Parlamentsmitgliedern zusammen (Bayern, Hessen, Württemberg), was im Reich und in Preußen auch hinsichtlich des Wahlprüfungsgerichtes der Fall ist.

Der zweite Grundgedanke, der Unvereinbarkeiten begründet, ist der von Carl Schmitt wieder zu Ehren gebrachte vom »neutralen Staat«. Aus dem Bestreben, neutrale, über dem Parteiengetriebe stehende und nur für das Staatsganze denkende Organe zu haben, ergeben sich die schon erwähnten Unvereinbarkeiten für das Staatsoberhaupt, das Heer und vor allem die Beamtenschaft. Im neuen Schrifttum herrscht eine selten einheitliche Ansicht über die Aufgabe des Beamtentums: Wahrerin des Nationalinteresses (Köttgen), Ausgleicherin im pluralistischen Parteienstaat (Carl Schmitt), Vertreterin des Allgemeininteresses gegenüber den parteiischen Sonderinteressen (Nawiasky; vgl. Gerber in Veröff. d. Ver. d. deutschen Staatsrechtslehrer H. 7, S. 29), und Merkl fordert: »Die Erhaltung eines parteipolitisch neutral wirkenden Berufsbeamtentums als Brücke über die parteipolitische Zerrissenheit des deutschen Volkes ist eine rechtspolitische Aufgabe für die ganze, staatlich gespaltene Nation« (a. a. O. S. 102). Aus dem Grundgedanken des neutralen Staates folgt ferner die wirtschaftliche Unvereinbarkeit. »Ihr eigentlicher und konkreter Zweck liegt darin, die politische Integrität des Parlaments gegen das korruptive Eindringen pluralistischer nicht politischer Mächte und privater ökonomischer Interessen zu schützen, die die Ausschließlichkeit des Politischen im Parlament durchbrechen«

(Weber, a. a. O. S. 238). Die beiden Arten der Unvereinbarkeiten sind zunächst eine ältere und dann eine neuere:

1. Finanzielle Beziehungen zum Staat. Personen, die mit dem Staat als Fiskus finanzielle Beziehungen unterhalten, könnten ihr Mandat zur Beeinflussung der Staatsorgane zu ihren eigenen wirtschaftlichen Gunsten ausnützen. Um diesen Mißbrauch zu steuern, findet sich schon ein englisches Gesetz von 1782, daß folgende Personen unwählbar sind: Übernehmer von Lieferungen und Werken für den Staat, Pächter staatlicher Betriebe und Monopole, Direktoren, Verwaltungsräte und Aufsichtsräte von Gesellschaften, die Staatssubventionen genießen oder sonstige Vorteile vom Staat, Erteilung von Rechtsbeistand an solche Gesellschaften oder Vermittlung von Geschäften mit dem Staat u. a. Besondere Regelungen solcher Art treffen wir in Frankreich, Belgien, Rumänien, Polen, Portugal, Jugoslawien, Griechenland, in der Tschechoslowakei, in Ungarn, Albanien, Bulgarien u. a.

2. Führende Stellung in der Privatwirtschaft. Wenn auch die Bestimmung der Verfassung sagt, daß Abgeordnete nur an ihr Gewissen gebunden sind, so wird doch das Gewissen nur zu oft von den eigenen materiellen Interessen geleitet. So kann leicht das Abgeordnetenmandat zur Korrumpierung der Verwaltung im Interesse des eigenen Unternehmens mißbraucht werden. Vorkommnisse dieser Art haben in Österreich zu dem Unvereinbarkeitsgesetz von 1925 geführt, wonach mit dem Abgeordnetenmandat eine leitende Stellung in einer Aktiengesellschaft oder einer G. m. b. H. mit wirtschaftlichen Zielen und einem Landeskreditinstitut unvereinbar ist (ausgenommen, wenn Bund, Land oder Gemeinde daran beteiligt sind und das Wirken des Abgeordneten im Interesse dieser Gebietskörper erfolgt). In der Tschechoslowakei besteht die Unvereinbarkeit der Mitgliedschaft des Vorstandes oder Aufsichtsrates einer Aktiengesellschaft, G. m. b. H. oder eingetragenen Genossenschaft nur für die Vorsitzenden der beiden Häuser. Für die solche Stellungen innehabenden Mitglieder besteht eine Unvereinbarkeit nur dann, wenn das Mandat zu einer unzulässigen Einflußnahme ausgeübt wird (s. Bd. I, S. 573). Diese Bestimmungen werden sehr milde gehandhabt, und von 104 Abgeordneten der bürgerlichen tschechoslowakischen Parteien haben 37 Abgeordnete 144 Verwaltungsratsstellen inne. Die Vorschriften des französischen Gesetzes vom 28. Dezember 1928 (s. Bd. I, S. 178) haben die Abgeordneten und Senatoren, die sie beschlossen haben, nicht auf sich angewendet; sie gelten erst für die Zukunft.

Als weitere Gründe, die die Unwählbarkeit nach sich ziehen, können wir ansehen:

1. Politische Ausschließungsgründe. So sind nicht wählbar: in Frankreich Mitglieder einstiger Herrscherfamilien; in der Sowjetunion die Mitglieder des ehemaligen Herrscherhauses, die Agenten und Angestellten der früheren Polizei u. a., die auch von der Stimmberechtigung ausgeschlossen sind; in Ungarn: Personen, die während der Rätezeit als Volksbeauftragte oder Anklagekommissare eines revolutionären Gerichtes gewirkt haben, sowie Personen, die wegen unpatriotischen Verhaltens vom Amte enthoben worden sind; in Südslawien wurde 1922 die Wahlbewerbung der Kommunisten untersagt, in Estland 1925 die von Parteien, die die Umstürzung der Staats- und Gesellschaftsordnung anstreben und in Finnland 1930 gleichfalls die der Kommunisten. In Italien ist seit 1928 nur die Wahl von Personen möglich, die von der höchsten Parteistelle des Faschismus, dem Großen Rat, bestätigt worden sind. — In diesem Zusammenhang wollen wir auch die mehrfach anzutreffende Bestimmung erwähnen, wonach Abgeordnete nicht verantwortliche Schriftleiter sein dürfen; deshalb, um einem Mißbrauch des Rechtes der parlamentarischen Unverletzlichkeit vorzubeugen (Polen, Österreich, Deutsches Reich; in Ungarn geplant).

2. Eidesleistung. Die Forderung der Eidesleistung kommt in ihrer Wirkung einem politischen Ausschließungsgrund nahe, wenn sie auch nicht diese Bedeutung hat. Die Aufnahme des Verbotes republikanischer Parteien in einer Monarchie durch das Gesetz würde zum Ausschluß republikanischer Parteien führen; die Forderung eines Eides auf die Verfassung konnte wohl lange Zeit gewählte republikanische Abgeordnete vom Parlamente fernhalten, so der früheren Kroatischen Republikanischen Bauernpartei unter Radić in Südslawien. Auch die Republikaner De Valeras hatten sich vom irischen Landtag Jahre lang ferngehalten, weil sie nicht den Treueid zum König schwören wollten; um ihrer Politik aber eine wirksamere Form zu geben, sind sie doch in den Landtag eingetreten, nachdem sie den Eid ablegten, den ihr Führer als »leere Formel« bezeichnete. — Im alten England bedeutete die von den Abgeordneten verlangte Eidesformel einen Ausschluß der Katholiken und Juden, deren religiöse Anschauungen der Inhalt der Eidesformel verletzte; durch die Gesetze von 1828 (9 Geo. IV. c. 17) und 1858 (21 u. 22 Vict. c. 49) wurde dieses Hindernis für die Wählbarkeit von Katholiken und Juden beseitigt.

Der Eid ist als Integrationsmittel anzusehen und dient dazu, um im Parlament eine Einheit über gewisse Grundfragen sicherzustellen (Smend, S. 58), damit das Parlament überhaupt arbeitsfähig sei. In der Praxis reicht das Mittel nicht aus, um Abgeordnete, die die Staatsform oder das Parlament ablehnen, auszuschließen, weil sie eben doch den Eid leisten. Trotzdem ist er sehr verbreitet, in allen Monarchien, ausgenommen Monaco, Norwegen, Rumänien, Schweden und Ungarn, und in allen Republiken außer Danzig, dem Deutschen Reich, Estland, Finnland, Frankreich und Lettland.

3. Wirtschaftliche Sicherstellung und Wählbarkeit.

Auch die ehrenamtliche Ausübung des Mandats, die Nichtzahlung einer Entschädigung an die Abgeordneten wirkt einschränkend auf die Wählbarkeit, da sie Minderbemittelten den Zutritt in das Parlament unmöglich machen kann. Vom demokratischen Standpunkt wird die Nichtzahlung der Entschädigung als Einschränkung der Wählbarkeit angesehen und daher eine Entschädigung gefordert, die nur als Ersatz der höheren Lebenskosten in der Hauptstadt und für den entgangenen Gewinn gerechtfertigt werden kann. Die geschichtliche Entwicklung war kurz folgende. In England erhielten die Abgesandten der Grafschaften und Städte ursprünglich von diesen Kommunalverbänden Taggelder für die Sitzungszeit des Parlaments. Als dann der Parlamentssitz Gegenstand des persönlichen Strebens geworden war, hörten die Abgeordneten auf, Taggelder zu verlangen; die Bewerber, die schon bei der Aufstellung auf Taggelder verzichteten, machten sich bei den Wählern beliebter und hatten auf diese Weise größere Aussichten. So kam langsam die Zahlung von Taggeldern ab, ungefähr um 1580. Ein Verbot der Zahlung von Taggeldern wurde nie ausgesprochen; der Anspruch auf Entschädigung ist durch Gewohnheitsrecht beseitigt worden. So blieb es bis 1911.

In der französischen Nationalversammlung von 1789 wurden Taggelder eingeführt, hauptsächlich deswegen, weil die Nationalversammlung eine dauernd tagende Körperschaft war und deshalb die Abgeordneten keinen anderen Beruf ausüben konnten. Auch die folgenden Verfassungen haben die Zahlung der Entschädigung übernommen, bis die Charte von 1814 mit ihren hohen Zensusbestimmungen über die Wählbarkeit eine weitere Einschränkung durch die Aufhebung der Entschädigung einführte. Dies blieb auch noch in der Charte von 1830 und erst die Verfassung von 1848 führte wieder die Besoldung der Abgeordneten ein. Die Art der Besoldung, nämlich ein Jahresgehalt, besteht bis zum heutigen Tag.

In den deutschen Einzelstaaten gab es vor 1848 Taggelder, die hauptsächlich als Entschädigung für den teueren Aufenthalt in der Hauptstadt gedacht waren; daher erhielten die Abgeordneten in Bayern, Baden und Hessen, die in der Hauptstadt oder in deren Umgebung wohnten, keine Taggelder oder niedrigere als die übrigen Abgeordneten. Diese Regelung fand dann in die Reichsverfassung vom 28. März 1849 Aufnahme. Bei der Beratung der Verfassung des Norddeutschen Bundes wurde die Taggeldlosigkeit als Korrektiv gegen das nun einmal unvermeidlich gewordene allgemeine Wahlrecht verteidigt und wurde dann als Grundsatz in die Reichsverfassung von 1871 aufgenommen: »Die Mitglieder des Reichstags dürfen als solche keine Besoldung oder Entschädigung beziehen«. (Art. 32). Der einzige Vorteil, den die Abgeordneten erhielten, war die freie Bahnfahrt während der Sessionsdauer (1874), die 1884 auf die freie Bahnfahrt zwischen Wohnort und Reichstagssitz eingeschränkt wurde. Italien, das gleichfalls keine Taggelder an die Abgeordneten zahlte, gewährt diesen dagegen freie Bahnfahrt auf allen Strecken.

Das Ziel, das mit der ehrenamtlichen Auffassung des Abgeordnetenmandats gesetzt wurde, ist kaum je erreicht worden. Die Taggeldlosigkeit hatte nie zum vollständigen Ausschluß unbemittelter und deshalb abhängiger Abgeordneten geführt; im Gegenteil: viele Abgeordnete bezogen aus privaten oder Parteimitteln Entschädigungen, so daß sie in vollkommene Abhängigkeit von ihren Geldgebern gerieten. Im Reichstag führte die Taggeldlosigkeit zu einer Bevorzugung der preußischen Abgeordneten, denn diese kamen auch als Mitglieder des preußischen Abgeordnetenhauses nach Berlin und erhielten als solche Taggelder. Ein anderer Vorteil, den man von der Taggeldlosigkeit erwartete, nämlich die Abkürzung der Sessionen, ist gleichfalls ausgeblieben. Abgeordnete, die auf eigene Kosten in der Hauptstadt leben müssen, sind an einer möglichst kurzen Sessionsdauer interessiert. Im Reichstag war aber die Wirkung die, daß die Abgeordneten immer erst knapp vor Sessionsschluß kamen und während der übrigen Zeit dauernde Beschlußunfähigkeit herrschte so daß auf diese Weise die Sessionen wegen der Anhäufung des Stoffes verlängert werden mußten. Es wurde demnach gerade das Gegenteil erreicht. Schließlich wurde durch das Gesetz vom 21. Mai 1906 der Art. 32 der Reichsverfassung abgeändert und eine Entschädigung zugelassen, die durch das Gesetz vom gleichen Tage mit 3000 Mark festgesetzt wurde. Die Beschränkung der freien Bahnfahrt auf die Fahrt zwischen Wohnort und Sitzungsort fiel fort; der Bezug doppelter Entschädigung wurde hingegen verboten. Die Grundlagen der Regelung im neuen Reich bilden Art. 40 RV., der das Recht der freien Bahnfahrt auf allen Bahnen für die Zeit der Mitgliedschaft ausdehnte, sodann die Gesetze vom 10. Juli 1920, 25. April 1927 und 15. Dezember 1930 (RGBl. II, S. 1275), durch die die freie Bahnfahrt noch auf 8 Tage nach Beendigung der Zugehörigkeit zum Reichstag ausgedehnt und eine monatliche Aufwandsentschädigung eingeführt wurde. Bleibt ein Abgeordneter einer Sitzung ferne, so wird ihm ein Dreißigstel der Monatsentschädigung abgezogen; für jede Ausschußsitzung während der Unterbrechung der Tagung des Reichstags erhalten die Ausschußmitglieder einen Zuschlag in der Höhe von $^1/_{30}$ der monatlichen Aufwandsentschädigung. Der Bezug einer anderen Entschädigung als Mitglied einer anderen politischen Körperschaft ist nur für die Tage zulässig, für die der Betreffende keine Entschädigung als Reichstagsmitglied bezieht.

England folgte 1911 mit der Einführung der Taggelder. Aber nicht durch ein Gesetz, sondern es wurde vom Unterhaus der erforderliche Betrag, je 400 Pfund für jeden Abgeordneten, in das Budget aufgenommen, was seither alljährlich geschieht. Die Einführung war die Folge des Osborne-Prozesses. Osborne, ein liberaler Eisenbahner, weigerte sich, dem Allgemeinen Eisenbahner-Verband den Beitrag zu zahlen, den diese von allen Mitgliedern einhob, um diese Beiträge gleich den anderen Gewerkschaften einem Fonds zuzuwenden, aus dem die Labour-Party die Wahlkosten für ihre Abgeordneten sowie diesen eine jährliche Entschädigung von 200 Pfund zahlte. Die Klage Osbornes gegen den Verband drang durch; dieser wurde verurteilt, zum Teil deshalb, weil eine Gewerkschaft durch die Einhebung solcher Beiträge ihre Befugnisse überschritten hat, teils, weil die Bindung von Abgeordneten an ein bestimmtes Programm und ihre Bezahlung hierfür gegen die guten Sitten verstoße.

In Italien wurde durch das Wahlgesetz von 1913 die Entschädigung der Abgeordneten eingeführt. Von den vielen Meisterstücken Giolittis war es eines der gelungensten: um seine Wahlreformvorlage durchzubringen, verband er sie mit der Einführung der Entschädigung an die Abgeordneten und beseitigte damit jede ernstliche Gegnerschaft gegen die Wahlreform.

Gegenwärtig beziehen die Abgeordneten aller Parlamente, auch der Zweiten Kammer (mit Ausnahme des englischen Oberhauses und des italienischen Senats) Entschädigungen, wobei das System ein dreifaches sein kann: entweder Zahlung von Taggeldern, die ursprüngliche Form, oder Zahlung von Monats- oder Jahresentschädigungen, die neuere Form, oder ein gemischtes System, indem zu einer festen Entschädigung noch ein Taggeld für die einzelnen Sitzungen tritt.

a) Zahlung von Taggeldern: in deutschen Ländern, u. zw. Lippe, Mecklenburg-Strelitz, Schaumburg-Lippe, ferner: Bulgarien (400 Lewa, monatlich höchstens 12000 Lewa), Finnland (150 Mark), Luxemburg (30 Franken), Schweden (32 Kronen, höchstens 4500 für Mitglieder außerhalb Stockholms und 24 Kronen, höchstens 3400 für die anderen), Schweiz (40 Franken) und Schweizer Kantone, Island (16.80 Kr.).

b) Zahlung von Monatsentschädigungen: Deutsches Reich (600 RM) und übrige Länder; ferner: Griechenland (7000 Dr.), Lettland (700 Lat), Polen (1310 Zloty), Österreich (690.64 Schilling) und österreichische Länder, Tschechoslowakei (5000 Kronen), Ungarn (730 Pengö und 551 P. vierteljährlich Wohnungsgeld), Estland (180 Kronen und 40 Kr. Wohnungsgeld), Ir. Freistaat (30 Pfund).

c) Zahlung einer Jahresentschädigung: vereinzelte deutsche Länder, z. B. Lübeck; England (360 Pfund), Frankreich 45 000 Franken), Belgien (42 000 Franken, Senatoren dagegen nur 28 000 Franken), Dänemark (4000—5200 Kronen), Italien (21 120 Lire), Niederlande (5000 Gulden), Norwegen (7000 Kronen und 30 Kronen Taggelder für außerordentliche Sessionen), Albanien (8400 Goldfranken), Nordirland (200 Pfund). Die Auszahlung erfolgt monatlich.

d) Gemischtes System: Rumänien (monatlich 6.000 Lei nebst 800 Lei für Sitzung).

Am besten werden die Senatoren und Repräsentanten in den Vereinigten Staaten bezahlt: sie erhalten eine Jahresentschädigung von 10 000 Dollars, wozu noch ein Weggeld von 20 Cents für die Meile vom Wohnort nach Washington hin und zurück und ein Betrag von 1000 Dollar für einen Sekretär kommen. Dann genießen sie Portofreiheit, die eine Quelle des Mißbrauchs ist. Ein Mitglied des Kongresses soll 300 000 Geschäftsrundschreiben portofrei versandt und dadurch gegen 57 000 Dollars an Postgebühren erspart haben (Annuaire Interparl. 1931, p. 270).

Diese Zahlen erreichen mitunter eine solche Höhe, daß sie einen Anreiz für ehrgeizige Streber bilden und dem Ausspruche Georg Meyer's recht geben, der vor 30 Jahren sagte (S. 518): »Es besteht, wenn die Tätigkeit als Abgeordneter ein lohnender Beruf wird, die Gefahr, daß sich eine Klasse von Berufsparlamentariern bildet, welche ihren Lebensunterhalt im Wesentlichen in den den Abgeordneten ausgeworfenen Bezügen findet. Die Stellung im Parlament soll aber kein Lebensberuf sein. Die Institution der Volksvertretung ist von dem Gedanken getragen, daß Personen, welche Kraft ihrer Beschäftigung mitten im Leben stehen, bei der Erledigung der staatlichen Geschäfte mitwirken. Dieser Gedanke erfordert, daß möglichst Personen aller Berufsarten im Parlament vertreten sind. Er wird in sein Gegenteil verkehrt, wenn sich neben der amtlichen auch noch eine parlamentarische Bureaukratie entwickelt«.

Der Abgeordnetenberuf ist vielfach Beruf geworden und Lebensstellung. Die Abgeordneten geben ihren bürgerlichen Beruf auf und betrachten nun den Abgeordnetenberuf als ihren Hauptberuf und müssen trachten, diesen zu erhalten. Bei Mehrheitswahlen in Einerkreisen ist der Abgeordnete daher gezwungen, sich die Gunst der Wähler des Wahlkreises zu sichern; dies geschieht oft durch Korrumpierung der Verwaltung und Verschaffung ungerechter Vorteile für bestimmte örtliche Kreise. Bei der Verhältniswahl mit dem Listensystem hat es der Abgeordnete viel leichter; hier kommt es nicht mehr auf die Gunst der Wähler an, sondern auf die Gunst der Parteileitung. Diese kann er sich am leichtesten durch unbedingten Gehorsam und Unterdrückung jeder persönlichen Meinung verschaffen. Aber selbst bei der Verhältniswahl kann es vorkommen, daß ein Abgeordneter seinen Sitz verliert. Was dann? Frankreich ist der übrigen Kulturwelt zuvorgekommen, indem es eine Pension für die Abgeordneten sicherte. Diese Pension kostet dem Staate keinen Centime, sondern es handelt sich hier um einen »Acte de bonne camaraderie«, eine Selbsthilfe der Abgeordneten selbst. Diese zahlen in die »Caisse spéciale destinée à assurer des pensions aux anciens députés, à leurs veuves et à leurs orphelins mineurs« einen bestimmten Betrag monatlich ein, und wenn ein Abgeordneter sein Mandat, das er mindestens 4 Jahre ausgeübt hat, verliert und mindestens 55 Jahre alt ist, erhält er eine monatliche Lebensrente (Entschließung der Kammer vom 23. Dez. 1904, Annales,

Débats, sess. extraord., 1904, II, p. 1525; im Senat am 28. Januar 1905 beschlossen). In Belgien beläuft sich die jährliche Beitragsleistung für die Pensionskasse (Entschließung der Kammer vom 28. März 1928) auf 900 Fr., in Monatsraten zu zahlen, anspruchsberechtigt ist ein mindestens 55jähriger nicht mehr gewählter Abgeordneter, der mindestens 10 Jahre sein Mandat ausgeübt hat; die Lebensrente macht für jedes Jahr der Mandatsausübung 500 Fr. jährlich aus, mindestens 6000 Fr. und höchstens 3/5 der parlamentarischen Entschädigung. In Griechenland (Ges. Nr. 4642 über die Schaffung einer Versicherungskasse der Abgeordneten und Senatoren, vom 3. Mai 1930) sind die Erfordernisse für die Anspruchsberechtigung ein Mindestalter von 50 Jahren und eine Beitragsleistung durch 15 Jahre, oder bei körperlicher oder geistiger Unfähigkeit schon bei einer mindestens 8jährigen Mitgliedschaft und einer Beitragsleistung durch 12 Jahre. Die Kasse wird gespeist durch einen 5%igen Abzug der Entschädigung der Abgeordneten und Senatoren, durch eine Gebühr von 3000 Dr. für die Anerkennung der Ehe der Abgeordneten, durch nicht verbrauchte Budgetreste des Parlaments, durch nicht behobene Entschädigungen und, wie in allen diesen Fällen, durch freiwillige Zuwendungen. — In den Niederlanden wird dagegen die Abgeordnetenpension aus Staatsmitteln gezahlt und ist verfassungsmäßig verankert. Bei der Grundgesetzänderung von 1917 wurde im Art. 89 (seit 1922: Art. 90) des Grundgesetzes bestimmt: Abtretende Mitglieder erhalten eine Pension von 100 (seit 1922: 150) Gulden jährlich für jedes Jahr, während dessen sie Mitglied der Kammer waren, bis zu einem Höchstausmaß von 2000 (seit 1922: 3000) Gulden. Diese Pension verfällt mit dem Tag, an dem das abgetretene Mitglied nach Wiederwahl wieder in den Genuß der Abgeordnetenentschädigung tritt.

Die Wahlkreise.

1. Die Wahlkreiseinteilung.

Der individualistischen Auffassung der Gleichheit der Staatsbürger entspricht es, daß der ganze Staat einen Wahlkreis bildet, denn nur so sind Ungleichheiten in der Auswahl der Bewerber auszuschalten; der Staatsbürger müßte das Recht zur Auswahl seines

Vertreters aus der Reihe aller übrigen Staatsbürger haben. Wahlkreise sind Beschränkungen der Freiheit und Gleichheit; durch die Wahlkreiseinteilung gibt die Volksvertretung die verschiedenen Ansichten des Volkes wieder so wie ein in tausend Scherben zerbrochener Spiegel, meinte Gambetta.

Die Geschichte zeigt uns, daß die Abgeordneten immer von bestimmten Gebiets- oder anderen Verbänden gewählt worden sind. In England waren die Unterhausmitglieder Vertreter ihres Standes: des städtischen Bürgerstandes und der Landbesitzer in den Grafschaften. Jede Grafschaft entsandte zwei Vertreter, aber nicht jede Stadt hatte das Recht einer Vertretung im Unterhaus. Dies blieb so auch nach der langsamen Umwandlung des mittelalterlichen Ständeparlaments in eine moderne Volksvertretung. Jedoch bot die verschiedene Vertretung der einzelnen Städte und Grafschaften Anlaß zu heftigster Kritik. Zur Zeit der »industriellen Revolution« hatte sich ein solches Mißverhältnis herausentwickelt, daß z. B. alte verfallene Städte ihr noch aus dem Mittelalter stammendes Recht der Wahl eines Abgeordneten hatten, die neuaufblühenden Industriestädte kein Recht. So setzte ein langsamer Abbau des geschichtlichen Rechtes auf ein Mitglied zugunsten des Grundsatzes der Kopfzahl ein, bis schließlich durch die Redistribution of Seats Act von 1885 bestimmt wurde, daß ein Sitz auf 50 bis 54.000 Einwohner entfällt. Seit 1918 entfällt ein Sitz auf 70 000 Einwohner.

Die Wahlen zur französischen Nationalversammlung von 1789 fanden noch nach Ständen getrennt statt. Die nach der Verfassung vom 3. Sept. 1791 zu wählende Nationalversammlung aber sollte in einheitlichen Wahlkreisen stattfinden, in die die Departements einzuteilen sind. Die Zahl der Abgeordneten soll neunmal so groß sein wie die der Departements; jedes Departement hat zuerst drei Abgeordnete zu erhalten; das zweite Drittel der Abgeordneten wird auf die Departements nach deren Bevölkerungszahl verteilt, das dritte Drittel nach deren Steuerleistung. Damit sollte eine Einteilung nach der Bedeutung der Departements geschaffen werden. Aber schon in der Konventsverfassung vom 24. Juni 1793 setzte sich der Grundsatz der Kopfzahl als alleiniger Maßstab für die Einteilung der Wahlkreise durch: auf je 40.000 Einwohner kommt ein Abgeordneter. Dieser Maßstab ist im Laufe der Zeit entsprechend erhöht worden, auch soll jedes Departement mindestens drei Abgeordnete haben; das Kopfzahlprinzip ist aber das Entscheidende für die Wahlkreiseinteilung geblieben.

In Deutschland fand dieser Grundsatz erst 1849 Eingang, als er in die Reichsverfassung vom 12. April 1849 aufgenommen wurde: auf je 100.000 Einwohner (und Bruchteil über 50.000) kommt ein Abgeordneter. Dabei blieb auch das Wahlgesetz für den Norddeutschen Bund von 1869, das 1871 zum Reichswahlgesetz erhoben wurde. Jeder Einzelstaat bildet aber mindestens einen Wahlkreis, auch wenn er nicht die erforderliche Einwohnerzahl erreicht. Der Bevölkerungsschlüssel wurde auch in jenen Einzelstaaten angewendet, die das Klassenwahlrecht durch ein mehr oder weniger demokratisches ersetzten. Die Wahlkreise waren alles Einerwahlkreise.

In den Vereinigten Staaten schrieb schon die Bundesverfassung von 1787 die Aufteilung der Sitze im Repräsentantenhaus auf die einzelnen Staaten nach der Kopfzahl vor, und zwar sollten zur Zahl der freien Personen noch 3/5 aller übrigen Personen hinzugefügt werden. Auf 30 000 Einwohner soll ein Repräsentant kommen, jedoch wenigstens einer für jeden Staat. Das Gesetz vom 25. Juni 1842 schrieb den Staaten noch vor, daß die Repräsentanten in örtlich zusammenhängenden Wahlkreisen, je einer für jeden Repräsentanten, zu wählen sind. Ferner wurde die Vertretungsziffer auf 70 680 erhöht, aber schon 1850 ging man zur festen Abgeordnetenziffer über, woraus sich eine bewegliche Vertretungsziffer ergab, die sich nach jeder Volkszählung erhöhte. Seit 1911 ist wieder die Vertretungsziffer fest: 211 877; seit 1929 (Fenn Bill) bleibt die Abgeordnetenzahl fest: 435. Seit 1865 wird die gesamte Bevölkerung als Grundlage genommen; wenn ein Staat aber männlichen großjährigen Einwohnern das Wahlrecht verweigert, so wird seine Sitzezahl verhältnismäßig verkürzt.

Unter der Kopfzahl wird regelmäßig die Gesamtbevölkerung verstanden; nur ausnahmsweise wird, was richtiger wäre, die Bürgerzahl zugrundegelegt (Österreich; Kantone: Luzern, Uri, Nidwalden) und noch seltener, schon weil technisch schwieriger, die Wählerzahl (Kantone: Thurgau und Waadt).

Heute finden wir immer die Einteilung des Landes in örtlich getrennte Wahlkreise vor. Die Bedeutung der Wahlkreise selbst hängt ganz vom Wahlverfahren (ob Einer- oder Mehrerwahl, ob Mehrheits- oder Verhältniswahl) ab und kann daher an dieser Stelle noch nicht behandelt werden. Jedenfalls muß schon hier festgestellt werden, daß von der Gestaltung des Wahlkreises das Wahlergebnis in hohem Maße abhängen kann. Darauf beruhen die Mißbräuche, durch Zuschneidung der Wahlrechtsgrenzen nach den Bedürfnissen einer bestimmten Partei deren Erfolg zu erhöhen oder zu sichern. Es sind dies die Mißbräuche, die man gemeinhin als Wahlkreisgeometrie, englisch-amerikanisch: Gerrymandering bezeichnet. Sie können auch eine gesetzliche Grundlage haben: so im alten deutschen Reichstagswahlrecht die Bestimmung, daß die Wahlkreiseinteilung nach der Volkszählung von 1864 zu geschehen hat. Durch die Verschiebung der Bevölkerungsvermehrung zu Gunsten der industriellen Gebiete entstanden solche Mißverhältnisse bei der Sitzeverteilung, die zu einer Untervertretung der Arbeiterbevölkerung führten. In Frankreich schafft die Bestimmung, daß jedes Departement drei Sitze haben soll, eine Übervertretung des menschenarmen Südens und schwächt die Vertretung des industriellen Nordens. Besonders häufig findet sich die Wahlkreisgeometrie im Nationalitätenstaat vor: hier soll sie zur besseren Vertretung des Mehrheitsvolkes auf Kosten der nationalen Minderheiten dienen, so im alten Ungarn, in Polen, Rumänien u. a.

Mit Rücksicht auf die schweren Folgen einer Wahlkreisgeometrie wird auch die Einteilung der Wahlkreise jetzt nirgends mehr der Regierung überlassen, die sie leicht zum Vorteil ihrer Partei mißbrauchen könnte, sondern sie wird durch Gesetz geregelt. Freilich ist diese Regelung noch keine Gewähr, daß nicht die Parlamentsmehrheit die Wahlkreiseinteilung nach ihren Bedürfnissen zuschneidet. Daher wäre die einzige Sicherung gegen solche Mißbräuche nur die verfassungsmäßige Verankerung der Wahlkreiseinteilung, wie es in Norwegen der Fall ist. Dort schloß die Aufnahme der Wahlkreiseinteilung in die Verfassung einen langen Kampf zwischen den Vertretern der Städte und denen des Landes ab; von den 150 Mitgliedern des Stortings sind nunmehr 100 Vertreter des Landes und 50 Vertreter der Städte; da das Ergebnis so schwer errungen wurde und der vorhergegangene Kampf ein so schwerer war, wurde die Form der verfassungsmäßigen Regelung gewählt, um das Ergebnis zu sichern und dem Wiederausbruch solcher Kämpfe vorzubeugen. Sonst aber empfiehlt sich eine verfassungsmäßige Regelung der Wahlkreiseinteilung nicht; die Wahlkreiseinteilung muß mit der Bevölkerungsentwicklung Schritt halten und daher sind die hohen Erfordernisse für die Verfassungsänderung eine Erschwerung der Anpassung an diese Entwicklung. Dagegen empfiehlt sich die (vielleicht verfassungsmäßige) Vorschrift, daß nach einer bestimmten Frist oder nach jeder neuen Volkszählung eine Neueinteilung der Wahlkreise vorzunehmen ist, wie z. B. in Schweden, Finnland, Luxemburg u. a.

Der Gegensatz zum örtlichen Wahlkreis ist der persönliche Wahlkreis. Ersterer faßt alle auf einem bestimmten Gebiete wohnhaften Wähler zusammen, letzterer die Wähler, die einer besonders gekennzeichneten Gruppe angehören, ohne Rücksicht auf ihren Wohnsitz zusammen. Hierzu gehört das Klassen- und Kurienwahlrecht, wie es früher in Preußen, in Österreich bis 1907, in Rußland von 1906—1917 bestanden hat. Ein besonderer Fall der persönlichen Wahlkreise sind die nationalen Kurien, wie sie z. B. im alten Österreich für die Reichsrats- und Landtagswahlen in Mähren und die Landtagswahlen in der Bukowina, ferner in Bosnien und der Herzegowina üblich waren. Um den Kampf der Nationen um Mandate zu vermeiden, wurde z. B. in Mähren den Deutschen und Tschechen von vorneherein eine bestimmte Anzahl von Sitzen (nach dem Bevölkerungsschlüssel) zugesichert und dementsprechend wurden die Wahlkreise geschaffen, indem in den deutschen Wahlkreisen nur Deutsche, in den tschechischen Wahlkreisen nur Tschechen wählten. Persönliche Wahlkreise sind heute nur mehr erhalten: in den Universitätskreisen zum englischen und nordirländischen Unterhaus sowie zum Landtag des Irischen Freistaats; die nationalen Kurien der Türken und Juden zur Kammer und zum Senat in Griechenland; ferner die Vertretung der Berufskörperschaften im rumänischen und griechischen Senat und im ungarischen Oberhaus, der Universitäten im rumänischen Senat und im ungarischen Oberhaus und der Magnatenfamilien im ungarischen Oberhaus. Das Sowjetwahlrecht hat den örtlichen Wahlkreis beibehalten, faßt aber die Arbeiter nach ihrer Zugehörigkeit zu den einzelnen Fabriken zusammen. Das faschistische Wahlrecht von 1928 löste jede örtliche Verbindung: die Aufstellung der Bewerber erfolgt nach den beruflichen Verbänden, die Abstimmung über den Gesamtvorschlag in einem Landeswahlkreis.

2. Die Stimmbezirke.

Dem Wahlkreis entsprach ursprünglich nur eine Wahlversammlung, in der die gesamten Wähler des Wahlkreises abstimmten. Mit der Vermehrung der Wählerzahl ließ sich dies nicht mehr aufrecht erhalten; einerseits hätte die Zeit nicht zur Stimmabgabe aller Wähler ausgereicht, andrerseits hätte die große Entfernung vom Wahlort für viele Wähler die Ausübung ihres Wahlrechts unmöglich gemacht. Es wird daher zweckmäßig der Wahlkreis in eine Anzahl Stimmbezirke eingeteilt, in dem sich je eine Wahlstelle befindet.

In England hatte bis 1872 der Wahlkreis nur eine Wahlstelle. Seit der Ballot Act (35 & 36 Vict. c. 33) werden innerhalb jedes Wahlkreises Wahlstellen geschaffen und zwar so, daß der Abstimmungsort höchstens 4 Meilen vom Wohnort des Wählers entfernt ist. In Frankreich wogte ein langer Kampf zwischen dem größeren Kanton und der kleineren Gemeinde als Stimmbezirk. Gerade die radikaleren Verfassungen sprachen sich für den Kanton aus, obwohl dadurch die Ausübung des Wahlrechts der breiteren Massen erschwert wurde, doch war der ausschlaggebende Grund der, daß der Einfluß des Grundherrn und Pfarrers bei Wahlen in der Gemeinde viel größer sein würde, als im Kanton. Nach dem Gesetz vom 5. Februar 1817 wurde nur ein Wahlort im ganzen Departement zugelassen, im Hauptort des Departements; bei der geringen Wählerzahl und der Beschränkung des Wahlrechts auf die Reichsten konnte mit dem einen Wahlort das Auslangen gefunden werden. Seit dem Organischen Dekret vom 2. Februar 1852 ist die Gemeinde der Wahlort. Mit dieser Bestimmung strebte Napoleon III. nur eine Erleichterung der Beeinflussung der Wähler durch die Verwaltungsorgane an, was ja immer besser geschieht, je kleiner der Stimmbezirk ist; die neue Bestimmung konnte aber unschwer damit gerechtfertigt und volkstümlich gemacht werden, daß eben die Abstimmung innerhalb der Gemeinde dem ärmeren Wähler entgegenkomme. Es blieb bei der Gemeindeabstimmung bis heute, doch kann eine volkreichere Gemeinde in mehrere Stimmbezirke zerlegt werden. In Deutschland fand schon vor 1848 bei den damals üblichen mittelbaren Wahlen die Wahlmännerwahl innerhalb der Gemeinde statt, dabei blieb es auch nach der Einführung der unmittelbaren Wahlen sowie im Reichswahlgesetz von 1869.

In der Regel ist heute die Gemeinde der Abstimmungsort. Ist sie zu volkreich, können mehrere Abstimmungsstellen innerhalb der Gemeinde geschaffen werden. Da die Einteilung der Stimmbezirke das Wahlergebnis weniger beeinflussen kann, ist sie in der Regel der Regierung überlassen, die sie dann im Verordnungswege regelt. Um aber Mißbräuchen vorzubeugen, werden der Regierung vom Gesetzgeber Richtlinien für die Einteilung vorgeschrieben. Solche können sein

a) Eine Wahlstelle darf nicht mehr Wähler als eine bestimmte Höchstzahl umfassen. Z. B. in Belgien 800 Wähler. Denn wäre die Zahl der Wähler zu groß, so könnten im Laufe der Abstimmungszeit nicht alle Wähler den Zugang zur Wahlurne finden; die Regierung hätte es daher in der Hand, die Stimmbezirke in Gemeinden oder

Gemeindeteilen mit überwiegend gegnerisch gesinnter Bevölkerung so groß zu gestalten, daß nicht alle Wähler ihr Wahlrecht an dem Wahltage ausüben könnten. Die Wahlstelle darf aber nicht weniger Wähler als eine bestimmte Mindestzahl umfassen, z. B. in Belgien 150. Eine zu geringe Wählerzahl würde nämlich das Wahlgeheimnis zu wenig schützen.

b) Der Wahlort darf nicht zu weit vom Wohnort des Wählers entfernt sein, so z. B. in England 4 Meilen, in Estland 5 km, in Polen 6 km, in Litauen und im Memelgebiet 7 km. Durch zu große Entfernungen würde die Ausübung des Wahlrechts den ärmeren Bevölkerungskreisen erschwert oder sogar unmöglich gemacht werden.

c) Die Wahlstelle darf nicht mehrere Gemeinden zusammenschließen, z. B. in den Niederlanden, eine Bestimmung, die der Regierung die Schaffung von zu großen Stimmbezirken unmöglich machen soll.

Da die mißbräuchliche Einteilung der Stimmbezirke den Wähler um die Ausübung seines Stimmrechts bringen kann, haben manche Länder zum Schutz seines subjektiven Wahlrechts ihm ein Einspruchsrecht gegen die Einteilung der Stimmbezirke gewährt. In England wird die Einteilung der Stimmbezirke durch eine örtliche Selbstverwaltungskörperschaft vorgenommen (durch den Rat, dessen Sekretär der Registration Officer ist). Gegen die Einteilung des örtlichen Vertretungskörpers ist ein Einspruch an die Zentralregierung möglich, die von örtlichen Behörden, wie Grafschafts- oder Bezirksrat, die Pfarrgemeinde oder durch 3000 Wähler erhoben werden kann. Ebenso im Irischen Freistaat, wo 30 Wähler genügen. In Schweden kann jeder Wähler gegen die Einteilung der Stimmbezirke bei der Provinzialregierung Einspruch erheben. Gegen deren Entscheidung ist noch eine Berufung an den König möglich.

Die Praxis der deutschen Staatsgerichtshöfe lehnt die Wahlkreiseinteilung nicht ab. So erklärte der StGH. für das Deutsche Reich in seiner Entscheidung vom 7. Juli 1928 — StGH. 1/28 (Lammers-Simons I, S. 321ff.): »Kein Land ist gehalten, für die Landtagswahlen nur einen Wahlkreis zu bilden« und billigte die Vermehrung der Wahlkreise in Baden (Bd. I, S. 116). Der Bayerische StGH. (Entscheidung vom 21. Sept. 1931, G. u. VBl. 1931, S. 291) erklärte die bestehende Wahlkreiseinteilung auf Grund der Einwohnerzahl für verfassungsmäßig, weil sie nicht auf unsachlichen Erwägungen beruhe.

Die Wahlbehörden.

Wie jede Handlung im Staat muß auch die Wahlhandlung organisiert werden. Es sind zu ihrer Vorbereitung (vor allem zur Anlegung der Wählerverzeichnisse) sowie zu ihrer Durchführung und zur Feststellung des Wahlergebnisses Organe erforderlich, die wir als Wahlbehörden bezeichnen. Es ist für sie auch die Bezeichnung Wahlorgane üblich (z. B. bei Kaisenberg), doch könnten rechtliche Mißverständnisse entstehen, da staatsrechtlich als eigentliches Wahlorgan das Volk zu betrachten ist. In der Schweiz, aber nur dort, wird wieder die Bezeichnung »Wahlbehörde« als Wahlkörper verwendet, so ist z. B. die Bundesversammlung Wahlbehörde des Bundesrates; doch ist hier Wahlbehörde als Verdeutschung von Wahlorgan, das in diesem Falle z. B. die Bundesversammlung ist, zu verstehen. In verwaltungsrechtlicher Hinsicht haben aber die Wahlausschüsse die Aufgaben von Verwaltungsbehörden, so daß ihre Bezeichnung als Wahlbehörde gerechtfertigt ist. So hat sie auch die österreichische Rechtssprache übernommen.

Für die Bildung der Wahlbehörden kommen dreierlei Verfahren in Betracht, entsprechend der sogenannten Dreiteilung der Gewalten. Sie können entweder von den Wählern oder von gewählten Körperschaften gewählt werden oder von der Vollzugsgewalt ernannt sein oder schließlich aus unabhängigen Richtern bestehen. Schließlich gibt es ein gemischtes Verfahren, als Verbindung von Wahl, Ernennung durch die Vollzugsgewalt oder Entsendung durch die richterliche Gewalt.

a) Gewählte Wahlbehörden. Diese entsprechen der individualistischen Einstellung, wonach die Wahlhandlung von den Wählern selbst organisiert werden soll. Die ursprüngliche Wahlversammlung bestand aus durch Zuruf gewählten Vorsitzenden und ebenso berufenen Stimmzählern, so in der Schweizer Landsgemeinde. Die französische Gesetzgebung nahm seit der Revolution für gewählte Wahlbehörden Stellung, so das Gesetz vom 22. Dez. 1789, die Konventsverfassung von 1793, die Direktorialverfassung und die Wahlgesetze der Zensusmonarchien vom 5. Februar 1817 und 19. April 1831. Seit 1848 steht die Bildung der Wahlbehörde der Gemeinde zu, die die Mitglieder der Wahlbehörde durch Beschluß des Gemeinderates ernennt. Da der Gemeinderat selbst ein volksgewähltes Organ ist, kann man die durch einen örtlichen Vertretungskörper bezeichnete Wahlbehörde gleichfalls als gewählte Wahlbehörde betrachten. Diese Form der Bildung der Wahlbehörden bürgerte sich in der Folgezeit in den meisten Ländern ein. Die modernste Form der gewählten Wahlbehörde ist die durch die politischen Parteien. Die gewählten Wahlbehörden sind diejenigen, die den demokratischen Forderungen entsprechen. Sie haben den Vorteil, daß sie aus am politischen Leben interessierten Mitgliedern bestehen, daß die Teilnahme politisch interessierend und erzieherisch wirken kann und daß die Teilnehmer wissen, um was es sich handelt und daher eine enge Verbindung mit dem Volk und dem wirklichen Staatsleben herbeigeführt wird; die Nachteile bestehen darin, daß die gewählten Mitglieder keine großen Sachkenntnisse aufweisen, daß sie oft nicht das Gesetz ganz verstehen und daher mangelhaft anwenden; in den Geschäften fehlt die einheitliche Linie und vor allem sind die Mitglieder selbst parteiisch an der Wahlhandlung interessiert, wodurch ein politischer Zug in ein neutral arbeitendes Organ kommt.

b) Von der Vollzugsgewalt ernannte Wahlbehörden. Diese Behörden können als Vorzüge für sich buchen, daß sie aus Sachverständigen und aus Juristen bestehen, wodurch sie den gewählten Behörden überlegen sind; sie können nach einheitlichen Richtlinien für das ganze Land handeln und sind nicht als Partei an den Wahlen interessiert. Die Erfahrung langer Jahrzehnte aber lehrt uns, daß gerade die von der Vollzugsgewalt ernannten Wahlbehörden die sind, die am meisten zugunsten einer Partei in den Wahlkampf eingreifen, nämlich zugunsten der Regierungspartei. Die Beamten sind von der Regierung abhängig, müssen deren Weisungen streng durchführen und können sich durch tüchtige Beeinflussung der Wahlhandlung zugunsten ihrer Vorgesetzten bei diesen beliebt machen. Die Präfektenwahlen und die »offiziellen Wahlbewerbungen« sind noch heute in der politischen Erinnerung Frankreichs lebendig. Auch die »ungarischen Wahlen« erfreuten sich einer traurigen Berühmtheit.

c) Aus Richtern bestehende Wahlbehörden. Diese Behörden sind für den Schutz des Wahlrechtes am geeignetsten. Der Richter erfreut sich in der Bevölkerung von vorneherein eines Vertrauens; durch seine Unabhängigkeit ist der Richter kein Handlanger besonderer Partei- oder Regierungsbelange. Der Richter ist Fachmann für die Auslegung des Wahlgesetzes, das ihm alleinige Richtschnur ist. Diesen großen Vorzügen stehen aber manche schwerwiegende Bedenken gegenüber. Erstens könnte der Richter durch die Teilnahme an den Wahlen in das politische Leben hineingezogen werden; die durch seine Einzelentscheidung sich benachteiligt fühlenden Parteien könnten ihn angreifen; wenn er auch vor solchen Angriffen sicher ist, so könnte doch manches nachteilige an dem Richterstand haften bleiben. Zweitens sind die Richter durch die normale Gerichtsbarkeit schon so belastet, daß man ihnen nicht noch weitere mühevolle Aufgaben anvertrauen soll. Schließlich aber hat sich unter den Richtern von ihrer zivilistischen Tätigkeit her das formale Rechtsdenken so eingebürgert, daß sie die ganz anders gearteten politischen Fälle des Wahlrechts losgelöst von deren realen Hintergrund zum Nachteil der Sache selbst entscheiden würden.

Daher wird zu einer gemischten Zusammensetzung gegriffen, die die Vorteile aller drei Möglichkeiten vereinigen und gleichzeitig deren Nachteile ausschalten soll. Die Erfahrungen mit der gemischten Zusammensetzung sind günstig. Insbesondere empfiehlt sich eine Zusammensetzung, die dem Sachkundigen, d. i. dem Verwaltungsjuristen oder Richter, den Vorsitz anvertraut, die Mehrheit der Mitgliederzahl aber den gewählten Vertretern.

Die Anfertigung der Wählerverzeichnisse und andere Wahlvorbereitungsaufgaben (Beistellung der Wahlräume, Zusendung von Wählerkarten usw.) obliegt in der Regel der Gemeindeverwaltung, entweder einer Körperschaft oder dem Vorsitzenden, dem Bürgermeister. Eigene Wahlbehörden für diese Zwecke gibt es in Frankreich wo ein Verwaltungsausschuß aus dem Bürgermeister, einem vom Präfekten ernannten Vertreter der Verwaltung und einem vom Gemeinderat gewählten Vertreter bestehend, wirkt. In Ungarn besteht in jedem Munizipium (Komitat oder Munizipalstadt) ein Hauptausschuß unter dem Vorsitz der ersten Beamten des Munizipiums und aus Mitgliedern, die vom Munizipalausschuß gewählt werden; er ernennt für jede Gemeinde einen Konskriptionsausschuß aus der Reihe der Wähler der Gemeinde. In England sind die Aufgaben einem Registration Officer, d. i. dem Sekretär des Grafschaftsrates oder dem Stadtsekretär anvertraut, in Österreich den Polizeibehörden, im Einvernehmen mit der Gemeindeverwaltung. Eigene Wahlbehörden können auch als Berufungsbehörde bei Einsprüchen gegen Wählerverzeichnisse bestehen, von denen später die Rede sein soll.

Die Durchführung der Wahlhandlung bedarf auf den einzelnen Stufen besonderer Behörden: Orts (Wahlbezirks- oder Sprengel)wahlbehörden für die Stimmabgabe in der Wahlstelle; Kreiswahlbehörden für die Zusammenfassung der Ergebnisse aus den einzelnen Stimmbezirken eines Wahlkreises; und eine Hauptwahlbehörde für das ganze Staatsgebiet, zur Zusammenfassung der Ergebnisse aus den einzelnen Wahlkreisen. Zwischen den Kreis- und der Hauptwahlbehörde können sich noch Verbandswahlbehörden für einen Wahlkreisverband schieben, so im Deutschen Reich und in Österreich. Mitunter kann eine der Wahlbehörden erspart werden: so in Danzig und im Memelgebiet die Kreiswahlbehörde, weil das ganze Staatsgebiet einen Wahlkreis bildet. In Griechenland werden die Aufgaben einer Kreiswahlbehörde von dem Gericht erster Instanz wahrgenommen, in Schweden von der Provinzialregierung. In Liechtenstein wirkt als Kreiswahlbehörde die Ortswahlbehörde des Hauptwahlortes unter Beiziehung eines staatlichen Kommissärs; in Luxemburg die Hauptwahlbehörde des Wahlkreisvorortes. Es kann auch die Hauptwahlbehörde für den ganzen Staat fehlen und deren Aufgaben von den höchsten Verwaltungsstellen ausgeführt werden, wie z. B. vom Innenministerium in Dänemark, Norwegen, Finnland, Ungarn usw.

Nach der Zusammensetzung der Wahlbehörden ergeben sich folgende Möglichkeiten:

a) Rein gewählte Behörden: diese finden sich vor allem für die unteren (Orts) Wahlbehörden vor, z. B. in Dänemark, Danzig, Estland, Finnland, Frankreich, Liechtenstein, Niederlande, Norwegen, Österreich, Tschechoslowakei u. a. In Bulgarien haben Oberlehrer und Lehrer den Vorsitz in ihnen.

b) Gemischte Behörden aus gewählten Mitgliedern und von der Verwaltung ernannten Vorsitzenden sind besonders häufig für die Mittelstufen (Kreiswahlbehörden) z. B. in Danzig, Dänemark, Estland, Finnland, Island, Österreich, Italien, Niederlande, Polen, Tschechoslowakei, Ungarn. Im Deutschen Reich wird der Vorsitzende der Wahlbehörden aller Stufen von der Verwaltungsbehörde der entsprechenden Verwaltungsstufe ernannt, die Beisitzer werden von ihm aus der Zahl der Wähler berufen.

c) Gemischte Behörden aus gewählten Mitgliedern und mit Richtern als Vorsitzenden: sind vor allem in den romanischen Ländern üblich: Frankreich, Portugal, dann Belgien, Luxemburg, Rumänien; ferner Lettland.

d) Rein von der Vollzugsgewalt ernannte Behörden: in England (der Returning Officer, d. i. in den Grafschaften der Sheriff, in den Städten der Sheriff oder Bürgermeister oder Vorsitzende des

Rates), Litauen, Memelgebiet, Niederlande, Schweden (Provinzialregierung).

e) Rein von der richterlichen Gewalt bestellte Behörden: in Griechenland wirkt als Kreiswahlbehörde das Gericht erster Instanz; in Italien als Reichswahlbehörde der Appellationshof in Rom.

f) Aus gewählten, ernannten und richterlichen Mitgliedern zusammengesetzte Behörden: in Estland (Hauptausschuß), Litauen (Kreiswahlbehörde), Griechenland (Kreiswahlbehörde), Österreich (Hauptwahlbehörde).

Eine eigenartige Zusammensetzung haben die Wahlbehörden der Sowjetunion, wo neben den Vertretern der Verwaltungsbehörden der verschiedenen Stufen noch die einzelnen wichtigsten Verbände des Bolschewismus Sitz haben.

Die gesetzlichen Bestimmungen über die Zusammensetzung der Wahlbehörden bringen in einzelnen Ländern auch die Einführung der Parteien in das positive Recht. Allerdings handelt es sich z. B. in Estland, Litauen, Österreich und der Tschechoslowakei nur um Vertreter der Wahlparteien, die auch als Bewerbergruppen, Wählervereinigungen usw. bezeichnet werden, jedoch nicht um die politischen Parteien. Von politischen Parteien aber ist ausdrücklich die Rede in Danzig sowie im Deutschen Reich (und Ländern), wo z. B. der Reichswahlausschuß aus dem Reichswahlleiter und 6 Beisitzern besteht, die von ersterem aus den Wählern der größeren Parteien des Landes berufen werden. »Wegen der Auswahl sollen die Parteileitungen gehört werden«, was als Anhörung der obersten Spitzenorganisation der 6 größten Parteien nach der letzten Reichstagswahl zu verstehen ist (Kaisenberg). Dasselbe gilt auch mit entsprechender Abänderung für die Verbands- und Kreiswahlausschüsse und den Wahlvorstand in dem Wahlbezirk. In Polen besteht der Staatswahlausschuß aus dem ernannten Generalwahlkommissar und 8 Mitgliedern, die von den stärksten Abgeordnetenklubs des abtretenden Sejm vorgeschlagen werden. Die Wahlbehörden können nur für bestimmte Wahlen oder für die ganze Gesetzgebungsdauer des neugewählten Parlaments eingesetzt werden. Es empfiehlt sich das letztere, damit bei Ersatzwahlen innerhalb der Gesetzgebungsdauer nicht wieder neue Behörden geschaffen werden müssen. Im Deutschen Reich haben Reichswahlleiter und Reichswahlausschuß für die ganze Gesetzgebungsdauer zu wirken und haben bei Ausscheidung eines Abgeordneten dessen Ersatzmann zu berufen, bei Ungültigkeitserklärung von Wahlen die Neufestsetzung der Reststimmen zu ermitteln. Besonders in Verhältniswahlländern ergeben sich während der Gesetzgebungsdauer ständig Aufgaben für die obersten Wahlbehörden, während diese in Ländern mit Mehrheitswahl vom Parlament selbst erledigt werden können.

Die Wählerverzeichnisse.

Für die Durchführung der Wahlhandlung ist aus technischen Gründen die Anlage eines Wählerverzeichnisses erforderlich. Es müßte sich nämlich sonst der Wähler vor der Stimmabgabe der Wahlbehörde darüber ausweisen, daß er den für die Stimmberechtigung verlangten Erfordernissen Genüge tut, was die Wahlhandlung viel zu sehr aufhalten, ja sogar unmöglich machen würde. Daher wird die Feststellung der Stimmberechtigung schon vor den Wahlen vorgenommen und zur Stimmabgabe wird derjenige Bürger zugelassen, der in dem Verzeichnis aufgenommen erscheint. Die Aufnahme in das Wählerverzeichnis tritt als weiteres Erfordernis für die Stimmberechtigung auf, allerdings nicht für die Stimmberechtigung an sich, sondern nur was deren Ausübung betrifft. Wenn daher die Wählbarkeit an die Stimmberechtigung des Betreffenden geknüpft ist, so heißt das nur, daß er die Erfordernisse für die Stimmberechtigung auf sich vereinigt, nicht jedoch, daß er in einem Wählerverzeichnis aufgenommen sein muß. Denn dieses Verzeichnis ist nur ein technischer Notbehelf für die Erleichterung und Sicherung der Stimmabgabe. Vom folgerichtigen individualistischen Standpunkt des demokratischen Wahlrechts könnte das Wählerverzeichnis als Einschränkung des Wahlrechts abgelehnt werden; so wird auch z. B. in Lettland in folgerichtiger Anwendung des demokratischen Gedankens auf ein Wählerverzeichnis verzichtet: der Wähler weist sich vor der Wahlbehörde durch seinen Paß über das Vorhandensein der einzigen Vorbedingungen, der Staatsbürgerschaft und des Mindestalters von 20 Jahren aus. Damit der Wähler nicht zweimal eine Stimme abgibt, so wird sein Paß nach erfolgter Stimmabgabe abgestempelt. In der Sowjetunion gibt es gleichfalls keine Wählerverzeichnisse, wohl aber Verzeichnisse der vom Wahlrecht Ausgeschlossenen.

Die Wählerverzeichnisse können entweder ständige oder fallweise, nur für die Zwecke einer bestimmten Wahl anzulegende sein. Die ständigen Wählerverzeichnisse werden jährlich (ein oder zweimal) ohne Rücksicht darauf, ob in dem betreffenden Jahr eine Wahl abgehalten wird oder nicht, angelegt und auf dem Laufenden gehalten. Die fallweisen Wählerverzeichnisse werden nur in dem Jahre, in dem eine Wahl fällig ist, oder knapp vor einer außerordentlichen Wahl angelegt. Der größte Wert der ständigen Listen liegt darin, daß sie eine größere Gewähr für die Richtigkeit der Verzeichnung der Wähler bieten, als die fallweise angelegten. So spricht sich auch die Theorie für die ständigen Listen aus, so Jellinek (Ausgewählte Schriften und Reden, II, 213): »Das System der permanenten Listen, die entweder jährlich oder fortlaufend zu berichtigen sind, ist das einzig richtige. Für das andere läßt sich auch nicht ein vernünftiger Grund anführen, zumal es in der Praxis nur zu Bedenken und Beschwerden führt, die bei dem ersten System fortfallen.« Ein Grund und ein sehr vernünftiger, läßt sich aber doch für die fallweise angelegten Verzeichnisse anführen: daß sie weniger Kosten verursachen, als die ständigen. Wenn z. B. alle vier Jahre die Neuwahl des Parlaments stattfindet, so braucht bei dem letzteren Verfahren in den vier Jahren nur eine Liste angefertigt werden; beim Verfahren der ständigen Listen findet einmal oder sogar zweimal jährlich eine Berichtigung statt, so daß die vier- bis achtfachen Kosten verursacht werden können. Es ist eine Frage der politischen Zweckmäßigkeit, ob die erhöhten Kosten durch die größere Richtigkeit der Listen aufgewogen werden. England ist 1926 aus Ersparnisgründen von der zweimaligen Berichtigung im Jahr zur einmaligen übergegangen. Auf der andern Seite läßt sich aber ein Vordringen der ständigen Verzeichnisse beobachten, insbesondere nach dem Kriege (Tschechoslowakei 1919; Österreich 1929); im Deutschen Reich sind seit der WGNovelle vom 31. Dez. 1923 fortschreibbare Verzeichnisse zulässig, wenn die Gemeinden es wünschen, und ganz besonders in den Vereinigten Staaten greift die Bewegung für die ständige Verzeichnung der Wähler unter der Führung der National Municipal League immer mehr und mit großem Erfolg um sich.

Die Verzeichnisse werden entweder durch Verwaltungsorgane, zumeist durch die örtlichen Selbstverwaltungsorgane, oder durch besondere Wahlbehörden oder im Zusammenarbeiten beider angelegt. Das Ziel der Verzeichnisse ist, eine richtige Zusammenfassung aller

Stimmberechtigten zu erhalten. Daher muß die Wählerschaft selbst an der Aufstellung der Verzeichnisse mitwirken können. Dies geschieht durch das Einspruchsverfahren. Dieses kann ein positives sein, wenn das Ziel die Aufnahme eines Stimmberechtigten in das Verzeichnis ist; ein negatives, wenn das Ziel die Streichung eines vermeintlich Nichtbestimmberechtigten ist. Aber auch das negative Verfahren ist aus zweifachen Gründen ein positives: einerseits ist ja das Ziel die Aufstellung eines objektiv richtigen Verzeichnisses der Stimmberechtigten; andrerseits bedeutet der Ausschluß Nichtstimmberechtigter die Wahrung des Stimmrechtes der wirklichen Stimmberechtigten gegenüber einer Minderung durch die Aufnahme Unberechtigter. Hieraus ergibt sich, daß einspruchsberechtigt sowohl der Wähler selbst sein kann, dessen Stimmrecht in Frage steht, als auch jeder andere Bürger desselben Stimmbezirkes (oder Wahlkreises).

Es tauchen hier eine Anzahl Fragen auf: Wer hat über die Einsprüche zu entscheiden? Ist die Entscheidung endgültig oder gibt es noch eine Berufung? Ist endlich noch eine weitere Berufung oder eine Nichtigkeitsbeschwerde möglich? Für die Regelung dieser Fragen gibt es in Europa wie für soviele Wahlrechtsfragen drei Systeme: das englische, das französische und das deutsche.

In England gab es ursprünglich keine Wählerverzeichnisse. In den Grafschaften war die Bedingung für die Stimmberechtigung der 40 Schilling-Freehold und der Sheriff konnte darüber die Wähler eidlich einvernehmen. In den Städten war ein Verzeichnis schon gar nicht nötig, weil die Abgeordneten in einer Gemeindeversammlung gewählt wurden. Als aber seit der ersten Reform-Act neue Wahlfordernisse aufgestellt und die Wählerzahl bedeutend vermehrt wurde, waren besondere Wählerverzeichnisse notwendig geworden, die durch die Parliamentary Voters Registration Act, 1843 (6 & 7 Vict. c. 18) eingeführt wurden. Nach zahlreichen Änderungen kam es schließlich 1884 (48 Vict. c. 18) zu der Regelung: die Verzeichnisse werden durch die Armenaufseher zusammengestellt; einspruchsberechtigt sind die Armenaufseher und die betreffenden Wähler; über die Einsprüche entscheidet ein Revising barrister auf Grund eines kontradiktorischen Verfahrens; eine Berufung ist an die King's bench Division zulässig; nur die im Verzeichnis eingetragenen Wähler können ihre Stimme abgeben; aber die Eintragung bedeutet kein unbedingtes Recht auf Zulassung zur Stimmabgabe, da ein Wähler wegen auftauchender Mängel, z. B. Mangel der Staatsangehörigkeit, des Wahlalters oder

der geistigen Kräfte abgelehnt werden kann. Die Representation of the People Act von 1918 betraut einen eigenen Registration Officer mit der Anlegung der Verzeichnisse, die zweimal jährlich durchgesehen werden; Einsprüche werden vom Registration Officer, Berufungen vom Grafschaftsgericht entschieden. Gegen dessen Entscheidung geht der Rechtsweg an den Appellationshof, dessen Urteil endgültig ist. Das schwebende Berufungsverfahren kann das Stimmrecht eines in einem Verzeichnis eingetragenen Wähler nicht beeinträchtigen. Der Lordkanzler kann in ein Berufungsverfahren beim Grafschaftsgericht eingreifen und den Richter des Gerichtes durch einen Barrister als Ersatzrichter ersetzen lassen. — Dasselbe Verfahren gilt mit kleinen Abänderungen auch im Irischen Freistaat.

In Frankreich wurden schon durch das Gesetz vom 22. Dez. 1789 jährliche Wählerverzeichnisse vorgeschrieben. Die Grundsätze fanden trotz mancher Änderung durch die verschiedenen Verfassungen und Wahlgesetze auch in das noch heute geltende organische Dekret vom 2. Februar 1852 Eingang: jährliche Anfertigung, gemeindeweise Anlegung durch einen eigenen Ausschuß (Bürgermeister, Vertreter des Präfekten und Vertreter des Gemeinderates); Entscheidung über Einsprüche durch den um zwei weitere Vertreter des Gemeinderates verstärkten, nunmehr Gemeindeausschuß heißenden Ausschuß; gegen dessen Entscheidung steht der Rechtsweg an die ordentlichen Gerichte offen.

In Deutschland gab es vor 1848 weder Wählerverzeichnisse noch ein besonderes Einspruchsverfahren; erst durch das Reichswahlgesetz vom 12. April 1849 fanden sie Eingang. Die Grundzüge dieser Regelung, die auch in das Reichswahlgesetz vom 31. Mai 1869 und in das Reichswahlgesetz der Republik übernommen wurden, sind folgende: fallweise Verzeichnisse, Aufstellung durch die Gemeindebehörden; Entscheidung über Einsprüche durch die von den Gliedstaaten (Ländern) für zuständig erklärten Verwaltungsorgane (in den Städten zumeist der Stadtrat oder Gemeinderat, in den Landbezirken zumeist der Landrat, die Kreisregierung, Amtshauptmannschaft u. ä.).

Die übrigen Staaten haben sich bald für das französische, bald für das deutsche System entschieden. Dem französischen System, dessen Kennzeichen folgende sind: ständige Verzeichnisse, Entscheidung über Einsprüche durch eine Verwaltungsbehörde, Berufung gegen deren Entscheidung an die ordentlichen Gerichte haben sich angeschlossen:

Aufstellung und Berichtigung der Wählerverzeichnisse (1).

	Aufstellung durch	Einspruch an	Berufung an	Nichtigkeitsbeschwerde vor
Belgien	Kollegium d. Bürgermeister u. Schöffen	Kollegium (wie daneben)	Appellationshof	Kassationshof
Bulgarien ...	Bürgermeister	Gemeinderat	Friedensrichter weitere Berufung an: Kreisgericht	—
Griechenland	Bürgermeister	Friedensrichter	Gericht 1. Instanz	—
Island	Magistrat oder Gemeinderat	Gemeinderat	Gericht	—
Italien.......	Bürgermeister	Provinzialbehörde	Appellationshof	Kassationshof
Jugoslawien .	Gemeindevorst.	Gemeindevorst.	Gericht 1. Inst.	—
Luxemburg ..	Schöffenkollegium	Schöffenkoll.	Friedensrichter	Obergerichtshof
Niederlande .	Gemeindeverwaltung	Gemeindeverwaltung	Kantonsrichter	Hoher Rat
Portugal	Gemeindekammer	Gericht 1. Inst.	Appellationshof	Oberster Gerichtshof
Rumänien ...	Bürgermeister (in Städten: Polizeikommissariat)	Bezirksgericht	Gerichtshof	—

Das deutsche System, dessen Kennzeichen: fallweise Verzeichnisse, Entscheidung über Einsprüche durch ein Verwaltungsorgan, gegen die Entscheidung keine Berufung an Gerichte sind, finden wir an einer großen Anzahl vor allem germanischer und slawischer Staaten an, wobei das System in mancher Hinsicht fortentwickelt worden ist. So sind vielfach an Stelle der fallweisen Verzeichnisse ständige getreten; es wurde ein Berufungsverfahren eingeführt, jedoch nicht an Gerichte, sondern entweder an Verwaltungsbehörden oder besondere Verwaltungsgerichte. An Stelle ernannter Verwaltungsorgane haben die Tschechoslowakei und Österreich entsprechend den demokratischen Grundsätzen ihrer Verfassungen gewählte Ausschüsse eingerichtet, die über Ansprüche zu entscheiden haben. Das Sowjetwahlrecht hat für alle Stufen gewählte Wahlbehörden, die sich aber bei näherem Zusehen als von oben ernannte entpuppen.

Aufstellung und Berichtigung der Wählerverzeichnisse (2).

	Ver-zeichn.	Aufstellung durch	Entscheidung über Einspruch durch	Entscheidung über Berufung durch
Deutsches Reich	fallw.	Gemeindebehörde	Gemeindebehörde wenn diese den Einspruch nicht begründet erachtet, durch Landrat u. ä.	—
Danzig	fallw.	Gemeindebehörde	wie oben	—
Dänemark	ständig	Gemeindeverwaltung	Gemeindeverwaltung	Verwaltungsbeschwerde wegen Gesetzesverletzung an Min. d. Innern
Estland	ständig	Gemeindeverwaltung	Gemeindeverwaltung, wenn diese nicht positiv entscheidet durch Verwaltungsgericht	—
Finnland	ständig	Wahlausschuß (oder Magistrat)	Landeshauptmann	Höchster Verwaltungsgerichtshof
Litauen	fallw.	Amtsbezirks- oder Stadtverwaltung	nebenst. Verwaltungsbehörde, wenn diese nicht positiv entscheidet: durch Amtsgericht	—
Memelgebiet	fallw.	Gemeindeverwaltung	nebenst. Verwaltungsbehörde, wenn diese nicht positiv entscheidet, durch Wahlkreisausschuß	—
Norwegen	fallw.	Magistrat oder Bezirkshauptmann	Wahlausschuß (Wählerverzeichnisführer u. Vorsitzer d. Wahlbezirks)	—
Österreich	ständig seit 1932 wieder fallw.	Gemeindeverwaltung unter Mitwirkung der Polizei	Berufungskommission (ernannter Verwaltungsbeamter als Vors. u. Vertreter der pol. Parteien)	Verfassungsgerichtshof

	Verzeichn.	Aufstellung durch	Entscheidung über Einspruch durch	Entscheidung über Berufung durch
Polen	fallw.	Gemeindevorsteher	Bezirkswahlausschuß	Kreiswahlausschuß
Schweden	ständig	Steuereinheber (in d. Städten: Magistrat)	Wahlausschuß	Provinzialregierung
Schweiz	fallw.	Gemeindeverwaltung	Kantonsregierung	Bundesrat
Sowjetunion ...	fallw.	Dorf (Stadt-) Wahlausschuß	Rayonswahlausschuß	Gebietswahlausschuß
Tschechoslow.	ständig	Ortswahlausschuß m. Unterstützung d. Gemeindeverw.	Reklamationskommission (ernannter Verwaltungsbeamter als Vors. u. Vertreter d. pol. Parteien)	Wahlgericht
Ungarn	ständig	Hauptausschuß m. Unterstützung d. Gemeindeverw.	Hauptausschuß (Verwaltungsbeamter als Vors. u. Vertreter d. Gemeinden) —	Verwaltungsgerichtshof

Ein weitergehendes Verfahren besteht noch in Polen, wo eine Klage an den Obersten Gerichtshof zulässig ist, ferner in Österreich und in der Schweiz, wo eine Klage wegen Vorenthaltung des staatsbürgerlichen Rechts an den Verfassungsgerichtshof bzw. an das Bundesgericht gerichtet werden kann. Schon im alten Österreich konnte aus diesem Grunde die Klage beim Reichsgericht erhoben werden. Wenn auch diese Klagen von diesen Gerichten kaum je rechtzeitig, das heißt vor der Wahl entschieden werden und daher nicht das vom Wähler zunächst angestrebte Ziel erreichen, so haben sie doch eine weittragende Bedeutung, weil ihre Entscheidungen für die Verwaltungs- und Wahlbehörden von grundsätzlicher Bedeutung sind und diese sich daher in Hinkunft nach ihnen richten werden.

In der Mehrzahl der Fälle kommt es beim Einspruchsverfahren nicht auf die Sicherung verfassungsmäßig gewährleisteter Rechte an, als vielmehr um eine Berichtigung von Fehlern. Daher ist der geeignetste Weg der, daß die Einsprüche vor die Stelle kommen, die die Verzeichnisse aufgestellt hat, so daß sie nun in die Lage kommt, sie zu berichtigen. Wenn sie aber den Einspruch nicht positiv entscheiden kann, so hat noch der Einspruch an eine weitere Instanz zu gehen. Ob diese eine richterliche sein soll oder eine Verwaltungsbehörde oder ein gewählter Ausschuß, ist eine der Zweckmäßigkeitsfragen, von denen schon im Abschnitt über die Wahlbehörden die Rede war. Da die Wählerverzeichnisse eine objektive Feststellung der Wahlberechtigten sein sollen, sollen sie von jederlei politischem Einfluß fernegehalten werden und es ist daher eine starke Heranziehung der politischen Parteien bei der Zusammensetzung der Berufungsausschüsse, wie z. B. in Österreich und in der Tschechoslowakei in mancher Hinsicht bedenklich. Die idealste Lösung der Frage würden in vielen Ländern Verwaltungsgerichte unterer Instanz bringen.

Auf objektive Feststellung des Tatbestandes sind in vielen Ländern die Bestimmungen gerichtet, die der Staatsgewalt ein gewisses Recht des Einschreitens gewähren z. B.

Luxemburg: der Distriktskommissar hat ein Einspruchs- und Berufungsrecht; der Generalstaatsanwalt kann eine Nichtigkeitsbeschwerde beim Obergerichtshof einbringen.

Belgien: der Generalstaatsanwalt kann eine Nichtigkeitsbeschwerde beim Kassationshof einbringen.

Niederlande: der Generalstaatsanwalt kann eine Nichtigkeitsbeschwerde beim Hohen Rat einbringen.

England: der Lordkanzler kann in das Berufungsverfahren eingreifen.

Irischer Freistaat: der oberste Richter beim Obersten Gerichtshof kann in das Berufungsverfahren eingreifen.

Viel zu weit ging jedoch im alten Österreich das Recht der Verwaltungsbehörden zur Berichtigung der Wählerverzeichnisse von Amts wegen, nach Abschluß der Wählerverzeichnisse. Noch übertroffen aber wird es in Sowjetrußland, wo der Vorstand des allrussischen Hauptvollzugsausschusses die Wählerverzeichnisse von Amts wegen abändern kann; diese Berichtigungen werden sich wie alle Maßnahmen nur nach Gründen der »revolutionären Zweckmäßigkeit« richten.

Ein Interesse an den Verzeichnissen haben auch die politischen Parteien, freilich weniger in der Richtung einer objektiven Richtigkeit, sondern daran, daß in die Verzeichnisse die eigenen Parteiangehörigen und -Freunde aufgenommen, die Gegner möglichst ausgeschlossen werden. So bildet das Einspruchsverfahren ein Vorpostengefecht im Wahlkampf. Ja, die Einführung der Verzeichnisse gab erst den Anstoß zur Bildung der modernen Parteiorganisation. Als in England nach 1832 die Anlegung von Verzeichnissen technisch notwendig geworden war, wurde sie den Armenaufsehern übertragen, weil diese die Organe waren, die über Aufzeichnungen über die finanziellen Verhältnisse der Bevölkerung verfügten. Da sich diese Aufzeichnungen aber auf den Grundbesitz beschränkten, waren die Armenaufseher hinsichtlich der Verzeichnung der aus anderen Gründen Wahlberechtigten auf die Mitarbeit der Interessenten angewiesen. Nun standen dem politischen Interesse des Wählers jedoch materielle Gründe im Wege: der Zeitverlust, den das Verfahren vor dem Revising Barrister verursachte und die Eintragungsgebühr von 1 s., so daß die politischen Parteien eingriffen und schon 1832 wurden die ersten Registration Societies gegründet, die die Keimzelle für die Schaffung örtlicher Parteiorganisationen waren (Ostrogorski: La démocratie et l'organisation des parties pol., I, p. 130 ff.). Das starke Einwirken der politischen Parteien führte Mißbräuche in der Anlegung der Verzeichnisse mit sich, so daß 1918 das oben erwähnte, nicht mehr auf die private Mitarbeit angewiesene Verfahren aufkam, bei dem freilich den Parteien noch immer ein weiter Spielraum innerhalb des Berichtigungsverfahrens übrig bleibt. Die Frage, ob die politischen Parteiorganisationen selbst als solche Einsprüche erheben können, hat mehr grundsätzliche Bedeutung als praktische; denn wo die Frage verneint wird, so werden die Einsprüche im Auftrag der Partei durch einen Parteiangestellten oder ein Parteimitglied eingebracht. Grundsätzlich abgelehnt wurde das Einspruchsrecht der politischen Parteien z. B. in der Tschechoslowakei (Bd. 1, S. 587), tatsächlich, aber nicht grundsätzlich anerkannt durch den Schweizerischen Bundesrat (Bd. 1, S. 514).

Eine rein technische Frage ist die Gestalt der Wählerverzeichnisse: ob Liste in Heftform oder die praktischere Wählerkartei.

Eine andere technische Frage ist die des Wählerausweises. Wenn der Wähler vor die Wahlbehörde tritt, muß er sich über seine Person ausweisen, was an der Hand verschiedener Schriftstücke geschehen kann. Zur Erleichterung dieser Ausweisleistung sind in vielen Ländern noch Wählerausweise eingeführt, die von der Behörde, die die Verzeichnisse abschloß, den Wählern ausgefolgt werden, so in Bulgarien, Estland, Italien, Jugoslawien, Niederlande, Rumänien, Tschechoslowakei und Ungarn. Doch haftet der Ausstellung der Wählerausweise manche Gefahr an, und zwar, wenn nur sie allein dem Wähler das Recht zur Zulassung der Stimmabgabe gewähren; denn in diesem Fall könnte die Verweigerung des Ausweises zum Ausschluß bestimmter Wähler mißbraucht werden.

Die Wahlbewerbung.

1. Die Regelung der Bewerberanmeldung.

Nach der demokratischen Doktrin ist jeder volljährige Bürger stimmberechtigt und auch wahlfähig; daher ist jeder ausersehen, gewählt zu werden, so daß die Aufstellung besonderer Bürger als Wahlbewerber die Freiheit der Bürger in der Auswahl ihrer Abgeordneten beeinträchtigen würde.

Vom universalistischen Standpunkt hat gerade die Aufstellung bestimmter Bewerber die größte Bedeutung. Ist die Wahl eine öffentliche Funktion, die im Gesamtinteresse ausgeübt wird, so soll nur derjenige gewählt werden, der zur Ausübung der Funktion geeignet ist. Diese Eignung hat durch eine Anzahl von Wählern, die sich für ihn einsetzen, bezeugt zu werden. Die Überlassung der Auswahl der Bewerber an die Wählermassen ist nicht nur nicht durchführbar, sondern ist ein ganz unbrauchbares Mittel, um die geeigneten Persönlichkeiten zu Abgeordneten zu machen. Es hat daher eine Vorlese der Abgeordneten stattzufinden und die Auswahl des Volkes hat sich auf die vorgeschlagenen Personen zu beschränken.

Wie auf vielen anderen Gebieten sehen wir auch hier das Übergewicht des pragmatischen Gedankens über das demokratische Dogma. Die Aufstellung von Bewerbern ist unbedingt notwendig, da sonst eine zu große Zersplitterung der Volksstimmen auf eine Unzahl von Bewerbern einträte und kein Parlament zustandekäme. So wird der Vorschlag von Bewerbern ein Teil der Organisierung der Wahlhandlung: es werden den Wählern Richtlinien für die Abgabe ihrer Stimme gegeben, und zwar werden sie aufgefordert, diese auf Personen zu vereinigen, die schon einen gewissen Anhang im Volk haben und daher einigermaßen Aussicht besitzen, gewählt zu werden. Den demokratischen Forderungen entspricht es allerdings, daß die Vorschläge unverbindlicher Art sind, daß also der Wähler auch Personen wählen kann, die nicht besonders vorgeschlagen sind. So kann z. B. in Finnland jeder Wähler seine Stimme nicht nur für die vorgeschlagenen Bewerber, sondern für irgendeine andere wählbare Person abgeben; die Aussicht, daß eine solche Person aber gewählt wird, ist so gering, daß die Wähler von der Stimmabgabe zugunsten nicht aufgestellter Bewerber nicht den geringsten Gebrauch machen. Angesichts der Wertlosigkeit einer solchen Bestimmung hat die Wahlgesetzgebung die folgerichtige Anwendung des demokratischen Dogmas aufgegeben und Stimmen, die für Personen abgegeben sind, die nicht als Bewerber aufgestellt waren, für ungültig erklärt. Wenn dieser Vorgang theoretisch vielleicht als Einschränkung der politischen Freiheit angesehen werden kann, so kann er praktisch nicht als solcher gelten, denn jedem, der gewählt werden möchte, steht es ja frei, sich als Bewerber zu melden.

Im mittelalterlichen England, wo die Abgeordneten auf einer Grafschaftsversammlung gewählt wurden, war eine besondere Wahlbewerbung nicht nötig. Eine oder mehrere angesehene Personen schlugen einen Vertreter vor, wodurch sozusagen die Gewähr dafür erbracht worden war, daß der Vertreter geeignet wäre, und die Versammlung stimmte durch Zuruf ab, also einstimmig. Erst später, seit dem Statute 8 Henr. VI c. 7 von 1429 wurde der Grundsatz der Mehrheit aufgestellt; es änderte sich zwar nichts in der Art des Vorschlages; doch konnte es möglich sein, daß keine Stimmeneinhelligkeit erzielt wurde, so daß die Stimmen gezählt und zu Niederschrift gebracht werden mußten, was als »Poll« bezeichnet wurde. So teilte sich die Wahlhandlung in zwei Teile: Vorschlag der Bewerber und Registrierung der Stimmen, in die Nomination und den Poll. Wurden die beiden Handlungen früher in einer Wahlversammlung abgehalten, so sind sie infolge der Ausdehnung des Wahlrechtes und der Unmöglichkeit der Abhaltung von Wahlversammlungen getrennt worden: durch die Ballot-Akte (35 & 36 Vict. c. 33) wird am achten Tage nach Erlassung des Wahlschreibens eine einstündige Frist für die Nomination bestimmt. In dieser Stunde werden vom Returning Officer die Bewerbungen entgegengenommen, und zwar müssen sie von zwei Wählern vorgeschlagen und acht anderen Wählern unterstützt werden. Es besteht noch jetzt die Fiktion der Wahlversammlung: der Tag der Nomination wird als Wahltag bezeichnet, denn in dem Falle, als nicht mehr Bewerber vorgeschlagen worden sind, als Abgeordnete zu wählen sind, werden die Bewerber eine Stunde nach Ablauf der Nominationsfrist für gewählt erklärt. Sind aber mehr Bewerber vorgeschlagen worden, so ist eine Stimmenabgabe, ein Poll, zu einem späteren Zeitpunkt notwendig.

Zum Unterschiede von England, wo die Bewerbung an die Unterstützung einer Anzahl von Wählern gebunden ist, kennt Frankreich nur die selbständige Anmeldung des Bewerbers. In vielen Ländern war früher überhaupt keine besondere Anmeldung nötig; ebensowenig ist sie jetzt in Schweden erforderlich, wo die Wähler die Bewerber nur durch die Presse und die Werbearbeit der einzelnen Gruppen kennen lernen, daher bei der Abgabe ihrer Stimme an keine bestimmten Vorschläge gebunden sind. Die neuere Gesetzgebung aber hat überall das englische Vorbild der Empfehlung der Bewerber durch eine bestimmte Wählerzahl übernommen. Die zur Unterzeichnung eines Wahlvorschlages erforderliche Wählerzahl beträgt i. a. 5—100. Diesen Unterschriften ist in der Regel auch eine Erklärung des Bewerbers anzuschließen, daß er mit der Bewerbung einverstanden ist. — Die Forderung einer hohen Zahl von Unterschriften kann als bedenklich angesehen werden, da sie einerseits die Freiheit der Wahlbewerbung erschwert, anderseits den Grundsatz der geheimen Wahlen in Frage stellt. So erforderte eine Bewerbung in der Slowakei nach dem Wahlgesetze von 1920 (bis 1925) 1000 Unterschriften; in Ungarn muß ein Bewerber in den Landwahlkreisen mit weniger als 10.000 Wählern von 10% der Wähler, in größeren Landwahlkreisen von mindestens 1000 Wählern, in den Stadtwahlkreisen von 10% der Wähler, höchstens 5000 empfohlen werden. Die hohe Unterschriftenanzahl erschwert in erster Linie die Bewerbung; eine Gefährdung des Wahlgeheimnisses darf m. E kaum angenommen werden, denn die Empfehlung eines Bewerbers ist noch keine Abstimmung; der Wähler kann ja bei der Wahl für einen ganz anderen Bewerber stimmen. So sind 1926 die Wahlvorschläge der Regierungspartei in der ungarischen Hauptstadt von 50.479 Wählern durch ihre Unterschriften empfohlen worden: bei der geheimen Abstimmung aber erhielt die Regierungspartei nur 40.377 Stimmen. In Dänemark, wo eine neue Partei durch 10.000 Unterschriften angemeldet werden muß, bringen die Kommunisten seit einigen Wahlen diese Unterschriftsanzahl auf; bei den Wahlen selbst aber erzielen sie immer weniger als diese Stimmenzahl und gehen daher leer aus. In Jugoslawien diente 1931 die Forderung einer Unterschriftenzahl von mehr als 60 000 zur Unterdrückung der Opposition.

Eine weitere Vorbedingung für die Bewerbung ist in manchen Ländern die, daß die Bewerber sich bereit erklären, sich an der Zahlung der Wahlkosten zu beteiligen. Da die Wahl eine öffentliche Funktion ist, also im Gesamtinteresse liegt, sollen die Kosten von der Öffentlichkeit getragen werden; nur die eigenen Werbekosten hätte der Bewerber zu tragen. Wo aber z. B. amtliche Stimmzettel hergestellt werden, ist es üblich, auf die Bewerber einen Teil der Kosten zu überwälzen. Um unernste Bewerber von der Wahl abzuhalten, wird als Bedingung aufgestellt, daß die Bewerber bei ihrer Aufstellung einen Teil der Wahlkosten zu tragen haben, der je nach der Größe des Wahlkreises verschieden ist, so z. B. in Frankreich oder in der Tschechoslowakei, wo die Bewerber einen Teil der Kosten der Stimmzettel zu zahlen haben. In Estland ist als Hinterlegung eine Pauschsumme von 500 Kronen, in Lettland von 1000 Lats, in England von 150 Pfund und im Irischen Freistaat von 100 Pfund vorgeschrieben; während aber die Wahlkostenzahlungen in Frankreich und in der Tschechoslowakei endgültige sind, können die Hinterlegungssummen in den vier anderen Ländern zurückgezahlt werden; in Estland, wenn die Partei im ganzen Staat mehr als zwei Sitze erlangt hat, in England und im Irischen Freistaat, wenn der Bewerber gewählt worden ist oder ohne gewählt zu werden, in England mehr als 1/8 der Stimmen, im Irischen Freistaat mehr als 1/3 der Wahlzahl erreicht hat. Dadurch gewinnt die Hinterlegung eine ganz andere Bedeutung, als ein Zuschuß zu den Wahlkosten zu sein. Sie wird ganz ausdrücklich mit dem politischen Ziel eingeführt, durch die Gefahr eines Verlustes eines Geldbetrages unernste Bewerber von der Bewerbung abzuhalten. In Estland hat sie seit der Einführung 1926 das Ziel vollkommen erreicht und kleine Parteien, die sich um Kirchturmsinteressen oder um bedeutungslose, aber ehrgeizige Männer scharten, von der Bewerbung ferngehalten.

Als einige deutsche Länder ähnliche Bestimmungen einführten, erklärte sie der Staatsgerichtshof für das Deutsche Reich als gegen die Grundsätze der Allgemeinheit und Gleichheit der Wahl, die Unterschriftenklausel auch gegen das Wahlgeheimnis verstoßend.

1. Aus dem Grundsatz der Allgemeinheit der Wahl:

a) Verwerfung der Hinterlegungsklausel: »Das allgemeine Wahlrecht bedeutet, daß die Wahlberechtigung nicht von Voraussetzungen abhängig gemacht werden darf, die nicht jeder Deutsche im wahlfähigen Alter erfüllen kann. Insbesondere darf von dem Wähler keine Vermögensleistung gefordert werden. Das gilt zunächst — insoweit unbestrittenerweise — von der Abgabe der Wahlstimme. . . . Bei der Verhältniswahl erschöpft sich jedoch die Wahlberechtigung nicht in der Stimmabgabe. Vielmehr gehört zu ihr ebenso das Recht, Wahlvorschläge zu machen. Deshalb darf die Ausübung dieser Befugnis ebenfalls mit keiner Geldzahlung verbunden werden.« (Entsch. vom 17. Dez. 1927, StGH., 12/27, Lammers-Simons I S. 338; ebenso StGH. 6/27, 8/27 und 1/28; ähnlich Reichsger. 23. Nov. 1928 — III Tgb. 145/28, Lammers-Simons I S. 460.)

b) Verwerfung der Unterschriftenklausel: »Aus dem Wesen der

Verhältniswahl in Gestalt der Listenwahl folgt notwendig, daß die Wahlvorschläge von einer gewissen Zahl von Personen unterschrieben werden. Wenn Wahlvorschläge einzelner oder ganz weniger Wähler oder sogar nicht unterschriebene berücksichtigt werden müßten, so würde das zu Mißbräuchen führen, die eine geordnete Durchführung der Wahl überhaupt in Frage stellen könnten. Auf der anderen Seite ist nicht zu verkennen, daß es mit der wachsenden Zahl der Unterschriften immer schwieriger wird, sie zusammenzubringen. Es wird dann schließlich die Allgemeinheit des Wahlrechts beeinträchtigt, die jedem Wähler die Möglichkeit sichern soll, seinem Willen Geltung zu verschaffen. Unter Berücksichtigung dieser beiden, sich bis zu einem gewissen Grade widerstreitenden Gesichtspunkte ist die Grenze für die Unterschriftenzahl dahin zu ziehen, daß Unterschriften unter den Wahlvorschlägen nur gefordert werden dürfen, um sicherzustellen, daß allein ernst gemeinte Wahlvorschläge eingereicht werden. Einen Anhaltspunkt für die benötigte Unterschriftenzahl gibt das Reichswahlgesetz, das für die Kreiswahlvorschläge 500 Unterschriften verlangt . . .« (ebendort).

2. Aus dem Grundsatz der Gleichheit der Wahl: »Die Gleichheit der Wahl bekommt aber eine erweiterte Bedeutung durch die ebenfalls von der Reichsverfassung vorgeschriebene Verhältniswahl. Sie ist im Reiche ... derart geordnet worden, daß vor der Wahl Wahlvorschläge eingereicht werden müssen und daß nur die für solche Wahlvorschläge abgegebenen Stimmen gültig sind. Die Einreichung der Wahlvorschläge ist ein Recht der Wähler (§ 15 Abs. 3, § 17, Abs. 1 Reichswahlgesetz), das einen wesentlichen Bestandteil der Wahlberechtigung überhaupt bildet. Denn nur mittels der Wahlvorschläge können sich die Wähler die Möglichkeit verschaffen, die Personen zu wählen, deren Entsendung in die Volksvertretung sie wünschen« (wie oben).

3. Aus dem Grundsatz des Wahlgeheimnisses: »Das Wahlgeheimnis wird nicht bloß verletzt, wenn die Stimmabgabe öffentlich erfolgt. Auch bei der Einreichung der Wahlvorschläge, die nach dem oben gesagten ebenfalls eine Betätigung der Wahlberechtigung ist, muß dieser Grundsatz nach Möglichkeit gewahrt werden. Allerdings greift hier die schon erörterte Notwendigkeit ein, die Wahlvorschläge von einer bestimmten Zahl von Personen unterschreiben zu lassen. Für die Unterschreibenden entfällt dann insoweit das Wahlgeheimnis. Diese Folgerung ist bei der Listenwahl nicht zu umgehen, wenn sie

ordnungsmäßig durchgeführt werden soll. Anderseits muß die dadurch bedingte Durchbrechung des Wahlgeheimnisses auf ein möglichst geringes Maß beschränkt werden. Und das ist nur dadurch erreichbar, daß die Unterschriftenzahl tunlichst niedrig gehalten wird« (wie oben, S. 340).

2. Die Annahme der Wahlvorschläge.

Wenn ein Wahlvorschlag bei einer Wahlbehörde eingebracht wird, entsteht die Frage, ob diese den Vorschlag nur registrieren soll oder auch überprüfen darf und auf welche Punkte sich das Prüfungsrecht erstreckt. Die Regel ist ein bloß formelles Prüfungsrecht: die Wahlbehörde zählt die Unterschriften, prüft die Beglaubigungen, beanstandet Mängel und fordert zu deren Behebung auf. Diesem formellen Prüfungsrecht steht aber ein materielles gegenüber: hat die Wahlbehörde das Recht, die Wählbarkeit der vorgeschlagenen Bewerber zu prüfen und darf sie wegen mangelnder Wählbarkeit Bewerber zurückweisen? Die demokratische Lehrmeinung steht auf dem Standpunkt, daß dieses Prüfungsrecht unzulässig ist; es wäre eine Einmischung von Verwaltungsorganen oder Gerichten in Angelegenheiten der Gesetzgebung; die zu wählende Kammer ist ein Gesetzgebungskörper und nur das Parlament hat nach erfolgter Wahl zu entscheiden, ob der gewählte Bewerber überhaupt wählbar war. Auf diesem Standpunkt stehen die romanischen Länder Frankreich, Belgien, Rumänien. Die meisten Länder gestehen der Wahlbehörde ein materielles Prüfungsrecht zu. Die Wahlbehörde ist ein Verwaltungsorgan, das mit der Durchführung eines Gesetzes betraut ist. Dieses Gesetz, die Verfassung oder das Wahlgesetz, stellt bestimmte Erfordernisse für die Wählbarkeit auf und die Wahlbehörde hat eben zu untersuchen, ob die Wahlvorschläge den Vorschriften des Gesetzes entsprechen. Die Prüfung der Wählbarkeit durch die Wahlbehörde hat den großen Vorteil, daß die Notwendigkeit neuer Wahlen infolge der Wahl von nichtwählbaren Personen, vermieden wird. Andererseits kann durch ein willkürliches Vorgehen der Wahlbehörden deren materielles Prüfungsrecht zu einem Eingriff in die Bewegungsfreiheit mancher Gruppen mißbraucht werden, so daß als Ergänzung des materiellen Prüfungsrechts der Wahlbehörde ein Berufungsrecht der abgewiesenen Bewerber gerechtfertigt erscheint. Es bildet ein Gegenstück zum Berufungsverfahren bei der Aufstellung der Wählerverzeichnisse, nur muß es kurzfristiger sein und kann, wegen der kurzen

Fristen, durch kein weiteres Berufungsverfahren ergänzt werden. So gibt es in Estland eine Berufung gegen die abweisende Entscheidung der Wahlbehörde an den Staatsgerichtshof, in der Schweiz an den Bundesrat, in den Niederlanden an die Deputierten Staaten der Provinzen. Der Vergleich der Aufstellung der Bewerber mit der Aufstellung der Wählerverzeichnisse kann noch weiter gehen: es können dritte Personen gegen die Wählbarkeit der aufgestellten Bewerber Einspruch erheben; in England, im Irischen Freistaat und in Belgien. Über die Einsprüche entscheidet die Wahlbehörde.

Zu den Fragen, die der formalen Prüfung durch die Wahlbehörden unterliegen, gehört auch die Frage der mehrfachen Bewerbung. Das französische Wahlrecht hat 1889 die Aufstellung eines Bewerbers in mehreren Wahlkreisen verboten; es war dies eine Folge des zäsaristischen Versuches des Generals Boulanger, der die Absicht hatte, sich in allen Wahlkreisen Frankreichs zu bewerben, um dadurch eine Volksentscheidung über die Staatsform hervorzurufen. Auch in anderen Ländern sind mehrfache Bewerbungen unzulässig oder auf ein bestimmtes Ausmaß eingeschränkt, weil bei der ursprünglich üblichen Einerwahl infolge der mehrfachen Wahl eines Abgeordneten wieder zahlreiche Nachwahlen nötig wären. Eine andere Art der mehrfachen Bewerbung ist die eines Bewerbers auf den Listen verschiedener Parteien in einem oder mehreren Wahlkreisen. Das Verbot der Bewerbung für verschiedene Parteien ist für die Zeit der Verhältniswahl geradezu ein Axiom geworden. Es ergibt sich aus der engen Abhängigkeit des Bewerbers und Abgeordneten von der Partei; er kann nicht zwei Parteien angehören und ihnen dienen. Nun hat man in zwei Ländern, in denen die Verhältniswahl zuerst eingeführt wurde, in Finnland und Schweden aus Angst vor dem Entstehen von Parteimauern infolge des Wahlsystems die Bewerbung eines Abgeordneten für mehrere Parteien zugelassen, denn solche Bewerber könnten Brücken zwischen den Parteien bilden; außerdem könnte Persönlichkeiten, deren Mitarbeit an der Gesetzgebung wertvoll erscheint, die sich aber nicht einer Partei anschließen wollen, die Wahl erleichtert werden, wenn sie von mehreren Parteien aufgestellt werden. In Wirklichkeit ist aber die Parteimauer so stark und hoch geworden, daß es zu solchen vermittelnden Bewerbungen jetzt überhaupt nicht mehr kommt. Eine andere Milderung der streng parteigebundenen Bewerbungsart läßt auch Dänemark zu, indem sich in den Aufstellungskreisen sowohl Bewerber der Parteien, als auch unabhängige Bewerber anmelden können und schließlich auch Bewerber, die eine Partei unterstützen. Diese Bewerber sind nicht die Bewerber der Partei, sondern selbständige Bewerber; aber die Stimmen, die sie nicht brauchen, kommen der Partei zugute, die sie unterstützen. Da diese Partei von der Unterstützung nur Vorteile haben kann, ist die Zustimmung der Partei zur Unterstützungserklärung nicht erforderlich. Auch diese Bewerbungen haben geringe Bedeutung; bei den letzten Wahlen kam keine unterstützende Bewerbung mehr vor.

Nach der Annahme der Bewerbung durch die Wahlbehörde treten die Bewerber in den Kreis der Organe ein, die an der Wahlhandlung organisatorisch mitwirken. Daher werden den Bewerbern gewisse Rechte eingeräumt: sie dürfen selbst der Wahlhandlung, der Stimmabgabe und Stimmenzählung beiwohnen oder sich durch Vertrauensmänner vertreten lassen. In Frankreich hat der Bewerber das Recht auf portofreie Zusendung von zwei Stimmzetteln sowie einem Wahlaufruf an jeden Wähler und auf Beistellung einer weiteren Anzahl Stimmzetteln; ähnlich auch in England und im Irischen Freistaat. In diesen Ländern hat der Bewerber auch noch Anspruch auf Beistellung eines Raumes in öffentlichen Gebäuden zur Abhaltung von Wählerversammlungen. Dagegen wird der Bewerber dort verpflichtet, alle Geschäfte, die mit der Wahl zusammenhängen, durch einen eigenen Agenten besorgen zu lassen, eine Maßnahme, die ihn selbst von etwaiger Wahlbeeinflussung fernhalten soll.

3. Die Wahlbewerbung und die politischen Parteien.

Die Frage der Wahlbewerbung gewinnt ganz verschiedene Bedeutung, je nachdem ob es sich um eine Mehrheitswahl in einem Einerwahlkreis oder um die Verhältniswahl in einem Mehrerwahlkreis handelt. Wir wollen hier der Einfachheit halber die nicht richtige Gleichsetzung von Einer- und Mehrheitswahl und Listen- und Verhältniswahl anwenden; worauf es nämlich ankommt, wird sofort ersichtlich sein.

Bei der Einer- (und Mehrheitswahl) kann sich der Bewerber selbst aufstellen oder von örtlichen Gruppen aufstellen lassen, z. B örtlichen Vereinen, dem Freundeskreis angesehener oder einflußreicher Ortsgrößen oder von einem Stammtisch. Für die Aufstellung sind rein örtliche Gründe maßgebend und die Vorzüge des Bewerbers werden nur durch die Brille der örtlichen Interessen gesehen. Durch die Aufstellung übernimmt der Bewerber auch die selbstverständliche Verpflichtung, für den Wahlkreis und die Wähler, vor allem aber für den Kreis, der ihn vorgeschlagen hat, Vorteile zu verschaffen. Die politischen Folgen dieser Aufstellung sind, daß der Bewerber an seinen Wahlkreis geknüpft ist; daß er von seinen Wählern beaufsichtigt werden kann und daß er vielleicht, wenn er die Belange des Wahlkreises nicht gehörig vertritt, auch Gefahr laufen kann, bei der nächsten Wahl nicht mehr gewählt zu werden. Es handelt sich hier praktisch um ein gebundenes Mandat gegenüber den Wählern des Wahlkreises.

Besonders in Frankreich hatte sich die zu große Nähe zwischen Wähler und Abgeordneten verderblich auf die Verwaltung ausgewirkt. So wurde als Abhilfe gegen diese Gefahren die Listen-(Verhältnis-)wahl befürwortet. Die Verbindung zwischen Wähler und Abgeordneten wird hier gelockert; der örtliche Einfluß tritt zurück, denn einerseits sind die Wahlkreise so groß, daß die einzelnen örtlichen Einflüsse einander ausgleichen, anderseits gibt es nicht einen Vertreter des Wahlkreises, sondern eine Mehrzahl. Für die Aufstellung der Bewerber schiebt sich aber eine größere Organisation ein, als es ein örtlicher Interessentenkreis sein kann: die Partei. Diese, und zwar zumeist deren örtliche Organisation, stellt die Bewerberlisten auf. Die politische Folge ist, daß an Stelle der Abhängigkeit der Bewerber von den Wählern des Wahlkreises die Abhängigkeit von der Parteiorganisation tritt. Ihre Wiederwahl ist nicht davon abhängig, ob die Wählerschaft sie noch einmal mit ihrer Vertretung betraut, sondern ob sie von der Parteiorganisation nochmals aufgestellt werden.

Ist bei der Listen-(Verhältnis-)wahl das Dazwischentreten einer Partei nötig, so ist es bei der Einerwahl möglich, aber nicht unbedingt notwendig. Ursprünglich hatte bei der Einerwahl der Wähler nur zwischen diesem oder jenen Bewerber zu unterscheiden, wer ihm der geeignetere erscheine. Im gegenwärtigen Zeitpunkt fragt der Wähler aber nicht oder nicht allein nach den persönlichen Fähigkeiten des Bewerbers, sondern nur oder auch nach dessen Zugehörigkeit zu einer Partei. In demselben Augenblick, in der der Bewerber nicht mehr als Persönlichkeit allein bewertet wird, sondern als der Bewerber einer bestimmten Partei, beginnt auch bei der Einerwahl sich der Einfluß der Partei durchzusetzen. Ein Bewerber darf im Einerwahlkreis nur dann den Namen einer bestimmten Partei annehmen, wenn er von der Parteiorganisation des Wahlkreises genehmigt wird. Dies war die Praxis bisher immer in England; die neueste Praxis der Labour-Party ist zentralistischer und fordert für die Aufstellung eines Bewerbers in irgendeinem Wahlkreis die Zustimmung der Hauptleitung in London.

Ein Ausdruck der verstärkten Bedeutung der Parteien im Wahlprozeß ist es auch, daß sich die Gesetzgebung mit der Frage der Partei zu beschäftigen hat. Die Stellung des Staatsrechts zu den Parteien zeigt einen ganz bedeutenden Wandel: von der Bekämpfung über die Ignorierung zur Legalisierung und jetzt zur Inkorporation (Triepel, Die Staatsverfassung und die politischen Parteien). Diese Entwicklung ist durch die Verhältniswahl beschleunigt, ja eigentlich bedingt worden. Bei der Einer- und Mehrheitswahl können z. B. 612 Abgeordnete gewählt werden, die alle für sich im Parlament arbeiten, ohne daß es zur Bildung von Parteien zu kommen braucht. Anders steht es bei der Verhältniswahl: Die Bewerber derselben Liste bilden eine Gruppe und diese wird wieder von einer anderen Gruppe vorgeschlagen. Für diese vorschlagende Gruppe muß das Recht einen Namen prägen. Hierbei wurde ursprünglich der Name »Partei« peinlich vermieden. Das finnländische Wahlgesetz von 1906 kannte nur eine »Wählervereinigung«, das sind die 50 Unterzeichner des Wahlvorschlages. Ebenso heißen die Unterzeichner in Anhalt, Lippe und Württemberg. Weniger peinlich war die österreichische Reichsratswahlordnung von 1907, die von »wahlwerbenden Parteien« sprach, welcher Ausdruck in die meisten österreichischen Landtagswahlgesetze übergegangen ist. Die tschechoslowakische Wahlordnung spricht von »Wahlparteien«, um sie von politischen Parteien, die man eben gemeinhin als Parteien bezeichnet, auseinander zu halten. Auch die Rechtsprechung Österreichs und der Tschechoslowakei hält diese beiden Arten von Parteien streng auseinander. Ihre Unterschiede sind in juristischer Hinsicht bedeutend: 1. als Angehörige der Wahlpartei gelten nur die Unterzeichner des Wahlvorschlages, die politische Partei umfaßt alle eingeschriebenen Mitglieder; 2. die Wahlpartei darf nur im betreffenden Wahlkreis stimmberechtigte Mitglieder umfassen, die politische Partei auch andere; 3. die Wahlpartei ist nur für eine bestimmte Wahl bestehend, die politische Partei auf Dauer berechnet; 4. die Wahlpartei wird nach außen hin durch einen im Wahlvorschlag angeführten zustellungsberechtigten Unterzeichner vertreten, die politische Partei durch ihren Vorstand; 5. der Vertreter der Wahlpartei kann nur mittels Stimmeneinhelligkeit aller Unterzeichner bestellt werden, der Vorstand der politischen Partei wird es durch Mehrheitsbeschluß der Parteimitglieder; 6. der Vertreter der Wahlpartei ist grundsätzlich unabsetzbar, der Vorstand der politischen Partei kann abgesetzt werden (nach Dr. Gaston J. Kraus in »Jur. Blätter« 1929, Nr. 23). In der politischen Wirklichkeit zeigt sich jedoch eine enge Verquickung zwischen Wahlpartei und politischer Partei und zwar meistens so, daß die Wahlpartei im Auftrag der politischen Partei handelt, daß sie ein für einen besonderen Zweck geschaffener Ausschuß der politischen Partei ist.

Die Regelung des Verhältnisses zwischen Wahlpartei und politischer Partei kann entweder der privaten Ordnung der Parteien überlassen oder aber gesetzlich geregelt werden. Fälle, in denen das Gesetz hier eingreift, sind folgende:

1. Vollständige oder teilweise Ersetzung der Wahlpartei (Unterzeichnergruppe) durch die politische Partei. In Norwegen kann an Stelle der Unterzeichnung eines Wahlvorschlages durch 50 Wähler in einem Landwahlkreis oder 100 Wähler in einem Stadtwahlkreis die Unterzeichnung durch die Parteiorganisation des Wahlkreises treten. — Nach dem deutschen Reichswahlgesetz (dem preußischen Landeswahlgesetz) muß ein Wahlvorschlag in einem Wahlkreis von 500 Wählern des Wahlkreises unterzeichnet sein; es genügen jedoch 20 Wähler, wenn diese glaubhaft machen, daß mindestens 500 Wähler Anhänger des Kreiswahlvorschlages sind. Dieser Nachweis kann praktisch nur unter Hinweis auf die politische Partei, die im Wahlkreis bei den letzten Wahlen so und soviel Stimmen erhalten hat, erbracht werden. Noch deutlicher auf die politischen Parteien wies die durch das Abänderungsgesetz vom 11. April 1928 (Gesetzes-Samml. S. 55) aufgehobene Bestimmung des preußischen Landeswahlgesetzes (auch anderer deutscher Landeswahlgesetze) hin, wonach für die Kreiswahlvorschläge solcher Parteien, die im letzten Landtage vertreten gewesen sind, die Unterzeichnung durch 20 Mitglieder genügt. In Dänemark dürfen sich nur diejenigen Parteien bewerben, die schon im letzten Volksthing vertreten waren; neue Parteien müssen sich durch 10.000 Unterschriften beim Innenministerium vor der Wahl anmelden.

2. Der Parteiname. — In Norwegen kann eine Partei, die sich unter einem Parteinamen organisiert hat, durch ihre Hauptleitung den Parteinamen beim Innenministerium anmelden und nach erfolgter Kundmachung dieser Anmeldung kann keine andere Partei diesen Parteinamen oder einen, der leicht mit ihm verwechselt werden könnte, annehmen. — In Rumänien gibt es wegen der großen Anzahl der des

Lesens Unkundigen Wahlzeichen. Die politischen Gruppen (oder Bewerber) können ein Wahlzeichen für das ganze Land (oder den Wahlkreis) auswählen, das dann Eigentum der Gruppe (oder der Bewerber) bleibt. Die Hauptorganisationen der organisierten Parteien, die ein Wahlzeichen für das ganze Land erhalten haben, haben dem Vorsitzenden der Kreiswahlbehörde mitzuteilen, welche Personen zur Benützung des Zeichens im Wahlkreis berechtigt sind. — Diese beiden Beispiele zeigen, wie das Bestehen einer politischen Partei und ihre Organe gesetzlich anerkannt werden und durch die Anerkennung des Plazets der Parteizentrale die notwendigen Folgerungen gezogen werden. (Vgl. auch Estland Bd. I, S. 135, Griechenland S. 199.)

3. Die Reichs(Landes)wahlvorschläge. — Diese dienen in einem Verhältniswahlland zur Verwertung der Stimmenüberschüsse im ganzen Reichsgebiet. Auf Grund dieser Stimmenüberschüsse können Bewerber gewählt werden, die allein von den obersten Parteileitungen angemeldet werden. Im deutschen Reichswahlgesetz (preuß. Landeswahlgesetz) sind zur Unterzeichnung eines Reichs-(Landes-)wahlvorschlages nur 20 Wähler erforderlich. Nun können sich aber nicht beliebige 20 Wähler zusammentun, wie etwa 500 Wähler zur Aufstellung eines Kreiswahlvorschlages. Der Reichswahlvorschlag erhielte durch die Anmeldung allein keine Stimme; diese erhält er erst durch die Anschlußerklärungen der Vertrauenspersonen der Kreiswahlvorschläge. Eine solches Zusammenwirken setzt aber das Bestehen einer politischen Partei voraus und die 20 Unterzeichner des Reichswahlvorschlages handeln im Auftrage der obersten Parteileitung. Das Bestehen einer zentralen Parteiorganisation setzt auch die österreichische Nationalratswahlordnung von 1923 für die Reststimmenliste und das tschechoslowakische und das polnische Wahlgesetz für die Staatsliste voraus. Es handelt sich in diesen Fällen um Abgeordnete, die ganz von der Partei ernannt werden; das Volk hat nicht die geringste Möglichkeit, ihre Wahl zu verhindern. Die Wahl unbeliebter Bewerber in den Kreiswahlvorschlägen kann von der Wählerschaft durch Ablehnung der ganzen Liste verhindert werden; die Wahl von Bewerbern des Reichswahlvorschlages jedoch nicht. Gerade diese Selbstherrlichkeit der Parteien ist es, welche zu einer Gegenströmung des Volkes gegen die Parteiherrschaft führte; als Ziel dieser Forderungen wird die Beteiligung des Volkes an der Aufstellung der Bewerber gesetzt.

4. Das Nominationsverfahren.

Am ausgeprägtesten ist diese Beteiligung in keinem europäischen Staat, sondern in den Vereinigten Staaten von Amerika durchgeführt. Die Bewerber werden durch das Volk aufgestellt, besser gesagt, durch das Parteivolk, die Mitglieder der Parteien, die sich zu diesem Zwecke besonders versammeln. »Ein System der Auslese von Kandidaten ist nicht ein bloßes Mittel zur Verhinderung von Parteizwistigkeiten sondern ein Wesenszug gereifter Demokratie« (Bryce, Amerika II, S. 53). Bis es dahin kam, dauerte es Jahrzehnte. Zuerst wurden auch in den Neuenglandstaaten die Bewerber von den angesehensten Männern vorgeschlagen, ähnlich wie es einst in den englischen Grafschaftsversammlungen war; dies artete aber zu einer Herrschaft von Koterien aus. Dann ging nach der Revolution das Recht der Benennung der Präsidentschaftsbewerber auf den Kongreß selbst über und nach einem jahrzehntelangen Kampf des Volkes gegen den Caucus wurde die absolute Gleichheit der Wähler und das Recht eines jeden, an der Bestimmung seines Bewerbers und seines Parteiprogrammes teilzunehmen, verbürgt, zuerst in der demokratischen Partei 1835, dann 1854 in der republikanischen. Die Auslese der Bewerber erfolgt innerhalb einer jeden der beiden Pareiten so, daß in jedem Stimmbezirk die Parteiversammlung (primary) von einem örtlichen Komitee einberufen wird; die Versammlung hat die Parteibewerber für die Verwaltungsämter innerhalb des Bezirkes zu benennen und die Vertreter zu der Versammlung der nächst höheren Stufe, dem Konvent (Nominating Convention) zu wählen. Im Konvent werden dann die Bewerber für die Wahlen zum Kongreß benannt; für die Nennung des Bewerbers für die Präsidentschaftswahl wählen die Konvente Abgesandte zu einem Nationalkonvent. Dieses System ist ebenso einfach, wie demokratisch. Es bot aber den Anlaß zu vielem Mißtrauen und war eine Quelle ärgster Korruption. In der Vorbereitenden Versammlung, in der Primary, kann jeder Wähler die Namen der Bewerber bzw. die Vertreter zum Konvent vorschlagen; über die Vorschläge wird durch Abstimmung oder durch Zuruf entschieden. Aber das örtliche Komitee, das die Primary einberufen hatte, hat schon selbst eine Bewerberliste vorbereitet, hauptsächlich aus seinen eigenen Mitgliedern oder Freunden bestehend. Gegen diesen organisierten Wahlvorschlag können die einzelnen Wähler nichts ausrichten. Und dasselbe Beispiel wiederholt sich auf der nächsten Stufe, im Konvent. Auch hier kann der Abgesandte Bewerber vorschlagen, doch wird auch das geschäftsführende Komitee eine Bewerberliste vorschlagen, die in der Regel angenommen wird. Die von der Mehrheit angenommenen Bewerber gelten als die Bewerber der Partei und die übrigen Parteimitglieder haben sich schon im vorhinein verpflichten müssen, die Bewerber der Mehrheit zu unterstützen.

Gegen diese schrankenlose Allmacht der Parteileitungen setzte wieder eine starke Volksbewegung ein, die in den sechziger Jahren zur Legalisierung der Primary führte. Die Nomination ist nicht mehr Privatsache der Parteien, sondern Gegenstand der öffentlichen Gesetzgebung. Die Primaries werden öffentliche Wahlversammlungen, ebenso wie die Stimmabgabe selbst, von öffentlichen Beamten geleitet, aus öffentlichen Mitteln bezahlt und nach den amtlichen Verfahren geregelt. Während früher die Komitees willkürlich über die Zulassung von Parteimitgliedern entschieden, hat jetzt ein Beamter die Zulassung zu prüfen; an Stelle der Wahl durch Zuruf tritt die geheime Stimmabgabe. Aber auch diese gesetzlichen Vorschriften genügten nicht, um die Macht der Parteimaschinen zu treffen, für die die stufenweise Wahl der Konvente eine leichte Möglichkeit zur Beeinflussung war. Daher setzten sich seit Beginn dieses Jahrhunderts Reformen durch, die die Einführung der »direct primary« zum Ziele hatten, die unmittelbare Nomination. Es gibt zwei Verfahren für die »direct primaries«: nach dem »Open primary« System können Wähler, ohne daß sie eine Parteizugehörigkeit nachweisen müssen, zugelassen werden; nach dem »Closed Primary« System werden nur Parteimitglieder zugelassen, doch genügt in einigen Staaten für die Zulassung des Wählers dessen Erklärung, daß er einer Partei angehört. In diesen Primaries wird durch Stimmenmehrheit entschieden, welche Bewerber auf die amtliche Bewerberliste der einzelnen Parteien zu kommen haben; die Wahl besonderer Abgesandter zu einem Konvent ist nicht mehr nötig, daher heißen sie direkte Primaries. Nur für die Wahl des Präsidenten und von Beamten besteht noch das indirekte System.

Trotz der gesetzlichen Regelung der Primaries und der Ausschaltung von Willkür- und Einschüchterungsmaßnahmen der Parteikomitees haben diese auch in den direkten Primaries wieder ihre Bedeutung zurückerlangt, weil eben eine organisierte Minderheit immer wieder das Übergewicht über die nicht organisierte Masse gewinnt. Wenn auch die direkte Primary die Bewerbung eines jeden einzelnen zuläßt, so hat doch der vorbereitete Wahlvorschlag der Parteimaschine einen großen Vorteil vor den selbständigen und nicht genügend ausgetrommelten Wahlvorschlägen des Einzelnen. Es steht also in der Nominationsversammlung so, wie sonst in einer Wahlversammlung: die von einer organisierten Gruppe vorgeschlagenen Bewerber haben ganz andere Aussichten, gewählt zu werden, als die von den einzelnen Wählern unorganisiert vorgeschlagenen Bewerber. Durch die Nomination hat sich die Auswahl nur um ein Stadium weiter nach vorne verschoben; an der Wirkung ist nicht viel geändert. Das einzige, was eine organisierte Opposition tun kann, ist, anstößige Namen aus den Wahlvorschlägen der Komitees auszuschalten. Jedenfalls gab aber die »direct primary« und ebenso die unmittelbare Volkswahl der Senatoren dem Volke mehr Gewalt als die früheren mittelbaren Nennungen und Wahlen.

In Europa findet die gesetzliche Regelung der Nomination nur in Norwegen Anwendung. Auch hier ist die Nomination eine öffentliche Angelegenheit und die Teilnehmer an der Nominationsversammlung erhalten die Vergütung ihrer Reise- und sonstigen Spesen aus der Staatskasse. Die Nominationsversammlung für den Wahlkreis wird von der Parteileitung des Wahlkreises einberufen; sie besteht aus den Abgesandten der Wähler eines jeden Stimmbezirkes. Diese wählen auf einer Parteiversammlung im Stimmbezirke eine entsprechende Anzahl von Abgesandten und zu dieser Versammlung haben alle im Stimmbezirk wohnhaften Parteimitglieder Zutritt. Die Nominationsversammlung ist für die Parteien nicht verpflichtend; ihre Anwendung ist aber schon wegen der durchgängig demokratischen Grundeinstellung aller norwegischen Parteien gesichert. Die politische Wirkung des Nominationsverfahrens ist, daß, obwohl der Wähler bei der Stimmabgabe die Reihenfolge der Bewerber der Partei, für die er stimmt, abändern kann, diese Abänderung nur in einem kleinen Ausmaße angewendet wird, so daß die Abgeordneten in der Reihenfolge, in der sie in der Nominationsversammlung aufgestellt worden sind, gewählt werden.

Die gesetzliche Nomination wurde gleichzeitig mit der Verhältniswahl eingeführt, vor allem zu dem Zweck, um dem Wähler angesichts der durch die Verhältniswahl zu erwartenden Verstärkung der Macht der Parteien einen größeren Einfluß auf die Bewerberauswahl zu sichern. Der andere Zweck ist der, die entfernt liegenden, dünn bevölkerten Stimmbezirke vor einer Überstimmung durch die Parteimitglieder der dichtest besiedelten Bezirke zu schützen. Die Nomination erhielt keinen verpflichtenden Charakter, um nicht die Arbeiten bei der Wahlprüfung zu erschweren, andrerseits wurde angenommen, daß die Kostenvergütung durch den Staat schon genügend Anreiz dafür sei, daß die Parteien ihre Nomination gemäß dem Gesetze vornehmen, was auch eintrat.

In den übrigen Staaten wird die Nomination der Bewerber durch die Partei selbst geregelt. Es arbeiten hier zwei Tendenzen einander entgegen: das föderalistische und die zentralistische. In der Mehrzahl der Fälle kommt es zu einer Vermittlung der beiden Tendenzen: die Parteizentrale wird gewisse Bewerber den örtlichen Verbänden aufdrängen können; dagegen werden die örtlichen Verbände für die Mehrzahl ihrer Vorgeschlagenen die Zustimmung der obersten Parteileitung finden können. Wo es einen Reichswahlvorschlag gibt, ist dieser ganz der obersten Parteileitung überlassen. Eine genaue Durchforschung des Nominationsvorganges stößt auf ungeheure Schwierigkeiten; erstens ist er bei jeder Partei verschieden; zweitens genügt auch nicht das Studium der Parteisatzungen, sondern es müssen die wirklichen Machtvorgänge untersucht werden. So kann eine Partei rein demokratisch aufgebaut sein und alle ihre Organe aus Wahlen durch die Parteiangehörigen hervorgehen; tatsächlich kann diese Wahl aber nur eine Bestätigung von Vorschlägen sein, die von der Spitze ausgehen. In Massenparteien gewinnt die Parteizentrale immer mehr Übergewicht über die örtlichen Gruppen. In kleineren Ländern, vor allem in solchen mit demokratischer Vergangenheit, können die Parteien leichter demokratisch sein; z. B. in der Schweiz mit ihren kantonalen Parteien, wo z. T. auch die Wahlvorschläge der Parteien vor der Wahl dem Parteivolk zur Genehmigung vorgeschlagen werden.

Ein durchdachtes Nominationssystem für die Abgeordnetenwahlen hat die Röm. Kath. Staatspartei in den Niederlanden ausgebildet. Das System will eine Anzahl von Forderungen erfüllen: eine weitgehende Freiheit des Wählers bei der Auswahl der Bewerber, dann Auslese befähigter Personen, mit dem Rechte der Parteizentrale, diese Fähigkeiten zu prüfen, und schließlich die Vertretung aller gesellschaftlichen Schichten innerhalb der Partei. Die Parteileitung samt den sachverständigen beratenden Mitgliedern des Beirates bildet das Zentralkollegium, das im November des Jahres vor den Wahlen zur Zweiten Kammer (der Volkskammer) feststellt, welche besondere Fähigkeiten die Mitglieder der Kammerfraktion haben sollen und auf welche Wahlkreislisten diese Bewerber zu verteilen wären. Ein Drittel der zu erwartenden Sitze soll als »freie Sitze« offen bleiben, d. h. für diese Abgeordneten sind nicht besondere Fähigkeiten erforderlich. Die übrigen zwei Drittel sollen aber besondere Kenntnisse haben, so daß die Kammerfraktion über Sachverständige auf allen Gebieten verfügen kann. Sodann werden die Wählervereinigungen aufgefordert, die Bewerber vorzuschlagen, und zwar eine bestimmte Anzahl von Bewerbern mit besonderen Qualifikationen und ein Drittel der Gesamtbewerberzahl als Bewerber für die freien Sitze. Die Wählervereinigungen treten im Dezember zu einer Sitzung zusammen, in der 10 anwesende Mitglieder einen Bewerber nennen können; auch von 50 nicht an der Versammlung teilnehmenden Parteimitgliedern können höchstens 5 Bewerber vorgeschlagen werden, und zwar immer mit Angabe, welche Fähigkeiten der Bewerber hat oder ob es sich um einen freien Sitz handelt. Die vorgeschlagenen Bewerber werden der Parteileitung zur Prüfung übersandt. Dies geschieht im Februar; wenn die Parteileitung glaubt, daß ein Bewerber nicht über die angeführten Fähigkeiten verfügt, teilt sie dies der Kreisorganisation mit und setzt ihn für einen freien Platz ein. Nach dieser Prüfung gehen die Bewerberlisten wieder in die Wahlkreise zurück und in der Wahlkreisversammlung der Parteiorganisationen wird mittels Mehrheitswahl die Reihenfolge der Bewerber für jede einzelne der verlangten Fähigkeiten festgestellt. Im Mai gelangt die bisher aufgestellte Bewerberliste vor die Versammlung der Mitglieder der einzelnen Wählervereinigungen und diese haben über die Bewerber für die einzelnen Qualifikationen sowie über die Bewerber für die freien Plätze abzustimmen und auf Grund des Ergebnisses dieser Abstimmung wird die endgültige Bewerberliste angefertigt. Diese endgültige Liste wird dann auch von der Wählerschaft mit geringen Änderungen angenommen; so haben bei den Wahlen von 1929 von über einer Million Wähler dieser Partei nur gegen 29.000 eine andere Reihenfolge als die parteiamtliche gewünscht. Von rd. 350 000 Parteimitgliedern haben gegen 225. 000 an der Abstimmung über die Bewerberaufstellung teilgenommen.

In diesen Fällen ist die Entscheidung über die Aufstellung der Bewerber nur den Parteimitgliedern überlassen, nicht aber den Wählern der Partei. Das heißt, nur ein Teil der Parteianhänger, die eingeschriebenen Mitglieder, hat Anrecht auf die Auswahl der Bewerber seiner Partei. Damit alle Parteianhänger zu diesem Recht gelangen, müßten sie sich eben in eine Partei einschreiben lassen. So gibt es auch schon Tendenzen, die die Parteien verfassungsmäßig verankern wollen (Kelsen, Demokratie S. 19); die nächste Folge wäre verpflichtende parteipolitische Organisierung aller Staatsbürger.

Dies wäre das Ideal des Parteienstaates mit seinen stehenden Parteiheeren, der aber von der Wirklichkeit nirgends erreicht ist, »da die Aktivbürgerschaft in jedem Parteistaat nur zu einem geringen Prozentsatz, bei uns z. B. nur zu knapp 10%, organisiert ist« (Leibholz am Staatsrechtslehrertag 1931, S. 170). Für den Fall der durchgehenden parteimäßigen Organisation müßten dann die Grundsätze des Wahlrechts auch auf die Vorwahl angewendet werden, und in den Vereinigten Staaten gilt rechtlich die Vorwahl als ein Teil der Wahl, wie z. B. aus den Bestimmungen über die Wahlkosten (S. 296) hervorgeht, was aber auch die Rechtsprechung bejaht.

Die frühere Auffassung des Obersten Gerichtshofes der Union in Newberry v. U. S. (1921), 256 U. S. 232, daß die Primary nicht ein Teil der Wahl (z. B. eines Senators) sei, wurde durch die jetzige Auffassung, die in dem Falle Barry v. U. S. zum Ausdruck kommt, abgelöst: Dort, wo die Verfassung das Wort »Wahl« verwendet, schließt sie auch die Vorwahl, die der Wahl vorangeht, in sich ein. Auch die Gerichte der Staaten stehen überwiegend auf diesem Standpunkt, z. B. in seiner ständigen Praxis der Illinois Supreme Court: »Die Primary ist eine Wahl und es sind daher die verfassungsmäßigen Vorschriften auf die Primary anzuwenden. Wenn der Gesetzgeber die Parteien von diesen Vorschriften befreit, so ist das eine ungehörige Delegation gesetzgebender Gewalt und eine Verweigerung der freien und gleichen Wahl« und aus diesem Grund hat er innerhalb der letzten 20 Jahre sieben verschiedene Primary-Gesetze für ungültig erklärt (McCleary in Ill. Law Rev., Bd. 23, 1928, p. 265). Der Virginia Court stellte sich im Fall West v. Bliley, 33 F. (2nd) 177 (E. D. Va 1929) auf den Standpunkt, daß die Primary eine Wahl sei; die Gesetzgebung, die es unternimmt, die Primaries zu regeln, darf einer politischen Partei nicht das Recht delegieren, die Qualifikationen der Wähler zu bestimmen. In dem bekannten Fall Nixon v. Herndon 273 U. S. 536 (1927) entschied der Oberste Gerichtshof der Union einstimmig: Ein Gesetz, das die Neger von der Primary ausschließt, ist verfassungswidrig, weil es eine Verletzung des durch das 14. Amendment aufgestellten Grundsatzes des »gleichen Schutzes der Gesetze« bildet.

Wenn wir die Grundsätze des Wahlrechts auch auf die Nomination übertragen — das Verdienst, im deutschen Schrifttum als erster darauf hingewiesen zu haben, gebührt Paul Hartmann (Die politische Partei in der Tschechoslowakischen Republik, Brünn 1931) — so würde sich folgendes ergeben:

1. Allgemeinheit der Nomination: Es muß jedermann an der Nomination mitwirken können. Dies ist in Amerika durch die »open primary« möglich. Im europäischen Parteienstaat müßte die Möglichkeit bestehen, daß jedermann Parteimitglied werden kann. Diese Möglichkeit ist im allgemeinen gegeben, von Ausschließung bestimmter Kreise (z. B. bei der N.S.D.A.P.) abgesehen. Die Mitgliedsbeiträge sind für jedermann erschwinglich, besondere Besitz- und Bildungserfordernisse bestehen nirgends. Dagegen gibt es politische und moralische Erfordernisse vor allem in der faschistischen Partei (national einwandfreie Gesinnung, musterhafter Lebenswandel) und in der Kommunistischen Partei der Sowjetunion (einwandfreie proletarische Klassengesinnung, tadelloses politisches Vorleben usw.), doch scheiden diese Parteien, deren Mitgliederzahl künstlich niedrig gehalten und wo der Eintritt noch über Vorleseorganisationen führt, hier aus, weil es in ihnen kein Nominationsverfahren gibt. In den Kommunistischen Parteien haben auch die Ausländer Stimmrecht; in anderen Parteien nicht nur die Einzelmitglieder, sondern auch berufliche und andere Organisationen, wie Gewerkschaften, Turnerverbände u. a., deren Mitglieder oft nicht Mitglieder der Partei sind.

2. Gleichheit der Nomination: Jedermann muß in gleicher Weise an der Nomination mitwirken können, jede Nominationsstimme muß die gleiche Kraft haben. Dieser Grundsatz ist im allgemeinen nicht verwirklicht, nämlich schon mit Rücksicht auf die mangelnde Durchführung des nächsten Grundsatzes:

3. Unmittelbarkeit der Nomination. In der amerikanischen »direct primary« gilt der Grundsatz der Unmittelbarkeit der Nomination: die Bewerber werden in unmittelbarer Wahl durch das Parteivolk (oder zugelassene Wähler) gewählt; den Gegensatz zur »direct primary« bilden die »conventions«, die sich aus stufenweisen Wahlen bilden. Wo in Europa innerhalb der Parteien ein Nominationsverfahren besteht, so ist es mittelbar: es wirken Vertrauensmännerversammlungen verschiedenster Abstufung. Auf den verschiedenen Stufen haben auch Vertreter der Parteizentrale Stimmrecht, meistens ein um so größeres, je höher die Stufe ist, so daß gerade die mittelbare Form der Nomination die Nominationsgleichheit aufhebt. So kann Michels (Soziologie des Parteiwesens, 2. Aufl., S. 99) vom Partei-

leben sagen: »Überall nistet sich die indirekte Wahl, diese im Staatsleben von der Partei aufs heftigste bekämpfte Wahlart ein.«

4. Geheimheit der Nomination: Bei den amerikanischen Primaries besteht geheime Stimmabgabe, während in den privaten Nominationsversammlungen der europäischen Parteien gerade die offene Wahl, durch Zuruf über eine vorgeschlagene Liste, das Verfahren ist, das der Parteimaschine die Durchbringung ihres Vorschlages sichert.

5. Verhältnismäßigkeit der Nomination: In den amerikanischen Primaries entscheidet die relative Stimmenmehrheit, ebenso auch in den Nominationsversammlungen in Norwegen, während die privaten Parteiversammlungen oft noch die Stichwahl kennen. Jedoch wird bei der Aufstellung der Liste vorgesorgt, daß die einzelnen Gruppen verhältnismäßig vertreten sind: ein freiwilliger Proporz.

Die Nomination ist der wichtigste Akt bei Verhältniswahlen, denn durch die Nomination ist — unter normalen Verhältnissen — schon entschieden, wer gewählt ist und wer nicht. Wenn nicht besondere Überraschungen eintreten, können die großen Parteien erfahrungsgemäß 80% ihrer Sitze als sicher ansehen, so daß die Bewerber, die bei der Nomination in diesen Rahmen hineinfallen, bereits gewählt sind. Aus diesem Grunde ist ein größerer Einfluß der Wähler bei der Nomination geboten und so verlangte z. B. Leibholz (auf dem Staatsrechtslehrertag 1931) eine auf gesetzlicher Grundlage erfolgende Demokratisierung des gesamten Parteibetriebes nach amerikanischem Muster.

Diesem Bestreben können die unerfreulichen Erfahrungen entgegengehalten werden, die mit den Primaries in Amerika gemacht worden sind. Schon oben wurde gesagt, daß durch die Vorwahlen nur eine Vorverlegung der Entscheidung eingetreten ist, daß immer wieder ein kleiner, nicht faßbarer Kreis hinter den Kulissen entscheidet und der Wähler nur Statist bleibt. Die gesetzliche Regelung kostet nur viel Geld, kann aber nichts ausrichten. Die scharfe Kritik Ostrogorskis galt wohl dem alten Primary-Verfahren. Seit Einführung der »direct Primary« seit Anfang dieses Jahrhunderts hat sich vorübergehend manches gebessert, doch kann schon heute ein Urteil gewagt werden, wie etwa von Beard (American Government and Politics, 1928): »Die Vorwahlen haben das Räderwerk unserer Wahlen nur noch vermehrt. Das trägt nicht dazu bei, die Verantwortlichkeit unserer Regierung einfach, klar und durchsichtig zu machen. Ja, es vermehrt sogar die Verwirrung und den Nebel, mit dem man die öffentliche Verwaltung verdunkelt« (s. a. Rein bei Rohden, Demokratie und Partei, S. 110). Hoag-Hallett sehen eine besondere Gefahr der Vorwahlen darin, daß Partei und Parteimaschine durch Parteifremde erobert werden können (Proportional Representation, 1926, S. 109 ff.), Bacon wieder im Einbruch von organisierten Minderheiten, insbesondere der Handlanger des Kapitalismus; der Bewerber ohne starken finanziellen Hinterhalt ist von vornherein gehandikapt und es werden die Parteien durch die Geldgeberverbände zersetzt (Constitution of the U. S. 1928, S. 177, 182). Triepel sieht im Vorwahlverfahren gleichfalls eine weitere Eingangspforte der Korruption (Die Staatsverf. u. d. pol. Parteien). »Aber auch die erhoffte Demokratisierung des Parteilebens ist nicht in dem Maße, wie man erwartet hatte, erfolgt. Denn die Parteibürokratie, die man schwächen wollte, macht, wie sie früher die Hauptwahlen gemacht hatte, so jetzt die Vorwahlen« (Staatsrechtslehrertag 1931, S. 196).

Trotz dieser amerikanischen Erfahrungen ist der Versuch einer Demokratisierung der Parteien nicht abzulehnen. Doch kommt dieser Versuch zu spät in einem Zeitpunkt, in dem die Parteien in Deutschland von den bündischen Bewegungen abgelöst werden. Es kommt nicht mehr auf die Sicherung der Rechte des einzelnen und auf Demokratie in der Partei an, sondern es handelt sich nunmehr um bewußte, freiwillige Unterordnung unter die unbedingte Macht des Führers. So wie im Staate die Entwicklung von der Anonymität feilschender Interessentenhaufen zur verantwortungsbewußten Staatsführung geht, so muß auch die Partei die Maschine durch den Geist ersetzen oder sie wird nicht leben.

Das Abstimmungsverfahren.

1. Geheime und offene Abstimmung.

Die offene Abstimmung erfolgt entweder durch Zuruf in einer Wahlversammlung oder durch Abgabe der Stimme zur Niederschrift; die geheime Abstimmung durch Abgabe von Stimmzetteln oder Kugeln.

In England war bis 1872 die offene Wahl üblich. Ursprünglich erfolgte sie durch Handaufheben in der Wahlversammlung, dann in Zweifelsfällen durch mündliche Abgabe der Stimme zur Niederschrift.

Nach 1429 wurde durch das Statut 8 Henr. VI. c. 7 der Mehrheitsgrundsatz eingeführt: es wurden zuerst die Bewerber vorgeschlagen, diese hielten dann kurze Ansprachen in der Versammlung, sodann erfolgte die Abstimmung, zuerst durch Handaufheben, wenn hier aber kein einwandfreies Ergebnis sich zeigte, fand eine mündliche Abstimmung zur Niederschrift statt, die an verschiedenen Orten der Grafschaft vorgenommen wurde und längere Zeit dauerte. Nach den beiden ersten Reformgesetzen wurde die Zahl der Abstimmungsorte vermehrt und die Abstimmung auf einen Tag beschränkt. Als aber nach dem zweiten Reformgesetz die Wählerzahl so bedeutend stieg, wurde der Wunsch nach geheimer Abstimmung immer lauter: eine Ausdehnung des Wahlrechts an die gesellschaftlich abhängigen Klassen hat erst dann für diese eine Bedeutung, wenn sie in der Ausübung wirklich frei sind. Die geheime Abstimmung wurde dann 1872 durch die Ballot-Akte (35 u. 36 Vict. c. 33) eingeführt; eine andere Hoffnung, die man an dieses Gesetz knüpfte, wurde gleichfalls erfüllt: die Reinigung des Wahlkampfes von Bestechungen, Einschüchterungen und anderen Mißbräuchen.

In Frankreich zur Zeit der Generalstände erfolgte die Wahl der Wahlmänner des dritten Standes in offener Abstimmung, die Wahl der Abgeordneten hingegen bald in offener, bald in geheimer Abstimmung. In der Ordonnanz vom 24. Januar 1789 wurde bestimmt, daß die Wahlen für die Wahlmänner offen, die der Abgeordneten geheim mittels Stimmzetteln erfolgen sollten. Der Grund, warum es bei den offenen, mündlichen Urwahlen blieb, war der, daß eine schriftliche Abstimmung wegen der großen Zahl der des Lesens und Schreibens unkundigen Bevölkerung unmöglich war. Trotz der Schwierigkeiten der geheimen Urwahlen wurden diese dann durch das Gesetz der Nationalversammlung vom 22. Dez. 1789 eingeführt. So fanden die Wahlen zum Konvent in geheimer Abstimmung statt, dagegen setzten die Jakobiner in Paris die offene Abstimmung durch, weil diese Abstimmungsart ihnen mehr Gelegenheit zur Wahlbeeinflussung bot. Nach der Konventverfassung vom 24. Juni 1793 konnte der Wähler selbst bestimmen, ob er mündlich oder mittels Stimmzettels zu wählen wünsche. Infolge der ungünstigen Erfahrungen mit der mündlichen Wahl, die zur Wahlbeeinflussung führte, kehrte die Direktorialverfassung zur geheimen und schriftlichen Abstimmung für alle Wahlen zurück; bei dieser Abstimmung ist es in Frankreich seither geblieben.

In Deutschland waren vor 1848 in der Regel die Wahlen der Wahlmänner offen, dagegen die der Abgeordneten schriftlich und geheim. Bei den Wahlen zur Frankfurter Nationalversammlung von 1848 hatten die Einzelstaaten freie Hand; die Abgeordneten wurden zumeist in geheimen Wahlen gewählt. Der Verfassungsausschuß trat für die offene Wahl des Volkshauses ein, was er umso leichter befürworten konnte, da die gesellschaftlich abhängigen Klassen (Dienstboten, Taglöhner, Fabrikarbeiter) vom Wahlrecht ausgeschlossen werden sollten. Da aber die Nationalversammlung für ein allgemeines Wahlrecht eintrat, also auch den letztgenannten Klassen die Stimmberechtigung gab, war es die natürliche Folge, daß zur Sicherung deren Stimmrechts die geheime Abstimmung angenommen werden mußte. Diese fand daher in das Reichswahlgesetz vom 12. April 1849 Aufnahme. Unter dem Einfluß dieses Gesetzes fand die geheime Abstimmung auch in Preußen und in den übrigen Einzelstaaten Eingang. Es setzte aber sehr rasch die Reaktion ein und in Preußen wurde durch die Verfassung vom 30. Mai 1849 die geheime Abstimmung durch die offene ersetzt. Im Entwurf der Verfassung des Norddeutschen Bundes war über die Form der Abstimmung nichts vorgesehen; die Regierung hatte jedoch die Absicht, die offene Abstimmung in das Wahlgesetz aufzunehmen. Auf Antrag des Abgeordneten Fries wurde jedoch der Grundsatz der geheimen Abstimmung in die Verfassung eingeschaltet; die Begründung war, daß erst die geheime Abstimmung das durch die Verfassung gewährleistete allgemeine Wahlrecht verwirkliche. Infolge der Aufnahme der geheimen Abstimmung in die Verfassung, mußte sich auch das Reichswahlgesetz danach richten; auch die Einzelstaaten nahmen nach und nach überall die geheime Abstimmung an, ausgenommen Preußen und drei Kleinstaaten.

In Österreich wurde durch die vorläufige Wahlordnung vom 9. Mai 1848 für die Wahl der Abgeordneten die geheime Abstimmung bestimmt, während die Wahl der Wahlmänner mündlich oder schriftlich sein konnte. Das Einsetzen der Reaktion bedeutete auch auf dem Gebiete der Abstimmung einen Rückschritt, da die Verfassung vom 4. März 1849 die offene und mündliche Abstimmung bestimmte. Als dann nach 1861 in den Landtagen das verfassungsmäßige Leben wieder erwachte, wurde zuerst an der offenen Wahl festgehalten, doch wurde sie langsam, in jedem Land ganz verschieden, durch die geheime Abstimmung verdrängt. Bei den Wahlen zum Reichsrat stimmten die Klassen der Großgrundbesitzer und der Städte geheim ab, die Klasse der Landgemeinden so, wie in der Klasse für den Landtag abgestimmt wurde. Für die 1896 geschaffene allgemeine Wählerklasse wurde die geheime Stimmabgabe vorgeschrieben; seit der Reform von 1907 geschah es für den ganzen Reichsrat.

In der Schweiz hat sich die geheime Stimmabgabe seit der liberalen Bewegung durchgesetzt, in Belgien sofort nach der Schaffung des Staates, in den Niederlanden seit 1848, ebenso in Luxemburg (mit einer kurzen Unterbrechung in der Reaktionszeit). Auf keine Schwierigkeiten stieß die Einführung der geheimen Abstimmung in Italien, Spanien und Portugal, dann in den neu geschaffenen Staaten Griechenland, Rumänien, Serbien, Bulgarien. In Schweden wurde sie 1866 eingeführt, in Norwegen 1884. Am längsten hielt sich die offene Abstimmung in Preußen (bis 1918) und in Dänemark (bis 1901) und Island (bis 1906).

Derzeit ist die offene Abstimmung nur mehr üblich: 1. in England für die Wahl der Abgeordneten der Universitätswahlkreise; die Abstimmung ist schriftlich, indem die Wähler einen schriftlichen Stimmzettel einsenden, diesen Stimmzettel aber unterzeichnen.

2. in Ungarn, u. zw. in den Landwahlkreisen. Bis 1913 war die offene Abstimmung sowohl in den Land- als auch in den Stadtwahlkreisen üblich, was riesigen Wahlbeeinflussungen Vorschub leistete. Graf Tisza sah ein, daß die offene Wahl aber in den Städten nicht mehr aufrecht zu halten wäre, und er führte daher durch den Ges. Art. 14: 1913 für die städtischen Wahlkreise die geheime Abstimmung ein. So steht es auch gemäß der letzten Regelung des Wahlrechts, dem Ges. Art. 26: 1925, nur daß die geheime Abstimmung nicht für alle städtischen Wahlkreise gilt; in 45 von 245 Wahlkreisen wird geheim abgestimmt, in den übrigen mittels mündlicher Abstimmung zur Niederschrift. Nur bei den Wahlen zur Nationalversammlung von 1920 wurde unter starkem Druck des Auslandes das allgemeine Wahlrecht zusammen mit der geheimen Abstimmung angewendet; dieser einzige Versuch mit der geheimen Abstimmung lieferte ein ganz anderes Ergebnis, als die späteren Wahlen mit der offenen Abstimmung. Die Wahlkreise mit der geheimen Abstimmung sind diejenigen, wo sich die Opposition gegen die Regierung am leichtesten durchsetzen kann. 1926 erhielt sie in den geheimen Wahlkreisen 24 Sitze, die Regierung nur 13.

3. in der Sowjetunion. Bis 1921 war es den Wahlversammlungen überlassen, ob sie offen oder geheim abstimmen wollen; seit der Wahl-

ordnung von 1922 oblag die Entscheidung dem Gouvernementswahlausschuß, der sich stets für die offene Abstimmung aussprach, seit der Wahlordnung von 1925 ist die offene Abstimmung vorgeschrieben. Diese eignet sich auch am besten, um die amtlichen Bewerber ohne Widerstand durchzubringen. Diese werden erst in der Wahlversammlung den Wählern mitgeteilt und gewöhnlich durch Zuruf gewählt.

4. in Jugoslawien seit dem neuen Wahlgesetz von 1931, wo die offene Abstimmung eines der vielen Mittel zur Ausschaltung der Opposition ist.

Zur Sicherung der geheimen Abstimmung sind eine Anzahl von Maßnahmen nötig. Die Abstimmung geschieht in der Regel mittels Stimmzettels. Nach dem französischen Gesetz vom 19. April 1831 erhielt der Wähler einen Stimmzettel, in den er den Namen seines Bewerbers eigenhändig einzutragen hatte. Da der handschriftliche Zettel aber nicht völlig das Wahlgeheimnis wahrte und da anderseits 1848 das allgemeine Wahlrecht eingeführt wurde, anerkannte das Wahlgesetz vom 15. März 1849 den gedruckten Stimmzettel; ebenso später das Reichswahlgesetz vom 31. Mai 1869 und viele andere Gesetze. Der gedruckte Stimmzettel kann ein amtlicher sein oder ein privater, von den Bewerbern angefertigter. Der amtliche Stimmzettel wahrt besser das Wahlgeheimnis, da er einheitlich ist, doch sind auch für den privaten Zettel bestimmte Maße und Papierfarben und -güte vorgesehen, so daß er nicht von außen erkennbar ist. Außerdem hat der Stimmzettel zumeist in einen Umschlag gesteckt zu werden, der nur amtlich hergestellt wird und den der Wähler von dem Vorsitzenden der Wahlbehörde erhält. So ist der private Stimmzettel dem amtlichen gegenüber in der Wahrung des Wahlgeheimnisses völlig gleichwertig, er hat den Vorteil, daß er einfacher ist, weil er nur einen Bewerber oder eine Bewerberliste enthält, der amtliche Stimmzettel aber in der Regel alle Bewerber und Bewerberlisten. Ein weiterer Vorteil des privaten Stimmzettels ist der, daß sich die Wahlbehörde um die Drucklegung nicht zu kümmern hat; es entfällt auch eine etwaige Verrechnung mit den einzelnen Bewerbern.

Eine weitere Sicherung des Wahlgeheimnisses bildet die Wahlzelle. Die entscheidende Handlung des Wählers, d. i. die Anzeichnung eines Bewerbers oder einer Liste oder das Stecken eines bestimmten Stimmzettels in den Wahlumschlag soll nicht vor den Augen der Wahlbehörde vollzogen werden, sondern in einem abgeschiedenen

Raum. In Deutschland wurde die Wahlzelle erst durch das »Klosettgesetz« (Bekanntmachung betreffend das Wahlreglement vom 28. April 1903, RGBl. S. 202) eingeführt.

In Ländern mit starkem Anteil der des Lesens Unkundigen behilft man sich mit Stimmzetteln, die für die einzelnen Parteien bestimmte Zeichen, entweder Figuren (wie in Italien bis 1924) oder geometrische Zeichen (in Rumänien), tragen. Auch die Versehung der einzelnen Bewerberlisten mit einer Ziffer ist ein Vorteil für die Analphabeten. Das Verfahren, das aber ursprünglich für sie angewendet wurde, ist das der Kugelung, so früher in Griechenland und Serbien, bis 1927 in Jugoslawien. Jede Partei bekommt von der Wahlbehörde eine eigene Urne, die mit der Parteibezeichnung sowie mit einer Ziffer versehen ist. Der Wähler erhält vom Vorsitzenden der Wahlbehörde eine Kugel und muß seine rechte Hand, in der er die Kugel hält, in jede der Urnen stecken; die Kugel hat er in jene Urne fallen zu lassen, welche der von ihm bevorzugten Partei gehört. Nachdem er die Hand in alle Urnen gesteckt hat, hat er dem Vorsitzenden seine Hand geöffnet zu zeigen, zum Zeichen, daß er seine Stimme abgegeben hat. — In Bulgarien hat der Stimmzettel jeder Partei eine andere Farbe, ein sprechender Ausdruck dafür, daß der Wähler sich oft nur für eine Parteifarbe entscheidet.

Trotz der verfassungsrechtlichen und gesetzlichen Sicherung des Wahlgeheimnisses kann dieses durch bestimmte Machenschaften leicht in Frage gestellt werden. Unter dem zweiten Kaisertum in Frankreich gab es sog. amtliche Bewerbungen, das waren die Bewerber der Regierung; für diese Bewerber lagen die Stimmzettel am Tische der Wahlbehörde auf und der Vorsitzende konnte feststellen, ob der Wähler sich eines Stimmzettels bedient und regierungsfreundlich gewählt hatte. Bei den faschistischen Wahlen in Italien ist der Stimmzettel für die Vorschlagsliste der Regierung auf der Innenseite mit dem italienischen Dreifarb versehen, der ablehnende Stimmzettel innen weiß. Das Dreifarb scheint aber oft auch nach außen durch, so daß leicht festgestellt werden kann, wie der Wähler gestimmt hat, wobei wir uns auf Joseph-Barthélemy (La crise de la dém., p. 65) verlassen müssen.

Die grundsätzliche Frage: offene oder geheime Abstimmung, kann jetzt wohl als abgeschlossen betrachtet werden. Die theoretischen Auseinandersetzungen, die die Publizisten früherer Jahrzehnte in Anspruch genommen haben, sind verstummt. In der Massendemokratie ist eine mündliche Abstimmung zur Niederschrift auch technisch unmöglich, eine Wahl durch Zuruf praktisch ausgeschlossen. Die geheime Abstimmung erscheint heute nicht mehr als Schutz der sozial schwächeren Schichten vor ihren Brotgebern, sondern als Schutz einer andersdenkenden Minderheit vor der Verfolgung durch die Masse. Aus diesem Grunde ist die Frage, ob die geheime Abstimmung einen korrumpierenden Einfluß habe, nicht mehr sachgemäß. Wenn auch Fürst Bismarck einst bemerkte, daß die Heimlichkeit der Abstimmung »einen Charakter habe, der mit den besten Eigenschaften des germanischen Blutes in Widerspruch steht«, was nützt es, wenn einem Aufrechtstehenden durch die Masse Andersdenkender das Leben verekelt wird. Die geheime Abstimmung ist heute ein Schutz der Minderheit vor der Mehrheit. Sie kann mit einem Schützengraben verglichen werden. Der langjährige Chef des österreichisch-ungarischen Generalstabes, Conrad v. Hötzendorf, wendete sich aufs heftigste gegen den Schützengraben, weil er die Soldaten zur Feigheit erziehe. So griff auch das Heer zu Beginn des Weltkrieges die Russen ohne Eingraben an, bis an die Zehntausende ihr Leben verloren. Mögen diese auch noch so mannesmutig gewesen sein, gegen eine gesicherte Masse richteten sie nichts aus. Mannesmut war in einem solchen Falle ebenso ein Schlagwort wie Charakterstärke, Rückgrat u. a. bei der offenen Wahl.

Das geheime Wahlrecht hat allerorten günstige Folgen gezeigt. So hat es in England die Wahlbeeinflussungen gemildert und Ausschreitungen verhindert. Es trug auch zur Erhöhung der Wahlbeteiligung bei. So stieg sie in Island von 53.4% im Jahre 1906, als mündliche Abstimmung in einer Wahlversammlung des Wahlkreises stattfand, auf 75.7% im Jahre 1908, bei der ersten Anwendung der geheimen Abstimmung. In Preußen betrug bei den Landtagwahlen die Wahlbeteiligung der Urwähler in den drei Abteilungen 1893: 48.1, 32.— und 15.2, 1913 war sie auf 51.4, 41.8 und 29.9 gestiegen; die Durchschnitte beliefen sich nur auf 18.4% (1893) bzw. 32.7% (1913), während bei den gleichzeitigen Reichstagswahlen mit geheimer Abstimmung eine Wahlbeteiligung von 71.2 bzw. 84.5% zu verzeichnen war.

2. Persönliche oder nichtpersönliche Abstimmung.

Bei der persönlichen Abstimmung muß der Wähler selbst zur Urne erscheinen oder an der Wahlversammlung teilnehmen. Wenn er nun durch einen stichhaltigen Grund verhindert ist, an der Abstimmung zu erscheinen, kommt er um sein Wahlrecht. Um ihn vor diesem Verlust zu bewahren, gibt es folgende Möglichkeiten nichtpersönlicher Stimmabgabe:

a) Wahl durch Stellvertretung: z. B. in einigen Schweizer Kantonen (in Bern für Wähler über 60 Jahre, für kranke oder gebrechliche Wähler oder für über 5 km von der Wahlstelle entfernt wohnende Wähler u. a.; ferner in Zürich und in Graubünden); in den Niederlanden für Personen, die sich wiederholt oder besonders zur Wahlzeit aus beruflichen Gründen außerhalb ihrer Gemeinde aufhalten; in England für Wähler, die sich in ein eigenes Verzeichnis der abwesenden Wähler eintragen ließen, wegen beruflicher Verhinderung, ferner für Heeres- und Marineangehörige; in Schweden für Ehegatten, von denen nur ein Teil zur Abstimmung zu erscheinen braucht. In allen diesen Fällen ist eine besondere Bevollmächtigung des Überbringers der Stimme durch den Stimmberechtigten erforderlich. Um einem Mißbrauch dieser erleichterten Stimmabgabe durch politische Parteien vorzubeugen, wird die Stimmenzahl, die ein Wähler als Stellvertreter eines anderen abgeben kann, auf eine bis zwei beschränkt.

b) Briefliche Stimmzetteleinsendung. Diese war immer für die Wahl der Abgeordneten der Universitätskreise in England üblich, da die akademisch Graduierten auf das ganze Reich verteilt sind und daher nicht persönlich bei der Abstimmung erscheinen können. Eine besondere Schicht von Wählern, die in der Regel von ihrem Wohnort abwesend ist, sind die Seeleute und daher haben die nordischen Staaten für ihr Seevolk die Stimmzetteleinsendung an die Ortswahlbehörde eingeführt, so z. B. Dänemark, Schweden, Island, früher auch in Norwegen. Doch ist das Recht der Stimmzetteleinsendung nicht auf diese Schicht beschränkt: in Schweden gilt es auch für die Heeresangehörigen, Eisenbahner und das Personal der auswärtigen Vertretungsbehörden; in Island für Kranke und vom Haushalt unabkömmliche Frauen; in England und im Irischen Freistaat werden die Heeres- und Marineangehörigen in die Liste der abwesenden Wähler aufgenommen und haben mittels Einsendung des Stimmzettels zu stimmen. — Die Wahl des irischen Senats findet nur durch Einsendung von Stimmzetteln statt.

Die Stimmabgabe muß in demjenigen Stimmbezirk stattfinden, in dessen Wählerverzeichnis der Wähler eingetragen ist. Um dem vom Stimmbezirk abwesenden Wähler dennoch die Ausübung seines Stimmrechtes zu ermöglichen, gibt es außer den oberwähnten Fällen der nichtpersönlichen Stimmabgabe noch die Möglichkeit der persönlichen Stimmabgabe, aber in einem anderen Stimmbezirk oder zu einer anderen Zeit, als der vorgeschriebenen. Wenn der Wähler in einem anderen Stimmbezirk stimmen will, so hat er diesen Wunsch, oft nur, wenn besondere berücksichtigungswürdige Gründe vorliegen, der Behörde seines Stimmbezirkes mitzuteilen; er erhält sodann einen Stimmschein, mit dem er in jedem anderen Stimmbezirk abstimmen kann; aus dem Verzeichnis seines Stimmbezirkes wird er jedoch gestrichen; so im Deutschen Reich, Danzig, Österreich, England, im Irischen Freistaat, in den Niederlanden. Da die Verweigerung der Ausstellung eines Stimmscheins einen Ausschluß von der Zulassung zur Stimmabgabe bedeuten kann, haben das Deutsche Reich und Danzig ein besonderes Einspruchsverfahren ähnlich dem der bei Aufnahme in die Wählerverzeichnisse eingeführt. — In allen diesen Fällen hat der Wähler am allgemeinen Abstimmungstag zur Urne zu schreiten; dagegen ist eine vorherige Abstimmung im Deutschen Reich für die in See stechenden Seeleute u. zw. in den Hafenstädten vor eigenen Wahlbehörden zulässig; in Norwegen ist an Stelle der brieflichen Stimmzetteleinsendung für Seeleute und andere verhinderte Personen die persönliche Abgabe der Stimmzettel innerhalb einer bestimmten Frist vor der Wahl bei besonderen Stimmzettelempfängern möglich; als solche wirken die norwegischen Vertretungsbehörden im Ausland, die Kapitäne der norwegischen Schiffe, die Fangstationen usw., die die erhaltenen Stimmzettel an die Wahlbehörde des ordentlichen Wohnortes des Wählers zu senden haben; ferner die Wählerverzeichnisführer und von der Bezirksverwaltung bestimmte Stimmenempfänger im Inland. Der Grund für die Ersetzung der brieflichen Stimmzetteleinsendung durch die vorherige Abstimmung im Jahre 1930 lag in Mißbräuchen, zu denen die erstere Anlaß bot: die Parteiagenten zogen von Haus zu Haus, um die Wähler zur Stimmzetteleinsendung an Stelle der persönlichen Erscheinens bei der Wahl zu bewegen, indem sie einen besonderen Hinderungsgrund ausfindig machten. So kam es auch, daß die Stimmzetteleinsendung seit der Einführung stark ausgenützt wurde, so 1906 von 10.2% der Wähler, 1927 von 62547 oder 6.2% der Wähler. Das 1930 eingeführte Verfahren stellt die vorherige Abstimmung unter amtliche Aufsicht und dämmt so die Tätigkeit der Parteiagenten ein, mit dem Erfolg, daß bei den Wahlen von 1930 nur mehr 22891 oder 1.9% der Wähler ihre Stimme nicht persönlich am Wahltag abgaben.

Diese Arten der Erleichterung der Stimmabgabe haben einen praktischen und einen moralischen Wert. Den praktischen Wert ersehen wir aus folgenden Zahlen: bei den deutschen Wahlen 1930 wurden von 35224464 abgegebenen Stimmen 900729 oder 2.8% mittels Stimmscheines ausgedrückt; bei den österreichischen Wahlen 1930: 38204 oder 1% mittels Wahlkarte; in Finnland stimmten 26738 Wähler oder 2.8% der Abstimmenden mittels Auszug aus dem Wählerverzeichnis außerhalb des Wahlkreises und einschließlich dieser zusammen 55875 oder 5.8% außerhalb des Stimmbezirkes. Gering ist dagegen die Zahl der brieflich eingesandten Stimmzettel in Dänemark (1929): 1105 und in Schweden (1928): 2959, kaum 0.1% der abgegebenen Stimmen. Die Zahl der aus dem Ausland eingesandten Stimmen ist verschwindend gering, doch besteht der moralische Wert darin, daß auf diese Weise die Bande mit dem Vaterlande bestehen bleiben und auch die Fremde zum Vaterland wird. Demgegenüber steht das Bedenken, daß die Staatsbürger im Ausland in die Parteipolitik hineingerissen werden.

3. Termins- oder Fristwahl. Der Wahltag.

Die Stimmabgabe kann entweder die Form einer Terminswahl haben, wenn alle Wähler zu einer bestimmten Stunde zusammentreten und in einer Wahlversammlung gemeinsam wählen; oder einer Fristwahl, wenn die Wähler nur während einer bestimmten Frist zur Abstimmung zu erscheinen haben, nachdem aber jeder seine Stimme abgegeben hat, die Wahlstelle verlassen dürfen.

In England war ursprünglich die Wahlversammlung gebräuchlich, bei der alle Wähler anwesend waren. Die Vermehrung der Wählerzahl nach den beiden ersten Reformakten machte die Wahlversammlung zur Stimmabgabe unmöglich. Durch die Ballot Akte von 1872 wurde die Wahlversammlung durch die Fristwahl ersetzt. An der Fiktion der alten Wahlversammlung wird aber noch festgehalten, indem der Returning Officer gleichsam als Leiter der Wahlversammlung betrachtet wird, der im Falle der Stimmengleichheit die entscheidende Stimme hat.

Auf dem Festlande setzte sich schon früher die Fristwahl durch; am längsten erhielt sich die Terminswahl in Preußen für die Wahlen der Wahlmänner in Gemeinden unter 50.000 Einwohner; heute wird sie noch in Dänemark bei der Wahl der Landtingsabgeordneten durch die Wahlmänner angewendet, wobei es sich um einen beschränkten Teilnehmerkreis handelt.

Die Abstimmung findet jetzt in der Regel an einem Tage statt; in Estland dauert sie 3, in Finnland und Lettland 2 Tage; jeden Abend werden die Urnen versiegelt. In der Regel ist der Abstimmungstag ein Tag für das ganze Staatsgebiet; in Schweden gibt es verschiedene Abstimmungstage für die Hauptstadt und die Provinz. In England fanden die Wahlen bis 1918 an verschiedenen Tagen statt, je nach der Entfernung des Wahlkreises von London und zwar gemessen an der Zeit, die der mystische Königsbote zur Überbringung der Wahlausschreibung benötigte.

Schon 1789 war der Wahltag in Frankreich ein Sonntag; dann wurde er wieder nach dem Gesetz vom 15. März 1849 als Wahltag eingeführt und ist es gemäß dem noch geltenden Dekret vom 2. Februar 1852 noch heute. Auch in den meisten übrigen Ländern wird die Abstimmung an einem Sonntag vorgenommen, um vor allem den arbeitenden Klassen die Teilnahme an der Wahl zu erleichtern. Auch wo der Wahltag nicht Sonntag ist, z. B. in England und in Schweden, sind die Arbeitgeber verpflichtet, den Angestellten eine entsprechende freie Zeit zur Teilnahme an den Wahlen zu gewähren. Gemäß der Verfassung des Irischen Freistaats sollte der Wahltag ein öffentlicher Feiertag sein, doch wurde diese Verfassungsbestimmung 1928 aufgehoben.

Einer besonderen Beliebtheit erfreut sich in der Schweiz bei den veränderten Lebensgewohnheiten weiter Bevölkerungskreise infolge Wintersport, Wochenende u. a. die Samstagsurne, die auf den Bahnhöfen mancher Schweizer Städte ab 11 Uhr mittags aufgestellt wird. Der Samstag gewinnt als Abstimmungstag immer größere Volkstümlichkeit; in Zürich z. B. werden die Samstagsurnen von einem Viertel bis zu einem Drittel der Abstimmenden benutzt und bei den Stadtratwahlen 1931 stimmten 20000 Wähler am Samstag und 35000 am Sonntag ab.

Die Mehrheitswahl.

Aus dem demokratischen Grundgedanken heraus, daß der Volkswille der Wille der Mehrheit sei, wird die Mehrheitswahl als das der Demokratie entsprechende Wahlverfahren hingestellt. Hieraus würde freilich folgen, daß die gesamte Wählerschaft in einem einzigen Wahlkörper die Abgeordneten wählt und diejenigen Personen, die die Stimmenmehrheit erreichen, für gewählt gelten. Da nun der Zusammentritt aller Wähler zu einem Wahlkörper in jedem größeren Staate unmöglich ist, wird das Staatsgebiet in eine Anzahl von Wahlkreisen geteilt, in denen je ein Abgeordneter mittels Stimmenmehrheit zu wählen ist. Da die demokratische Doktrine von der Homogenität der Bevölkerung ausgeht, so ist jeder der Wahlkreise nur ein Ausschnitt aus der Gesamtbevölkerung. Das Parlament setzt sich aus den Abgeordneten der einzelnen Wahlkreise zusammen.

In England bestand ursprünglich für die Wahlen der Abgeordneten der Grundsatz der Stimmeneinhelligkeit, erst seit 1429 gilt der Grundsatz der relativen Mehrheit, indem gemäß dem Statute 8 Henr. VI. c. 7 derjenige der Vorgeschlagenen für gewählt gilt, der die meisten Stimmen erzielt. Das relative Mehr wurde hauptsächlich in den germanischen Staaten angewendet, in Schweden, Norwegen und Dänemark (für das Volksthing), dann in einigen schweizerischen Kantonen; aber auch in Portugal (seit 1884) und Spanien (1890 bis 1907).

In Frankreich und in Deutschland wurde dagegen der Grundsatz der absoluten Mehrheit heimisch. Da diese Mehrheit aber nicht immer erzielt werden kann, ist ein weiterer Wahlgang nötig, allenfalls auch mehrere. In Frankreich wurde für die Wahl der Abgeordneten der Generalstände durch die Ordonnanz vom 24. Januar 1789 die absolute Mehrheit vorgeschrieben; für einen etwaigen zweiten Wahlgang war gleichfalls absolute Mehrheit nötig, und wenn diese nicht erreicht werden konnte, so fand eine Stichwahl zwischen den Bewerbern mit den meisten Stimmen statt. Die Nationalversammlung erklärte sich für die absolute Mehrheit hinsichtlich der Wahl der Abgeordneten, jedoch für die relative hinsichtlich der Wahl der Wahlmänner (Gesetz vom 22. Dez. 1789 und Verfassung vom 3. Sept. 1791); es wurde das Stichwahlverfahren der Ordonnanz übernommen. Da durch die Konventsverfassung von 1793 die unmittelbare Wahl eingeführt wurde, ergab sich als Folge die absolute Mehrheit; an einen ergebnislosen ersten Wahlgang schließt sich sofort eine Stichwahl an. Auch die Direktorialverfassung und die Wahlgesetze der Zensusmonarchie blieben bei dem Grundsatz der absoluten Mehrheit, doch nahmen sie verwickelte Stichwahlverfahren an, die aber trotzdem nicht unschwer durchzuführen waren, weil wegen der geringen Wählerzahl sich alle Wähler in einer Versammlung vereinigen und nach einem erfolglosen ersten Wahlgang sofort zu einem zweiten und dritten schreiten konnten. Als dann durch die Revolution von 1848 das allgemeine Wahlrecht eingeführt wurde, konnten die bisherigen Verfahren nicht mehr beibehalten werden: das Dekret vom 5. März 1848 erklärte sich noch verschleiert (durch Bestimmung einer Mindestzahl von 2000 Stimmen für den Gewählten) und das Gesetz vom 15. März 1849 offen für die relative Mehrheit, doch mußte nach diesem Gesetze der gewählte Bewerber eine Mindeststimmenzahl in der Höhe von 1/8 der Zahl der eingetragenen Wähler erreichen. Das organische Dekret vom 2. Februar 1852 führte wieder die absolute Mehrheit ein mit einer Mindestklausel von einem Viertel der eingetragenen Wähler; freilich machte die absolute Mehrheit einen zweiten Wahlgang nötig, in dem die relative Mehrheit entschied, doch war dieser Wahlgang nicht mehr so schwer durchzuführen wie 1848, weil inzwischen die Gemeinde zum Wahlort erklärt wurde, während es 1848 nur eine Wahlstelle im ganzen Kanton gab. Die Bestimmungen des organischen Dekretes von 1852 gingen dann in die dritte Republik über (Gesetz vom 30. Nov. 1875).

In Deutschland war vor 1848 besonders für die Wahl der Wahlmänner die relative Mehrheit üblich, für die Wahl der Abgeordneten jedoch in der Regel die absolute Mehrheit. Da die Frankfurter Nationalversammlung für das Volkshaus die unmittelbare Wahl einführte, wurde für diese Wahl die absolute Mehrheit notwendig. Diese sah auch das Reichswahlgesetz vom 12. April 1849 vor. Ist die absolute Mehrheit im ersten Wahlgang nicht zu erzielen, so ist ein zweiter Wahlgang nötig, für den gleichfalls die absolute Mehrheit gilt, allenfalls noch eine Stichwahl zwischen den Bewerbern mit den meisten Stimmen im zweiten Wahlgang. Durch das Reichswahlgesetz von 1869 wurde der zweite Wahlgang fallen gelassen und es erfolgte auf den ersten Wahlgang sofort die Stichwahl. Unter dem Einfluß der Reichsgesetzgebung fand der Grundsatz der absoluten Mehrheit auch in die Gesetzgebung der deutschen Einzelstaaten, sowie Österreichs und der österreichischen Länder Eingang, aber mit verschiedener Ausgestaltung des entscheidenden Wahlganges. Die absolute Mehrheit galt früher auch in Ungarn (für alle Wahlkreise), in den Niederlanden, Italien, Belgien, Luxemburg und in der Schweiz; in Italien, Ungarn und in den Niederlanden mit Stichwahl zwischen zwei Bewerbern, in Belgien und in Luxemburg mit einem zweiten Wahlgang zwischen doppelt soviel Bewerbern, als Sitze zu besetzen sind und mit entscheidender relativer Mehrheit; in der Schweiz von 1872 bis 1900 mit einem zweiten Wahlgang zwischen Bewerbern in der dreifachen Anzahl der zu wählenden

Abgeordneten und einem etwa noch nötigen dritten Wahlgang als Stichwahl.

Die Vorteile des Mehrheitssystems, das vor dem Kriege fast ausschließlich die Wahl der europäischen Parlamente regelte, sind vor allem: Anwendung des Gleichheitsgrundsatzes, da jeder Wähler in der Regel nur eine Stimme hat, leichte Durchführbarkeit der Abstimmung, allgemeine Verständlichkeit des Wahlausganges, Berührung zwischen den Wählern und dem Gewählten. Infolgedessen kommt es auf die Geltendmachung der persönlichen Eigenschaften des Bewerbers an und so müssen für die Bewerbung ausgeprägte Persönlichkeiten ausgesucht werden. Der hauptsächlichste Vorteil ist aber der, daß das Mehrheitswahlsystem starke Regierungsmehrheiten möglich macht und dadurch eine stabile Regierung verbürgt. Die Mehrheitswahl begünstigt die größere Parteien und es gilt für sie das Poissonsche Gesetz, daß die Wahrscheinlichkeit einer überverhältnismäßigen Vertretung umso größer ist, je stärker die Partei ist. In England mit dem relativen Mehr wird diese Übervertretung als Kubus der Stimmen angegeben, d. h. wenn das Stimmenmehrheitsverhältnis 11 : 9 ist, ist das Verhältnis der Sitze $11^3 : 9^3$ oder 1331 : 729 oder ungefähr 2 : 1. Dank dem Mehrheitssystem hatten alle englischen Regierungen vor dem Kriege eine feste Mehrheit im Parlament, der auch eine Mehrheit im Volke entsprach, wenn diese auch nicht so ausgeprägt war. So betrugen die Mehrheiten von 1885 an im Parlament (in der Klammer die Mehrheit, die sich auf Grund des Stimmenverhältnisses ergeben würde): 1885 Lib. 108 (92), 1892: Lib. 44 (40), 1895: Kons. 150 (2), 1900: Kons. 134 (2), 1906: Lib. 356 (114), 1910: Lib. 124 (54).

Den Vorteilen der Mehrheitswahl stehen aber eine Anzahl von Nachteilen gegenüber.

Der wichtigste Einwand gegen die Mehrheitswahl ist der, daß die gewählte Volksvertretung nicht die Mehrheit des Volkes vertritt, sondern oft nur eine Minderheit. Denn es ist der Fall möglich, daß eine starke Partei, die in allen Wahlkreisen nur um 1 Stimme weniger erhält als eine andere Partei, überhaupt leer ausgehen kann. So zeigt es sich, daß viele Parlamente mit dem Mehrheitssystem nicht eine Vertretung des Volkes, sondern nur eine Vertretung der Minderheit des Volkes sind. Dies war in Frankreich unter Herrschaft des Mehrheitsverfahrens immer der Fall (bis auf 1928).

	Zahl der auf die gewählten Bewerber	nicht gewählten entfallenen Stimmen
1876	4.458.584	5.422.283
1889	4.526.086	5.800.000
1902	5.159.000	5.818.000
1914	4.810.693	6.366.786
1928	4.830.244	4.717.532

Bei den Wahlen von 1928 wurde zum erstenmal eine Abgeordnetenkammer gewählt, auf deren Abgeordnete eine knappe Mehrheit der Stimmen, 51%, entfallen ist. Diese 51% bilden aber nur 42 % der eingetragenen Wähler, so daß auch diese Vertretung eine Vertretung von nur einer Minderheit des Volkes ist. Wenn in einer solchen Kammer die Beschlüsse mit der einfachen Mehrheit gefaßt werden, so stehen hinter den Beschlüssen nur 21% der Wähler. Da aber für die Beschlüsse in der Regel nur die Anwesenheit der Hälfte der Abgeordneten erforderlich ist, so kann ein Mehrheitsbeschluß durch Abgeordnete gefaßt werden, die nur 10.5% der Wählerschaft repräsentieren (Lachapelle, Elections Législatives, 1928).

In England wurden in der Nachkriegszeit die Regierungen, die von einer Parlamentsmehrheit gewählt wurden, eigentlich nur Sachwalter einer Minderheit im Volke, da die Mehrheit des Parlaments nur eine Minderheit in der Wählerschaft hinter sich hatte:

1922: Kons. 344 Sitze, 6.990.477 St.; Opp.: 271 Sitze, 9.349.849 Stimmen
1924: Kons. 412 „ 8.545.029 „ Opp.: 203 „ 9.172.029 „

Bei der Mehrheitswahl kommt es nur auf ganz wenige Stimmen an, damit ein Bewerber gewählt wird. Tatsächlich sind bei den Wahlen von Frankreich von 1928 27 Abgeordnete nur mit einer Mehrheit von 1 bis 150 Stimmen gewählt worden. In Großbritannien und Nordirland wurden 1929 27 Abgeordnete mit einer Mehrheit von unter 500 Stimmen gewählt, hievon mit Mehrheiten von 4, 11, 40 und 43 Stimmen (z. B. Austen Chamberlain). Ein ganz sonderbares Ergebnis lieferte 1929 die Wahl im Wahlkreise Northwich:

Crichton-Stuart (Kons.) .. 15.477 Stimmen
Mrs. Gould (Lab.) .... 15.473 „
Barlow (Lib.) .... 14.163 „

Der konservative Bewerber wurde also mit einer Mehrheit von 4 Stimmen gewählt, obwohl seine Gegner mit 14.159 Stimmen in der Mehrheit waren.

Wegen des entscheidenden Charakters von nur einigen wenigen Stimmen nimmt der Wahlkampf eine ganz ungeheure Schärfe an. Die Gegner greifen zu den verwerflichsten Mitteln, um sich eine Mehrheit zu verschaffen, zu Wahlbeeinflussungen, Bestechungen, Stimmenkauf, Wahldruck usw. Der Wahlkampf kann unter dem Mehrheitssystem sehr verwildern.

Einige Stimmen können bei der Mehrheitswahl die Regierung ändern und zum Einsetzen eines zum alten Kurs im größten Gegensatz stehenden Kurs führen. Eine Minderheit von Stimmen verhalf bei den amerikanischen Präsidentschaftswahlen infolge des Mehrheitssystems dem demokratischen Bewerber Wilson zum Siege über die Republikaner, von deren Bewerber Roosevelt man eine andere Haltung während des Weltkrieges erwarten konnte. Griechenland erhielt infolge des Mehrheitssystems bei den Wahlen von 1920 eine überwältigende monarchistische Mehrheit in der Nationalversammlung, der nur eine mäßige monarchistische Mehrheit in der Wählerschaft entsprach; diese Nationalversammlung rief König Konstantin aus der Verbannung zurück, der dann den Krieg in Kleinasien führte, bis es zum Zusammenbruch kam. In Irland führte die Mehrheitswahl zu dem starken Gegensatz zwischen dem katholischen irisch-nationalen Süden und dem protestantischen konservativen Norden, der schließlich zur Zerreißung der Insel führte.

Das Ergebnis der Mehrheitswahlen ist im wesentlichen abhängig von der Art der Bewerbung. Das englische System der relativen Mehrheit ist für zwei Parteien berechnet, so daß der Mehrheit im Unterhaus stets eine Mehrheit im Volke gegenübersteht; es ändert sofort seine Wirkung, wenn sich in einem Wahlkreis nicht mehr zwei, sondern drei und mehr Bewerber bekämpfen. Während früher »three-cornered contests« Ausnahmen waren (1886 nur 4), sind sie jetzt die Regel geworden: 1918 waren es 234, 1922: 233, 1923: 253, 1924: 225, 1929 sogar 470 von 595 Wahlkreisen. Infolgedessen ist ein großer Teil der Abgeordneten nur mit einer Minderheit von Stimmen gewählt worden.

Die Bewerbungsvorschriften wirken sich oft verwildernd auf die Wahl aus, wenn nämlich die Bestimmung besteht, daß im Falle sich nicht mehr Bewerber anmelden, als Sitze zu vergeben sind, die Stimmabgabe entfällt und die angemeldeten Bewerber für gewählt erklärt werden. Solche Vorschriften fordern zur Unterbindung gegnerischer Bewerbungen heraus, insbesondere wo eine Regierung den Wahlapparat fest in ihren Händen hat. So machten die spanischen Regierungen die Wahlen und 1919 wurden 81, 1920: 23 und 1923 sogar 146 Abgeordnete ohne Gegenbewerber gewählt. Ähnlich stehen die Dinge in Ungarn, wo 1931: 64 Abgeordnete der Regierungsparteien ohne Gegenbewerber für gewählt erklärt wurden. Dieselbe Bestimmung hatte das niemals angewendete faschistische Wahlgesetz von 1925 aufgenommen.

Die Berührung des Abgeordneten mit dem Volke, die als ein Vorzug der Mehrheitswahl gepriesen wird, hat wohl viele Schattenseiten. Die Abgeordneten werden zu Kommissionären ihrer Wähler, statt daß sie für das Wohl der Gesamtheit wirkten. »Les députés sont trop près des électeurs; ils subissent trop leur influence; et inversement ils exercent trop de pression sur leurs électeurs. Soucieux de leur réélection, ils se préoccupent plus de satisfaire les interêts particuliers de leur arrondissement, que des interêts généraux du pays. — De plus, ils ont une tendance à se servir des fonctionnaires comme d'agents électoraux; les fonctionnaires ne sont plus les serviteurs de la chose publique; ils deviennent les créatures du député. Toute l'administration est faussée. — Comme l'a dit M. A. Briand, la plupart des arrondissements électoraux sont devenues aujourd' hui des mares stagnantes. Ils s'en dégagent des miasmes de corruption mortels pour le pays.« (Gaston Jèze, JBöR VII/1913, S. 300 ff.). Wenn auch der zerstörende Einfluß der Mehrheitswahl im kleinen Wahlkreis auf die Verwaltung nirgends so stark war, wie in Frankreich, so hat doch die zu enge Verbindung mit dem kleinen Wahlkreis eine ganz bestimmte geistige Einstellung herbeigeführt, die nur die Belange des Bezirkes sieht, nicht jedoch die Notwendigkeiten des Staatsganzen. So entsteht das, was die Deutschen Kirchturmspolitik, die Franzosen politique du clocher, die Engländer parochial policy und die Italiener campenilismo nennen. Trotz des verschiedenen Namens bezeichnen alle diese Völker damit ein und dasselbe. Eine Folge dieser Einstellung ist, daß der bodenständige Bewerber mit geringen Fähigkeiten einen Vorzug vor dem ortsfremden, überragenden Staatsmann hat. So mußte sich Friedrich Naumann immer einen neuen Wahlkreis suchen und viele hervorragende politische Größen mußten eine Niederlage gegenüber einem einheimischen Bewerber von geringster Bedeutung einstecken.

Auch der große Vorteil des Mehrheitswahlrechtes, daß es nämlich starke Mehrheiten zu schaffen imstande sei, trifft nicht immer zu, Frankreich hatte mit einem Mehrheitswahlrecht in Einerwahlkreisen von 1889 bis zum Kriege keine festen Mehrheiten, so daß sich Koalitionen von losem Gefüge bildeten, was den Sturz der Regierung erleichterte. In England erhielt bei den Wahlen von 1923 und 1929 keine Partei eine Mehrheit, so daß eine Minderheitsregierung gebildet werden mußte:

	Konservative		Labour		Liberale	
	Sitze	Stimmen	Sitze	Stimmen	Sitze	Stimmen
1923	258	5.538.824	191	4.555.134	159	4.630.759
1929	260	8.664.243	289	8.362.594	58	5.300.947

Nach beiden Wahlen bildete die Arbeiterpartei eine Minderheitsregierung; 1923 war sie die Partei, die von allen drei Parteien die wenigsten Stimmen erzielt hatte; 1929 hatte sie wohl um 19 Sitze mehr als die Konservativen, jedoch um 300.000 Stimmen weniger. Ein Wahlrecht mit solchen Ergebnissen verglich Lloyd George mit dem Roulettespiel von Monte Carlo.

Gegen solche Zufälle ist die Einführung eines zweiten Wahlganges gerichtet. Dieser Wahlgang kann entweder die Form einer Stichwahl zwischen den beiden Bewerbern mit den meisten Stimmen im ersten Wahlgang haben, oder eines sog. romanischen zweiten Wahlganges, an dem alle Bewerber des ersten Wahlganges, aber auch noch neue, teilnehmen können und in dem die relative Mehrheit entscheidet. Je größer die Zahl der politischen Parteien ist, um so größer wird auch die Zahl der Stichwahlen sein. Nimmt deren Zahl aber zu sehr zu, so können sie zu einer wahren Landplage werden. So waren in Frankreich 1889: 211, 1896: 178, 1902: 174, 1906: 157, 1910: 227, 1912: 252 Stichwahlen nötig. Der Wunsch nach Vermeidung der Stichwahlen führte zur Abkehr von der Mehrheitswahl 1919; als Frankreich sie aber 1927 wieder annahm, gab es bei der Wahl von 1928 sogar 422 Stichwahlen; nur 187 Wahlen wurden im ersten Wahlgang entschieden. Der Haupteinwand gegen die Stichwahlen wird nicht wegen der nochmaligen Zusammenberufung der Wählerschaft und der erhöhten Wahlkosten gemacht, sondern deshalb, weil sie zu den verderblichsten Machenschaften führen. Bei der Stichwahl müssen sich die Parteien anders einstellen, als im ersten Wahlgang, als sie noch Aussicht hatten, ihren eigenen Bewerber durchzubringen. Die Stichwahl führt zu den unnatürlichsten Parteigestimmungen; die Einigung auf einen bestimmten Bewerber ist die Folge eines Kuhhandels: die eine Partei sichert einer anderen Partei zu, für deren Bewerber zu stimmen, vorausgesetzt, daß dieser sich, wenn er gewählt wird, für bestimmte Belange dieser Partei einsetzt usw. So werden die Hände des Gewählten gebunden; die Wähler selbst müssen mittun, denn sonst verhelfen sie einem ausgesprochenen Gegner zur Wahl.

Eine Abhilfe gegen Mängel der Stichwahl bildet das in England und in den Dominions vielfach befürwortete »Alternative Vote«. Bei der Mehrheitswahl, bei der nur ein Abgeordneter zu wählen ist, schreibt der Wähler außer dem Namen des Bewerbers, für den er stimmt, noch einen anderen auf den Stimmzettel. Erreicht kein Bewerber die absolute Stimmenmehrheit, so werden den zwei Bewerbern mit den meisten Stimmen noch die Stimmen zugeschrieben, die sie als Zweitstimmen auf Stimmzetteln von den nach dem ersten Wahlgang ausgeschiedenen Bewerbern erhalten haben. Es ist dies also eine vereinfachte Form der Stichwahl, bei der eine nochmalige Einberufung der Wählerschaft vermieden wird und die auch einen Kuhhandel der Parteien nach dem ersten Wahlgang verhindert; allerdings kann dieser schon vorher kommen und auf Grund der Vereinbarungen geben schon vorher die Parteien an ihre Wähler die Losung ab, die »alternative Stimme« für einen bestimmten Bewerber abzugeben.

Weitere Mängel der Mehrheitswahl sind in den Schwierigkeiten der Einteilung der Wahlkreise und in der Möglichkeit eines Mißbrauches der Einteilung (Wahlkreisgeometrie) zu suchen. Die Wahlkreise sollen ganz gleich sein, d. h. gleich viel Wähler haben, denn nur dann ist die Gleichheit der Bürger verwirklicht. Von dem richtigeren Grundsatz, daß die Wahlkreise gleichviel Wähler haben sollen, wird aber meistens abgegangen und als Ideal aufgestellt, daß sie gleichviel Einwohner oder wenigstens gleichviel staatsangehörige Einwohner haben sollen. Dies bleibt daher ein Ideal, das in der Wirklichkeit auch nicht annähernd erreicht werden kann. Am leichtesten scheint es noch in der Stadt zu verwirklichen zu sein, aber gerade hier führt die Bildung von Einerwahlkreisen zur Zusammenfassung von Häusergruppen und Straßenzügen, die nichts Organisches miteinander gemeinsam haben.

Ein weiterer Nachteil der Mehrheitswahl ist nach der festländischen Auffassung die Notwendigkeit der Abhaltung von Ersatzwahlen, wenn ein Mitglied während der Gesetzgebungsdauer aus dem Parlamente ausscheidet. Eine solche Ersatzwahl kann wieder aus zwei Wahlgängen bestehen, was Kosten verursacht und zur ständigen Beunruhigung der Wählerschaft beiträgt und die Parteien zur ständigen

Suche nach Wahlschlagern veranlaßt. Die englische Auffassung sieht in den Ersatzwahlen jedoch ein Barometer der politischen Meinung im Lande und legt dem Ausgange der Ersatzwahlen symptomatische Bedeutung zu.

Die angeführten Nachteile gelten im erhöhten Ausmaße, wenn die Mehrheitswahl mit einer Listenwahl verbunden wird. So fallen bei den Wahlen zum rumänischen Senat alle Sitze des Wahlkreises (bis zu 7) derjenigen Liste zu, die auch nur um eine Stimme mehr hat als die nächstfolgende. Durch das Listensystem gehen auch gewisse Vorteile der Einerwahl, wie z. B. das Persönliche verloren. Eine gemilderte Form der Abstimmung bietet das griechische Wahlrecht von 1928 zur Abgeordnetenkammer, wonach in den Wahlkreisen, in denen zwei bis zehn Abgeordnete zu wählen sind, der Wähler einen Namen auf der Bewerberliste, wenn mehr als 10 Abgeordnete zu wählen sind, zwei Namen ändern kann.

Im Vorstehenden wurden die Schattenseiten der Mehrheitswahl genügend hervorgehoben. Über ein Wahlverfahren darf aber erst dann geurteilt werden, wenn es, mit anderen verglichen, den Vergleich aushält.

Das Anwendungsgebiet der Mehrheitswahl ist nach dem Kriege bedeutend eingeschränkt worden. Dieses erstreckt sich jetzt, was die Volkskammern betrifft, nur mehr auf Großbritannien und Nordirland für die Wahl des Hauses der Gemeinen zu Westminster; die Wahlkreise sind in der Regel Einerwahlkreise; daneben gibt es nur 12 Zweierwahlkreise. England ist von einigen Schweizer Kantonen abgesehen, auch das einzige Land Europas, daß der Mehrheitswahl unbedingt treu geblieben ist; in anderen Ländern ist sie erst nach einer kürzeren oder längeren Beurlaubung wieder eingesetzt worden: in Ungarn seit 1922, und nur in den ländlichen Wahlkreisen und in den städtischen Wahlkreisen mit nur einem Abgeordneten; in allen Fällen mit Stichwahl; in Frankreich 1927 in Einerwahlkreisen, mit einem »romanischen« zweiten Wahlgang; in Griechenland 1928, mit 46 Einerwahlkreisen und 50 Wahlkreisen mit zwei bis 22 Sitzen, mit entscheidender relativer Mehrheit; in Nordirland zum Belfaster Unterhaus 1929 nach dem englischen System; in Italien zuerst 1925 mit relativer Mehrheit in Einerwahlkreisen, sodann in dem plebiszitären Wahlrecht von 1928. Schließlich werden alle Sowjetwahlen nach dem Grundsatz der relativen Mehrheit durchgeführt. — In den Vereinigten Staaten ist die Mehrheitswahl — ohne Stichwahlen — auch heute noch die Regel.

Für die Wahlen der Zweiten Kammern findet die Mehrheitswahl Anwendung: zum französischen Senat (Mehrerwahlkreise, absolute Mehrheit, allenfalls relative Mehrheit im zweiten Wahlgang), zum rumänischen Senat (siehe oben) und in einigen Schweizer Kantonen für die Wahl der Mitglieder des Ständerates. In einigen Schweizer Kantonen, die nur einen Abgeordneten im Nationalrat haben, wird dieser mittels Mehrheitswahl gewählt (absolute Mehrheit, allenfalls Stichwahl).

Die Minderheitenvertretung.

Die harte Unbill der Mehrheitswahl, daß eine Partei, die um eine Stimme weniger als ihre Gegnerin erlangt, von der Vertretung ausgeschlossen sein kann, auch wenn sie noch so stark ist, hat zu Versuchen geführt, auch dieser Minderheit eine Vertretung im Parlamente zu gewähren. Eine solche Vertretung ist nur dort möglich, wo in einem Wahlkreise mehrere Sitze zu vergeben sind. Welche Vertretung die Minderheit haben soll, wird ganz willkürlich bestimmt. So erhielt z. B. nach dem früheren rumänischen Gesetz über die Wahlen der Distriktsräte die Minderheitsgruppe, die wenigstens ein Fünftel der Stimmen erreichte, ein Fünftel der Sitze. Erhält sie weniger als 20% der Stimmen, geht sie überhaupt leer aus, und wenn sie 49% der Stimmen erzielt, so beträgt ihr Sitzanteil immer nur 20%. Ein ähnliches rohes Verfahren einer Minderheitenvertretung besteht für die Wahl des griechischen Senats: es entscheidet die relative Mehrheit, wenn jedoch in einem Wahlkreis drei Senatoren zu wählen sind, wird ein Sitz der stärksten Minderheitsgruppe, wenn sie ein Drittel der Stimmen auf sich vereinigte, zugesprochen; in Wahlkreisen mit vier Sitzen, wenn sie ein Viertel der Stimmen erzielt hatte u. ä.

Diesen rohen Verfahren der Minderheitenvertretung stehen zwei verfeinerte gegenüber: das Verfahren der Stimmenhäufung und das der beschränkten Stimmgebung.

a) Die Stimmenhäufung (Kumulation, vote cumulatif) ist eine künstliche Stärkung der Minderheit. Jeder Wähler erhält soviele Stimmen, als Abgeordnete zu wählen sind. Eine schwache Partei kann ihre Anhänger auffordern, alle Stimmen, über die diese verfügen, nur einem Bewerber zuzuwenden, so daß dieser gewählt werden kann.

Dieses Mittel ist jedoch sehr unsicher, da eine Partei sich in der Zahl ihrer Anhänger täuschen kann; sie rechnete z. B. nur mit einem Sitz und die Wähler haben ihre Stimmen auf einen Namen gehäuft, dann stellt sich nach der Wahl heraus, daß die Stimmen für mehrere Abgeordnete ausgereicht hätten; überschätzt sie ihre Anhängerzahl und gibt die Losung, auf mehrere Bewerber zu häufen, aus, so kann es vorkommen, daß kein einziger Bewerber gewählt wird. — Das Verfahren wurde zuerst 1853 von James Garth Marshall vorgeschlagen und in der damaligen Kapkolonie angewendet; in Europa fand es bei politischen Wahlen in obiger Form nie Anwendung.

b) Die beschränkte Stimmgebung (vote limité, limited vote) ist eine künstliche Schwächung der Mehrheit. Sie besteht darin, daß der Wähler nicht soviele Stimmen abgeben darf, als im Wahlkreise Abgeordnete zu wählen sind. So sieht das spanische Wahlgesetz von 1931 für die Verfassunggebenden Cortes vor, daß der Wähler in Wahlkreisen mit zwei bis fünf Sitzen um eine Stimme weniger hat, als Sitze zu vergeben sind; in Wahlkreisen mit sechs bis zehn Sitzen um zwei Stimmen weniger, in Wahlkreisen mit 11 bis 15 Sitzen um drei Stimmen weniger und in Wahlkreisen mit mehr als 16 Sitzen um vier Stimmen weniger. Für die Wahlen zur portugiesischen Kammer konnte in den Wahlkreisen, die 3 Abgeordnete wählen, jeder Wähler höchstens für zwei Bewerber stimmen, in den Wahlkreisen mit 4 für drei, in den Wahlkreisen mit 8 für sechs Bewerber stimmen. Das Verfahren war von 1867 bis 1884/85 auch in England bei den Wahlen der Abgeordneten in 13 Dreier- bis Viererwahlkreisen üblich und findet jetzt hauptsächlich noch gemäß den Geschäftsordnungen mancher Parlamente, jedoch nur sehr selten, für die Bildung der Ausschüsse Anwendung. — Eine Spielart der beschränkten Stimmgebung ist die Einzelstimmgebung. Sie wurde von 1907 an nach der österreichischen Reichsratswahlordnung in galizischen Zweierwahlkreisen angewendet, in denen der Wähler nur für einen Bewerber stimmen konnte. Der Zweck dieser Bestimmung war, die Wahl polnischer Abgeordneten in einem überwiegend ukrainischen Gebiete zu ermöglichen. Eine unübertragbare Einzelstimme kennt auch Japan in Mehrerwahlkreisen.

Die beschränkte Stimmgebung geht auf Condorcet zurück und wurde in seinen Verfassungsentwurf vom 15./16. Februar 1793 aufgenommen. Darnach hatte der Wähler in einem Wahlkörper, der mehrere Vertreter wählt, nur das Recht, für einen einzigen Namen zu stimmen; dieses Verfahren sollte für die Wahl der Geschworenen gelten, von denen einer auf je 100 Bürger kam. Nun sah aber Condorcet selbst die Schwäche dieser Stimmgebung, daß nämlich auf einen beliebten Bewerber eine übermäßig große Anzahl von Stimmen im Vergleich mit den übrigen Bewerbern entfällt. (Tecklenburg, Frankreich S. 185). Daher hatte er den Schluß gezogen und dem Wähler bei der Wahl des Vorstandes der Primärversammlungen das Recht zur Abgabe von zwei Stimmen gegeben. Bei der Wahl selbst entscheidet die relative Mehrheit. Die Nachfolger Condorcet's: Saint-Just (1793), Girardin (1849) und der Herzog von Ayen (1870) sind über ihr Vorbild nicht hinausgekommen und verharrten bei der Einzelstimmgebung. Die mehrfache beschränkte Stimmgebung hat dieser gegenüber schon manche Vorteile: sie bietet aber noch immer keine Sicherheit, daß die Minderheit zu einer Vertretung gelangt, da die disziplinierte Mehrheitspartei durch besondere Wahlmanöver die Minderheit um ihre Vertretung bringen kann. So konnte Hagenbach-Bischoff 1888 über die Verfahren der Minderheitenvertretung sagen: »Es haben alle diese Verbesserungssysteme etwas willkürliches und gekünsteltes; es fehlt ihnen ein klarer Grundsatz und deshalb helfen sie nur unvollkommen; sie schaffen sogar zuweilen neue Unbilligkeiten oder gar Gelegenheiten zu unpassenden Manövern«. Die einzige Möglichkeit, eine Vertretung der Minderheiten zu sichern, bietet die Verhältniswahl, die Cahn als rationales System im Gegensatz zu den bisher erwähnten empirischen bezeichnet (Cahn, S. 13).

Die beschränkte Stimmgebung hatte trotz der kurzen Dauer ihrer Anwendung in England eine erhebliche Bedeutung für die Organisation der modernen Parteien: sie gab den Anstoß zur Bildung des Caucus. Die in Birmingham herrschenden Radikalen (Liberalen) wollten die konservative Minderheit um die Vorteile der Schutzbestimmung bringen. Besondere Vertrauensmänner sollten die Verbindung zwischen Partei und Wähler herstellen und auf diese Weise sollte die ungefähre Zahl der Wähler festgestellt werden. Sodann wurden die Wähler in vier Teile eingeteilt und die Vertrauensmänner hatten ihren Wählern die Weisung zu geben, wie sie die Stimme abgeben sollten. Auf diese Weise wurden trotz der Schutzbestimmung nur liberale Bewerber gewählt. Aus dieser Organisation der Wählerschaft entwickelte sich der Caucus, eine kunstvoll aufgebaute Parteiorganisation, in der trotz demokratischen Aufbaus infolge des geschickt eingeführten Kooptationsverfahrens auf den entscheidenden

Stufen die Macht in den Händen Joseph Chamberlains zusammengefaßt wurde. Von Birmingham verbreitete sich das System über das ganze Land und wurde auch von den Konservativen übernommen. Der Caucus übte einen ungeheuren Einfluß auf die Wahlen aus und trotz des Niedergangs des Systems seit den 90er Jahren sind es noch immer die kleinen örtlichen Zirkel, die das Hauptwort bei der Aufstellung der Bewerber reden (vgl. Ostrogorski, 1. Bd., S. 150 ff.).

Die Verhältniswahl.

1. Die Aufgaben der Verhältniswahl und ihre staatsrechtliche Rechtfertigung.

Die Aufgabe der Verhältniswahl ist der Schutz der Minderheiten dadurch, daß einem bestimmten Anteil an der Stimmenzahl der gleiche Anteil in der gesetzgebenden Körperschaft entspricht. Die Verhältniswahl ist also eine rationalistische Forderung; die idealste Verhältniswahl ist die, bei der der Stimmenanteil mit dem Sitzanteil haargenau übereinstimmt.

Außer der rationalistischen Wurzel hat die Verhältniswahl noch ein ethische. Es ist dies die Forderung nach Gerechtigkeit. Die augenfälligen Mißverhältnisse der Mehrheitswahl beleidigen das Gerechtigkeitsgefühl und machen den Wunsch nach einer richtigeren Vertretung rege. So konnte der niederländische Innenminister in seiner Eröffnungsrede an die Staatskommission für Verhältniswahl am 22. Nov. 1913 sagen: »Daß der Grundsatz der Verhältniswahl in allen politischen Parteien zahlreiche Verteidiger findet, kann als eine erfreuliche Erscheinung betrachtet werden. Sie findet ihren Grund in dem Wunsch, mehr Wahrheit in das System der Vertretung zu bringen«.

Außerdem knüpfen sich an die Verhältniswahl eine Unzahl mehr oder weniger wichtiger politischer Wünsche, die wir in reicher Fülle in den Motivenberichten der verschiedenen Regierungen bei Einführung der Verhältniswahl finden. So führten die erläuternden Bemerkungen des Staatskanzlers von Deutschösterreich 1918 als Gründe für die Einführung der Verhältniswahl an:

1. Damit nicht wertvolle Minderheiten einfach durch siegreiche Mehrheiten niedergetreten und aus der Gesetzgebung ausgeschaltet werden.

2. Um den Kampf aus den gehässigen und persönlichen Formen in ritterliche und sachliche Formen zu leiten.

3. Um die systematische Köpfung der Parteien, die sich bei den Mehrheitswahlen herausstellt, auszuschalten. »Die besten Männer der Parteien, auf die natürlich auch die heftigsten Angriffe der Gegner einstürmten, sind oft, ja beinahe in der Regel, nach einer oder zwei Legislaturperioden, nachdem sie just die nötigen praktischen Erfahrungen gesammelt hatten, nicht wiedergewählt worden, während weniger exponierte, weniger kampftüchtige und arbeitsfähige Mitglieder dem Wirbelsturm entgehen und jahrelang Mandate innehaben, ohne sie jemals voll zu nutzen« (bei Kelsen, Verfassungsgesetze, 2. Teil, S. 45).

Der tschechoslowakische Motivenbericht von 1919 führte als besondere Gründe für die Verhältniswahl an:

1. Infolge der nationalen Verhältnisse in der tschechoslowakischen Republik ist eine gerechte Vertretung aller Nationalitäten nötig, denn »die Ungerechtigkeit der Wahlordnung wäre die erste und eine gewichtige Triebfeder zu politischen Kämpfen auf dem Boden des Parlaments«.

2. Die Verhältniswahl hilft auch die Wahlkreisgeometrie ausschalten.

Der Bericht des Wahlrechtsausschusses der italienischen Abgeordnetenkammer von 1919 (Atti parlamentari-Camera dei Deputati XXIV, Sess. 13—19) stellte als Aufgaben der Verhältniswahl, neben der Herbeiführung einer richtigen Vertretung und der Verwertung jeder Stimme auf:

1. Die Beseitigung der Stichwahlen der Mehrheitswahl, wo diese Wahlbündnisse »sono confusioni caotiche e alterano profondamente la fisionomia delle parti, la quale, per accordi contingenti, non deve cessare di rimanere distinta.«
2. Eine teilweise juristische Anerkennung der Parteien, an Stelle des individualistischen Chaos.

Dies sind alles Gründe politischer Zweckmäßigkeit, nicht etwa aber parteipolitischer, sondern staatspolitischer und sachlicher Art. Da aber für die deutsche Staatsrechtslehre seit Gerber und Laband solche Gründe nicht gelten, mögen sie durch noch so dringende Staatsnotwendigkeiten diktiert sein, muß eine formale staatsrechtliche Konstruktion und Rechtfertigung der Verhältniswahl versucht werden. Die wichtigsten Argumente in diesem Versuche wollen wir nach Cahn folgendermaßen zusammenfassen, ohne sie schon jetzt zu widerlegen.

1. Der Träger des Rechtes auf Vertretung bei der Mehrheitswahl ist ein verfassungswidriger. Bei der Mehrheitswahl ist der Träger des Rechtes auf Vertretung der Wahlkreis; dieser wird als Einheit angesehen und zur Willensäußerung berufen. »Es gibt hier kein Vertretungsrecht der gesamten Bevölkerung, sondern nur ein Wahlrecht der gesetzlich festgelegten politischen Körper. Die Bevölkerung ist für Wahlzwecke territorial fest gegliedert und kann ihr Wahlrecht nur in diesen festen Abteilungen ausüben. Es handelt sich also um einen modernisierten Ausläufer des alten ständischen Prinzips.« (Cahn S. 61.) »Bei der Verhältniswahl wird die frei durch das ganze Land gebildete Wählergruppe zur Willensäußerung berufen. Ziel ist Vertretung aller Wähler, soweit sie sich in einer gewissen Mindestzahl auf die Wahl eines und desselben Abgeordneten einigen.« (Ebendort.) Träger des Rechtes auf Vertretung ist in diesem Falle die frei gebildete Wählergruppe. Nun schreiben die liberalen Verfassungen vor, daß die Abgeordneten Vertreter der ganzen Nation sind und nicht der Wähler, die sie entsenden. Diesen Bestimmungen läuft jedoch die Wahl durch die Wahlkreise zuwider, denn in diesem Falle wären die Abgeordneten nicht Vertreter des ganzen Volkes, sondern nur der Wahlkreise.

2. Die Mehrheitswahl widerspricht der Demokratie. Bernatzik meinte 1892, (neuerdings auch Jaworski), daß die Verhältniswahl in einen unversöhnlichen Widerspruch mit den Grundsätzen des demokratischen Prinzipes gerate, indem einmal das Mehrheitsprinzip als Ausdruck roher Gewalt verworfen, das andere Mal als selbstverständliche Folge des demokratischen angesehen werde. Die Mehrheit schafft Beschlüsse, Gesetze, Urteile; warum sollte die Mehrheit nicht auch wählen dürfen? — Auf diese Einwürfe erwidern die Anhänger der Verhältniswahl (Tecklenburg, Rechtsidee; Cahn), daß hier Bernatzik und seine Anhänger den Unterschied zwischen Beschlußfassung und Wahl übersehen. Das Mehrheitsprinzip bezieht sich in der Geschichte der Demokratie ausschließlich auf die Beschlußfassung. Wahlen sind aber etwas anderes, sie sind die Bildung des beschlußfassenden Organs. Représentation ist etwas anderes als décision. Wenn die Meinung der Mehrheit die des Volkes sein soll, so müsse die Mehrheit im Parlament auch die Mehrheit im Volke hinter sich haben; dies ist bei der Mehrheitswahl nicht immer der Fall, wohl aber immer bei der Verhältniswahl. Und Victor Considérant meinte 1846: »La majorité est le principe de la décision, la proportionnalité est le principe de la représentation.«

3. Die Verhältniswahl entspricht allein der Demokratie. In der Demokratie ist es das natürlichste, daß jeder Bürger an der Bildung des Staatswillens teilnimmt, indem er über die Gesetze beschließt. Dies ist in einem kleinen Gemeinwesen auch leicht durchführbar. In einem größeren Staatskörper ist ein Zusammentreten aller Bürger aber ausgeschlossen, sie wählen daher Vertreter, die als Bevollmächtigte für sie abstimmen. »Das Parlament ist nur die Gesamtheit der Bürger im kleinen.« (Cahn, S. 75.) Diese Fiktion spukt seit der berühmten Rede Mirabeaus vom 30. Januar 1789 unausrottbar herum. »Les Etats sont pour la nation ce qu'est une carte réduite pour son étendue physique; soit en partie, soit en grand, la copie doit toujours avoir les mêmes proportions que l'original« (bei Saripolos I S. 159). Sieyès prägte dann das nicht minder bekannte Wort: »Le corps représentant est toujours, pour ce qu'il y a à faire, à la place de la nation elle-même; son influence doit conserver la même nature, les mêmes proportions et les mêmes règles.« Nach Prévost-Paradol ist »l'idéal du gouvernement représentatif« ein Parlament, welches »le miroir de la nation« sein soll. Ein Führer der Verhältniswahlbewegung der Achtzigerjahre, L. Donnat, bedauerte gleichfalls die Undurchführbarkeit von Versammlungen aller Bürger in einem großen Land. »Mais si l'on trouvait un mode d'élection, qui donnât la photographie, la réduction exacte du corps électoral, ce mode d'élection ne serait-il pas le plus conforme à la justice?... Un parlement ainsi constitué serait la forme la plus vraie et la plus équitable du gouvernement représentatif.« (Saripolos II S. 49.). Und 130 Jahre nach Mirabeau finden wir dieselbe Auffassung und die Rechtfertigung der Verhältniswahl aus dem Gedanken der Demokratie heraus bei Kelsen (Demokratie 1. Aufl. S. 12).

4. Die Verhältniswahl entspricht allein der Gleichheit des Wahlrechts. Das gleiche Wahlrecht bedeutet nicht allein, daß jeder Wähler gleicherweise einen Stimmzettel in die Urne werfen kann, sondern daß seine Stimme zur Wahl von Abgeordneten beitrage. Bei der Mehrheitswahl haben nur die Stimmen der Mehrheitspartei zur Wahl von Abgeordneten mitgeholfen, die für den unterlegenen Bewerber abgegebenen Stimmen sind wertlos geblieben, woraus sich eine verschiedenartige Behandlung der einzelnen Wähler ergibt. Erst die Verhältniswahl kann jeder Stimme denselben Erfolgswert geben, wodurch allein die wahre Gleichheit des Wahlrechts hergestellt ist.

5. Die Verhältniswahl entspricht dem demokratischen Grundsatz

der Freiheit. Wenn nur die Mehrheit im Parlament herrscht, so kann der Mehrheitswillen der starken Minderheit aufgedrängt werden. Anders steht es, meint Kelsen, wenn alle Minderheiten im Parlament verhältnismäßig vertreten sind. »Denn der influenzartige Einfluß, den die Minorität auf die Bildung des Majoritätswillens ausübt, muß um so bedeutender sein, je mächtiger diese Minorität oder diese Minoritäten im Parlament auftreten. Zweifellos verstärkt das Proportionalwahlsystem jene Tendenz der Freiheit, die verhindern soll, daß der Wille der Mehrheit schrankenlos über den der Minderheit herrsche.« (Kelsen, Demokratie, 2. Aufl., S. 61 ff.).

Durch diese Begründungen soll die Verhältniswahl juristisch in den Bau des modernen Staates eingegliedert werden. Zu den Begründungen selbst wollen wir erst später Stellung nehmen; hier soll nur festgehalten werden, daß sie den Weg des Verhältniswahlgedankens ebneten.

2. Zur Geschichte der Verhältniswahl.

Die Anfänge der Verhältniswahl finden wir in Frankreich, wo das Mitglied der Académie Royale, De Borda, am 16. Juni 1770 der Akademie den Vorschlag machte, die Akademiker nicht mehr mittels des Mehrheitsverfahrens, sondern mittels eines Verfahrens graduierter Stimmgebung (siehe unter 3) zu wählen. Damit wurde ein Grundgedanke der Verhältniswahl aufgedeckt. Fünfzehn Jahre später (1785) veröffentlichte der Mathematiker Condorcet seinen Essai, in dem er von der Unvollkommenheit der Mehrheitswahl ausging und auf Grund der Wahrscheinlichkeitsrechnung ein Verfahren ausheckte, das ihm selbst so verwickelt erschien, daß er 1793, als das Verfahren zur Verwirklichung gelangen sollte, ein einfacheres Verfahren vorschlug. Es ist dies aber keine Verhältniswahl, sondern die unter dem englischen Name »Alternative Vote« bekannte Eventualstimmgebung in der Mehrheitswahl. Aber selbst dieser Vorschlag sollte nicht in die Praxis umgesetzt werden: der Konvent nahm die Mehrheitswahl mit einer allfälligen Stichwahl an. Was von Condorcets Vorschlägen weiterhin in der Publizistik erhalten blieb, das war sein anderer wichtiger Gedanke: die beschränkte Stimmgebung. Wie Condorcet Mathematiker war, so wurde auch der nächste Versuch einer Verhältniswahl von einem Mathematiker unternommen: von Gergonne (»Arithmétique politique. Sur les élections et le système représentatif«, in den Annalles de Mathématique, 1820, vol. X, S. 281

—288): die Wähler sollen sich nach ihren Meinungen und Interessen spontan in Gruppen teilen und auf je 200 Wähler soll ein Abgeordneter kommen.

In der Zeit des Bürgerkönigs Louis Philippe, als die Zensur gemildert war, drang der Gedanke der Verhältniswahl in die Publizistik ein. De Villèle schlug 1839 zur Brechung des Vertretungsmonopols einer Partei die Gruppierung von Wählern in gleiche Gruppen vor, auf welche je ein Abgeordneter kommen sollte. Und auf denselben Gedanken bauten sich auch die Vorschläge Victor Considérants auf: als Schüler Fouriers ging er von der Phalanx aus, von denen jede eine bestimmte Menschenzahl umfaßte. Seine Ansichten haben wie auch die anderer eine negative Seite, indem er sich gegen die Mehrheitswahl wendet, und eine aufbauende, indem er einen Vorschlag macht. Gegen die Mehrheitswahl meint er: »On a jusqu' ici confondu le vote délibératif et le vote représentatif, deux choses qui se ressemblent comme le jour et la nuit.« Seinen ersten positiven Vorschlag einer Verhältniswahl richtete er 1846 an den Großen Rat von Genf mit der Schrift »De la Sincérité du Gouvernement Représentatif ou Exposition de l'Election Véridique«, in der er für die Listenwahl eintrat; 1849 wiederholte er seinen Vorschlag in abgeänderter Form (Wahl von Landesabgeordneten) für die französische Abgeordnetenkammer.

»Considérants Bestrebuugen haben kaum Beachtung gefunden« (Tecklenburg, Frankreich S. 195). Ganz unabhängig von Considérant wurde zur selben Zeit das Listensystem in Philadelphia von Thomas Gilpin (3. Mai 1844: »On the representation of minorities of electors to act with majority in elected assemblies«) vorgeschlagen. Der Gedanke der Listenwahl Considérants lebte nur in der Schweiz weiter. Zuerst trat 1858 Cantagrel in Neuenburg mit einem Vorschlag auf, der als »double vote simultané, vote général pour un parti, vote personnel pour les candidats« bezeichnet werden kann. 1862 setzte sich in Genf A. Morin für die Listenwahl ein, jedoch schon für die Wahl mittels freier Listen. Und gleichfalls in Genf wurde die erste Vereinigung für die Förderung der Verhältniswahl geschaffen: die »Association réformiste« 1865 durch Ernest Naville. Dieser hatte auch Gelegenheit, in der französischen Akademie über die Verhältniswahl zu sprechen. Inzwischen war auch Frankreich von einer neuen Welle der Verhältniswahlbewegung bespült worden, die sich dann mit der Genfer Bewegung vereinigte und auf Schweizer Boden endgültig Fuß fassen konnte.

Die neue Welle ging von England aus. Der Barrister Thomas

Hare leitete dort mit seinem Buche »The Election of Representatives« 1859 eine Agitation ein, die sich sehr radikale Ziele stellte: Aufhebung der örtlichen Wahlkreise, Schaffung eines Landeswahlkreises (je einer für England, Schottland und Irland), jeder Wähler kann irgendeinen Bewerber aus dem ganzen Lande wählen, seine Stimme ist übertragbar und kann den von ihm in zweiter, dritter usw. Linie bevorzugten Bewerbern zugutekommen. Unter dem Eindruck dieses Buches, das 1861 die zweite und 1865 die dritte Auflage erlebte, wurde eine große Agitation entfaltet, die nicht nur auf Abschaffung der Mehrheitswahl, sondern auch auf Ausdehnung des Stimmrechts hinauslief. Die Reform-Act von 1867 ist eine Folge der Hare-Agitation. Durch die Verleihung des Stimmrechts an die Arbeiter in den Städten wurde sofort der Schutz der Minderheiten, d. h. der Schutz der alten Wählerklassen wach; es wurde daher, wenn auch nicht das Haresche Verfahren, so doch eine Minderheitenklausel in Form der beschränkten Stimmgebung in das Wahlgesetz aufgenommen.

Vor Hare wurde sein Grundgedanke der übertragbaren Einzelstimmgebung von Thomas Wright Hill 1821 für eine Komiteewahl verwirklicht. Sein Verfahren wurde zuerst 1839 für die Wahl öffentlicher Körperschaften angewendet: zum Munizipalrat in Adelaide, wo Thomas Wright Hill's Sohn, der spätere Reformator des englischen Postwesens, Rowland Hill, Kolonisationskommissar war; mit einer kleineren Abänderung hatte dasselbe Verfahren im selben Jahre, ganz unabhängig von Hill und Adelaide, der gewesene französische Ministerpräsident De Villèle in Frankreich vorgeschlagen, wieder ein Beweis dafür, wie unabhängig von einander Gedanken in der Welt entstehen.

Das Haresche Verfahren wurde von Hare selbst in seiner 3. Auflage sowie durch H. R. Droop, 1868, verbessert. In den Siebzigerjahren ging die Bewegung zugunsten der Gedanken Hare's weiter; die geistigen Führer der Bewegung waren John Stuart Mill und Bagehot. John Stuart Mill widmete in seinem Werke »Considerations on Representative Government« einen ganzen Abschnitt den Hareschen Vorschlägen und lobte sie als »among the very greatest improvements yet made in the theory and practice of government«. Er trat im Unterhaus 1867 für das Verfahren ein und 1872 wurde dort eine Bill eingebracht. Die Bestrebungen zugunsten des Hareschen Verfahrens der Verhältniswahl wurden 1884 in der »British Proportional Representation Society« zusammengefaßt. Aber in demselben Jahre schien die Bewegung zu Ende zu kommen; denn »nun erhielt die Mehrheit das Wahlrecht und die M. P.'s, die früher für die Verhältniswahl eingetreten waren, waren nun froh ihren eigenen Wahlkreis zu haben« (Horwill). 1884/85 wurden die Mehrerwahlkreise bis auf wenige Ausnahmen abgeschafft und damit fiel auch die Notwendigkeit der Minderheitenklausel von 1867 weg. Wenn auch die »P. R. Society« in London langsam wieder einschlief, so gewann der Verhältniswahlgedanke in den anderen Teilen des Britischen Weltreichs Anklang: in Südaustralien gewann er in Catherine Helen Spence eine Verfechterin, in Tasmanien in dem Attorney-General Andrew Inglis Clark und in J. B. Gregory, die das Haresche Verfahren ausgestalteten; dank deren Bemühungen wurde das Verfahren für die Wahl der Versammlung von Tasmanien 1896 teilweise, 1907 für die ganze Provinz eingeführt. Nicht nur in Australien, auch in den anderen überseeischen Ländern Seiner Britischen Majestät fand die Verhältniswahl Verbreitung, überall nur in der Form der übertragbaren Einzelstimmgebung nach Hare.

1865 berichtete der Sekretär der britischen Gesandtschaft in Kopenhagen, Mr. Robert Lytton, daß das Haresche Verfahren schon seit 1855 in Dänemark für die Wahl von 55 von 80 Mitgliedern des dänischen Reichstags angewendet werde. Der Erfinder des Verfahrens auf dänischer Erde war der Finanzminister, spätere Minsterpräsident Carl Christoph Georg Andrae. Zu seinem Verfahren war er auf induktivem Wege gelangt, wobei ihm seine Kenntnisse als Mathematiker und Geodät zugute kamen. Von Dänemark verbreitete sich das Andraesche Verfahren nach anderen nordischen Ländern für die Wahl kleinerer Körperschaften; der Bericht Lyttons nach England stärkte dort die Stellung Hares.

Hares Vorschläge wurden auch in anderen Ländern in Erwägung gezogen, vor allem in Deutschland. Sie wurden insbesondere in Frankfurt im Zusammenhang mit der Verfassungsreform der damaligen Freien Stadt 1863 lebhaft erörtert und eine Frucht dieser Erörterungen ist die Schrift der beiden Frankfurter Burnitz und Varrentrapp, die wohl keine Fortbildung Harescher Gedanken brachte, dagegen ein neues Rangordnungsverfahren aufstellte. Deutschland selbst war unfruchtbar im Auffinden neuer Verfahren; reicher aber an Publizisten, die für und wider die Verhältniswahl Stellung nahmen und Deutschland war das Land, in dem zuerst die Verhältniswahl zum Dogma erhoben wurde: im Erfurter Programm der sozialdemokratischen Partei.

Hare fand dann auch Wiederhall in Frankreich. Er entfachte dort wieder eine Bewegung für die Verhältniswahl, nachdem die eigentlichen französischen Anfänge ganz in Vergessenheit geraten waren. Louis Blanc war es, der sofort in Hares Gedanken eigene Ideen vorfand, die er selbst schon 1850 in seiner Schrift »Du Suffrage Universel« vertreten hatte: ein Landeswahlkreis und Recht des Wählers auf Nennung von sovielen Bewerbern, als Abgeordnete zu wählen sind. Nachdem ihm das Buch Hares bekannt geworden war, setzte er sich lebhaft für es ein. Er war, vielleicht noch neben Hypolite Taine, einer der wenigen, die Hare in seinem Wesen verstanden; die übrigen Anknüpfer an Hare fanden mehr an mathematischen Spielereien Freude. Ernster wurde die Beschäftigung mit der Verhältniswahl in Frankreich erst, als in dem Werk des Genter Universitätsprofessors Victor D'Hondt »Système pratique et raisonné de la représentation proportionelle« (Brüssel, 1882) ein wissenschaftliches System aufgestellt und der Anstoß zu einer ernsthaften Beschäftigung geboten wurde. Deren erster Ausdruck war die Schaffung der »Société pour l'Étude de la Représentation Proportionelle« 1883 mit hervorragenden Mitgliedern wie Georges Picot, Lyon-Caën, Leroy-Beaulieu, Dareste u. a. Das von dieser Vereinigung 1888 herausgegebene Sammelwerk »La Représentation Proportionelle. Etudes de législation et de statistique comparés« mit einer Einleitung von Maurice Vernès spiegelt den damaligen Stand der Wissenschaft und Praxis wieder. Dieses Werk war »der Höhepunkt der rezeptiven Periode der Proportionalwahl in Frankreich« (Tecklenburg, Frankreich, S. 208). Es setzte eine starke Kritik gegen die Verhältniswahl ein, die von einem Gelehrten vom Ansehen Esmeins getragen wurde. Ihm stellten sich die Verhältniswahlanhänger Léon Duguit, vor allem aber Charles Benoist entgegen, der auch der führende Geist der langjährigen Kämpfe um die Verhältniswahl in der Kammer und im Senat war. Je nach den Schicksalen des Verhältniswahlgedankens im politischen Kampf nahm das überparteiliche »Comité Républicain pour la Représentation Proportionelle« (Generalsekretär Georges Lachapelle) an Bedeutung zu oder ab.

Anders als in Frankreich hatte der Verhältniswahlgedanke im schweizerischen Geistesleben feste Wurzeln gefaßt. Considérants Einfluß war in Genf nachhaltiger gewesen als in Frankreich und von Genf aus griff die Verhältniswahlbewegung auf die anderen Kantone über. Nach dem Vorbild der Genfer Association Réformiste wurde 1876 ein »Schweizerischer Verein für Proportionale Stellvertretung« gegründet und schon 1883 hatte der Bundesrat zur Frage der Einführung der Verhältniswahl für die Wahl der eidgenössischen Räte Stellung zu nehmen; von Hilty und Wille ließ er zwei Gutachten ausarbeiten. Ein ganz besonderes Verdienst um die Verhältniswahl erwarb sich der Basler Mathematikprofessor Hagenbach-Bischoff, dessen Vorschläge eine Vereinfachung des D'Hondtschen Verfahrens lieferten. In der Schweiz wurde die Verhältniswahl auch zuerst in Gesetzgebungskörpern eingeführt, u. zwar in denen einiger Kantone (seit 1891).

Mit Beginn des 20. Jahrhunderts hat die geistig schöpferische Periode der Verhältniswahl ihren Abschluß gefunden. Es soll hier nicht auf die Werke über die Verhältniswahl hingewiesen werden, auf ihre Verfechter und Gegner, sondern auf die Mehrer und Verbesserer der Verfahren. Deren Zahl ist seit dem neuen Jahrhundert klein. Zu diesen gehören in Deutschland Siegfried und Luppe, dann Geyerhahn, der eine Verbindung von Mehrheitswahl und Verhältniswahl anstrebte und dessen Grundgedanken von Hammerich, wohl ohne Kenntnis des Vorgängers, in Dänemark 1915 verwirklicht wurden. Im Norden brachten ferner Thiele (in Dänemark), Phragmén (in Schweden) und Wendt (in Finnland) Verbesserung des Rangordnungsverfahrens; in Belgien ergänzte Van den Walle das D'Hondtsche Verfahren bei Anwendung über Gruppen von Provinzen. Was sonst vorgeschlagen wurde, beinhaltet keinen ursprünglichen Gedanken mehr, sondern ist mehr oder minder folgerichtiges Durchdenken alter Ideen. Allerdings zeigt sich in der Geschichte der Verhältniswahl immer wieder, daß derselbe Gedanke gleichzeitig in verschiedenen Ländern unabhängig voneinander gedacht wurde und daß spätere Geschlechter oft auf das zurückkommen und als neue Gedanken hinstellen, was schon Jahrzehnte vor ihnen ausgesonnen wurde. Für die Sucher nach neuen Verfahren gilt insbesondere das, was einst Goethe gesagt hat:

»Original, fahr hin in deiner Pracht! –
Wie würde dich die Einsicht kränken:
Wer kann was Dummes, wer was Kluges denken,
Was nicht die Vorwelt schon gedacht?«

So wird vom Wiener Verein »Wahlreform« unter dem Namen Kelsen-Pappenheimsches Verfahren ein Verfahren verfochten, das ein vergröbertes Haresches Verfahren darstellt und Thomas Vorschlag der doppelgeleisigen Wahl wurde 1858 schon von Cantagrel vorgeschlagen und 1927 im Kanton Tessin verwirklicht.

Zur Vermeidung von Dillettantismus auf dem Gebiete der Verhältniswahl und zur Förderung der Zusammenarbeit dienten die verschiedenen Verhältniswahlgesellschaften. Wir haben u. a. schon die englische erwähnt, die bald nach 1885 eingeschlafen war und seit 1906 durch John H. Humphreys zu neuem Leben erweckt wurde. In Belgien wurde 1881 eine Association Réformiste gegründet; in Italien eine Associazione riformista, die später in die Unione per il Controllo democratico überging. In den Niederlanden wirkt die »Gesellschaft zur Verbesserung des Wahlsystems«. 1885 wurde in Antwerpen die erste Internationale Konferenz für das Verhältniswahlsystem abgehalten und ihre Seele, der belgische Graf Goblet d'Alviela, führte beim letzten Verhältniswahldinner 1911 in London den Vorsitz. Die Nachkriegsjahre brachten eine ganz ungeheure Ausdehnung des Anwendungsgebietes der Verhältniswahl bei gleichzeitiger Einschrumpfung des Kreises ihrer Anhänger. Theorie und Praxis gehen gerade in jenen Jahren eigene Wege, wo eine Zusammenarbeit beiden Not täte.

Die Einführung der Verhältniswahl in einem Lande ist zum geringsten Teile den Forderungen der Theorie zu verdanken, sondern fast ausschließlich politischen Forderungen. Der Boden für die Verhältniswahl war immer dort gegeben, wo es auf zwei ihrer Vorteile ankam: Schutz der Minderheiten und Milderung des politischen Kampfes. Auch für den Fall eines Sprunges ins Dunkle wurde die Verhältniswahl für brauchbar gehalten. Durch die weitgehenden Folgen, die an ihre Einführung geknüpft sind, konnte sie oft als politisches Druck- oder Schreckmittel und Kompensationsgegenstand verwendet werden.

Die hauptsächlichsten Gründe für die Einführung der Verhältniswahl waren:

Dänemark (Reichsrat) 5. Okt. 1855: das Bestreben, zu verhindern, daß die deutsche Mehrheit in der schleswigschen Ständeversammlung die dänische Minderheit von der Vertretung im Reichsrat des Gesamtstaates ausschließen könnte.

Serbien 25. März 1890: Milderung der Parteikämpfe.

Tessin 9. Februar 1891: Milderung der politischen Kämpfe.

Neuenburg 28. Okt. 1891: Undurchführbarkeit einer Wahl nach der absoluten Mehrheit.

Genf 3 Sept. 1892: Ungewißheit der Wahlen infolge Aufkommens einer dritten Partei.

Zug 31. Januar 1894: Einschränkung der politischen und persönlichen Befehdungen aus Anlaß der Wahlen sowie Vermehrung des Zutrauens des Volkes zu den Behörden (Bericht der vorberatenden Kommission vom 19. April 1892, mitgeteilt von der Kantons-Kanzlei).

Solothurn 30. Nov. 1894: wegen krasser Mißverhältnisse der Vertretung infolge der Mehrheitswahl.

Schwyz 23. Okt. 1898: es wurde schon unter der Mehrheitswahl den Minderheiten eine Vertretung freiwillig zugestanden. Doch waren dabei die Minderheiten immer von der Mehrheitspartei abhängig und mußten, um zu einer Vertretung zu kommen, Bewerber aufstellen, die der Mehrheit genehm waren. Durch die Einführung der Verhältniswahl sollte ermöglicht werden, daß die Minderheiten ihre Bewerber frei auswählen und aus eigener Kraft wählen können (Mitteilung der Kantonskanzlei).

Belgien 30. Dez. 1899: krasse Mißverhältnisse der Vertretung infolge der Mehrheitswahl; Kampf der Liberalen, ihre seit der Einführung des allgemeinen Wahlrechts verloren gegangene politische Stellung als zweite Partei wiederzuerlangen.

Baselstadt 26. Januar 1905: langjährige Agitation zugunsten der Verhältniswahl (Hagenbach-Bischoff).

Mähren 1905: für 30 Abgeordnete des Großgrundbesitzes und 6 Abgeordnete der Handelskammern im Landtag: Schutz der deutschen Minderheit vor der tschechischen Mehrheit.

Württemberg 16. Januar 1906: nur für 6 Abgeordnete der Stadt Stuttgart, wegen der Schwierigkeiten der Wahlkreiseinteilung in Städten, ferner für die Wahl von 17 Abgeordneten in einem Landeswahlkreis, an Stelle der ausgeschiedenen privilegierten Abgeordneten (Vertreter der Ritterschaft, Kirchen und Universität).

Hamburg 1906: Angst vor einem Überhandnehmen der Sozialdemokraten bei einem Mehrheitswahlsystem.

Finnland 1906: erste Wahl des Landtags als moderne Volksvertretung, statt bisher als Ständelandtag; Ungewißheit des Ausganges.

Schweden 1909: Konzession, die die Konservativen für die Zustimmung zum allgemeinen Wahlrecht verlangten.

Bulgarien 1912: Milderung der Parteikämpfe.

Dänemark 1915: Ungewißheit infolge Einführung des allgemeinen Wahlrechts.

Deutschland 24. August 1918: nur für die großen Stadtwahlkreise: Schwierigkeit der Einteilung von Städten in geschlossene Wahlkreise.

Nach dem Weltkrieg nahm die Verhältniswahl eine ungeahnte Ausdehnung an; sie verbreitete sich fast mit einem Schlag über ganz Europa.

Die Gründe dieser Verbreitung waren theoretischer und politischer Art. Zu den theoretischen Fürsprechern der Verhältniswahl gehört der Rationalismus der demokratischen Auffassung der Nachkriegsjahre, die nicht auf die Praxis und Dynamik der Demokratie in anderen Ländern zurückgriff, sondern zu den theoretischen Wegbahnern der Demokratie, zu Rousseau und Mirabeau. Die zweite theoretische Erwägung, die für die Verhältniswahl sprach, war die, daß in den Verfassunggebenden Versammlungen alle größeren Strömungen in der Bevölkerung vertreten sein sollen, damit sie alle bei der Ausarbeitung teilnehmen können. Auch wer nicht die Vertragstheorie Rousseaus gutheißt, wonach der Staatsvertrag einstimmig angenommen werden soll, der muß doch zugeben, daß die Verfassung als Grundgesetz und besonderes Integrationsmittel einer besonderen Art der Entstehung bedarf. Die politischen Gründe, die nach dem Weltkrieg für die Einführung der Verhältniswahl sprachen, lagen in der Sorge des Bürgertums, von der radikalen sozialistischen Hochflut fortgerissen zu werden. Die Verhältniswahl wurde der Schutz des Bürgertums in einer aufgeregten Zeit.

Die Verhältniswahl wurde eingeführt:

1918: Deutsches Reich (Verfassunggebende Nationalversammlung), Deutschösterreich (Konstituierende Nationalversammlung), Polen (Verfassunggebender Sejm), Rumänien (Altrumänien und Bessarabien).

1919: Italien, Frankreich (jedoch in einer sehr verzerrten Form), Schweiz (Nationalrat), Norwegen (Verfassungsänderung; Wahlgesetz folgte 1920), Estland (Verfassunggebende Staatsversammlung), Luxemburg, Ungarn (Nationalversammlung).

1920: Tschechoslowakei, Dänemark (reine Verhältniswahl), Estland (Staatsversammlung), Deutsches Reich (Reichstag), Österreich (Nationalrat), Südslawien (Verfassunggebende Nationalversammlung), Island (teilweise), Litauen und Lettland (Verfassunggebende Versammlungen).

1921: Irland (Nord- und Südirland).

1922: Lettland, Litauen, Polen (Sejm und Senat), Danzig, Südslawien (Nationalversammlung), Saargebiet (Landesrat).

1923: Irischer Freistaat.

1925: Memelgebiet.

1926: Rumänien (für das ganze Reich), Griechenland.

1932: Spanien (geplant).

Nicht ergriffen von der Verhältniswahl wurden nur Rußland, Albanien und Portugal; England wurde nur gestreift, da nur die 11 Abgeordneten der Universitätswahlkreise mittels Verhältniswahl gewählt werden, von insges. 615 Mitgliedern. In den Vereinigten Staaten ist die Verhältniswahl über die Eroberung von acht Städten nicht hinausgekommen.

3. Die Verfahren der Verhältniswahl.

Im Nachstehenden wird darauf verzichtet, eine Systematik zu bieten. Eine Systematik müßte neben den angewendeten auch eine Unzahl andrer möglicher und konstruierbarer Verfahren bringen, was aber dem Zweck dieses Buches nicht entspricht. Das einzige, was an dieser Stelle getan werden kann, ist in zeitlicher Aufeinanderfolge die einzelnen Grundgedanken herauszuarbeiten, am besten an der Hand der Werke der »Klassiker der Verhältniswahl« selbst. Die Zahl der Grundgedanken ist eine überraschend geringe. Mit drei Grundgedanken kommen wir vollkommen aus. Auf diese können wir alle anderen Gedanken, die den verschiedenen Verfahren oder Methoden oder »Systemen«, wie sie gewöhnlich heißen, zu Grunde liegen, zurückführen.

a) Die graduierte Stimmgebung.

Das Verfahren wurde zuerst von De Borda (1770) ersonnen, der von den Mängeln der relativen Mehrheit ausging. Diese zeigen sich in dem von ihm angeführten Beispiel: es gibt 21 Abstimmende, ein Vertreter ist zu wählen, und es bewerben sich drei Bewerber A, B und C. Von den Wählern der 8 Mann starken Partei A zieht jeder A sowohl dem B als auch dem C vor; die 13 Wähler der Partei B finden jedoch A den ihnen am unsympathischesten Bewerber, sie sind jedoch in zwei Fraktionen geteilt, von denen eine 7 Mann starke den B dem C vorzieht, die andere 6 Mann starke dagegen den C dem B. Nach dem bisherigen (relativen) Mehrheitsverfahren wäre das Ergebnis, daß A mit 8 Stimmen gegenüber B mit 7 Stimmen und C mit 6 Stimmen gewählt wird; das Ergebnis widerspricht aber einem Gerechtigkeitssinn, der in A gerade den von 13 Wählern vollkommen abgelehnten Bewerber sieht. Um ein richtiges Ergebnis herzustellen, verlangt er, daß die Wahl »donne aux électeurs le moyen de prononcer sur le mérite de chaque sujet comparé successivement aux mérites de ses concurrents«. Die Wahl wird eine »élection par ordre de mérite«. Der Wähler hat sich also für die Reihenfolge der Bewerber, wie er sie einschätzt, auszusprechen, wodurch die Grade des Verdienstes ausgedrückt sind. Für den an letzter Stelle genannten Bewerber ist eine Einheit (1) der Grad des ihm zugeteilten Verdienstes, für den an vorletzter Stelle genannten Bewerber zwei Einheiten (2) als dessen Grad des Verdienstes und für den an erster Stelle genannten Bewerber drei Einheiten (3) als ihm zugeteilter Grad des Verdienstes. Wenn vier Bewerber vorhanden wären, hätte der letzte Bewerber wieder nur einen Punkt, der erste vier Punkte. Nach diesem Bewerbungsverfahren arbeitet De Borda das eingangs erwähnte Beispiel auf und kommt hierbei zu folgender Übersicht.

	Wähler der Partei A		Wähler der Partei B	
	1	7	7	6
Stimme in erster Linie für	A	A	B	C
„ in zweiter Linie für	B	C	C	B
„ in dritter Linie für	C	B	A	A

demnach

Stimmen für A:	8 erste Stimmen zu je 3 Punkte	24	
	13 dritte „ „ „ 1 „	13	zus. 37
Stimmen für B:	7 erste Stimmen zu je 3 Punkte	21	
	7 zweite „ „ „ 2 „	14	
	7 dritte „ „ „ 1 „	7	zus. 42
Stimmen für C:	6 erste Stimmen zu je 3 Punkte	18	
	14 zweite „ „ „ 2 „	28	
	1 dritte „ „ „ 1 „	1	zus. 47

C hat in dem Vergleich am besten abgeschnitten und er ist demnach gewählt.

Fast neunzig Jahre später, 1857, ersann dieses Verfahren ganz neu wieder Thomas Hare in seiner Schrift »The Machinery of Representation«. Der Wähler nennt in einer Reihenfolge mehrere Bewerber, deren Höchstzahl bekannt ist; der ersten Stimme kommt das Stimmgewicht 1 zu, der zweiten $^1/_2$, der dritten $^1/_3$ usw. Sodann werden die Stimmgewichte der Bewerber zusammengezählt und die Bewerber, die die höchsten Beträge aufweisen, sind gewählt.

Hare hatte selbst dieses Verfahren aufgegeben und 1859 das unten beschriebene vorgeschlagen. Das letztere wirkte sehr anregend und aus Anlaß dessen Kritik kamen die Frankfurter Gustav Burnitz und Georg Varrentrapp auf ein Verfahren, das, ohne daß sie es wußten, das ursprüngliche Haresche Verfahren der Rangordnung war. Das Verfahren begründen sie folgendermaßen:

»Wir nehmen also beispielsweise eine Körperschaft von 1.000 Personen an, gleichgültig ob eine rein gesellschaftliche, religiöse, politische usw.; wir nehmen ferner an, daß sämtliche Mitglieder in ihren Ansichten und Absichten übereinstimmen. Dieser Körperschaft liegt die Aufgabe ob, einen Vertreter zu ernennen. Wie wird diese Körperschaft vorschreiten? Sie wird zusammentreten und eine Musterung, eine Schätzung ihrer Mitglieder vornehmen, um diejenige Person zu ermitteln, welche am geeignetsten und befähigsten erscheint, die Gesamtheit, sei es im allgemeinen, sei es für einen bestimmten Zweck zu vertreten. Diese vorzunehmende Prüfung oder Schätzung wird bei Annahme einer solchen homogenen Körperschaft vermutlich dahin führen, daß alle Stimmen auf eine Person sich vereinigen. Gilt es nun, einen zweiten, einen dritten usw. Vertreter nach dem anderen zu wählen so wird unter sonst gleich bleibenden Verhältnissen die erneute Wertschätzung zu demselben Ergebnis führen: es wird auch eine zweite und dann auch eine dritte Person sämtliche Stimmen auf sich vereinigen. Alle solcher Gestalt Gewählten haben diese Stimmenzahl erhalten und dennoch wohnt diesen Stimmen im Sinne der Wähler nicht der gleiche Wert ein, diese Stimmen entsprechen in ihrer Gleichheit nicht dem gleichen Wert, der von den Wählern auf die Wahl des ersten, des zweiten und des dritten Gewählten gelegt ward. Denn der zweite Gewählte erhielt seine 1000 Stimmen nur, weil und nachdem der erste bereits gewählt war, der dritte, nachdem der zweite usw. Der Wert, den zweiten gewählt zu sehen, war ein untergeordneter im Verhältnis zu dem auf die Wahl des ersten gelegten Werte. Dieser Wert oder die Aussicht des zweiten, dritten usw. war mithin nur $1/2$, $1/3$, $1/4$ usw. so groß, als des ersten. Das Verhältnis stellt sich also wie

$$1000 : \frac{1000}{2} : \frac{1000}{3} : \frac{1000}{4}.«$$

Den Beweis, daß die Erststimmen und die Zweitstimmen nicht gleichwertig, sondern der Ausdruck einer verschiedenen Wertschätzung sind, dürfte wohl erbracht sein, nicht jedoch, daß die Reihenfolge aber $1 : 1/2 : 1/3$ usw. sein muß.

b) Die übertragbare Einzelstimmgebung.

Die ursprünglichste Form gab dieser Stimmgebung Thomas Wright Hill 1821, dessen Verfahren von seinem Biographen, bzw. dem seines Sohnes folgendermaßen beschrieben wird:

»Von jedem anwesenden Mitgliede soll ein Stimmzettel abgegeben werden, der oben seinen eigenen Namen trägt, worunter er den Namen desjenigen Mitgliedes schreibt, der ihn im Ausschuß vertreten soll. Die auf diese Weise abgegebenen Stimmen sollen dem Vorsitzenden überreicht werden, welcher sie sortiert und der Versammlung die Anzahl der für jeden Nominierten abgegebenen Stimmen mitteilen soll. Jeder, der fünf Stimmen hat, soll zum Mitgliede des Ausschusses erklärt werden; wenn einer Person mehr als fünf Stimmen gegeben wurden, so werden die überschüssigen Stimmen (die durch Los zu ziehen sind) den Wählern zurückgegeben, deren Namen sie tragen, damit sie andere Bewerber nennen, und dieses Verfahren wird so lange wiederholt, bis keine überschüssigen Stimmen bleiben, bis alle unwirksamen Stimmen den betreffenden Wählern zurückgegeben worden sind, und dasselbe Verfahren soll ein zweites Mal und auch ein drittes Mal, wenn nötig, durchgegangen werden« (bei Hoag-Hallett p. 165).

Dieses Verfahren eignet sich aber nicht für geheime Wahlen; der erste, der auch für diese Fälle ein brauchbares Verfahren ersann, war der Däne Andrae. Das nach ihm genannte Verfahren enthält aber Abweichungen von seinen Vorschlägen, doch finden wir in dem dänischen »Vorläufigen Gesetz, betreffend die Wahlen für den Reichsrath« vom 2. Oktober 1855, das für den damaligen dänischen Gesamtstaat, einschließlich der deutschen Herzogtümer Holstein und Lauenburg galt, seine Grundgedanken wieder:

»§ 18... Jeder Wähler hat ... den Stimmzettel versiegelt... zurückzuliefern, nachdem er auf demselben Namen und Stellung derjenigen Männer, auf welche er stimmt, deutlich angegeben und den Zettel mit seiner eigenhändigen Unterschrift versehen hat. Ein Stimmzettel ist zwar an sich gültig, wenn auch nur ein Name auf demselben angegeben ist, es kann derselbe aber in solchem Falle infolge der Bestimmungen des § 23 seine Bedeutung verlieren, und es darf daher der Wähler, welcher seiner Stimme die volle Bedeutung bei der Wahl sichern will, sich nicht darauf beschränken, denjenigen namhaft zu machen, dessen Wahl er vorzugsweise wünscht, sondern es muß derselbe zugleich die Namen derjenigen angeben, die er jenem zunächst gewählt haben will, und zwar in der Reihenfolge, in welcher er dieselben gewählt wünscht.

§ 22. Die Wahlhandlung wird von dem Vorsitzenden eröffnet und nimmt damit ihren Anfang, daß derselbe die eingegangenen Stimmzettel nachzählt. Die dabei sich ergebende Zahl wird durch die Zahl der von dem Kreise zu erwählenden Mitglieder des Reichsraths geteilt und der dabei nach Wegwerfung der Brüche sich ergebende Quotient wird, in Übereinstimmung mit dem nächstfolgenden §, der Wahl zugrunde gelegt.

§ 23. Nachdem die Stimmzettel in eine Urne niedergelegt und gemischt worden sind, werden sie einzeln von dem Vorsitzenden herausgenommen. Der Vorsitzende versieht dieselben mit einer Laufnummer und liest den ersten der auf jedem Zettel befindlichen Namen ab, welcher gleichzeitig von zweien der übrigen Mitglieder der Wahldirektion niedergeschrieben wird. Diejenigen Zettel, auf denen derselbe Name zuerst sich aufgeführt findet, werden zusammen hingelegt und, sobald ein Name so oft vorgekommen ist, daß die auf denselben gefallenen Stimmen den in Gemäßheit des § 22 ermittelten Quotienten erreicht haben, wird mit der Ablesung inne gehalten. Nachdem eine Nachzählung der Stimmzettel die Richtigkeit der aufgezeichneten Stimmenzahl dargetan hat, wird der Betreffende für gewählt erklärt. Die solchergestalt nachgezählten Stimmzettel kommen vorläufig nicht weiter in Betracht. Darauf wird mit der Ablesung der noch übrigen Stimmzettel fortgefahren, jedoch dergestalt, daß, wenn auf einem derselben sich der Name des bereits Gewählten als der erste findet, dieser ausgestrichen und der zunächst folgende Name als der zuerst geschriebene betrachtet wird. Wenn sich aufs neue der vorgedachte Quotient an Stimmen für Jemanden ergibt, wird abermals in der oben angegebenen Weise verfahren und, wenn auch diese Wahl dadurch entschieden worden ist, wird die Ablesung wiederum fortgesetzt, unter Beobachtung des im Vorstehenden bezeichneten Verfahrens und dergestalt, daß die Namen der bereits Gewählten, wo sie sich als die ersten aufgeführt finden, ausgestrichen werden, bis sämtliche Stimmzettel durchgenommen sind.

§ 24. Wenn auf diesem Wege die ganze Anzahl der für den Kreis zu treffenden Wahlen nicht erreicht wird, ist zu untersuchen, welche Personen danach die größte Zahl der verlesenen Stimmen erhalten haben und nach der solchergestalt ermittelten Stimmenmehrheit werden die noch rückständigen Wahlen entschieden. Doch ist niemand als gewählt anzusehen, der nicht an Stimmen mehr als die Hälfte des vorgedachten Quotienten erhalten hat. Bei Gleichheit der Stimmen entscheidet das Los.

§ 25. Wenn auch auf diese Weise noch nicht alle Wahlen erledigt sind, wird eine neue Verlesung sämtlicher abgegebenen Stimmzettel vorgenommen, dergestalt, daß von den auf einem jeden dieser Zettel zuerst aufgeführten Männern, die nicht bereits als gewählt anerkannt worden sind, so viele genommen werden, als noch Wahlen rückständig sind. Die einfache Mehrheit der solchergestalt abgegebenen Stimmen entscheidet dann die Wahl. Bei Stimmengleichheit gibt auch hier das Los den Ausschlag.«

Wie schon die beiden zuletzt angeführten Paragraphen zeigen, muß zu Aushilfsmitteln gegriffen werden, wenn die gesamte Abgeordnetenzahl durch reine Verhältniswahl nicht gewählt werden kann. Dies kann sehr oft der Fall sein, weil die Wählerzahl zum Reichsrat (und später zum Landsthing) eine geringe war und daher leicht eine Zersplitterung der Stimmen eintreten konnte. Andrae selbst war sich dieses Nachteiles bewußt, er hatte daher für die Wahl der Mitglieder einen sich über das ganze Land erstreckenden Wahlkreis vorgeschlagen, doch gegen seinen Willen wurde eine Vielzahl von Wahlkreisen geschaffen.

Thomas Hare verfocht eben dieselben Grundgedanken wie Andrae: ein Landeswahlkreis, eine für das ganze Reich einheitliche Wahlzahl, auf die ein Sitz entfällt, die durch Teilung der Wählerzahl durch die Zahl der zu wählenden Sitze (damals 654) ermittelt wird; das Land wird in ebensoviele Aufstellungskreise geteilt, für die die Parteien je einen Bewerber aufstellen können, doch ist der Wähler nicht daran gebunden, sondern er kann einen Bewerber aus jedem anderen Aufstellungskreis wählen. Er erhält ein amtliches Verzeichnis aller im Königreiche aufgestellten Bewerber, etwa 1800. »Every elector may now propose and vote for whom he pleases« (Hare, The Election of Representatives . Third Edition. S. XIII). Der Wähler wählt mittels schriftlichen Stimmzettels, in dem er den Namen eines Bewerbers anführen muß und die Namen weiterer 15 Bewerber in der Reihenfolge, in der sie gewählt sehen möchte, anführen kann. Jeder Bewerber, auf den die volle Wahlzahl entfällt, ist gewählt. »Hat der Bewerber mit den Erststimmen die Wahlzahl erreicht, so wird sein Name auf den Stimmzetteln, die zuletzt für ihn abgegeben worden sind, gestrichen. Der zweite Name auf diesen Stimmzetteln wird nun der erste und wenn die Stimmzettel die Wahlzahl für den zweiten Bewerber ergeben werden, wird sein Name auf den verbleibenden Stimmzetteln gestrichen und es kommt nun ein dritter Name an die zweite Stelle« usw. (Hare, S. 160).

Das Haresche Verfahren hat denselben schwachen Punkt, wie das Andraesche: nämlich das Zufallsmoment in der Bestimmung der Stimmzettel, die zu übertragen sind. Bei beiden werden die Zettel übertragen, die zuletzt für den gewählten Bewerber abgegeben worden sind, d. h. nur die Nächststimmen der Wähler, die zuletzt für den gewählten Bewerber gestimmt haben oder deren Stimmzettel zuletzt geöffnet worden sind, werden berücksichtigt. Hare versuchte dieses Zufallsmoment einzuschränken, indem auf jeden Fall diejenigen Stimmzettel, die außer dem Namen eines schon gewählten keinen anderen Namen enthalten, als verbraucht auf die Seite gelegt werden. Eine zweite Unzulänglichkeit des Verfahrens bestand in der Bezeichnung der Bewerber, wenn keiner mehr die Wahlzahl erreicht hat; in diesem Falle sollten die nächsten Bewerber mit den größten Stimmenzahlen für gewählt erklärt werden. Hare verbesserte das Verfahren aber schon in der dritten Auflage seines Buches: in einem solchen Falle sollten die Stimmen der Bewerber mit den wenigsten Erststimmen übertragen werden. So geschieht die Stimmenübertragung in doppelter Richtung: in der Richtung nach abwärts, »selection«, und in der Richtung nach aufwärts: »elimination.«

Eine weitere Unzulänglichkeit, nämlich, daß die Wahlzahl zu schwer erreicht werden kann, behob dann Mr. H. R. Droop (On the political and social effects of different methods of electing Representatives, 1869) indem er eine Verkleinerung der Wahlzahl vorschlug. An Stelle der Hareschen Formel: Wahlzahl $= \frac{\text{Stimmen}}{\text{Abgeordn.}}$, setzte er die Formel $\frac{\text{Stimmen}}{\text{Abg.} + 1}$.

Eine Verfeinerung der Droopschen Formel ist die sog. »Fractional Quota«, die ihren Namen davon hat, daß die Wahlzahl auf zwei bis drei Dezimalen ausgerechnet wird. Dies ist besonders wichtig für Wahlen in kleinen Körperschaften, wo die Droopsche Wahlzahl nicht genau genug ist. Um aber nicht mit Brüchen rechnen zu müssen, wird sowohl die Wahlzahl als auch jede Stimmenzahl mit 100 vervielfacht.

Die Nachteile der Hareschen Wahlzahl können schließlich vermieden werden, indem man nicht von einer feststehenden Abgeordnetenzahl ausgeht und durch Teilung der Wählerzahl durch die Abgeordnetenzahl die Wahlzahl bestimmt, sondern indem man die Wahlzahl von vornherein mit einer bestimmten Stimmenzahl festsetzt. Wenn also ein Bewerber diese Stimmenzahl erreicht hat, so ist er gewählt, sei es durch Erst- oder durch Nächststimmen. Dieses sogenannte »automatische« Verfahren (uniform quota, nombre unique) hat zur Folge, daß die Abgeordnetenzahl von Wahl zu Wahl schwanken kann, so daß auch die Vertretung der einzelnen Wahlkreise keine feste ist. Der größte Vorteil des Verfahrens ist seine mathematische Gerechtigkeit.

Die Nachfolger Hares versuchten das Verfahren dadurch wirklichkeitnäher zu gestalten, indem sie auf seinen doktrinären Grundgedanken verzichteten, daß nämlich das ganze Reich ein Wahlkreis sein soll und jeder Wähler einen Bewerber aus einer unhandlichen Bewerberliste für das ganze Reich auserwählen kann. So wurde von Lord Courtney of Penwith das Haresche Verfahren der übertragbaren Einzelstimmgebung auf Wahlkreise mit ungefähr drei Abgeordneten eingeschränkt und in dieser Form wird es auch von der englischen Proportional Representation Society vertreten.

Eine andere wichtige Aufgabe, die den Verbesserern der Hareschen Methode oblag, war die Ausschaltung des Zufallsmomentes. Nach dem Verfahren des Schweizers Rothpletz wird ebenso wie bei Hare vorgegangen: »Sobald ein Name so viel Stimmen auf sich vereinigt, als die Wahlzahl beträgt, ist der Betreffende gewählt. Von da an wird sein Name als ungültig auf den folgenden Wahlzetteln gestrichen; der nächstfolgende gültige Name rückt an seine Stelle und wird als Stimme gezählt.« Sodann wird fortgefahren: »Wenn von allen Wahlzetteln je ein Name genommen und damit die erste Lesung beendet ist, wird auf dem gleichen Zählungsbogen mit der Zählung in der Art fortgefahren, daß man wieder bei dem ersten Wahlzettel beginnt und ein zweites Mal in der durch die Nummerierung festgesetzten Reihenfolge je einen Namen, und zwar den obersten gültigen, der noch nicht gezählt oder gewählt ist, von jedem Wahlzettel nimmt, bis die nötige Zahl von Großräten durch Erreichung der Wahlzahl gewählt ist. Ist mit der zweiten Lesung das Resultat noch nicht erreicht, so geht man zu einer dritten über, und so weiter, bis die erforderliche Zahl von Großräten herausgekommen ist.« Dieses Verfahren will das Zufallsmoment ganz ausschalten.

Nach eingehenden Berechnungen ist dieses Zufallsmoment aber in einem größeren Wahlkörper nicht groß. Es ist daher nach Ansicht von Humphreys am besten, man mischt die Stimmzettel, die die Erststimmen des Gewählten tragen und zieht aus diesem Bündel soviele Stimmen heraus, als der Überschuß des Gewählten ausmacht.

Eine exakte Methode wurde von den Australiern Clark und Gregory ausgesonnen. Wenn ein Bewerber die Wahlzahl erreicht hat, so werden alle seine Stimmen an die Nächstbevorzugten übertragen, doch werden sie nicht zum vollen Stimmwert gerechnet, sondern nur zu einem Bruchteil und zwar so, daß diese Bruchteile zusammen die Zahl der zu übertragenden Stimmen ausmachen. Wenn also ein Gewählter 10 000 Erststimmen hatte und bei einer Wahlzahl von 6000 einen Überschuß von 4000 Stimmen aufweist so werden alle 10.000 Stimmzettel übertragen, aber nur zu einem Teilwerte von $\frac{4.000}{10.000}$ oder zu $^2/_5$. Dieses exakte Verfahren erfordert eine bedeutende Mehrarbeit und der Report der Royal Commission von 1910 stimmte mit der P. R. Society darin überein, daß die Mehrarbeit für die Verfeinerung des Verfahrens größer sei, als deren Wert.

c) Die Listenwahl.

Die bisherigen Verfahren sind Personensysteme gewesen, d. h. der Wähler wählt Personen und beim Hareschen Verfahren ist es der Wähler selbst, der die mögliche Übertragung der Stimmen und deren Reihenfolge bestimmt. Daher liefert die Aufbereitung des Wahlergebnisses die Personen, die gewählt sind. Anders steht es mit dem Listensystem. Hier hat der Wähler entweder überhaupt nur die Möglichkeit, für eine Liste als Ganzes zu stimmen, oder aber, wenn er für eine Person stimmen kann, so kommt seine Stimme auch den anderen Bewerbern dieser Liste zugute. Bei der Listenwahl zerfällt schließlich das Ermittlungsverfahren in zwei Teile: zuerst wird die Zahl der einer Liste zufallenden Abgeordnetensitze bestimmt, sodann erfolgt die Zuteilung der Sitze an die Bewerber der Liste.

Die Listenwahl wurde zuerst von Victor Considérant dem Genfer Großen Rat vorgeschlagen (1846). Nach seinem Vorschlag hat eine bestimmte Zahl von Wählern das Recht, eine Bewerberliste vor dem Wahltag einzureichen. Der Wähler hat am Wahltage für eine der eingereichten Listen zu stimmen. Durch Teilung der Gesamtzahl der abgegebenen Stimmen durch die Zahl der zu wählenden Abgeordneten wird die Wahlzahl bestimmt. Jede Liste erhält so viele Abgeordnete, als die Wahlzahl in ihrer Stimmenzahl enthalten ist. Sodann findet ein neuer Wahlgang statt, in welchem jeder Wähler einen Stimmzettel abgibt, auf dem zuoberst die Listenbezeichnung steht und darunter so viele der Bewerber der Liste, als dieser Sitze zugesprochen worden sind.

In seinem Vorschlag hat Considérant bereits die beiden Fragen angeschnitten, auf deren Lösung es bei der Listenwahl besonders ankommt: die Frage der Wahlzahl und die Frage der Ordnung der Bewerber innerhalb der Liste.

Der Wahlzahl Considérants haftet der Mangel an, daß durch die Teilung der Stimmenzahlen der einzelnen Parteien durch diese Wahlzahl nicht alle Sitze besetzt werden, daß also Restsitze übrig bleiben. Die Nachfolger haben diese Frage roh dadurch gelöst, daß sie die Restsitze an die Listen mit den größten Stimmüberschüssen nach der Teilung zugewiesen haben. Es ist dies das sogenannte Restteilungsverfahren (système des plus forts restes, Verfahren der stärksten Bruchteile, auch Haresches Verfahren genannt).

Dieses Verfahren ist deswegen mangelhaft, weil auf diese Weise oft ganz kleine Parteisplitter zu einem Sitze kommen können und die Verhältnismäßigkeit sehr gestört wird. Diesen Störungen der gerechten Vertretung stellte D'Hondt seinen Grundsatz entgegen: »Keine Gruppe soll ein Mandat oder ein weiteres Mandat erhalten, so lange nicht eine andere Gruppe auf eine größere Stimmziffer ein Mandat oder ein weiteres Mandat erhalten hat.« Sein Verfahren stellt er durch folgendes Beispiel dar, das wir aber etwas abändern. (Le pourquoi du système de l'association réformiste, Revue mensuelle, 14e année, 1895, S. 10.) Es sind drei Abgeordnete zu wählen und es bewerben sich drei Parteien, die Liste A mit 1480 Stimmen, die Liste B mit 800 und die Liste C mit 720. Die Stimmenzahlen werden der Reihe nach durch 1, 2, 3 usw. geteilt:

	Liste A	Liste B	Liste C
geteilt durch 1:	1480	800	720
„ „ 2:	740	400	360

Die einzelnen Quotienten nacheinander gereiht sind: 1480, 800, 740. Der Quotient 740 bildet als dritter Quotient den chiffre répartiteur oder den mètre électoral; die Liste A mit 1480 Stimmen enthält zweimal diesen Quotienten, die Liste B einmal, die Liste C keinmal, so daß die Liste A zwei Sitze und die Liste B einen Sitz erhält. Nach dem Restteilungsverfahren würde zuerst A einen Sitz erhalten, denn die Wahlzahl $\frac{3000}{3}$ oder 1000 ist in ihrer Stimmenzahl einmal enthalten; die weiteren Sitze hätten den Listen mit den größten Resten zugeteilt werden müssen, nämlich B mit 800 und C mit 720; A hat ja nur einen Rest von 480. Das Ergebnis ist, daß A mit mehr als doppelt soviel Stimmen ebenso nur einen Sitz erhält wie C. Nach dem D'Hondtschen Verfahren hat der erste Sitz A zugeteilt zu werden; wenn der Liste A ein zweiter Sitz zugeteilt werden würde, so erhielte diese durchschnittlich für 740 Stimmen einen Sitz; da steht aber die Liste B auf und hat mit 800 Stimmen den Vorzug gegenüber A; B erhält daher den zweiten Sitz. Für den dritten Sitz können Anspruch erheben: A mit 740 Stimmen, B mit 400 und C mit 720; den Sitz erhält also A. Der erste Bewerber auf der Liste A hat also ein Stimmgewicht von 1480, der zweite aber nur von der Hälfte, so daß auch das D'Hondtsche Verfahren den Grundgedanken der eingangs geschilderten graduierten Stimmgebung beinhaltet.

Wenn eine größere Anzahl von Bewerbern zu wählen sind, so erfordert das D'Hondtsche Verfahren eine längere Rechenarbeit infolge der Berechnung der Brüche. Eine Vereinfachung des Verfahrens brachte dann der Basler Hagenbach-Bischoff, dessen Begründungen wir seiner Schrift »Die Frage der Einführung einer Proportionalvertretung statt des absoluten Mehres« (Basel 1888) im folgenden entnehmen:

(S. 8) »Der einzige Grundsatz, den wir annehmen, um daraus ein gerechtes Verfahren abzuleiten, heißt: alle stimmfähigen Bürger sind gleichberechtigt. — Hieraus folgt das Vorrecht der Mehrheit, wonach eine größere Zahl von Stimmen stets mehr Bedeutung hat, als eine kleinere. — Die Anwendung dieses Satzes auf den Fall, daß eine Versammlung einen Vertreter zu bezeichnen hat, ergibt, daß zu der Wahl desselben mehr als die Hälfte der Stimmen genügt; denn der Rest ist dann stets kleiner als die Hälfte und der Gewählte hat somit mehr Stimmen erhalten als irgend ein anderer. — Was folgt nun aus den obigen Sätzen, wenn die Versammlung mehrere Vertreter zu wählen hat? — Es ist leicht einzusehen und wohl kaum bestritten, daß in diesem Falle nicht jeder Gewählte die ganze Vertretung beanspruchen darf, denn sonst hätte es ja keinen Sinn, daß man die Zahl der Vertreter von der Größe des Wahlkörpers abhängig macht, und z. B. bestimmt, daß auf je 20.000 Seelen ein Nationalrat, oder auf je 800 Köpfe ein kantonaler Großrat gewählt wird. Die aus der Wahl hervorgegangenen Vertreter bilden zusammen die Vertretung, und diese soll dem Gedanken der gesamten Wählerschaft mit Berücksichtigung der Gleichberechtigung Aller entsprechen.

Sind in diesem Sinne zwei Vertreter zu bezeichnen, so genügt offenbar zu der Wahl des einen mehr als ein Drittel der Stimmen; denn wenn zwei mehr als ein Drittel der Stimmen erhalten haben, so ist der gesamte Rest stets kleiner als ein Drittel; jeder der Gewählten hat somit mehr Stimmen erhalten als irgend ein anderer.

Genau der gleiche Gedankengang wird angewendet auf die Wahl von 3, 4, 5 usw. Vertretern, und wir erhalten so das Resultat:

Zu der Wahl von

1 Vertreter	braucht	es	mehr	als	$^1/_2$	der	Stimmen,
2 Vertretern	„	„	„	„	$^1/_3$	„	„
3 „	„	„	„	„	$^1/_4$	„	„
4 „	„	„	„	„	$^1/_5$	„	„

oder allgemein ausgedrückt:

Zu der Wahl eines Vertreters genügt eine bestimmte Zahl von Stimmen, die wir Wahlzahl nennen; dieselbe wird erhalten, indem man die Zahl der Wähler durch die um eins vermehrte Zahl der Vertreter dividiert und die auf den so erhaltenen Quotienten nächstfolgende ganze Zahl nimmt.«

Die Teilung aller Stimmensummen durch eine Wahlzahl ist viel einfacher, als das D'Hondtsche Verfahren, hat aber den Nachteil, daß durch diese Teilung nicht alle Sitze zur Besetzung gelangen. Für diesen Fall hat Hagenbach-Bischoff vorgeschlagen (S. 37): »Es wird dann der Divisor durch Probieren um so viel verkeinert, bis das richtige Resultat gefunden ist.« Später hatte er ein einfacheres Verfahren vorgeschlagen, das wir an der Hand des bei D'Hondt erwähnten Beispiels erörtern wollen: Die Wahlzahl erhält man durch Teilung der Gesamtstimmenzahl, d. i. 3000 durch die um eins vermehrte Zahl der zu vergebenden Sitze, also durch vier, d. i. 750. Die Wahlzahl ist in der Stimmenzahl der Liste A von 1480 einmal enthalten, also erhält diese Liste einen Sitz; in der Stimmenzahl der Liste B von 800 ist sie gleichfalls einmal enthalten, also erhält auch diese Liste einen Sitz; in der Stimmenzahl der Liste C von 720 ist sie nicht enthalten; es bleibt daher ein Sitz noch zu vergeben. Um ihn zu vergeben, teilt man die Stimmenzahl der einzelnen Listen durch die um eins vermehrte Zahl der Sitze, die sie bereits erhalten haben, demnach:

Liste A	1480 : 2	740
Liste B	800 : 2	400
Liste C	720 : 1	720

Da bei dieser Teilung die Liste A den höchsten Quotienten erreicht hat, entfällt auf sie der restliche Sitz. Das Ergebnis ist also das gleiche wie beim D'Hondtschen Verfahren, und Hagenbach-Bischoff hatte nur den Ehrgeiz, daß er dem nicht leicht verständlichen theoretischen D'Hondtschen Verfahren ein praktisches zur Seite gestellt habe, das wesentlich kürzer ist und daher für die praktische Ausführung zu empfehlen ist.

Die D'Hondtsche Verteilungsregel begünstigt die größeren Gruppen, was an jedem Beispiel unschwer nachgewiesen werden kann, doch erachtet Nybølle die »Vorstellungen von der Raffsucht, mit der die D'Hondtsche Verteilungsregel die stärksten Parteien ausstattet« für übertrieben (Zs. f. ges. Staatswiss., 76. Jg. 1921, S. 159). Sie hat als »starke Verteilungsregel« zu gelten und der Gegensatz zu ihr ist die Regel der stärksten Brüche, als schwache Regel, da sie die kleinen Gruppen begünstigt, was in der Praxis dazu ausgenutzt wird, daß sich eine Gruppe künstlich in zwei Teile spaltet, weil sie auf diese Weise mehr Sitze erlangen kann, als wenn sie geeint auftritt. Sie ist also eine Belohnung für Parteienzersplitterung, dagegen die D'Hondtsche Regel eine Belohnung für den größeren Zusammenschluß. Zwischen diesen beiden Regeln stehen die Verteilungsregeln des Amerikaners E. V. Huntington, die des Franzosen A. Sainte-Laguë und die Regel von Imperiali. Nach ersterer werden die Stimmenzahlen durch 0, $\sqrt{1.2}$, $\sqrt{2.3}$, $\sqrt{3.4}$ usw. oder durch 0, 1.41, 2.45, 3.46, 4.47, 5.48 usw. geteilt, und zwar findet hier eine starke Begünstigung der kleinen Gruppen statt; eine schwächere Begünstigung bietet die Sainte-Laguësche Verteilungsregel, nach der die Stimmenzahlen durch die ungeraden Zahlen geteilt werden: durch 1, 3, 5, 7, 9 usw., während die Imperialische Regel in ihrer Wirkung und ihrer Form dem D'Hondtschen Verfahren nahe kommt; es findet eine Teilung durch die Zahlen 2, 3, 4, 5 usw. statt, die Teilung durch 1 wird jedoch weggelassen.

Für die Listenwahl kann auch das automatische Verfahren zur

Anwendung gelangen. Es wurde zuerst von dem Zürcher Kantonsrat Karl Bürkli 1874 beantragt: der Kanton bildet einen Wahlkreis, das Gesetz bestimmt die Anzahl der Stimmen, die zur Wahl eines Mitgliedes erforderlich sind. Vom französischen Obersten Curie wurde 1902 vorgeschlagen, daß auf 10.000 Stimmen ein Abgeordneter kommen soll und wenn ein Bewerber diese Zahl erreicht, so ist er gewählt. Eine theoretische Begründung dieses Verfahrens versuchte Gottfried Kunwald zu liefern, der den eigentlichen Grundgedanken der Verhältniswahl darin sieht, daß diese nicht die Vertretung eines Wahlkreises, sondern einer freien Gruppe ist. Es ist daher gekünstelt und unnatürlich, wenn bei der Verhältniswahl einem Wahlkreis eine bestimmte Anzahl Sitze zugeteilt werden. Richtig ist dagegen die Zuteilung von Sitzen an die freien Gruppen und zwar hat auf eine bestimmte Grundzahl ein Sitz zu entfallen.

Die zweite Frage der Listenwahl ist die der Zuweisung der Sitze an die Bewerber. Diese richtet sich nach den Arten der einzelnen Listen:

1. Fest gebundene oder starre Liste: die Reihenfolge der Liste ist von vorneherein festgesetzt und die Zuweisung der Sitze an die Bewerber erfolgt in der Reihenfolge, in der sie auf der Liste stehen.

2. Lose gebundene Liste: der Wähler ist bei seiner Stimmabgabe an eine Liste gebunden, er kann jedoch innerhalb der Bewerber eine gewisse Bewertung vornehmen, indem er einem (oder mehreren) Bewerbern eine Vorzugsstimme geben kann oder durch ein negatives Vorzeichen oder Streichen seine Abneigung gegenüber einem Bewerber ausdrückt. Diese Wertschätzung der Wähler kann unbedingt entscheidend sein oder nur bedingt:

a) unbedingte Entscheidung der Wähler: wenn sich aus der Zusammenzählung der Vorzugsstimmen eine neue Reihenfolge der Bewerber ergeben kann, welche dann für die Zuteilung der Sitze die maßgebende wird;

b) bedingte Entscheidung des Wählers: wenn diese Vorzugsstimmen nur unter bestimmten Bedingungen einen Einfluß auf die Änderung der Liste haben, z. B. in Belgien, wo ein Bewerber auf Grund seiner Vorzugsstimmen, wenn diese so hoch sind, wie die Wahlzahl, für gewählt erklärt wird, während sich an der übrigen Reihenfolge der Bewerber nichts ändert.

3. Freie Liste: Der Wähler kann in der Liste, für die er stimmt, Namen streichen und dafür Namen von Bewerbern anderer Listen

einsetzen oder aus Namen aller Listen eine eigene Liste zusammensetzen (Sprenkeln, Panachieren). Auch in diesem Falle richtet sich die Zuteilung der Sitze nach der Zahl der von den einzelnen Bewerbern erzielten Stimmen. Diese Listenform gibt die Möglichkeit des Köpfens (Dekapitieren), indem eine Partei einem Teil ihrer Wähler aufträgt, für unbedeutende Bewerber einer gegnerischen Liste Stimmen abzugeben, auf welche Weise die Führerpersönlichkeiten der gegnerischen Liste durch minder bedeutende Bewerber in den Hintergrund gedrängt und von der Wahl in das Parlament ausgeschlossen werden können. Als Mittel gegen diese Manöver und zur Sicherung der Führer kann die Stimmenhäufung (Kumulieren) verwendet werden, indem die Wähler den Namen eines von ihnen bevorzugten Bewerbers zwei (oder mehrere) Male auf den Stimmzettel setzen oder diese Namen schon von vorneherein auf dem Stimmzettel kumuliert werden.

4. Die horizontale Liste: In den angeführten Fällen ergibt sich eine Liste, da die einzelnen Bewerber nacheinander geschrieben werden. Die horizontale Liste tritt nicht als Liste in Erscheinung, da nach außenhin Einerstimmkreise auftreten, in denen je ein Bewerber aufgestellt wird. Da aber die Sitzeverteilung nicht in diesem Stimmkreis, sondern in einem größeren Wahlkreise oder Verbande vorgenommen wird, so bilden die einzelnen Bewerber derselben Partei im Wahlkreis oder Verband eine gewisse Einheit, die wir horizontale Liste bezeichnen wollen. Die Zuteilung der Sitze an die Bewerber kann folgendermaßen erfolgen:

a) nach der absoluten Größe der von den einzelnen Bewerbern aufgebrachten Stimmenzahlen;
b) in einer Reihenfolge nach der Höhe der Stimmenanteile, die die einzelnen Bewerber in ihrem Stimmkreis erzielt haben;
c) mittels Überführungsverfahren nach einer Parteiliste (siehe dänisches Wahlverfahren 1920).

Die dritte Frage der Listenwahl, ja jeder Verhältniswahl überhaupt, ist die Größe der Wahlkreise. Von Kunwald und anderen Vertretern der Verhältniswahl wird die Unvereinbarkeit einer Wahlkreiseinteilung mit der Verhältniswahl überhaupt behauptet. Die meisten Klassiker der Verhältniswahl haben den Landeswahlkreis verlangt. Nur in einem Landeswahlkreis kann das mathematische Ziel der Verhältniswahl vollkommen erreicht werden: zwischen Stimmenzahl und Vertretung eine Übereinstimmung herzustellen. Diese ist umso leichter möglich, je größer die Wahlkreise sind. Daher haben auch die meisten Verhältniswahlländer größere Wahlkreise eingeführt; zur weiteren Annäherung an eine mathematisch genaue Verhältnismäßigkeit wird in der neueren Verhältniswahlpraxis eine Verrechnungsmöglichkeit der Reststimmen über den Wahlkreis hinaus sowie die Möglichkeit der Listenverbindung samt der Unterlistenverbindung (Beisp.: Bd. I, S. 118, Hessen) eingeführt.

Durch kein Verfahren der Verhältniswahl kann eine haargenaue Übereinstimmung zwischen Anteil an den Stimmen und Anteil im Parlamente erzielt werden, weil Abgeordnete nicht in Brüche geteilt werden können. Um aber doch zur vollendeten Verhältnismäßigkeit zu gelangen, prägte der Schwede Gustav Cassel (»Volksrepräsentation und Besteuerung«, Z. f. d. ges. Staatswiss., 54. Jg., 1898, S. 577) folgenden Grundsatz: »Jeder Kandidat, der gewählt wird, ist als mit der Anzahl Stimmen gewählt zu betrachten, die er wirklich erhalten hat. Bei allen Abstimmungen im Parlament nimmt er mit dieser Stimmenanzahl teil.« Der Wähler hat mehrere Stimmen, die von dem von ihm zuerst bevorzugten Bewerber auf den nächsten übertragen werden können; die weitere Aufteilung ist dieselbe wie die Elimination nach aufwärts bei Hare: es werden die Erststimmen der am schlechtesten abschneidenden Bewerber übertragen, und die Bewerber, die auf diese Weise die meisten Stimmen erhalten haben, sind in dem Ausmaß, als Abgeordnete zu wählen sind, gewählt. Die großen Gefahren dieses Vorschlages sind: einerseits die Erschwerung bei der Abstimmung im Parlament, bei der nicht nach Köpfen, sondern nach den einzelnen Stimmwerten gerechnet werden muß; Cassel schlägt zur Erleichterung der Abstimmung eigene Abstimmungsmaschinen vor; andererseits das ungleiche politische Gewicht der einzelnen Abgeordneten, die manchem Abgeordneten eine zu starke Macht geben kann; um zu starke Auswüchse zu verhindern, schlägt Cassel, ganz entgegen seiner sonstigen doktrinären Einstellung, die Teilung des Landes in mehrere Wahlkreise vor.

Cassel hat den Weg einer »Rationalisierung der Verhältniswahl« beschritten. »Wie denken uns ja die Wahl als einen beständig fortschreitenden Prozeß, durch welchen die Macht allmählich in immer weniger Hände gerät. So ist das Wahlverfahren ganz einfach als eine fortgesetzte Konzentration des Wählerkorps zu betrachten« (S. 598). Der Einfluß im gewählten Vertretungskörper ist derselbe, wie in einer Volksabstimmung, wo jeder Wähler direkt seine Meinung ausdrücken kann. »Weiter kann man nicht gelangen« (S. 606).

So führt der Wunsch, ein vollständig »verhältnismäßiges« Parlament zu erhalten, zu dem Ende, daß die Versammlungen der gesetzgebenden Körperschaften den Generalversammlungen von Aktiengesellschaften gleich werden. Die letzten Folgerungen zog R. M. Delannoy in seinem Vorschlag »Von der gebundenen Liste zur reinen Parteienwahl« (in »Der Öst. Volkswirt«, 17. Jg., 1924/25, Nr. 34, S. 930 ff.): »Am Tage der ‚allgemeinen Wahl' geben alle Wahlberechtigten ihren Stimmzettel ab, auf dem die Bezeichnung der gewünschten Partei steht. Das Wahlrecht ist wirklich gleich (bisher ist es nicht gleich!): Das Staatsgebiet ist ein einziger Wahlkreis, es gibt keine Wahlzahl und keine Reststimmen. Sobald die Zahl der für die einzelnen Parteien abgegebenen Stimmen gezählt sind, stimmen hinfort in der gesetzgebenden Körperschaft (die nicht mehr das alte Parlament ist!) die Organe der Parteien (die nicht mehr die alten Abgeordneten sind) mit den bei der Wahl abgegebenen Stimmenzahlen ab (nicht mehr mit den Stimmen der zufällig anwesenden Abgeordneten, die auf diese Stimmen entfallen sind). Es können also zum Beispiel vier Parteien, die 60, 30, 6 und 4% der Stimmen erhalten haben, durch je einen Vertreter, also im ganzen vier abstimmen; ihre Stimme ist aber im gleichen Werte, nach den Verhältnissen des Wahlergebnisses. Die Auswahl der Vertreter und ihre Instruierung wird den Parteileitungen obliegen. Wie viele Vertreter sie senden, wird für die Abstimmungen gleichgültig sein, da der eine oder die mehreren Vertreter die bei der Wahl für die Partei abgegebene Stimmenzahl ungeteilt in der Abstimmung über den Gesetzentwurf abgeben. Hingegen werden die Parteien mit der Person der Delegierten wechseln können, also für die verschiedenen Fragen Fachleute entsenden können. Der Unterschied zwischen Plenum des Hauses und Ausschüssen fällt weg, da alle Wählerstimmen selbst durch ganz kleine Delegiertenzirkel vertreten sein werden. ... Immer aber wird die Entscheidung fallen durch die Mehrheit der Parteistimmen nach Verhandlungen von Partei zu Partei, die ihre delegierten Stimmträger der gesetzgebenden ‚Versammlung' während der Verhandlungen, vor der entscheidenden Abstimmung, als Parlamentäre von Partei zu Partei, nicht mehr als Parlamentarier benutzen werden...«

Es ist dies nicht mehr ein wahltechnischer Vorschlag, sondern ein Vorschlag zur »Rationalisierung« des Parlamentarismus. Wenn vielleicht auch dadurch ein vielfach schon tatsächlich bestehender Zustand ohne Feigenblatt dargestellt und legalisiert werden soll, so ist dieser letzte Schritt nichts anderes als der völlige Abbau der Fiktion von einem souveränen Volk und die endgültige Legalisierung des Parteienstaats.

4. Die Mängel der Verhältniswahl und deren Beseitigung.

A. Die Hebung der Freiheit des Wählers und die »Persönlichkeitswahl«.

Als hauptsächlichster Mangel der Verhältniswahl wird empfunden, daß der Wähler in der Regel nur Listen gegenübersteht und Parteien zu wählen hat, nicht aber Persönlichkeiten, denen er Vertrauen schenkt und die er als Abgeordnete geeignet hält. Die Folgen dieses Mangels sind mannigfach:

1. Es wird die Macht der Parteien gestärkt und die Wahl zu einer mittelbaren umgewandelt: »Die eigentliche Wahl ist schon von dem Parteiausschuß vorgenommen worden, den Wählern bleibt nur noch übrig, diese bereits erfolgte Wahl durch ihre Stimmabgabe zu bestätigen. Dadurch wird der Wahl aber der Stempel der bloßen parteipolitischen Stimmenzählung aufgedrückt und ihr der Rest einer dialektischen Bedeutung genommen« (Richard Schmidt-Gleiwitz: Verhältniswahl und Führerauslese, 1929, S. 30).

Das in einer großen Zahl von Ländern herrschende System der gebundenen Liste heißt nichts anderes, als daß der Wähler nur für die Partei stimmen kann, die Wahl der Abgeordneten jedoch bereits in den Sitzungen der Parteileitungen entschieden wurde, wo über die Zuweisung der sicheren und der unsicheren Plätze auf der Liste Beschluß gefaßt worden ist. Hierüber entscheidet in vielen Fällen nur ein ganz kleiner, nur beschränkt verantwortlicher Kreis. So vereint das System der starren Liste in idealer Weise die Demokratie in der Wählerschaft und die Autokratie in den Parteileitungen. Die Wellen der Demokratie, die über das ganze politische Leben hinwegspülen, wurden an den Mauern der Parteileitungen gebrochen. Deren Macht wurde in jenen Staaten noch verstärkt, wo das Wahlgesetz zwecks Verwertung der Reststimmen die Einreichung von Reichswahlvorschlägen zuläßt.

2. Infolge dieser Entwertung des politischen Stimmrechts nimmt das politische Interesse ab. So sank die Wahlbeteiligung andauernd: bei den Wahlen zur Weimarer Nationalversammlung 1919 betrug sie: 82.6%; im Mai 1924: 77.4%, im Dezember 1924: 78.8%, 1928: 75.5%.

Die Wahlkämpfe werden langweilig und gehaltlos, sie leiden an der »gräßlichen Unpersönlichkeit der Wahlen« (Erdmannsdörfer). Auf der anderen Seite nimmt die außerparlamentarische, bündische Bewegung stark zu.

3. Unter dem Listenverfahren sinkt auch das politische Niveau der Abgeordneten zusehends. »Der Grundgedanke der Verhältniswahl, der Gedanke, innerhalb größerer Bezirke in erster Linie die verhältnismäßige Stärke der Parteien festzustellen und danach die Abgeordneten auf sie zu verteilen, dieser Gedanke ist der denkbar größte Gegensatz zu dem alten der Auslese der besten Individuen« (Smend, Maßstäbe S. 12). Bei der Mehrheitswahl im Einerwahlkreise waren die Parteien genötigt, im Wahlkreise nach der geeignetsten und angesehensten Persönlichkeit zu suchen. Bei der Verhältniswahl ist dies überflüssig: an Stelle der Persönlichkeit tritt die Liste, die einen Querschnitt durch die soziale Zusammensetzung der Bevölkerung bietet; die Bewerber sind Vertreter der einzelnen Interessengruppen, deren Vertrauensmänner; im besten Falle noch Spezialisten, aber keine politischen Führer.

4. Gewichtige Gründe gegen die Listenwahl brachte der polnische Episkopat in seinen »Bemerkungen in Sachen der Verfassungsänderung« vom 21. April 1931 (Czas Krakau, vom 24. April 1931) vor: Der Katholik habe die Pflicht, nur für Bewerber zu stimmen, die die Sicherheit bieten, daß sie in der parlamentarischen Praxis einen mit den Grundsätzen der Kirche übereinstimmenden Standpunkt einnehmen. Da er ungeeignete Bewerber abzulehnen habe, müsse das zur Ablehnung der ganzen Liste führen, auf der ungeeignete Bewerber stehen. Daher stellte der Episkopat die Einführung der Streichungsmöglichkeit und die Aufhebung der Staatsliste zur Erwägung.

Jeder Versuch, die Vorzüge der Mehrheitswahl: dialektische Bedeutung, Intensivierung der Wahl, Heranziehung einer Führerschicht, Auslese der Besten mit der Verhältniswahl zu vereinen, ist nur durch Lockerung der Liste möglich. Im folgenden die verschiedenen Wege in dieser Richtung.

Vorausgeschickt soll noch werden, daß es in den folgenden Ausführungen nur auf eine Skizzierung der Hauptgedanken ankommt; eine eingehende Darstellung mit Beispielen wird im 1. Band (unter den betreffenden Ländern) geboten.

a) Die lose gebundene Liste.

Ein gewisser Einfluß wird dem Wähler durch die lose gebundene Liste eingeräumt. Die Parteien stellen wie bei der starr gebundenen Liste die Bewerberlisten auf, doch kann der Wähler z. B. in Bulgarien einzelne, ihm nicht genehme Bewerber streichen, wodurch sie ungünstigere Wahlaussischten haben, oder er kann, wie in Estland einem Bewerber, der ihm besonders zusagt, durch Unterstreichung dessen Namens auf dem Stimmzettel eine Vorzugsstimme geben. Die Reihung der Bewerber auf der Liste ist dann nicht mehr die, die die Parteileitung bestimmt hatte, sondern diejenige, die sich unter Berücksichtigung der Vorzugsstimmen der einzelnen Bewerber ergibt. In Lettland kann der Wähler den Stimmzettel entweder unverändert abgeben, oder er kann unerwünschte Namen streichen und an deren Stelle in einem leeren Abschnitt des Stimmzettels die Namen von Bewerbern, die auf einer anderen Liste des Wahlkreises stehen, einsetzen; dasselbe kann er tun, wenn die Liste, für die er stimmt, unvollständig ist, das heißt nicht soviele Bewerber umfaßt, als Sitze in dem Wahlkreis zu vergeben sind. In Italien gab das Wahlgesetz von 1919 dem Wähler das Recht, entweder einem der Bewerber der Liste, für die er stimmt, eine Vorzugsstimme abzugeben, oder wenn die Liste, für die er eintritt, nicht vollständig ist, für Bewerber anderer Listen Zusatzstimmen abzugeben. Die Reihenfolge der Bewerber richtet sich nach der Zahl der von ihnen erzielten Vorzugs- und Zusatzstimmen. Das italienische Wahlgesetz von 1923 hob die Möglichkeit der Abgabe von Zusatzstimmen auf. Nach dem griechischen Wahlgesetz von 1932 hatte der Wähler das Recht, je nach der Zahl der im Wahlkreis zur Besetzung gelangenden Sitze eine oder zwei Vorzugsstimmen für die Bewerber der Liste, für die er stimmt, abzugeben.

Die lose gebundene Liste hilft nur den gröbsten Fehlern in der Bewerberaufstellung ab, so die negative Entscheidung in Bulgarien. Die positive Entscheidung hat im allgemeinen geringeren praktischen Wert. Die Vorzugsstimmen drücken zum geringeren Teil die Anerkennung der Führereigenschaften eines Bewerbers aus, eher dessen Unterstützung durch die Wähler seines engeren Wohnortes oder Berufsverbandes. Dann bietet die Vorzugs- oder Zusatzstimmengebung manche Möglichkeiten zu besonderen Manövern. So wird z. B. besonders in Lettland die Reihung der Bewerber einer Partei eigentlich durch Parteifremde bestimmt, nämlich durch die Wähler anderer

Parteien, die Zusatzstimmen zugunsten bestimmter Bewerber abgeben. Es werden auch durch systematische Streichungen die Frauen gegen das untere Ende der Liste gedrängt. — Um das Zufallsmoment auszuschalten, das in der Abgabe von Vorzugsstimmen liegen kann, bestimmte eine Wahlreform in Estland von 1930, daß erst durch 500 Vorzugsstimmen eines Bewerbers dieser aus der parteiamtlichen Reihenfolge hervorgehoben wird.

b) Die absolut freie Liste.

Die lose gebundene Liste bildet zugleich den Übergang von der starren Liste zur freien Liste. Bei dem System der freien Liste hat der Wähler das Recht, aus der Reihe der Bewerber, die sich auf den verschiedensten im Wahlkreis aufgelegten Wahlvorschlägen befinden, eine eigene Liste zusammenzustellen. Nach dem französischen Wahlgesetz vom 12. Juli 1919 (seit 1927 außer Kraft) hatte der Wähler so viele Stimmen, als in dem Wahlkreis Sitze zu vergeben sind, drei bis vierundzwanzig. Er kann diese Stimmen entweder den Bewerbern einer Liste zuwenden, oder er kann von einer Liste Namen streichen und die dadurch freiwerdenden Stimmen Bewerbern anderer Listen zuwenden oder auf ihre Abgabe verzichten. Die Reihung der Bewerber erfolgte bei der Mandatszuteilung nach der Stimmenzahl.

Der Hauptvorwurf, der dem Systeme jedoch gemacht wurde, war der wegen des Rechts des Panachierens. Es wurde eingeführt, um den Wählern möglichst große Freiheit auf die Auswahl der Bewerber einzuräumen. Es führt aber oft zu Mißständen. Erfahrungsgemäß wird das Recht des Panachierens nur von einem Teil der Wählerschaft ausgenützt, während sich der größere Teil an die Ratschläge der Parteileitungen hält, die ihre Wähler beschwören, ja nicht zu panachieren, weil dadurch die Wahl der ganzen Liste gefährdet wird. Die disziplinierten Wähler geben daher den Stimmzettel unverändert ab, so daß die Entscheidung über die Reihenfolge auf der Liste wenigen weniger disziplinierten Wählern zufällt, die aus bestimmten Gründen auf die Wahl listenfremder Bewerber nicht verzichten können. Das Panachieren bietet endlich die Möglichkeit, daß Anhänger einer bestimmten Liste, die wenig Aussicht auf Wahl ihrer Bewerber hat, sich zu Streichkolonnen zusammentun und einhellig auch untergeordnete Bewerber einer gegnerischen Liste wählen, was den Erfolg hat, daß letztere Bewerber an die führenden Plätze der Liste vorgerückt werden und die hervorragenden Führer der Liste zurückdrängen, wodurch deren Aussichten geschmälert werden. So macht das Panachieren die Wahl von Mittelmäßigkeiten an Stelle anerkannter Führer möglich. Durch diesen Vorgang, der Dekapitieren oder Köpfen heißt (siehe auch S. 218), können die Gegner einer Partei auf deren parlamentarische Vertretung Einfluß nehmen.

Gewissen Mißbräuchen des Panachierens schiebt die schweizerische Wahlgesetzgebung durch die Einführung des Kumulierens einen Riegel vor. Der Wähler ist berechtigt, durch Abgabe eines gedruckten Stimmzettels oder durch ganzes oder teilweises Ausfüllen eines leeren Stimmzettels mit Namen von Bewerbern, die auf irgend einer der im Wahlkreis aufgelegten Listen stehen, sein Wahlrecht auszuüben. Es ist ihm gestattet, an dem gedruckten Stimmzettel Streichungen, Änderungen oder Ergänzungen handschriftlich vorzunehmen. Er kann auch den Namen eines Bewerbers zweimal anführen. Die Listen dürfen miteinander verbunden werden und zählen dann gegenüber dem Aufteilungsverfahren vorerst als einzige Liste. Die Aufteilung erfolgt nach dem Hagenbach-Bischoffschen Verfahren.

Das Recht des Wählers auf die Auswahl der Bewerber wird aber wesentlich dadurch eingeschränkt, daß die Parteien die Namen der Bewerber, auf deren Wahl sie besonderen Wert legen, in dem Stimmzettel bereits zweimal anführen. Dadurch befreien sie deren Wahl von den Einflüssen des Panachierens der Wähler. Gegen einen unbeliebten kumulierten Bewerber können sie kaum etwas ausrichten; obwohl sie ihn wohl vom Stimmzettel streichen können, erfordert dieser Vorgang aber eine solche Organisation, die kaum vorhanden ist. So waren von 727 Bewerbern bei den Nationalratswahlen von 1928, die sich um 189 Sitze bewarben, 173 von den Parteien schon kumuliert worden; von den gewählten Abgeordneten waren 95 kumulierte Bewerber gewesen, der Rest fällt hauptsächlich auf Kantone, wo die Parteien von der Kumulation Abstand nahmen.

In Luxemburg ist dasselbe System wie in der Schweiz (freie Liste und Stimmenhäufung) gebräuchlich, doch können die Parteien nicht schon ihre Bewerber doppelt auf dem Stimmzettel anführen.

c) Einzelstimmgebung innerhalb der Liste.

Eine eigene, untereinander verwandte Gruppe bilden die Wahlsysteme in Belgien und in den Niederlanden. Der Wähler hat wohl nicht wie in Frankreich und in der Schweiz das Recht des Panachierens, das ist der Wahl unter Bewerbern verschiedener Listen, sondern ist an die Wahl einer Liste gebunden, hat jedoch auf die Bestimmung der Reihenfolge der Bewerber dieser Liste einen entscheidenden Einfluß.

In Belgien dürfen die Wahlvorschläge nicht mehr Namen umfassen, als Abgeordnete in dem Wahlkreis zu wählen sind. Auf dem Stimmzettel sind die Bewerber der einzelnen Parteien in der Reihenfolge der Parteileitung angeführt. Sowohl auf dem Kopf der Liste, als auch neben dem Namen jeden Bewerbers befindet sich ein schwarzes Feld, in dem ein weißer Kreis freigelassen ist. Der Wähler hat nur eine Stimme für die Wahl des Abgeordneten und eine Stimme für die des Stellvertreters (die besonders gewählt werden) und hat folgendermaßen vorzugehen: wenn er mit der Reihenfolge der Bewerber einverstanden ist, so wie sie die Partei vorgeschlagen hat, so streicht er den weißen Kreis am Kopf der Liste an, für die er stimmt; wenn er jedoch eine Änderung der Reihenfolge durchsetzen will, so kann er durch Durchstreichen des Kreises neben dem Bewerber (oder Stellvertreter), dem er den Vorzug gibt, diesem Bewerber eine Namensstimme geben. Die Verteilung der Sitze innerhalb des Wahlkreises erfolgt nach dem D'Hondtschen Verfahren. Die Zuteilung der Sitze an die Bewerber erfolgt mit Hilfe einer Wahlzahl, d. i. die Stimmenzahl, die zur Erreichung eines Mandates notwendig ist. Jedem Bewerber werden in der parteiamtlichen Reihenfolge von der Gesamtstimmenanzahl soviele Stimmen zu der Zahl der eigenen Namensstimmen zugeteilt, bis er die Wahlzahl erreicht; der Bewerber aber, der mehr Namensstimmen als die Wahlzahl erhalten hat, ist sofort gewählt, ohne Rücksicht auf die Reihung auf der Liste.

In erster Linie gilt also die parteiamtliche Reihenfolge; die Sprengung dieser Reihenfolge zugunsten eines ungünstiger plazierten Bewerbers ist aber möglich, wenn auch durch die hohe Zahl der erforderlichen Namenstimmen sehr erschwert. Immerhin kommen bei den Wahlen einige Fälle vor, daß bestimmte Bewerber trotz ungünstiger Plazierung durch die Namensstimmen gewählt wurden. Bei den Wahlen von 1919 war es 1 Fall, bei denen von 1921: 3 Fälle. Die Möglichkeit, daß das Volk selbst seine Bevorzugten bezeichnen kann, ist schließlich ein Vorteil für die Parteileitung selbst, weil sie sich nach diesem Volksurteil bei den nächsten Wahlen richten kann. So wurde der Listendritte der Katholiken im Wahlkreis Mecheln, der bei den Wahlen von 1919 kraft der Namensstimmen allein gewählt wurde, bei den nächsten Wahlen von 1921 bereits als Zweiter auf die Liste gesetzt. Unter dem Drucke der Volksmeinung sind die Parteien gezwungen, von vornherein Listen aufzustellen, die Anklang finden werden und so trägt das System zur besseren Führerauswahl bei. Dadurch gewinnen die parteiamtlichen Wahlvorschläge von vorneherein mehr Vertrauen und die Zahl der Namensstimmen beträgt kaum $^1/_5$ der Gesamtstimmen.

	Listenstimmen	Namensstimmen	v. H. d. Ges. Stimmz.
1919	1 460 557	293 601	18%
1921	1 622 352	315 539	16%
1929	1 881 927	348 142	15.6%

Mit dem belgischen Wahlsystem ist das niederländische verwandt. Die Niederlande sind jenes Land, das zur Frage der Einführung der Verhältniswahl gründlich Stellung genommen hat und sich noch immer bemüht, Verbesserungen an dem System vorzunehmen. Es wurde 1917 eingeführt (1922 auch für die Wahl der Ersten Kammer), nachdem die Generalstaaten den von einer Staatskommission seit dem Jahre 1913 ausgearbeiteten und von der Regierung genehmigten Entwurf in eingehender Beratung angenommen hatten. Die wesentlichste Neuerung des niederländischen Systems ist in der Frage der Wahlkreiseinteilung zu suchen. Das ganze Land bildet einen einzigen Wahlkreis, der in 18 Wahlringe (kieskringen) untergeteilt ist, die jedoch nicht denselben Zweck wie die früheren Wahlkreise haben. Vor allem ist mit den Wahlringen keine besonders festgesetzte Sitzanzahl verbunden. Sie dienen nur zum Zwecke der Abstimmung, nach deren Beendigung fallen die Grenzen zwischen den Wahlringen weg. Die Bewerbung erfolgt so, wie z. B. in den Wahlkreisen eines anderen Landes: in jedem Wahlring wird von den Parteien ein eigener Wahlvorschlag aufgelegt. Die Wahlvorschläge verschiedener Wahlringe (nicht gleicher!) können miteinander verbunden werden. Die Stimmzettel der einzelnen Listen sehen den belgischen ähnlich aus: neben dem Namen eines jeden Bewerbers befindet sich ein schwarzes Viereck mit einem freigelassenen Kreis. Dagegen gibt es kein solches Feld am Kopfe der Liste. Hieraus folgt, daß der Wähler nur eine Stimme abgeben kann, und zwar hat er den Kreis neben dem Namen des Bewerbers, dem er den Vorzug gibt, rot auszufüllen. Dadurch gibt er seine Stimme für den Bewerber ab, aber zugleich auch für die Liste, auf der dieser steht, da der Stimmenüberschuß des Bewerbers auf die anderen Bewerber derselben Liste übergeht. Im Wahlring wird noch für jede Liste die Zahl der von den einzelnen Bewerbern erhaltenen Stimmen und durch Summierung dieser Stimmenzahl die Stimmziffer ermittelt. Dann aber hat die Einteilung in Wahlringe ihren Zweck erfüllt und alle weiteren Aufgaben werden für das ganze Land durch das Zentralstimmbüro durchgeführt. Dessen Aufgaben bestehen in der Zuteilung der Sitze an die einzelnen Listen (mittels einer Wahlzahl); Zuweisung der von einer Listengruppe errungenen Sitze auf die einzelnen Listen und in der Zuweisung der Sitze an die Bewerber. Die Grundlage hiefür bildet der Listenwahlteiler, das ist $\frac{\text{Stimmziffer der Liste}}{\text{Zahl d. Sitze d. Liste}}$. Diejenigen Bewerber die ebensoviel oder mehr Stimmen als den Listenwahlteiler erhalten haben, sind gewählt. Es wird hiebei aber nicht die Stimmenzahl, die die Bewerber bei der Abstimmung erhalten haben, berücksichtigt, sondern die sie durch die Stimmenübertragung erhalten. Die Stimmen, die von den einzelnen Bewerbern über den Listenwahlteiler hinaus erzielt worden sind, werden nämlich den Bewerbern, die weniger Stimmen als den Listenwahlteiler erhalten haben, überwiesen, damit deren Stimmenzahl bis zum Listenwahlteiler aufgefüllt werde. Die Reihenfolge, nach der diese Stimmenübertragung geschieht, für die die Holländer den treffenden Ausdruck »afdruipstelsel« (Abtropfsystem) geprägt haben, ist die Reihenfolge, in der die Bewerber auf der Liste stehen.

d) Die übertragbare Einzelstimmgebung.

Während in den zuletzt angeführten Fällen der Wähler wohl für einen Bewerber stimmt, der Stimmenüberschuß jedoch den anderen Bewerbern derselben Liste in der parteiamtlichen Reihenfolge zugute kommt, stellt das Verfahren der übertragbaren Einzelstimme eine ausschließliche Persönlichkeitswahl dar. Das Wesen dieses Verfahrens, das bei den Wahlen beider Häuser im Irischen Freistaat, bei der Wahl des Senats in Nordirland und bei der Wahl der Abgeordneten einer Anzahl Universitätswahlkreise zum englischen Unterhaus üblich ist, besteht darin, daß der Wähler nur einem Bewerber eine Stimme geben kann. Diese Stimme kann aber an den vom Wähler in zweiter Linie bevorzugten Bewerber übertragen werden, wenn der Erstbevorzugte sie nicht mehr benötigt oder nicht genügend Stimmen erreicht, um bei der Verteilung der Sitze berücksichtigt zu werden.

Die Stimmzettel für den Wahlkreis enthalten alle Bewerber, ohne nähere Bezeichnung der Parteizugehörigkeit, hintereinander; vor den Namen befindet sich ein leeres Feld. Der Wähler muß die Ziffer 1 neben den Namen des Bewerbers, für den er stimmen will, setzen. Er hat aber auch das Recht, die Ziffern 2, 3, 4 usw. neben die übrigen Bewerber zu setzen, in der Reihenfolge, in der er diesen Bewerbern den Vorzug gibt. Er ist hiebei an Parteischranken nicht gebunden. Die Ziffer 1 muß einem Bewerber gegeben werden, da sonst der Stimmzettel ungültig ist; die Abgabe der Zweit-, Dritt- usw. Stimmen steht dem Wähler frei, doch liegt gerade in ihrer Abgabe der Sinn der übertragbaren Einzelstimme, denn ein Stimmzettel mit der Anführung nur der Erststimme kommt nur dem einzigen Bewerber zugute und scheidet als unübertragbare Stimme (non transferable vote) von der weiteren Verwertung aus. Es machen daher auch die Parteien die Wähler aufmerksam, daß das »plumping«, das ist die Abgabe von unübertragbaren Einzelstimmen zu vermeiden ist.

Das Wahlgesetz hat im Irischen Freistaat beruhigend auf die sehr aufgepeitschten Leidenschaften gewirkt. Es ermöglichte im Februar 1932 die glatte Wahl aller Minister (bis auf einen) und aller Parteiführer und sonstigen politisch hervorragenden Persönlichkeiten, die ihre Wahl nicht zuletzt den Nächststimmen von Parteigegnern zu verdanken haben.

Die einzigen, dafür aber schwerwiegenden Nachteile, sind die Kompliziertheit des Systems sowie die Notwendigkeit der Abhaltung von Ersatzwahlen bei Ausscheiden eines Abgeordneten. Es hat der ganze Wahlkreis, auf den bis zu 9 Sitze entfallen, abzustimmen, wenn nur ein Sitz frei wird. Das Verfahren der übertragbaren Einzelstimme ist die britische Form der Verhältniswahl und wird außer in den eingangs angeführten Ländern und zahlreichen überseeischen britischen Gemeinwesen in Europa noch in Malta angewendet.

Die festländische Form der übertragbaren Einzelstimmen ist das Andraesche Verfahren, das bei der Wahl der Mitglieder des dänischen Landstings durch die Wahlmänner angewendet wird. Es handelt sich hier um Wahlkörper von 47 bis 899 Wahlmännern, die

1 bis 15 Abgeordnete zu wählen haben. Bei der geringen Stimmenzahl aber ist es nun wichtig, daß die Wahlmänner der einzelnen Parteien sich im Voraus über ihre Abstimmung einigen. Außerdem spielt bei der geringen Wählerzahl das Zufallsmoment bei der Übertragung des Stimmenüberschusses eine große Rolle. Wegen dieser Umstände wird das Verfahren seit langem überhaupt nicht mehr angewendet; die Wahlmänner der einzelnen Parteien teilen sich in soviele Gruppen, als sie Sitze nach dem Stimmenverhältnis erhalten können und jede der Gruppen schreibt nur einen Namen auf den Stimmzettel.

Zum dänischen Volksthing wird das Andraesche Verfahren nur ergänzungsweise angewendet.

Für die Wahl der Mitglieder der niederländischen Ersten Kammer wird das Hare-Clarksche Verfahren zur Ergänzung eines Listenverfahrens verwendet. Der Wähler kann nur für eine Liste stimmen, doch darf er die Reihenfolge der Bewerber numerieren; die Zuweisung der Sitze einer Liste an deren Bewerber erfolgt nach dem Hare-Clarkschen Verfahren. Ähnliches gilt auch für die Wahl des norwegischen Storthings: Listenwahl, Aufteilung der Sitze nach dem D'Hondtschen Verfahren, Zuweisung der Sitze innerhalb der Liste nach einem vergröberten Andraeschen Verfahren.

e) Das Rangordnungsverfahren.

Ebenso wie das Hare-Andraesche Verfahren ist auch das Rangordnungsverfahren in Finnland (Verfahren v. Wendt) und Schweden (Thielesches bzw. Phragménsches Verfahren) eine Persönlichkeitswahl: die Sitze werden Personen zugeteilt, nicht Listen. Der Wähler kann wohl auf eine Liste stimmen, muß es nicht; für die Verteilung der Sitze ist ausschließlich die Reihenfolge der Bewerber im Vergleich zu den anderen maßgebend. Ein anderer wichtiger Grundsatz dieses Verfahrens ist, daß die Verhältniswahl die Mauern zwischen den Parteien nicht verstärken, sondern erniedrigen soll. Es kann derselbe Bewerber von verschiedenen Parteien aufgestellt werden, wodurch die Wahl eines Mannes mit zugkräftigem Namen, der aber nicht als Parteimann gelten will, gesichert werden soll. Außerdem besteht die Möglichkeit, für Wilde zu stimmen.

Für das finnländische Wahlrecht ist die Einführung der beschränkten Stimmgebung in Verbindung mit dem Burnitz-Varrentrappschen Rangordnungssystem kennzeichnend.

Durch die beschränkte Stimmgebung soll das Problem Verhältnismäßigkeit und Wahlkreiseinteilung gelöst werden. Kleine Wahlkreise halten die Verbindung zwischen Wähler und Gewählten aufrecht, gestatten jedoch nur eine unvollkommene Übereinstimmung zwischen Stimmen- und Sitzezahl; große Wahlkreise begünstigen die Verhältnismäßigkeit — das Ideal ist ein, das ganze Land umfassender Wahlkreis — lockern jedoch die Beziehungen zwischen Volk und Abgeordneten. Ganz anders als z. B. das niederländische Wahlgesetz hat das finnländische dieses Problem gelöst. Die Wahlkreise sind ziemlich groß und umfassen 8 bis 26 Mitglieder. Der Wähler darf aber in keinem Wahlkreis, ohne Rücksicht auf dessen Größe, Stimmen für mehr als drei Bewerber abgeben. Demgemäß dürfen auch die Wahlvorschläge nicht mehr als drei Namen umfassen. Ein solcher Wahlvorschlag kann durch 50 Wähler, die eine Wählervereinigung bilden, angemeldet werden. Die Parteien, die meist auf mehr als drei Sitze im Wahlkreis rechnen, müssen daher mehrere Wählervereinigungen bilden, die sich wieder zu einem Wählerverband zusammenschließen können. Auch Wählervereinigungen verschiedener Listen können sich zu einem Wahlverband zusammenschließen, doch kommt dies nur selten vor. Die Regel ist, daß eine Partei in dem Wahlkreis durch eine Anzahl von Wählervereinigungen Wahlvorschläge anmelden läßt, die Bewerber umfassen, die bei den verschiedenen Schichten der Wählerschaft bekannt sind. Die Wahlvorschläge können dieselben Namen haben, haben jedoch alle einen eigenen Titel (entweder Partei oder Leitspruch). Wenn der Wähler mit der Reihenfolge der Liste einverstanden ist, so hat er den Kopf der Liste durch einen roten Strich durchzustreichen. Er kann aber auch die Reihenfolge ändern, indem er neben dem Namen des Bewerbers, den er in erster Linie gewählt sehen möchte, die Ziffer: 1 setzt, neben den Bewerber, den er sodann bevorzugt, die Ziffer 2. Ist der Wähler mit keiner der aufgelegten Listen einverstanden, so kann er in den freien Raum des Stimmzettels die Namen von Personen, die entweder verschiedenen Listen entnommen sind oder sich überhaupt nicht bewarben, einsetzen, und zwar wieder in der Reihenfolge, in der er sie gewählt sehen möchte. Der Wähler hat also sehr weitgehende Rechte. Diese werden jedoch in einem von Wahl zu Wahl geringerem Maße ausgenützt. So waren von 1 135 545 bei den Wahlen von 1930 abgegebenen Stimmzetteln nur 5 690 handgeschriebene, hievon 4029 in Lappmarken, wo der geschriebene Stimmzettel verpflichtend ist, so daß nur 1661 Wähler von 1 135 545 Wählern freie

Listen zusammengestellt haben. Die Reihenfolge der Bewerber auf den Stimmzetteln änderten nur 213 Wähler; die Wählerschaft hat nahezu einhellig die gedruckten Stimmzettel der Parteien unverändert abgegeben.

Die Stimmzettel, die für dieselbe Bewerberliste abgegeben wurden, gelten zusammen als eine Stimmgruppe. Jeder Bewerber erhält eine Vergleichszahl: der Bewerber, der als erster auf dem Stimmzettel steht, eine Vergleichszahl in der vollen Höhe der Stimmenzahl der Gruppe, der an zweiter Stelle stehende Bewerber die halbe, der dritte Bewerber ein Drittel der Stimmenzahl als Vergleichszahl. (Burnitz-Varrentrappsches Rangsordnungsverfahren.) Gehören zwei oder mehrere Stimmgruppen zu einem Wahlverband, so bilden sie eine zusammengesetzte Stimmgruppe, in welcher die Reihenfolge der Bewerber nach der Größe der von ihnen erhaltenen Vergleichszahlen bestimmt wird. In der auf diese Weise bestimmten Ordnung sollen alle Bewerber, für die Stimmen innerhalb der zusammengesetzten Stimmgruppe abgegeben worden sind, so angesehen werden, als ob sie von sämtlichen Wählern der Gruppe aufgestellt worden sind. Es wird daher eine neue Vergleichszahl jedem Bewerber zugeteilt, und zwar erhält der erste Bewerber in der Reihenfolge der ursprünglichen Vergleichszahl eine neue Vergleichszahl in der Höhe der Stimmenzahl der gesamten Listengruppe; der zweite Bewerber in der Höhe der Hälfte usw.

Beispiel: für die Liste A wurden 1200 abgegeben. Auf Grund der Stimmensummen der verschiedenen Bewerber ergeben sich folgende Vergleichszahlen:

Berg	Listenstimmen:	1085	Vergleichszahl	1200
Kunnas	„	705	„	600
Storm	„	410	„	400

Diese Liste verband sich mit der Liste B, mit *1800* Stimmen

Könnrat	Listenstimmen:	1750	Vergleichszahl	1800
Kunnas	„	1035	„	900
Nordqvist	„	515	„	600

Die zusammengesetzte Gruppe weist dann folgende Reihenfolge auf:

Könnrat	Listenstimmen:	1750	Vergleichszahl	3000	(1200 u. 1800)
Kunnas	„	1740	„	1500	
Berg	„	1085	„	1000	
Nordqvist	„	515	„	750	
Storm	„	410	„	600	

Schließlich werden die endgültigen Vergleichszahlen für die Bewerber sämtlicher Wahlverbände ermittelt und aneinandergereiht und die an erster Stelle stehenden Bewerber gelten der Reihenfolge nach für gewählt. Diese Regel ist nichts anderes als eine Anwendung des D'Hondtschen Verfahrens, wenn man berücksichtigt, daß die an erster Stelle stehenden Bewerber des Wahlverbandes eine Vergleichszahl in der vollen Höhe der Stimmenzahl haben, die an zweiter Stelle stehenden in der Hälfte usw.

Im schwedischen Wahlsystem ist die Möglichkeit gegeben, daß sich innerhalb einer Partei eine Fraktion bildet und die Parteien sich wieder zu Kartellen zusammenschließen können, die alle ihre Bewerber auf dem Stimmzettel anführen. In der Wahlpraxis wird diese Möglichkeit der Bildung von Untergruppen zu Zwecken der Verbindung verschiedener Parteilisten ausgenützt, um große Parteiblocks zu schaffen, z. B. ein marxistisches und ein bürgerliches Lager, wie z. B. folgendes Beispiel aus den Reichstagswahlen von 1928 zeigt:

Ostgotland.

Kartelle	Parteien	Fraktionen
Arbeiterpartei (Sozialdem., Kommunisten)	Sozialdemokraten Kommunisten	
Sammlungsliste (Rechte, Bauernbund, Liberale u. Freisinnige)	Gemäßigte (Rechte)	Landleute und Bürger Städteliste
	Mit d. Bauernbund für das Landvolk (Bauernbund)	Landarbeiter Nüchternheitsvolk ohne dritte Parteibezeichnung
	Bürgerliche Linke (Liberale u. Freisinnige)	Freisinnige Liberale

In diesem Wahlkreis ballen sich alle Parteien in zwei Lager zusammen, in das sozialistische und in das bürgerliche. Durch die Zusammenarbeit des bürgerlichen Lagers haben 1928 die Sozialisten allein 5 Sitze verloren. Innerhalb der beiden Lager haben aber wieder die politischen Parteien und einzelne besonders gekennzeichnete Gruppen (wie oben Nüchternheitsanhänger, Städter, anderswo kommen z. B. Frauenlisten dazu) ihre Selbständigkeit und Beweglichkeit. Der Wähler hat den Namen eines oder mehrerer Bewerber anzuzeichnen, der wie in obigem Falle entweder unter den Parteien oder den Fraktionen (z. B. Bürgerliche Linke) stehen kann, oder er kann für die Liste stimmen.

Die Aufteilung der Sitze ist bereits innerhalb der Wahlkreise zu Ende. Wenn auch einige Wahlkreise recht groß sind, so muß der Wähler doch nicht, wie bei der starr gebundenen Liste, ellenlange Listen schlucken; für die Differenzierung ist erstens durch die Aufstellung verschiedener Fraktionen durch dieselbe Partei gesorgt, andrerseits durch die Möglichkeit, daß der Wähler einem an einer beliebigen Stelle der Liste stehenden Bewerber seine Stimme geben kann.

Das schwedische Wahlverfahren, das sich ursprünglich stark an das finnländische anlehnte, hat sich im Laufe der Entwicklung immer mehr davon entfernt. So galt nach 1909, daß die Sitze der Reihe nach den Gruppen (Stimmzetteln mit derselben Parteibezeichnung) mit der jeweils höchsten Vergleichszahl zugesprochen wurden und zwar ist diese Vergleichszahl, solange die Gruppe noch keinen Sitz erhalten hat, gleich ihrer Stimmenzahl; sobald sie einen erhalten hat, gleich der Stimmenzahl durch die Zahl der erhaltenen Sitze plus 1. Für die Zuweisung der Sitze der Gruppe an deren Bewerber galten zwei Regeln; zuerst die Rangordnungsregel: als erster soll innerhalb der Gruppe derjenige Bewerber in Betracht kommen, der als erster auf mehr als der Hälfte der abgegebenen Stimmzetteln steht, als zweiter derjenige, der als zweiter auf mindestens $^2/_3$ der Zettel steht, als dritter, der als dritter auf mindestens $^3/_4$ der Zettel steht usw. Diese Regel (dem sogenannten Luppeschen Verfahren nachgebildet) hatte den Zweck, das »Köpfen« zu verhindern. Wenn diese Regel nicht mehr angewendet werden konnte, trat die Reduktionsregel in Wirksamkeit: der Stimmzettel wird mit seiner vollen Stimmkraft solange bewertet, als noch keinem darauf befindlichen Bewerber ein Sitz zugeteilt wurde; wurde schon ein Sitz zugeteilt, so wird die Bewertung auf $^1/_2$ herabgesetzt, bei Zuteilung von zwei Sitzen auf $^1/_3$ usw. — 1920 fand eine Änderung in der Richtung statt, daß die Verteilung der Sitze auf die Parteien (innerhalb der sich Unterparteien und Fraktionen bilden konnten) nach dem D'Hondtschen Verfahren erfolgt, die Zuteilung der Sitze an die Bewerber nach einem Verfahren, das dem der übertragbaren Einzelstimmgebung innerhalb einer Parteiliste gleichkommt, jedoch den Nachteil hat, daß die Stimmen von Bewerbern, deren Wahl aussichtslos ist, nicht übertragen werden. 1927 wurde eine Änderung in der oben angeführten, im ersten Band S. 488 ff. näher dargestellten Form vorgenommen.

Hier soll nur noch darauf hingewiesen werden, daß, wenn auch die Wähler das Recht der Bezeichnung der Reihenfolge der Bewerber haben, sie sich doch vielfach an die Reihenfolge des parteiamtlichen Wahlvorschlages halten. Dies trifft am meisten auf die sozialdemokratischen Wähler zu, während z. B. die freisinnigen große Veränderungen an der Reihenfolge der Bewerber vornehmen, wie nachstehende Zusammenstellung (nach den Wahlen von 1928) zeigt, in welcher angeführt wird, wieviel Prozent der Stimmenzahl ihrer Partei die gewählten Abgeordneten erhalten haben.

	Rechte	Bauernbund	Lib.	Freisinn.	Sozialdem.	Komm.	Zus.
99—100	11	7	—	10	69	8	
95—99	8	2	—	1	1	—	
90—95	5	1	1	—	12	—	
80—90	3	4	—	1	2	—	
70—80	11	2	1	4	5	—	
60—70	9	2	2	3	1	—	
50—60	3	2	—	4	—	—	
40—50	6	3	—	2	—	—	
30—40	10	2	—	—	—	—	
20—30	3	—	—	2	—	—	
10—20	4	1	—	1	—	—	

f. Verbindung der Verhältniswahl mit der Einerwahl.

1. Vorgetäuschte Einerwahl.

Nach dem Rezepte: Verhältniswahl ist gut, Mehrheitswahl in Einerwahlkreisen ist gut, wird seit langem schon die Verbindung von Verhältniswahl mit Einerwahl versucht, wobei freilich das Problem: verhältnismäßige Aufteilung der Sitze in der Form, daß auf jeden Wahlkreis ein Abgeordneter kommen soll, der Quadratur des Zirkels gleicht. Wird die Lösung doch angestrebt, so muß zu verwikkelten Verfahren mit paradoxen Endergebnissen gegriffen werden, wie es Adam Roeder in seinem schon 1896 ausgedachten Verfahren tat, oder aber es muß darauf verzichtet werden, daß jeder Wahlkreis vertreten ist, während anderseits eine mehrfache Vertretung eines anderen Wahlkreises in Kauf genommen werden muß, so nach dem sächsischen Vorschlag von 1907 oder nach der Denkschrift der Großherzoglichen Regierung von Baden von 1913.

Das jetzige Wahlsystem in Dänemark verbindet die Verhältniswahl mit der Wahl in Einerwahlkreisen. Das Land zerfällt in 23 Wahlkreise, in denen 2 bis 7 Sitze, insgesamt 117 Sitze zu vergeben sind.

Jeder Wahlkreis (Groß- oder Amtskreis) zerfällt wieder in soviele Aufstellungskreise, als der betreffende Wahlkreis Sitze aufweist, so daß es im ganzen Land 117 Aufstellungskreise gibt, die eine durchschnittliche Wählerzahl von 12 068 haben, doch kommen auch weite Abweichungen von diesem Durchschnitt vor. Um die Verhältnismäßigkeit zwischen den von den Parteien aufgebrachten Stimmen und den erworbenen Sitzen genau herzustellen, gelangen noch 31 Zuschlagsmandate zur Aufteilung, die für die drei großen Gebietsgruppen: Hauptstadt, Inseln und Jütland genau festgesetzt sind (6, 10 und 15).

Der Wähler steht in seinem Aufstellungskreise so wie bei der Mehrheitswahl einem Bewerber jeder Partei gegenüber. Jede Partei wird in der Regel in jedem Aufstellungskreis einen offiziellen Bewerber aufstellen, gelegentlich auch zwei; sie kann auch denselben Bewerber für mehrere Aufstellungskreise desselben Wahlkreises anmelden. Daneben können sich auch Personen bewerben, die entweder angeben, daß sie irgendeine Partei unterstützen oder die auf eigene Faust kämpfen. Der Wähler hat also die Wahl zwischen einem dieser Bewerber, dessen Namen er im Stimmzettel anstreicht. Der Stimmzettel umfaßt aber auch die übrigen, in anderen Aufstellungskreisen desselben Wahlkreises aufgestellten Bewerber, und der Wähler kann auch für einen dieser Bewerber stimmen. In allen den Fällen, in denen er für den parteiamtlichen Bewerber des Aufstellungskreises, für einen die Partei unterstützenden Bewerber oder für den Bewerber eines anderen Aufstellungskreises stimmt, kommt die Stimme sowohl dem betreffenden Bewerber, als auch dessen Partei zugute.

Der Wähler stimmt also wie bei der Mehrheitswahl, wenn wir von der Abgabe einer Stimme für den Bewerber eines anderen Aufstellungskreises absehen. Dennoch erfolgt die Zuteilung der Sitze nicht so wie bei der Mehrheitswahl, daß nämlich der Bewerber mit der unbedingten oder bedingten Stimmenmehrheit gewählt ist, sondern es tritt die Verhältniswahl in Wirksamkeit. Die Stimmen, die die Bewerber einer Partei in allen Aufstellungskreisen des Wahlkreises er halten haben, werden zusammengezählt und gemäß dieser Stimmensumme werden die Sitze, über die der Wahlkreis verfügt, auf die einzelnen Parteien nach dem D'Hondtschen Verfahren aufgeteilt.

Die Zuteilung der Sitze an die Bewerber erfolgt gemäß der Zahl der von ihnen im ganzen Wahlkreis erzielten Stimmen. Wer also gewählt werden soll, darüber entscheiden nicht die Parteileitungen, sondern die Wähler. Die Partei hat es aber in der Hand, durch Aufstellung desselben Bewerbers in mehreren Aufstellungskreisen seine Aussichten zu vergrößern.

Anders steht es mit der Zuteilung der Sitze, wenn die Parteien das ihnen zustehende Recht der Auferlegung einer Parteiliste ausnützen. Sie stellen in diesem Fall wieder für jeden Aufstellungskreis einen Bewerber auf, können diesen Bewerbern jedoch eine bestimmte Stelle in der Parteiliste des Wahlkreises einräumen. Dann werden die Sitze nicht mehr nach der Größe der von ihnen aufgebrachten Stimmenzahl zugewiesen, sondern unter Anwendung der Verteilungszahl, das ist $\frac{\text{Parteistimmen}}{\text{Parteisitze} + 1}$. Gewählt sind diejenigen Bewerber, die mehr Stimmen als diese Verteilungszahl entweder unmittelbar erzielt oder durch Stimmenüberführung nach dem Andraeschen Verfahren erreicht haben.

Von dem Rechte der Auflegung der Parteiliste, wodurch der Einfluß der Parteileitung auf die Bestimmung der gewählten Bewerber wesentlich gesteigert wird, machen hauptsächlich die Sozialdemokraten Gebrauch, die (1929) in 22 von 23 Wahlkreisen eine Parteiliste anmeldeten, sodann die Kommunisten mit Parteilisten in 2 Wahlkreisen, alle übrigen Parteien haben nur in insgesamt 5 Wahlkreisen Parteilisten angemeldet. Gewählt wurden von den 148 Abgeordneten 80 mit einfacher Mehrheit, da keine Parteiliste aufgelegt war, 24 (und zwar alle Sozialdemokraten) durch die Verteilungszahl und 44 (hievon 36 Sozialdemokraten) durch Stimmenübertragung. Das heißt in der Mehrzahl der Fälle haben nur die Wähler die Entscheidung über die Wahl der Bewerber getroffen. Die Wähler haben wieder zum überwiegenden Teil nur die Bewerber des Aufstellungskreises gewählt: von 1 380 769 abgegebenen Stimmen wurden 1 267 523 oder 91.8% für die Bewerber des Aufstellungskreises abgegeben und nur 8.2% für Bewerber eines anderen Aufstellungskreises desselben Wahlkreises Das Recht der Stimmenabgabe zugunsten eines solchen Bewerbers wurde in den Städten immerhin erheblich ausgenützt, so wählten z. B. in der Hauptstadt von 100 Wählern der Radikalen Linken nur 79.9 den Bewerber ihres Aufstellungskreises. Im Falle der starren Liste hätte der Wähler, der einen mißliebigen Bewerber gegenübersteht, nur die Möglichkeit, ihn mitzuschlucken, sich der Stimme zu enthalten, oder eine gegnerische Liste zu wählen.

Das dänische Wahlgesetz löst auf sehr ansprechende Weise das Problem einer Verbindung der Einer- und Persönlichkeitswahl mit der Verhältniswahl. Den Wählern ist ein weiter Spielraum auf die Auswahl der Bewerber eingeteilt, die Parteien können wieder die eines Mannes, auf den sie besonderen Wert legen, durch dessen Aufstellung in mehreren Aufstellungskreisen nahezu sichern. Durch die Aufteilung der Zuschlagsmandate wird die Verhältnismäßigkeit zwischen Stimmen- und Sitzezahl möglichst in Einklang gebracht, jedoch mit einem kleinen Plus zugunsten der örtlich verankerten Parteien. Auch hinsichtlich der Beteiligung mit Zuschlagssitzen wird die Forderung eines gewissen örtlichen Gebundenseins der Parteien verlangt, da es nicht genügt, daß eine Partei den Stimmendurchschnitt aus allen Winkeln des Landes zusammengescharrt hat, sondern sie muß ihn mindestens in einem der drei großen Wahlkreisverbände erreicht haben. Dem Auftreten der Splitterparteien wird dadurch entgegengearbeitet, daß neue Parteien zur Zuschlagsitzeverteilung nur dann zugelassen werden, wenn sie ihren Antrag beim Innenministerium durch mindestens 10 000 Wähler unterfertigen lassen, das ist ungefähr durch soviele Wähler, als durchschnittlich zur Erreichung eines Sitzes notwendig sind. Eine kraftvolle Persönlichkeit, die eines größeren Anhanges sicher ist, kann sich jedoch als Wilder nur mit Unterzeichnung seiner Anmeldung durch 25 Wähler bewerben. Bei den letzten Wahlen kamen Einzelbewerbungen nicht vor. Auch die Möglichkeit, daß sich Bewerber anmelden, die nicht von den Parteien als ihre offiziellen Bewerber angesehen werden, sondern die Partei unterstützen, wird nicht sehr ausgenützt (1929 gab es von 477 nur 1 unterstützenden Bewerber). Für die Parteileitungen kann es schließlich oft von Vorteil sein, gewisse Personenfragen ihren Wählern selbst zur Entscheidung vorzulegen, indem sie in einem Aufstellungskreis zwei offizielle Bewerber aufstellen. Die Partei erleidet hiebei keinen Nachteil, weil die Stimmen aller ihrer Bewerber in der Parteistimmensumme des Wahlkreises zusammengefaßt werden und nach dieser Summe die Aufteilung der Sitze vorgenommen wird. 1929 haben die Konservativen in 6, die Linke in 7 und die Sozialdemokraten in 4 Kreisen zwei Bewerber aufgestellt.

Es können Einwendungen dagegen erhoben werden, daß nicht die von den Bewerbern der einzelnen Aufstellungskreise erworbenen Stimmen für die Zuerkennung der Sitze maßgebend sind, sondern die Summe aus allen Aufstellungskreisen desselben Wahlkreises. Auf diese Weise könnte es z. B. vorkommen, daß ein Aufstellungskreis keinen gewählten Abgeordneten hat, ein anderer wieder mehrere und daß der Bewerber mit den meisten Stimmen nicht gewählt wird, sondern ein anderer mit einer geringeren Stimmenzahl. Dies kommt auch tatsächlich vor, da es aber nur 117 Aufstellungskreise, aber 148 Sitze gibt, so sind die Fälle, daß ein Aufstellungskreis keinen gewählten Bewerber erhält, sehr gering: 1924 gab es 3 Fälle, 1926: 6.

Eine vereinfachte Form dieses Verfahrens treffen wir im bayrischen Landeswahlgesetz vom 12. Mai 1920 an, nach welchen das Land in 8 Wahlkreise eingeteilt wird, die 10 bis 25 Mandate zu besetzen haben. Jeder Wahlkreis wird in so viele Stimmkreise eingeteilt, als Abgeordnete im Wahlkreis zu wählen sind. Jeder Wähler kann seine Stimme nur für einen der Bewerber abgeben, die für den betreffenden Stimmkreis als Bewerber aufgestellt sind — das weitergehende Recht, für einen anderen Bewerber im gleichen Wahlkreise zu stimmen, entfällt hier. Die Verteilung der Mandate erfolgt innerhalb der Wahlkreise nach dem Verhältnis der von den einzelnen Listen aufgebrachten Stimmen, vermittels der Verteilungszahl, die sich aus der Teilung der Gesamtzahl der abgegebenen gültigen Stimmen durch die um eins vermehrte Sitzezahl ergibt. Die Zuteilung der Mandate an die Bewerber erfolgt nach der Größe der von ihren erzielten Stimmenzahl. Zur besseren Wahrung der Verhältnismäßigkeit wird eine Verwertung der Stimmreste vorgenommen und zwar für das ganze Land, indem die noch nicht zur Besetzung gelangten Sitze nach dem Hagenbach-Bischoffschen Verfahren im Verhältnis der Stimmreste der einzelnen Parteien im ganzen Land aufgeteilt werden. Sie werden jenen Kreiswahlvorschlägen zugewiesen, welche die größten Stimmreste aufweisen und innerhalb dieser wieder den Bewerbern, die die meisten Stimmen in den Stimmkreisen erhalten haben, sofern sie noch nicht gewählt sind.

Die Frage, ob der Stimmkreis seinen Abgeordneten hat, wie etwa ein Wahlkreis bei der Einerwahl, hängt ganz davon ab, ob die Parteien für jeden Stimmkreis einen besonderen Bewerber aufstellen, oder ob sie einen Bewerber für mehrere Stimmkreise aufstellen. Durch mehrfache Aufstellung erhöhen sich die Wahlaussichten des Bewerbers, weil die von von ihm errungenen Stimmen in allen Stimmkreisen zusammengezählt werden. Andrerseits wird dadurch die Bearbeitung der Stimmkreise, wie sie sonst bei einem Bewerber, der nur einen Stimmkreis hat, möglich ist, erschwert. Die bayrischen Parteien haben in großem Ausmaß von der Aufstellung der mehrfachen Bewerbungen Gebrauch gemacht und es gab nur 20 Abgeordnete in ganz Bayern, knapp ein Sechstel aller Abgeordneten, die nur in einem Stimmkreis aufgestellt und gewählt wurden (1928).

2. Proportionalisierte Mehrheitswahl.

Während die bisher angeführten Verfahren Methoden der Verhältniswahl waren, die eine Annäherung an die Einerwahl anstrebten, sind die nunmehr zu besprechenden Verfahren reine Mehrheitswahlen in Einerwahlkreisen, die eine Annäherung an die Verhältnismäßigkeit aufweisen.

Von Siegfried Geyerhahn (»Das Problem der verhältnismäßigen Vertretung«, Tübingen und Leipzig 1902) wurde vorgeschlagen, daß halb soviele Wahlkreise zu schaffen sind, als es Abgeordnete gibt. In den Wahlkreisen wird also die Hälfte aller Sitze mittels absoluter Mehrheit, allenfalls mittels Stichwahlen vergeben. Nach der Wahl werden die Parteistimmenzahlen für das ganze Reich ermittelt und festgesetzt, wieviele Sitze jeder Partei im Verhältnis ihrer Stimmenzahl entsprechen. Hierauf werden die im Wahlkreis nicht gewählten Bewerber des ganzen Reiches parteienweise gruppiert und innerhalb jeder Parteigruppe wieder in fallender Reihenfolge der von ihnen erhaltenen Stimmen aneinandergereiht. Sodann werden soviele der nicht durchgedrungenen Bewerber für gewählt erklärt, als die Partei Anspruch auf Abgeordnetensitze hat.

Diesen Vorschlägen haften vor allem zwei Mängel an: erstens die Notwendigkeit von Stichwahlen bei der Verteilung der Sitze der Wahlkreise, wodurch auch die Streitfrage entsteht, welche Stimmenzahl für die Parteien bei der verhältnismäßigen Aufteilung im ganzen Reich in Betracht kommt: die des ersten Wahlganges oder die der Stichwahl; zweitens die Möglichkeit, daß eine Partei bereits in den Wahlkreisen mehr Sitze erhalten hat, als ihr nach der verhältnismäßigen Aufteilung zukämen; dies bedeutet eine Störung der Verhältnismäßigkeit.

Bei beiden Mängeln hakt Wilhelm Heile mit seinem Vorschlage ein (Frankfurter Zeitung vom 29. Januar 1926, Nr. 75). An Stelle der Stichwahlen setzt er einen zweiten Wahlgang, in dem die relative Mehrheit entscheidet, so daß die offensichtlichen Nachteile einer Stichwahl vermieden werden. Das Ergänzungsverfahren zur Herstellung der Verhältnismäßigkeit wird so umgestaltet, daß die Zahl der Abgeordnetensitze des Parlamentes nicht von vorneherein festgesetzt wird, sondern daß sich diese danach richtet, daß keine Partei in den Wahlkreisen mehr Sitze erhalten haben darf, als ihr nach dem Ergebnisse der Verhältnismäßigkeit zukommen. Hieraus ergeben sich aber wieder die Mißstände, daß die Zahl der Abgeordnetensitze ganz unbestimmt ist und daß sie möglicherweise viel zu groß sein kann, als der Arbeitsfähigkeit eines Parlamentes entspricht. Die Zahl kann von Wahl zu Wahl ungeheuer schwanken, weil sie sich nach einem Zufallsmoment, dem zu großen Sitzegewinn einer Partei im ersten Wahlgang richten kann.

Dieses Verfahren will Walter Jellinek (»Verhältniswahl und Führerauslese«, Archiv d. ö. R. N. F. 11. Bd., S. 71) dadurch retten, daß erstens die Verteilung der Sitze in den Wahlkreisen sofort im ersten Wahlgange mittels relativer Mehrheit vorgenommen wird; zweitens wird die Zahl der Sitze um 25 v. H. größer angenommen, als die Zahl der Wahlkreise beträgt (450 Sitze bei 360 Wahlkreisen), denn die Ergebnisse der Reichstagswahlen in der Vorkriegszeit zeigten, daß bei diesem Quotienten eine Übervertretung einer Partei ausgeglichen wird. Trotzdem kann es vorkommen, daß eine Partei durch die relative Mehrheit in den Wahlkreisen mehr Sitze erhalten hat, als ihr nach der Gesamtstimmenzahl zukommen würden. In diesem Falle »behält es dabei sein Bewenden«.

Jellinek ist aber dabei nicht stehen geblieben, sondern hat zwecks unbedingter Erreichung der Verhältnismäßigkeit neben dem Ergänzungsverfahren noch das Kürzungsverfahren eingeführt; mit anderen Worten: wenn eine Partei durch ihren Erfolg in den Wahlkreisen eine Übervertretung erhalten würde, hat sie die zuviel erhaltenen Sitze abzugeben und Parteien, die Anspruch auf Sitze haben, zu überlassen. Demnach wäre ein Sitz, den eine Partei in den Wahlkreisen errungen hätte, noch nicht endgültig; er müßte nach besonderen Regeln an eine ergänzungsberechtigte Partei abgegeben werden, so daß den Wahlkreis nicht der siegreiche Bewerber vertreten würde, sondern ein unterlegener Bewerber. Wenn auch Jellinek vom Kürzungsverfahren Wahlkreise ausnimmt, in dem eine ergänzungsberechtigte Partei weniger Stimmen erhalten hat, als die Hälfte der für die Mehrheitspartei abgegebenen Stimmen, so ist das Kürzungsverfahren doch nicht geeignet, volkstümlich und einleuchtend zu werden. »Das bedingte Verfahren«, so führt die Denkschrift des Reichsministeriums des Innern zum Entwurf eines Reichswahlgesetzes 1929 aus, »bedeutet ja nicht nur ein Hin- und Herschieben von Zahlen, sondern von Menschen«.

Das Verfahren der proportionalisierten Einerwahl ist bisher nur einmal praktisch angewendet worden, bei den Wahlen zum dänischen Volksthing von 1918.

Gemäß dem Wahlgesetz vom 10. Mai 1915 wurden die Volksthingwahlen in der Hauptstadt in reiner Verhältniswahl mittels Listen und gemäß dem D'Hondtschen Verfahren vorgenommen, auf den Inseln und in Jütland dagegen in Einerwahlkreisen, in denen derjenige Bewerber als gewählt hervorging, der die relative Mehrheit erzielte. Das Ergebnis der Volksthingwahlen vom 22. April 1918 war nachstehendes:

Partei	Hauptstadt		Inseln		Jütland		Ganzes Land	
	Stimmen	Sitze	Stimmen	Sitze	Stimmen	Sitze	Stimmen	Sitze
Neue Rechte ..	3 322	—	1 002	—	440	—	4 764	—
Kons. Volksp. ..	45 804	6	68 045	2	54 016	—	167 865	8
Venstre	2 689	—	97 886	7	171 304	35	271 879	42
Radik. Venstre .	39 682	5	97 256	19	54 599	2	191 537	26
Sozialdem.	96 368	12	78 114	14	88 314	13	262 796	39
Außerh. d. Pt. .	18 837	1	—	—	3 622	1	22 459	2
	206 702	24	342 303	42	372 295	51	921 300	117

Die Wahlergebnisse auf den Inseln zeigen, daß die radikale Venstre und die Sozialdemokratie mit weniger Stimmen bedeutend mehr Sitze erhielten, als die Venstre. Andrerseits erhielt die Venstre in Jütland mit weniger als der Hälfte der Stimmen $^{7}/_{10}$ der Sitze. Um eine Verhältnismäßigkeit zwischen Stimmen und Sitzen herzustellen, werden auf den Inseln und in Jütland (getrennt für sich) Zuschlagsmandate zur Verteilung gebracht, auf den Inseln 9, in Jütland 11, das ist etwas weniger als ein Fünftel aller Mandate der beiden Gebiete.

Verteilung der Zuschlagsmandate auf den Inseln: Die Wahlzahl (d. i. Gesamtstimmenzahl durch Mandatszahl) beträgt 342 303 : 51, d. i. 6 711 8 oder 6 712. Durch die Wahlzahl wird die Stimmenzahl jeder Partei geteilt und der Quotient gibt an, wieviel von den 51 Sitzen jeder Partei im Verhältnis zu ihrer Stimmenzahl zufallen. Von der so ermittelten Sitzezahl wird die Anzahl der Sitze abgezogen, die die Partei bereits durch Mehrheitswahl erhalten hat, und der Unterschied gibt die Zahl der Zuschlagsmandate an, die der Partei zukommt.

Partei	Stimmenzahl	51 Sitze verteilt im Verhältnis zur Stimmenzahl	Anzahl der Sitze durch Mehrh.wahl	Unterschied (Zuschlagsmandate
Neue Rechte	1 002	0.15 = 0	0	0
Kons. Volkspartei	68 045	10.14 = 10	2	+8
Venstre	97 886	14.58 = 15	7	+8
Radik. Venstre	97 256	14.49 = 14	19	—5
Sozialdemokraten	78 114	11.64 = 12	14	—2
	342 303	51	42	9

Die Radikale Venstre und die Sozialdemokratie haben mehr Sitze erhalten, als auf die sie im Verhältnis zur Stimmenzahl Anspruch hätten, so daß sie keinen Anteil an der Verteilung der Zuschlagsmandate haben. Hiefür bleiben nur die Konservativen und die Venstre übrig. Die Verteilung wird dermaßen vorgenommen: bei den Kreiswahlen erhielten diese 2 Parteien zusammen 9 Sitze; hiezu kommen noch die 9 Zuschlagsmandate, so daß wir auf 18 Sitze kommen, die zwischen den beiden Parteien zu verteilen sind. Die Verteilungszahl (165 931:18) ist hiebei 9 219.

Partei	Stimmenzahl	18 Mandate verteilt im Verhältnis zur Stimmenzahl	Anzahl der Sitze durch Mehrh.wahl	Unterschied (Zuschlagsmandate
Konserv. Volkspartei	68 045	7.38 = 7	2	5
Venstre	97 886	10.62 = 11	7	4
	165 931	18	9	9

Trotz der Zuteilung der Zuschlagsmandate erhielt die Konservative Volkspartei um 3, die Venstre um 4 Sitze weniger, als ihr nach der Stimmenzahl zukommen.

Verteilung der Zuschlagsmandate auf Jütland: die Wahlzahl beträgt 372 295 : 62, d. i. 6 004.8 oder 6 005. Die Verteilung der Zuschlagsmandate ist folgende:

Partei	Stimmenzahl	62 Sitze verteil im Verhältnis zur Stimmenzahl	Anzahl der Sitze durch Mehrh.wahl	Unterschied (Zuschlagsmandate
Neue Rechte	440	0.07 = 0	0	0
Konserv. Volkspartei	54 016	9.00 = 9	0	+9
Venstre	171 304	28.53 = 29	35	—6
Radik. Venstre	54 599	9.09 = 9	2	+7
Sozialdemokratie	88 314	14.71 = 15	13	+2
Außerhalb der Partei			1	—1
	368 673	62	51	11

Hiebei brauchten die Stimmen, die auf einen (gewählten) Einzelbewerber abgegeben worden sind, nicht berücksichtigt zu werden. Die Venstre, die um 6 Sitze zuviel erhielt, hat gleichfalls nicht mehr berücksichtigt zu werden und es bleiben zur Beteiligung mit Zuschlagsmandaten nur die Konservative Volkspartei, die Radikale Venstre und die Sozialdemokratie übrig, deren Sitze zusammen 15 betragen.

Partei	Stimmenzahl	26 Sitze verteilt im Verhältnis zur Stimmenzahl	Anzahl der Sitze durch Mehrh.wahl	Unterschied (Zuschlagsmandate)
Konserv. Volkspartei	54 016	7.13 = 7	0	7
Radik. Venstre	54 599	7.21 = 7	2	5
Sozialdemokratie ...	88 314	11.66 = 12	13	—1
	196 929	26	15	11

Die Verteilung zeigt, daß die Sozialdemokratie keinen Anteil an den Zuschlagsmandaten hat, die nunmehr folgendermaßen verteilt werden:

Partei	Stimmenzahl	13 Sitze verteilt im Verhältnis zur Stimmenzahl	Anzahl der Sitze durch Mehrh.wahl	Unterschied (Zuschlagsmandate)
Konserv. Volkspartei	54 016	6.47 = 6	0	6
Radik. Venstre	54 599	6.53 = 7	2	5
	108 615	13	2	11

Auch nach Beteiligung mit Zuschlagsmandaten hat die Konservative Volkspartei um 3, die Radikale Venstre um 2 Sitze zu wenig erhalten.

Um eine weitere Annäherung an die Verhältnismäßigkeit herzustellen, werden noch weitere 3 Zuschlagsmandate im Verhältnis der von den Parteien im ganzen Lande erhaltenen Stimmen aufgeteilt, wobei eines auf die Inseln, 2 auf Jütland entfallen. Verteilungszahl (Gesamtstimmenzahl 898 841 durch Gesamtsitzezahl 140) ist 6 421.

Partei	Stimmenzahl	140 Sitze verteilt im Verhältnis zur Stimmenzahl	Anzahl der Sitze durch Mehrh.wahl	Unterschied (Zuschlagsmandate)
Neue Rechte	4 764	0.74 = 1	0	+1
Konserv. Volkspartei	167 865	26.15 = 26	19	+7
Venstre	271 879	42.35 = 42	46	—4
Radik. Venstre	191 537	29.83 = 30	31	—1
Sozialdemokratie	262 796	40.93 = 41	39	+2
Außerhalb der Partei			2	—2
	898.841	140	137	3

Keinen Anspruch auf eines der 3 Zuschlagsmandate haben demnach die Venstre und die Radikale Venstre, sowie die selbständigen Bewerber, da sie bereits mehr Sitze erhalten haben, als ihrer Stimmenzahl entspricht. Ebenso kommt auch die Neue Rechte nicht in Betracht, da sie in keinem Wahlkreis einen Sitz errungen hat. Es bleiben nur die Konservative Volkspartei und die Sozialdemokratie mit zusammen 58 Sitzen, zu denen noch die 3 vorerwähnten kommen.

Partei	Stimmenzahl	61 Sitze verteilt im Verhältnis zur Stimmenzahl	Zahl der bish. Sitze	Unterschied (Zuschlagsmandate)
Konserv. Volkspartei .	167 865	23.78 = 24	19	5
Sozialdemokratie	262 796	37.22 = 37	39	—2
	430 661	61	58	3

Da es sich herausstellt, daß die Sozialdemokratie mehr Sitze erhalten hat, als auf die sie Anspruch hat, fallen die 3 Zuschlagsmandate der Konservativen Volkspartei zu (1 auf die Inseln, 2 auf Jütland).

(Die Verteilung der Zuschlagsmandate auf die einzelnen Wahlkreise erfolgt nach der Zahl der unvertretenen Stimmen.)

Die endgültige Verteilung der Sitze zeigt dieses Bild:

	Anspruch auf Sitze	tatsächlich erhalten	Unterschied
Neue Rechte	1	0	—1
Konserv. Volkspartei .	26	22	—4
Venstre	42	46	+4
Radikale Venstre	30	31	+1
Sozialdemokratie	41	39	—2
Außerhalb der Parteien	—	2	+2
	140	140	—

Die Unterschiede in der verhältnismäßigen Vertretung der einzelnen Parteien sind nicht sehr groß, zum Teil auch, weil die Hauptstadt von der proportionalisierten Mehrheitswahl ausgeschlossen war. Trotzdem machte sich das Verfahren bei den Parteien unbeliebt, so daß es bei der nächsten Gelegenheit, der Verfassungsreform von 1920, fiel. Die relative Mehrheit machte nämlich ein Zusammengehen der Sozialdemokraten und der Radikalen Linken notwendig, weil sonst die Linke (Venstre) zu leicht die relative Mehrheit erreicht hätte; doch behagte dieses Zusammengehen beiden Parteien nicht. Dabei birgt das Verfahren noch eine Gefahr, daß sich z. B. eine Partei in zwei Parteigruppen teilt, die eine Parteigruppe bewirbt sich in den Wahlkreisen, wo die Partei die Aussicht hat, die relative Mehrheit zu erreichen; die andere Parteigruppe in den übrigen Wahlkreisen. Da beide Gruppen einen verschiedenen Namen führen und nach dem Gesetze als zwei Parteien gelten, kann es der Partei gelingen, daß sie eine große Übervertretung erlangt: die von der einen Gruppe in relativer Mehrheit erlangten Sitze bleiben ihr; sie nimmt aber auch noch verhältnismäßig am Wahlergebnis mit den Stimmen der anderen Gruppe teil.

Wenn wir alle diese Verfahren betrachten, so zeigt sich folgendes:

1. Die »Persönlichkeitswahl« oder ein unbedingter Einfluß des Wählers auf die Auswahl des Bewerbers ist nur nach dem Verfahren der übertragbaren Einzelstimmgebung in Irland gesichert, während sonst überall die Partei eingreift, am wenigsten noch in Schweden, stärker schon in Finnland und Dänemark, noch stärker in Belgien, in den Niederlanden und in der Schweiz.

2. Alle diese Verfahren, die die Entscheidung des Wählers über den einzelnen Bewerber ermöglichen, sind natürlich verwickelter als Verfahren mit der starr gebundenen Liste. Dies hat eine doppelte Bedeutung: einerseits verliert der Wähler die Übersicht, so daß er sich auf die amtlichen Berechnungen verlassen muß, anderseits wird den Wahlbehörden eine erhöhte Arbeit aufgebürdet. Diese wird freilich oft überschätzt; so kann die großen Rechenarbeiten, die das dänische Wahlverfahren erfordert, ein einziger Mann in sechs Stunden bewältigen und die schwedische Statistik weist mit Stolz darauf hin, daß die aufgearbeiteten Ergebnisse auch aus dem entlegensten Wahlkreis bis spätestens 5 Uhr früh nach dem Wahltage in Stockholm eintreffen. Am zeitraubendsten ist gerade das beste der geschilderten Verfahren: das der übertragbaren Einzelstimmgebung. So benötigte z. B. die Aufbereitung des Wahlergebnisses im Wahlkreis Tyrone und Fermanagh bei der Wahl zum nordirischen Parlament vom 24. Mai 1921 nicht weniger als 35 Arbeitsstunden mit einer Belegschaft von 24 Personen.

3. Es kann nun die Frage aufgeworfen werden, ob sich diese Verfahren überhaupt empfehlen, da ja, wie früher geschildert wurde, nur ein kleiner Teil der Wähler von den ihnen zustehenden Rechten Gebrauch macht, so in Belgien nur 16%, in den Niederlanden kaum 5%; in der Schweiz haben 1928 583 324 von insgesamt 768 100 Wählern,

also 76% die Stimmzettel der Partei unverändert abgegeben. Und von den Wählern, die die Stimmzettel veränderten, hat die überwiegende Mehrheit sich an Parteistimmzettel gehalten und der geringste Teil hat freie Listen aus Bewerbern verschiedenster Parteien zusammengestellt, so in Basel-Stadt nur 6%, in Neuenburg und in der Waadt nur 1%. Außerdem zeigt sich überall, daß die Rechte der freien Auswahl von den sozialistischen und kommunistischen Wählern fast gar nicht ausgenutzt werden, so daß sich das Problem auf die bürgerlichen Wähler beschränkt. Dennoch ist dem Problem seine Bedeutung nicht abzusprechen. Es hat vor allem eine psychologische Bedeutung, denn der Wähler fühlt sich freier, als wenn er nur einen Parteistimmzettel abgeben kann und es ruht in der menschlichen Psyche, daß die Vorenthaltung eines Rechtes verstimmend wirkt, während der Besitz eines Rechtes froher stimmt, selbst wenn man es gar nicht ausnutzt. Dazu kommt aber noch, daß infolge des Rechtes der Wähler die Parteien selbst gezwungen sind, bei der Aufstellung der Bewerber auf die Anschauungen unter den Wählern Rücksicht zu nehmen und ihnen die Abstimmung auch sagt, welche der Bewerber volkstümlicher sind.

4. Einen Punkt übersehen freilich alle diese Verfahren und gerade dieser ist für uns der Hauptpunkt: die Aufgabe des Parlaments als Regierungsbildnerin. In diesem Punkte versagen sie zumeist und machen sich der Vorschubleistung der Parteienzersplitterung schuldig, vielleicht mit Ausnahme des Verfahrens der übertragbaren Einzelstimmgebung in kleinen Wahlkreisen.

B. Die Bekämpfung der kleinen Parteien.

Eine Folge der Verhältniswahl ist das Aufkommen von kleinen Parteien, die in einem Mehrheitswahlrecht nicht die geringsten Aussichten auf Erfolg gehabt hätten. Die Verhältniswahl ermöglicht ihnen jedoch die Bewerbung und eröffnet ihnen die Aussicht, daß sie durch Zusammenscharren von Stimmen aus den verschiedenen Ecken des Wahlkreises oder einer höheren Wahleinheit die erforderlichen Stimmen erreichen. Freilich täuschen sie sich in ihren Aussichten sehr oft und so kommt es, daß in Verhältniswahlländern ganz beträchtliche Stimmenzahlen auf Parteien abgegeben werden, die keine Sitze erhalten.

Stimmen für Parteien, die leer ausgehen.

Land	Wahljahr	Gesamtzahl der gültigen Stimmen	Wertlose Stimmen auf (...) Splitterparteien	v. H. aller gültigen Stimmen
Schweden	1928	2.358.811	2.563 (1)	0.1%
Norwegen	1930	1.194.755	20.364 (2)	1.7%
Finnland	1930	1.130.028	22.462 (3)	2.0%
Dänemark	1929	1.420.246	3.656 (1)	0.3%
Danzig	1930	197.871	5.419 (4)	1.7%
Schweiz	1928	807.472	3.697 (4)	0.4%
Deutsches Reich	1930	34.956.723	411.907 (17)	1.1%
Polen	1930	11.333.796	276.645 (..)	2.5%
Belgien	1929	2.230.069	66.078 (17)	3.0%
Estland	1929	504.996	6.012 (1)	1.2%
Österreich	1930	3.688.068	200.310 (8)	5.6%
Tschechoslowakei	1929	7.385.086	18.959 (3)	0.3%
Niederlande	1929	3.379.503	103.735 (24)	3.0%
Lettland	1928	929.883	58.516 (18)	6.3%

Wie diese Angaben zeigen, sind ziemlich große Stimmensummen, die zur Erzielung einer nicht unbeträchtlichen Anzahl von Sitzen hinreichen würden, vollständig wirkungslos geblieben. Damit ist aber noch immer nicht der Umfang der sog. Splitterparteien erschöpft, denn vielen dieser Parteien gelingt es doch, Sitze zu erringen, je nachdem die von dem einen oder anderen Wahlrecht mehr oder minder begünstigt werden. Wir müssen daher auch noch die Stimmen in Erwägung ziehen, die von einer erfolgreichen Splitterpartei erzielt worden sind, wobei eine Abgrenzung dieser Parteien nach oben immer mehr oder minder gewillkürt sein muß. Dieser Begrenzung etwa die Fraktionsstärke zugrunde zu legen, erscheint nicht empfehlenswert, wegen der ganz verschieden hohen Fraktionsstärke in den Geschäftsordnungen der einzelnen Parlamente. Das Wesen der Splitterparteien besteht vielmehr darin, daß sie keine örtliche Verankerung haben und ihre Stimmen aus verschiedenen Teilen des Wahlkreises oder Reichsgebietes zusammentragen, weil sich ihre Anhängerschaft quer durch den ganzen Wahlkreis oder das ganze Reich schichtet. Daneben wird natürlich mit dem Begriffe der Splitterparteien immer ihre zahlenmäßige Schwäche verbunden.

Wenn wir eine solche Begriffsunterscheidung vornehmen, gelangen wir zu folgendem Bild über die Splitterparteien in einigen Ländern:

Stimmen für Zwerg- und unvertretene Parteien.

Land	Zahl der Stimmen auf Parteien mit 0 bis .. Sitze	v. H. aller gültigen Stimmen	Sitze dieser Parteien
Norwegen	0—1: 29.592	2.4%	1 von 150
Dänemark	0—3: 39.253	2.8%	4 „ 149
Schweiz	0—4: 41.102	5.0%	7 „ 198
Deutsches Reich	0—5: 1.208.428	3.0%	13 „ 577
Tschechoslowakei	0—3: 194.355	2.7%	17 „ 300
Estland	0—3: 49.661	9.9%	8 „ 100
Polen	0—4: 1.066.366	9.4%	13 „ 444
Niederlande	0—3: 358.676	10.7%	8 „ 100
Danzig	0—3: 39.077	9.5%	13 „ 72
Lettland	0—2: 275 902	30.0%	27 „ 100

Der Anteil der Splitterparteien an den abgegebenen Stimmen und auch an den Abgeordnetensitzen ist oft ein geradezu beängstigender. Die Folge davon ist, daß die gesetzgebenden Körperschaften keine großen Parteien mehr aufweisen, sondern in eine Unzahl kleinerer Gruppen zerfallen, daß die Regierungsbildung erschwert, und der Sturz der Regierungen erleichtert wird, kurz, daß an Stelle fester Regierungen mit starker parlamentarischer Rückendeckung schwache und schwankende Regierungen mit schwacher, fallweiser und abwechselnder Mehrheit oder nur mit einer Minderheit als Rückendeckung unter Ausnützung der Gegensätze der äußersten Flügel treten. Die Parteizersplitterung in einer Anzahl von Verhältniswahlländern sieht folgendermaßen aus:

Die Parteizersplitterung in Verhältniswahlländern.

Land	Zahl der vertretenen Parteien überhaupt	über 50%	40 bis 49%	30 bis 39%	20 bis 29%	10 bis 19%	5 bis 9%	3 bis 4%	bis 2%
Österreich	5	—	2	—	—	—	2	1	—
Belgien	5	—	2	—	—	1	1	—	1
Dänemark	6	—	1	1	—	2	—	—	2
Schweden	6	—	1	1	—	2	—	1	1
Finnland	7	—	—	1	2	1	1	—	2
Norwegen	6	—	—	1	2	1	—	1	1
Schweiz	8	—	—	—	3	1	—	1	3
Memel	7	—	—	2	—	1	2	2	—
Estland	10	—	—	—	2	2	2	3	1
Niederlande	12	—	—	1	1	2	2	1	5
Deutsches Reich	15	—	—	—	1	3	2	3	6
Danzig	12	—	—	—	1	4	1	4	2
Tschechoslowakei	23	—	—	—	—	4	3	5	11
Lettland	27	—	—	—	1	1	6	2	17

Diese Zahlen sind die beste Illustration des Chaos, das in den Parlamenten herrscht. Sie zeigen auch die Schwierigkeiten, mit denen die Regierungsbildung und -behauptung zu kämpfen hat. Angesichts dieser Lage darf es nicht Wunder nehmen, daß die Gesetzgebungen Maßnahmen gegen die Parteienzersplitterung getroffen haben.

Diese Maßnahmen äußern sich in verschiedener Weise. An der Spitze der letzten Tabelle stehen als Staaten mit einem verhältnismäßig gefestigten Parteienwesen und mit wenig Parteien, nach Österreich: Belgien, Dänemark, Schweden, Finnland, Norwegen und die Schweiz. Die vier zuletzt genannten Staaten erwehren sich der Splitterparteien, indem sie über den Wahlkreis hinaus keine Reststimmenverwertung zulassen. Dasselbe war auch in Belgien bis 1919 der Fall; seither ist eine Reststimmenverwertung zulässig, aber nur innerhalb der Provinz; dabei bestimmt der Art. 176 des Wahlgesetzes, daß jene Listengruppen und Einzellisten, die in keinem Arrondissement eine Stimmenzahl in der Höhe von mindestens 66% des Wahlteilers erhalten haben, zur Verwertung der Reststimmen nicht zugelassen werden.

Dänemark erschwert die Bewerbung neuer Parteien durch die Bestimmung (§ 24 des Wahlgesetzes), daß solche Parteien nur dann zur Beteiligung mit den Zusatzmandaten zugelassen werden, wenn sie 10 Tage vor der Wahl durch mindestens 10 000 Unterschriften beim Innenministerium angemeldet wurden. Dadurch soll die Gewähr geboten werden, daß nur solche Parteien in den Wahlkampf eintreten, die genügend Stimmen für mindestens ein Mandat aufzubringen imstande sind. Außerdem wird für die Beteiligung mit Zuschlagsmandaten noch das Erfordernis aufgestellt, daß die betreffende Partei mindestens ein Mandat in den 21 Wahlkreisen erreicht hat oder daß auf deren Bewerber innerhalb eines der drei Landesgebiete (Jütland, Inseln und Hauptstadt) mindestens so viele Stimmen gefallen sind, als im Durchschnitt für ein Mandat im ganzen Lande abgegeben worden sind (§ 43).

Österreich, dessen Wahlrechtsentwicklung sich immer mehr gegen die Splitterparteien richtet, läßt die Stimmenverwertung nur innerhalb der vier Wahlkreisverbände zu. Parteien, die im ganzen Bundesgebiet in den Wahlkreisen kein Mandat errungen haben, haben auf die Zuweisung der Mandate im Reststimmenverfahren keinen Anspruch (§ 76).

Aber auch die Länder mit einer starken Parteienzersplitterung haben Bestimmungen, die gegen die Zwergparteien gerichtet sind, mit

Ausnahme von Lettland, wo infolge des Restteilungsverfahrens selbst ganz kleine Parteien, die nicht die Wahlzahl erreicht haben, gewählt werden können. So wurden 1928 5 Abgeordnete mit weniger Stimmen als der Wahlzahl von 9298 gewählt, einer sogar mit nur 4484. Auch Danzig kennt keine Beschränkungen für kleine Parteien: dadurch, daß das ganze Staatsgebiet einen einzelnen Wahlkreis bildet, schießen die kleinen Parteien wie die Pilze aus dem Boden. Das Memelgebiet und die Niederlande bilden zwar auch nur je einen Wahlkreis, doch muß im Memelgebiet eine Partei mindestens die Wahlzahl erreichen, in den Niederlanden kommen bei der Verteilung der Restsitze diejenigen Listen nicht in Betracht, die nach jeweiliger Zuteilung eines Sitzes weniger als 75% des Wahlteilers für jeden zuerkannten Sitz aufweisen. Die niederländische Wahlgesetzgebung seit 1918 ist ein Beispiel für eine fortschreitend gegen die Splitterparteien gerichtete Politik. Nach dem Wahlgesetz von 1918 wurden die Restsitze nach dem Verfahren der größten Überschüsse (Restteilungsverfahren) verteilt, wodurch es vorkam, daß kleine Parteien mit bedeutend weniger Stimmen als dem Wahlteiler Sitze erhielten. 1918 wurden allein 8 Sitze an Listen mit weniger als 13 442 Stimmen, dem Wahlteiler, verteilt, darunter auch an eine Liste mit 5562 Stimmen. Nach der Wahlgesetzänderung von 1921 wurden Listen, die weniger Stimmen als 75% des Wahlteilers erhalten hatten, nicht mehr berücksichtigt. Infolge dieser Beschränkung stieg die Zahl der unvertretenen Stimmen ganz ungeheuer; während 1918 nur 30.705 oder 2.4% aller Stimmen unvertreten geblieben waren, stieg deren Zahl 1922 auf 205 882 oder 6.6%, denn die kleinen Parteien, die 1918 einen Sitz errungen hatten, scheuten auch 1922 nicht vor der Bewerbung zurück. Das Restteilungsverfahren war ja aufrecht erhalten geblieben, wodurch sie noch die Hoffnung auf einen Restsitz hatten. Das Restteilungsverfahren wirkte so einer Zusammenfassung zu größeren Gruppen entgegen. Daher wurde 1923 eine neue Änderung des Wahlgesetzes vorgenommen, durch die die Parteieneinigung gefördert werden sollte; wenn nämlich bei der ersten Verteilung der Sitze über den Landeswahlkreis mehr als 15 Sitze unbesetzt bleiben, kommt für die Verteilung der Restsitze nicht das Restteilungsverfahren, sondern das für die kleinen Parteien viel ungünstigere Hagenbach-Bischoffsche Verfahren zur Anwendung. Diese Drohung wirkte und bei den Wahlen von 1925 fiel die Zahl der Parteien auf 33 gegenüber 53 im Jahre 1922 und die Zahl der unvertretenen Stimmen ging auf 145.991 oder 4.8% aller Stimmen zurück. 1925 fand eine neue Änderung in dem zuerst erwähnten Sinne statt mit dem Erfolg, daß 1929 die Zahl der unvertretenen Stimmen der Splitterparteien auf 114 815 oder 3.4% aller Stimmen zurückging.

Immer neue Beschränkungen gegen die Splitterparteien führen auch die Wahlrechte Polens und der Tschechoslowakei ein. In Polen gilt schon seit 1918 das für die kleinen Parteien ungünstige D'Hondtsche Verfahren; 1921 kam eine weitere Beschränkung durch die 72 Sitze der Staatsliste für den Sejm hinzu, die im Verhältnis der von den Parteien in den Wahlkreisen errungenen Sitzen aufgeteilt werden, wobei jedoch jene Parteien unberücksichtigt bleiben, die im ganzen Staatsgebiet nicht mindestens in sechs Wahlkreisen Abgeordnete durchgebracht haben. In der Tschechoslowakei wurden gemäß der Wahlordnung von 1920 zur Verwertung der Reststimmen aus dem ganzen Staatsgebiet nur jene Listen zugelassen, die in einem Wahlkreise mindestens die Wahlzahl oder 20 000 Stimmen erreicht hatten; 1925 fand eine weitere Verschärfung statt, wonach für die Beteiligung an der Reststimmenverwertung im zweiten Ermittlungsverfahren die Vorbedingung besteht, daß die Partei in einem Wahlkreis mindestens einen Sitz errungen haben muß; ferner traten noch die recht verwickelten Beschränkungen des dritten Ermittlungsverfahrens hinzu. Bei der ersten Anwendung der Wahlgesetznovelle bei den Wahlen von 1925 war die Parteienzersplitterung ungeheuer stark; bei der zweiten Anwendung, 1929, hielten die Beschränkungen viele Parteien von der selbständigen Bewerbung ab und sie bildeten vor der Wahl Wahlbündnisse, so daß die Zahl der unverwertet gebliebenen Stimmen von 340 281 bei den Wahlen von 1925 auf 18 959 bei den Wahlen von 1929 zurückging.

Eine andere Möglichkeit der Einschränkung der Splitterparteien ist die Aufstellung eines »Quorums«. In Rumänien gehen jene Parteien leer aus, die im ganzen Staatsgebiet nicht 2% der Stimmen erhalten haben (ausgenommen, wenn sie in einem Wahlkreis die unbedingte Stimmenmehrheit erlangt haben), in Estland, das einen einzigen Landeswahlkreis bildet, kommen bei der Verteilung der Sitze diejenigen Parteien nicht in Betracht, auf die nicht mindestens zwei Abgeordnetensitze entfallen sind. Häufig sind diese Einschränkungen auch in den schweizerischen kantonalen Wahlgesetzen; so besteht in Genf ein Quorum von 7% der Stimmen, in Freiburg von 15% und in Neuenburg von 10%.

Eine äußerst wirksame Einschränkung der Splitterparteien bildet die Forderung der Hinterlegung einer Sicherstellung. (S. o. unter Wahlbewerbung, S. 151.)

Auch die Gesetzgebung des Deutschen Reichs und der Länder hat die Frage der Bekämpfungen der Splitterparteien ernstlich ins Auge gefaßt und deren Lösung versucht. Als Lösungsmöglichkeiten erschienen:

1. Unmittelbare Beschränkungen durch eine geforderte Mindeststimmenzahl. Diese Beschränkungen sind besonders nötig im Reiche und in Preußen, wo das automatische System, wie Richard Thoma sagt, das Prinzip der Proportionalität auf die Spitze treibt. Auf 60 000 (50 000) Stimmen entfällt im Reiche (in Preußen) ein Sitz. Dies gilt für den Wahlkreis, den Wahlkreisverband und das Reichsgebiet. Bei der Verwertung der Reststimmen aber bleiben jene Parteien unberücksichtigt, die in keinem Wahlkreis 30 000 (25 000) Stimmen erreicht haben. Damit sind die sich auf das ganze Reich in dünner Schicht verteilenden Querparteien getroffen, die nirgends örtlich gebunden sind. Die zweite Beschränkung ist die, daß einem Reichs-(Landes)wahlvorschlage höchstens die gleiche Zahl der Abgeordnetensitze zugeteilt werden darf, als auf die ihm angeschlossenen Kreiswahlvorschläge entfallen sind. — Andere Beschränkungen haben Württemberg und Bayern.

2. Unterschriftenklausel: für neue sich bewerbende Parteien werden mehr Unterschriften für die Wahlbewerbung verlangt, als für Parteien, die schon dem früheren Landtag angehört haben, so in Braunschweig und in Thüringen (aufgehoben).

3. Hinterlegungsklausel, meist in Verbindung mit der Unterschriftenklausel: bei der Bewerbung ist ein bestimmter Betrag zu hinterlegen, so (früher) in Sachsen, Mecklenburg-Schwerin und Mecklenburg-Strelitz, Hamburg und Hessen.

Über das Schicksal der Unterschriften- und Hinterlegungsklausel haben wir oben (Wahlbewerbung) schon gesprochen; auch die Beschränkungen in der Auswertbarkeit der Stimmen haben beim Staatsgerichtshof keine Gnade gefunden (s. unten: Kritik der Verhältniswahl, S. 259 f.).

Die Bekämpfung der kleinen Parteien ist ihrem Wesen nach eine Bekämpfung der neuen Parteien. Neue Parteien können entweder Zersetzungserscheinungen oder Erneuerungserscheinungen sein, das Gesetz kann sie nicht auseinanderhalten und trifft beide. Die anfängliche Bekämpfung jeder Gesundungserscheinung kann nur eine Feuerprobe für deren Lebenskraft sein: wenn die neue Gruppe angesichts der Beschränkungen nicht aufkommt und dann abstirbt, so soll sie ruhig sterben. Wenn sie aber den ersten Schlag trotzdem überlebt, dann hat sie ihre Lebensfähigkeit erwiesen. — Daß die Besitzenden ihre Macht ausnutzen, um sich gegen die neuen Parteien zu wenden, ist nicht nur deshalb zu verstehen, weil sie ihre Macht behalten wollen, sondern auch, weil die neuen Parteien eine bessere Stellung einnehmen: sie sind jungfräulich, sind frei von jeder Verantwortung für die Vergangenheit, sind nirgends festgelegt und können alles versprechen. So benötigen die verantwortungsbelasteten alten Parteien einen Schutz, der ihnen aber nicht »den Anspruch darauf gibt, in alle Ewigkeit fortzubestehen« (Simons in DJZ. 1928, Sp. 197).

C. Die Förderung der Bildung großer Parteien.

Das auf S. 260 erwähnte Urteil gibt zu, daß die Verhältniswahl wegen des Aufkommens zu vieler Parteien die Bildung der Regierung erschwert. Hinzugefügt muß noch werden, daß eine aus mehreren Parteien zusammengesetzte Regierung immer eine innere Schwäche hat und den Keim des Zerfalls schon in sich trägt. Es wird daher dem Mehrheitssystem zugut gerechnet, daß es die Wahl von großen Parteien, die allein fähig sind, die Regierung zu führen, ermöglicht. Das englische System der relativen Mehrheit wird vor allem deshalb gerühmt, daß es der siegreichen Partei eine ihre Mehrheit in der Wählerschaft weitaus übersteigende Mehrheit im Unterhaus gibt, wodurch sie in ihrer Arbeit vor parlamentarischen Überfällen gesichert ist. Daher führte auch der Bericht der Royal Commission von 1908—1910 als Einwand gegen die Verhältniswahl an, daß je mehr die Mehrheit im Unterhaus verringert werde und die Marge zwischen Sieg und Niederlage kleiner werden sollte, um so mehr sich die kapriziöse Wirkung der Einmischung einer kleinen Partei oder unabhängiger Bewerber äußern könnte.

Es ist nun eine Umgestaltung der Verhältniswahl mit dem Zwecke versucht worden, die Schaffung großer Parteien im Parlament zu ermöglichen. Die Versuche greifen alle auf einen Grundgedanken des englischen Systems zurück, daß nämlich die siegreiche Partei eine Prämie durch eine ihr Stimmenverhältnis übersteigende Sitzezahl erhalten soll. Ein Prämiensystem wurde zuerst 1919 in Frankreich eingeführt und mit der Verhältniswahl verbunden; es besteht eine zweifache Prämie: erreicht eine Liste die absolute Stimmenmehrheit im Wahlkreis, so fallen ihr alle Sitze des Wahlkreises zu; erreicht keine

Liste diese Mehrheit, findet verhältnismäßige Aufteilung statt, mit der Zuteilung der auf diese Weise nicht besetzten Sitze an die Liste mit der relativen Stimmenmehrheit. Im Departement Rhône, in dem 13 Sitze zu vergeben sind, wurden 1924 192 540 gültige Wählerstimmen abgegeben, so daß die absolute Mehrheit 96 771 Stimmen betrug. Die Durchschnittsstimmenzahl der einzelnen Listen war:

Union des Comités républicains (Nationaler Block) ...	59 591
Comité de Concentration républicaine de gauche	6 355
Bloc des gauches (Linkskartell)	110 019
Bloc ouvrier-paysan (Kommunisten)	15 400

Da der Bloc des gauches die absolute Mehrheit erreicht hat, fielen alle 13 Sitze ihm zu. Im Verhältnis zu den erzielten Stimmen hätten ihm nur 8 Sitze gebührt, dem Nationalen Block 4 und den Kommunisten 1 Sitz. — Im Unterelsaß (Departement Bas-Rhin) mit 9 Sitzen wurden 147 963 gültige Stimmen abgegeben, die absolute Mehrheit betrug demnach 73 982. Die einzelnen Parteien hatten folgende Stimmendurchschnitte erhalten:

Bloc républicain national (Wahlverbindung der Elsässer Volkspartei mit den Demokraten)	65 328
Comité Républicain national (Assimilanten unter Blumenthal)	6 536
Parti radical der Union républicaine (Radikalsozialisten)	16 022
Parti socialiste	37 831
Bloc ouvrier-paysan (Kommunisten)	20 815

Keine Liste hat die absolute Mehrheit erreicht. Daher wird die Stimmenzahl jeder Liste durch die Wahlzahl $\frac{147\,963}{9}$ das ist 16 440 geteilt, so daß auf den Nationalen Block 3, auf die Sozialisten 2 und auf die Kommunisten 1 Sitz entfallen. Die restlichen drei Sitze werden als Prämie der stärksten Partei, das ist dem Nationalen Block zugeteilt, so daß dieser 6 Sitze erhält. Nach dem Stimmenverhältnis hätten ihm nur 5 Sitze gebührt, den Radikalsozialisten einer, während das Verhältnis für die Sozialisten und die Kommunisten gleich geblieben wäre.

Dieses Prämiensystem hat bewirkt, daß bei den beiden Anwendungen des Verfahrens große Wahlbündnisse geschaffen wurden und das Wahlbündnis, das umfassender war, die Prämie erfocht: 1919 war es der rechtsgerichtete Bloc National, 1924 das Linkskartell. Bei den Wahlen von 1924 waren von 586 Sitzen allein 220 als Prämie für die Partei mit der absoluten Mehrheit und 109 als Prämie für die relative Mehrheit verteilt worden und nur 257 nach den Regeln der Verhältniswahl.

Während das französische Wahlgesetz von 1919 das Prämiensystem nur innerhalb des Wahlkreises anwendete, so daß sich die Prämien leicht ausgleichen konnten — als reiner Gewinn durch die Prämien blieben dem Linkskartell 1924 nur 62 Sitze — wurde durch das mussolinische Wahlgesetz von 1923 die Prämie auf das ganze Reich ausgedehnt: die Liste mit mindestens 25% der Stimmen im ganzen Land erhält zwei Drittel aller Sitze. Von Italien wurde das System auch von seiner kleinen Schwesterrepublik San Marino 1926 übernommen, wo bei der Wahl des Consiglio Grande e Generale die Liste mit der absoluten Stimmenmehrheit 46 Sitze von den 58 erhält, während die restlichen 12 Sitze verhältnismäßig unter Mehrheits- und Minderheitsliste aufgeteilt werden, und von einem anderen romanischen Staat: Rumänien, wo die Liste mit 40% der Stimmen im ganzen Reich vorerst die Hälfte aller Sitze erhält, aber auch gemeinsam mit den anderen Listen im Verhältnis der Stimmenzahl an der Verteilung der anderen Hälfte teilnimmt. In Bulgarien nimmt das Prämiensystem die Form an, daß, wenn in einem Wahlkreis keine Partei die Wahlzahl erreicht hat, alle Sitze des Wahlkreises der Partei mit der relativen Stimmenmehrheit zufallen; 1931 wurde eine Milderung durch besondere Landesmandate herbeigeführt. Südslawien führte 1931 ein ganz besonders ausgeklügeltes Prämiensystem ein.

Man muß zugestehen, daß die Prämiensysteme das angestrebte Ziel erreicht haben. Dennoch haben sie alle etwas Bedenkliches an sich, und zwar einerseits wegen der großen Verschärfung des Wahlkampfes, der um Sein oder Nichtsein geht, und andrerseits dadurch, daß sie nämlich zu gut arbeiten, das heißt, daß die Vertretung der siegreichen Partei zu stark wird. Und eine fast 100 prozentige Mehrheit wirkt ungesund auf das politische Leben.

Kleinere Stärkungen der größeren Parteien bilden das polnische und das tschechoslowakische Wahlgesetz durch die Staatsliste bzw. das dritte Ermittlungsverfahren.

Das Verhältniswahlverfahren, das am ehesten die Bildung starker Parteien ermöglicht, ist dasjenige einer Verbindung der Verhältniswahl mit der Wahl nach relativer Mehrheit, z. B. das oben dargestellte Verfahren in Dänemark von 1915, die Vorschläge Jellineks u. a., doch ist dieses Verfahren kein reines Verhältniswahlverfahren mehr, so daß seine Einführung in Ländern, die den Grundsatz der Verhältniswahl in die Verfassung aufgenommen haben, auf Schwierigkeiten stößt.

5. Zur Kritik der Verhältniswahl.

Zur staatsrechtlichen Rechtfertigung der Verhältniswahl sollen vorher noch einige Bemerkungen gemacht werden. Die Gründe, die wir früher im Anschluß an Cahn u. a. angeführt haben, wonach die Verhältniswahl das mit den Grundsätzen der Demokratie allein übereinstimmende Wahlrecht sein soll, lassen sich nicht unschwer entkräften und es lassen sich ebenso viele Gründe finden, die für die Mehrheitswahl als das der Demokratie entsprechenden Wahlrecht sprechen.

1. Träger des Rechtes auf Vertretung ist bei der Mehrheitswahl der Wahlkreis, was dem Repräsentationsgedanken widerspreche. Die Abgeordneten seien Vertreter des ganzen Volkes, nicht der Wahlkreise. Nun aber ist es gerade die Verhältniswahl, die den einzelnen sich frei bildenden Gruppen das Recht auf Vertretung gibt, diejenige Wahl, welche einer pseudoständischen Vertretung die Bahn ebnet. »Der Abgeordnete vertritt nicht das deutscheVolk seines Wahlkreises, sondern wird der Interessenvertreter, den eine Berufsgruppe, eine Klasse abordnet« (Goverts in der Alfred Weber-Festgabe). Dagegen kann sich der von einem Wahlkreis entsandte Abgeordnete als Vertreter des Volkes fühlen, denn in dem Wahlkreis kommt es zu einer Willenseinheit, nur die Wahl im Wahlkreis wirkt integrierend; durch die Verhältniswahl aber geht — so führte schon der schweizerische Bundesrat in seiner Botschaft vom 30. Okt. 1883 aus — »die Einheit und Entschlußfähigkeit des Staatswillens verloren und es findet eine Zerreißung des Ganzen in Teile statt«. Auch dem Einerwahlkreis wird vorgeworfen, daß er ein Überbleibsel der ständischen Verfassung sei, weil er sich, wie man im englischen Wahlrecht feststellen kann, aus den ständischen Wahlkörpern entwickelte; die ständische Verfassung aber machte der demokratischen Repräsentativverfassung in dem Augenblicke Platz, als die Abgeordneten nicht mehr als Vertreter des Wahlkreises, sondern als Vertreter des ganzen Volkes gefühlt wurden. Die Verhältniswahl führt aber durch die Parteigebundenheit der Abgeordneten wieder zu einem ständischen Wahlrecht zurück.

2. Die Mehrheitswahl widerspreche der Demokratie, denn der Mehrheitsgrundsatz beziehe sich nur auf die Beschlußfassung, nicht

jedoch auf die Bildung des beschlußfassenden Organes. Dies ist wenigstens für den Volksstaat nicht richtig, wo die Wahlen ein Beschluß des Volkes sind, ob es die bisherige Regierungspolitik genehmigt oder nicht. Die Wahlen sind ein Gesamtreferendum, in dem gleichzeitig über die Richtlinien der Politik und über besonders wichtige Tagesfragen abgestimmt wird. Die Wahlen haben also plebiszitären Charakter und sie müssen daher ein Ja oder Nein deutlich zum Ausdruck bringen können, was nur bei der Mehrheitswahl möglich ist.

3. Die Verhältniswahl entspreche allein der Demokratie, weil sie allein das Parlament zu einem Spiegel oder einer Landkarte verkleinerten Maßstabes aller Strömungen im Volke machen könne. Diese Mirabeausche Fiktion ist von Verhältniswahlanhängern selbst fallen gelassen worden, und Saripolos sagte richtig (Band II, S. 43), daß die Bürger nicht Gesetzgeber sind, die durch Bevollmächtigte Gesetze geben, sondern Wähler, die die Gesetzgeber wählen (»Les citoyens ne sont pas des législateurs légiférant par mandataires, ils sont des électeurs élisant des législateurs«). Die privatrechtliche Auffassung des Verhältnisses zwischen Wähler und Abgeordneten ist vollends für die Betrachtung öffentlichen Rechtes unbrauchbar. — Die einzige berechtigte Aufgabe der Verhältniswahl ist die, daß sie besser als die Mehrheitswahl dazu beiträgt, daß größere oder berechtigte Strömungen im Volksleben, »für das Volk bedeutsamere Strömungen« (Cahn, S. 114) einen geordneten Ausdruck im Parlament finden; auch der Verhältniswahlgegner Dicey erkennt die Forderung der Verhältniswahl an, daß im Parlament die Meinung der Nation besser wiedergegeben werden soll. Nun muß man zugeben, daß auch schon durch die Mehrheitswahl die wichtigen Strömungen zum Ausdruck gebracht werden können, oft viel wirksamer, weil im Rahmen einer großen Partei, als durch eine selbständige kleine Gruppe, deren Wahl die Verhältniswahl zuließ. An dieser Stelle ist auch an die hohe Bedeutung der Verhältniswahl für die Minderheiten im national gemischten Staat zu denken.

4. Nur die Verhältniswahl gewähre gleiches Wahlrecht, denn nur sie sichere gleichen Erfolgswert der Stimmen, das heißt, jede Stimme trägt im gleichen Ausmaß zur Wahl von Abgeordneten bei, während bei der Mehrheitswahl fast die Hälfte der Stimmen wirkungslos sein kann. Nun bedeutet das gleiche Wahlrecht nur, daß jeder Wähler dieselbe Stimme hat, wie jeder andere; dies ist auch schon bei der Mehrheitswahl der Fall. Die Zumessung eines bestimmten Wertes an die Stimme, wie es der Erfolgswert ist, ist eine sophistische Über-

treibung des Gleichheitsgrundsatzes. Kein Verhältniswahlsystem kann einen völlig gleichen Erfolgswert der Stimmen sichern. Gerade die Verhältniswahl kann durch die Förderung der Parteizersplitterung dazu führen, daß der Erfolgswert aller Stimmen, die auf eine Anzahl von Parteien, die nicht einmal einen Sitz aufbringen, abgegeben worden sind, gleich Null wird. Ein Wähler, der seine Stimme nicht richtig abgegeben hat, hat ebensowenig Recht auf Berücksichtigung, wie ein Rätsellöser, der sein Rätsel nicht richtig gelöst hat.

5. Nur die Verhältniswahl entspreche dem Grundsatz der Freiheit. Die Freiheit ist zwar nur ein relativer Begriff, aber die Verhältniswahl gewähre die gerechte Vertretung der Minderheiten, deren Wünsche bei der Schaffung des Gesetzes berücksichtigt werden, so daß das Gesetz ein Kompromiß zwischen den verschiedenen Einzelwillen werde. Dieses Kompromiß engt die Freiheit des geringsten Teiles der Bürger ein, weil es ein Entgegenkommen an die verschiedensten Ansichten sei. — Die Verhältniswahl fördert wohl die Bildung eines Kompromisses, weil wegen der Parteizersplitterung im Parlament sich ein einheitlicher Wille nicht mehr durchsetzen kann und daher notgedrungen der Weg zu einem Kompromiß beschritten werden muß. Abgesehen davon, daß das politische Kompromiß, wie Esmein sagt, eine Entartung der starken Überzeugungen ist, lastet auf dem Kompromiß der Fluch, daß es der Wille keiner Gruppe ist, also keiner Gruppe voll behagt, wogegen der durch die Mehrheit geschaffene Beschluß der Wille der Mehrheit ist, für den diese einsteht und die Verantwortung trägt.

Die Verfassungen der Verhältniswahlländer haben eine Anzahl von Grundsätzen über das Wahlrecht übernommen, die für die Mehrheitswahl vollkommen paßten, bei der Anwendung der Verhältniswahl einander widersprechen (mit Ausnahme des Grundsatzes der Allgemeinheit der Wahl), so daß der Gesetzgeber in eine schwierige Lage kommt.

1. Die Gleichheit der Wahl: Unter der Mehrheitswahl bedeutet dieser Grundsatz, daß jeder Wähler eine Stimme hat, also im Gegensatz zum Klassen- und Mehrstimmrecht. Das meinte auch der deutsche Gesetzgeber von 1918, indem er in die Verordnung über die Wahl der Nationalversammlung vom 30. November 1918 den im Aufruf der Volskbeauftragten vom 12. November 1918 aufgestellten Grundsatz der gleichen Wahl dadurch umschrieb: »Jeder Wähler hat eine Stimme« (vgl. Kaisenberg bei Bumkes Ausgew. Entscheidungen des StGH., 2. Heft, S. 74). Während eine Anzahl von Gerichten, wie die

Wahlprüfungsgerichte beim Reichstag und beim Preußischen Landtag, der Bayrische Staatsgerichtshof und der österreichische Verfassungsgerichtshof (s. 1. Bd., S. 430) bei dieser Auffassung verharren, hat der Staatsgerichtshof für das Deutsche Reich den Begriff radikalisiert. In seinen Entscheidungen über die Verfassungsmäßigkeit der landesgesetzlichen Beschränkungen gegen die sogenannten Splitterparteien erweiterte er den Begriff der Gleichheit im Wahlrecht: »Dazu genügt aber noch nicht, daß jede abgegebene Stimme einmal und nur einmal gezählt wird. Erforderlich ist vielmehr, daß jede Stimme auch bei der Bewertung der Stimmen das gleiche Stimmgewicht besitzt. Nicht der sogenannte Zählwert, sondern der sogenannte Erfolgswert gibt der Stimme ihre wirkliche Bedeutung. Er muß also für jede abgegebene Stimme der gleiche sein« (E. v. 22. März 1929, RGZ. Bd. 124, Anh. S. 15). Damit ist jedes Verbot der Beschränkung der Stimmenverwertung ausgesprochen, was in den politischen Auswirkungen zu einer Zerbröselung des Parlaments führt. Damit führt der Grundsatz der Gleichheit der Wahl zum Gegensatz zu einem in derselben Verfassung ausgesprochenen Grundsatz, des

2. Parlamentarischen Regierungssystems, denn dieses setzt das Zweiparteiensystem voraus oder zur Not noch große Parteien. »Ein Wahlrecht, das durch Parteizersplitterung ein arbeitsunfähiges Parlament und eine aktionsunfähige Regierung zur Folge hat, widerspricht den Grundforderungen einer parlamentarischen Verfassung« (Heller: Die Gleichheit in der Verhältniswahl, 1929, S. 26).

3. Der in den meisten Verhältniswahlländern (ausgenommen Bulgarien) verfassungsmäßig verankerte Grundsatz der Verhältniswahl drängt zu einer möglichst mathematisch genauen Übereinstimmung zwischen Stimmen- und Sitzanteil. Dies ist aber nur dann zu erreichen, wenn die Wahlkreise fallen. Der StGH. hat wohl die Beschränkungen gegen die Splitterparteien vom Gesichtspunkt eines formal gedeuteten Verhältniswahlrechts abgelehnt, während er ein gegen die Splitterparteien sich am schärfsten auswirkendes Verfahren wie das D'Hondtsche in endgültigen Wahlkreisen gelten lassen würde.

Anders als der Staatsgerichtshof ist das Wahlprüfungsgericht beim Reichstage immer der Ansicht gewesen, daß es nicht auf mathematische, sondern auf sinnvolle Verhältnismäßigkeit ankommt (Entscheidung vom 20. Okt. 1928). »Bei keinem System der Verhältniswahl ist zu erreichen, daß nicht ein Teil der abgegebenen Stimmen unberücksichtigt bleibt.... Die Einführung der Verhältniswahl statt der früher fast allgemein üblichen und auch im Deutschen Reiche in Geltung gewesenen Mehrheitswahl bezweckt, auch den Minderheiten eine entsprechende Vertretung im Parlament zu sichern. Eine solche entsprechende Vertretung ist aber nicht nur dann gegeben, wenn die Zahl der Abgeordnetensitze genau in dem gleichen Verhältnis auf die einzelnen Parteien verteilt ist, in dem für sie Stimmen im ganzen Reiche abgegeben worden sind. Es ist vielmehr mit dem Grundsatz der Verhältniswahl vereinbar, die Bedeutung einer Partei nicht nur nach ihrer zahlenmäßigen Stärke, sondern auch nach anderen wichtigen Gesichtspunkten zu bewerten und dem Rechnung tragende Bestimmungen in das Wahlgesetz aufzunehmen. Zu diesen für das Wohl des Volkes und einer gesunden Entwicklung des Staatsganzen wichtigen Gesichtspunkten darf insbesondere im parlamentarisch regierten Staat gerechnet werden, daß eine schnelle Bildung einer arbeitsfähigen Regierung erleichtert wird. Sie wird aber erfahrungsgemäß durch das Vorhandensein einer größeren Zahl kleiner Parteien im Parlament sehr erschwert.«

Hiezu kommen noch zwei wichtige staatsrechtliche Gründe, die gegen die Verhältniswahl sprechen.

1. Die Verhältniswahl widerspricht dem Grundsatz der Unmittelbarkeit der Wahlen. Zwischen Wähler und Abgeordneten schiebt sich die Partei ein. Die Wahlhandlung entspricht einer mittelbaren Wahl: der Wähler bezeichnet nur eine Partei, die ihrerseits die Abgeordneten ausersieht. Am deutlichsten ist die Mittelbarkeit der Wahl in der Reichsliste ausgeprägt: die Abgeordneten der Reichsliste werden ausschließlich von der Partei aufgestellt und der Wähler hat nicht den geringsten Einfluß auf die Wahl der Bewerber.

Ganz klar erklärte sich die Reichsregierung in der Begründung des Gesetzentwurfes vom 16. Februar 1918: »Eine Regelung, die die Bestimmung darüber, wer eine Partei im Reichstage vertreten soll, in die Hände einer kleinen, gesetzlich nicht bestimmten Zahl von Personen legt, und den Wähler an deren Entscheidung in der Weise bindet, daß er höchstens die Reihenfolge der Bewerber bestimmen kann, erscheint mit dem verfassungsmäßigen Grundsatz der direkten Wahl kaum mehr vereinbar.« Seit dem November 1918 führte die Listenwahl aber nicht mehr zu verfassungsmäßigen Bedenken, ja auch die Einrichtung der Reichs- und Landeswahlvorschläge wurde bisher nicht beanstandet. In einer Entscheidung (vom 7. Juli 1928 StGH. 1/28 bei Lammers-Simons I S. 328) erklärte der Staatsgerichtshof für das Deutsche Reich die Verrechnung von Stimmen auf einer Sammelliste (Landeswahlliste) für zulässig und in seiner Entscheidung vom 17. Februar 1930 (StGH. 12/28) führte er aus: »Eine Reichs- oder Landeswahlliste ist, wie allgemein anerkannt, mit der Unmittelbarkeit der Wahl vereinbar.« Der bayerische Staatsgerichtshof erklärte in seiner Entscheidung vom 12. Februar 1930 (GVBl. S. 77): »Der Grundsatz der Unmittelbarkeit läßt sich schon seinem Wortlaute nach nicht darauf beschränken, daß er nur eine indirekte Wahl durch Wahlmänner verbietet, er schließt vielmehr jedes Wahlverfahren aus, bei dem sich zwischen die Wähler und dem Wahlbewerber, dem die ersteren ihre Stimme geben, ein Mittelsorgan einschiebt, das berufen ist, die Wirkung der Abstimmung weiterzugeben. Bei einer unmittelbaren Wahl muß das Wahlverfahren so geregelt sein, daß die Wirkung der Stimmabgabe einem bestimmten Bewerber zugute kommen muß, ohne daß ein von dem des Wählers verschiedener Wille die nach der Stimmabgabe zu treffende Feststellung über die Verwertung der abgegebenen Stimmen für die Bewerber beeinflussen kann.« Dies ist bei der Wahl mit gebundenen Listen in weitem Maße der Fall. Der bayerische Staatsgerichtshof hat in dieser Entscheidung die Einrichtung der 15 Landesabgeordneten für verfassungswidrig erklärt, weil hier »nach Abschluß der Wahlhandlung die Vertrauensmänner der Partei nach ihrem Ermessen irgend einen der ungewählt gebliebenen Wahlbewerber aus dem Lande benennen.«

Durch die Reichswahlvorschläge haben die Parteien ein unumschränktes Verfügungsrecht über einen Teil der Sitze. Dies sind in Polen 72 von 444 Sejmsitzen oder 16%, im Deutschen Reichstag (1930) 91 von 577 oder 16%, in Österreich (1930) 35 von 165 oder 21%, in der Tschechoslowakei 1925: 116 Abgeordnete und 60 Senatoren, 1929: 111 Abgeordnete und 57 Senatoren, d. i. 1925 39% der Abgeordneten und 40% der Senatoren, 1929: 37% bzw. 38%. Für diese Sitze gilt der Grundsatz der Unmittelbarkeit in keiner Weise und die Begründung des Entwurfes zum Reichswahlgesetz vom August 1930 führte aus: »Bei dem heutigen System der Reichsliste kann zweifelhaft sein, ob es sich noch um eine ‚unmittelbare' Wahl im Sinne der Verfassung handelt, wenn der Bewerber lediglich auf Grund der Benennung in einer zentral aufgestellten Liste in das Parlament einzieht.« Aus diesem Grunde wurde die völlige Abschaffung der Reichsliste vorgeschlagen, »weil nur dadurch der Verfassungsgrundsatz der Unmittelbarkeit der Wahl restlos gewahrt wird«. Dies führt aber auch zu dem zwingenden Schluß, daß Wahlkreise bei der Verhältniswahl wegen des Grundsatzes der Unmittelbarkeit notwendig sind: denn, wenn das ganze Reich einen Wahlkreis bildet, würden alle Abgeordneten auf einer Reichsliste gewählt werden, was der Unmittelbarkeit widerspräche. Wenn Kelsen (Verfassungsges. d. Rep. Deutschösterreichs, 2. Teil, S. 48) erklärt: »Verhältniswahl und Wahlkreiseinteilung stehen miteinander im Widerspruch«, so ist darauf zu erwidern, daß die Wahlkreiseinteilung wegen des Verfassungsgrundsatzes der Unmittelbarkeit erforderlich ist. Eine reibungslose Vereinigung der beiden Grundsätze läßt sich aber dadurch herstellen, daß zuerst die Sitze auf Grund der Stimmen der einzelnen Parteien im Reiche aufgeteilt werden und dann die der Partei zugesprochenen Sitze auf ihre einzelnen Wahlkreisvorschläge.

2. Die Abgeordneten sind bei der Verhältniswahl nicht Vertreter des Volkes, sondern Diener der Parteiorganisation. Dies widerspricht der Repräsentationsidee. Die Verhältniswahl entzieht, nach Hans Delbrück, die Wahl dem Volke, indem »die Beziehungen zwischen den Wählern und dem zu Wählenden und damit auch der wirkliche Wille des Wählenden ausgeschaltet werden. Der einzelne Abgeordnete ist nicht mehr der Herr, sondern wird dienendes Glied in der Parteiorganisation. Nicht die Demokratie wird auf diesem Wege vollendet, sondern die Herrschaft eines gewissen, sich selbst ergänzenden Kreises von Berufspolitikern wird damit organisiert«.

Die Verhältniswahl sichert die Wahl der einmal Gewählten und stellt sich so einer Regeneration innerhalb des Parlaments entgegen. So beträgt der Anteil der neugewählten Abgeordneten in Verhältniswahlländern: in den Niederlanden (1929) 16%, in Dänemark (1929) 17%, in Belgien (1929) 19%, in der Schweiz (1928) 21.8%, in Schweden (1928) 25%, im Deutschen Reich (1928) 26%, im Irischen Freistaat (1927) 26%, in den Mehrheitswahlländern England (1931) dagegen 62% und Frankreich (1928) 43%. Wenn es auch als ein Vorteil angesehen wird, daß die anerkannten Parteiführer wieder gewählt werden und eine stärkere Stabilität unter den Abgeordneten die parlamentarischen Arbeiten erleichtert, so steht dem gegenüber der Nachteil, daß bei mangelnder Regeneration die Parlamente überaltern und die Führer verkalken. Freilich, die neuen Männer, die in das Parlament einziehen, können nur eine »kurzfristige Welle der Besserung« (Hellpach) bringen. Über kurz oder lang gehen sie in derselben Kleinarbeit auf, wie ihre Vorgänger, leben sich in dieselben Arbeitsmethoden ein und klammern sich mit derselben Zähigkeit an ihrem Sitze fest, so daß man mit Michels das italienische Sprichwort hervorholen kann: »Cambia il maestro, ma la musica è sempre la stessa.«

Die heutige Politik denkt nur an den nächsten Tag und bringt es zu keinem ganzen Schritt, sondern nur zu einem Herumdoktorn an den Symptomen.

Ein Teil der Länder, die für die Wahlen ihres Parlamentes nach dem Kriege ohne weitere Prüfung die Verhältniswahl übernommen haben, hat sich wieder von ihr abgekehrt, als die Folgen des neuen Verfahrens als dem Staatsinteresse entgegenstehend erkannt wurden.

In Ungarn ist die Verhältniswahl gemeinsam mit dem allgemeinen und geheimen Wahlrecht nach dem Kriege dem Lande von den Besetzungsmächten aufgezwungen worden, gegen den eigenen Willen. Als der außenpolitische Druck aufhörte, wurde sie wieder abgeschüttelt.

In Frankreich war 1919 kein vollkommenes Verhältniswahlverfahren eingeführt worden, sondern es wurde durch die Verbindung mit dem Prämiensystem verderbt. Es war ein Kompromißwerk, das niemanden zusagte. Das Prämiensystem führte zu Blockbildungen, die dem französischen Individualismus immer zuwider waren; durch die Blocks wurde einerseits der individualistisch eingestellte französische Abgeordnete eingeengt, andrerseits der Einfluß der großen wirtschaftlichen Geldgeberorganisationen verstärkt. So wurde die Rückkehr zum Mehrheitswahlrecht 1927 als Sicherung des Individualismus und der Demokratie empfunden.

In Griechenland wirkte das Verhältniswahlrecht 1926 sehr gut; es trug zur Heilung politischer Wunden bei und ermöglichte eine Zusammenarbeit der großen gegnerischen Strömungen: der monarchischen und der republikanischen. Als aber die Politik wieder nach einer einheitlichen Richtung drängte, wurde die Verhältniswahl als parteizersplitternd 1928 durch die Mehrheitswahl ersetzt, bis man 1932 wieder zu ihr griff, um einem „Erdrutsch" vorzubeugen.

In Italien war die Verhältniswahl 1923 durch Mussolini in ein Prämiensystem umgebogen worden. Da aber diese Prämie ein zweischneidiges Schwert war und eines Tages vielleicht einer geeinigten Opposition in den Schoß hätte fallen können, wurde es 1925 abgeschafft und an seine Stelle trat die Mehrheitswahl (relative Mehrheit).

In Nordirland hatte die Verhältniswahl seit ihrer Einführung für die Wahl des Unterhauses in Belfast 1920 versöhnend zwischen den verschiedenen Gruppen gewirkt und dabei doch eine konservative

Mehrheit ermöglicht. Diese schuf sie aber 1929 ab, um damit das Wahlverfahren mit dem für das Londoner Unterhaus üblichen Verfahren gleich zu gestalten.

In Litauen und in Südslawien fiel die Verhältniswahl mit dem Wegfall des Parlaments; nach dessen Wiedererrichtung i. J. 1931 griff Südslawien zu einem Prämiensystem.

In anderen Ländern führte die Agitation gegen die Verhältniswahl nicht bis zu seiner Aufhebung, sondern nur zur Anpassung des Verfahrens an die Forderungen des praktischen Lebens.

Im Irischen Freistaat wurde die doktrinäre Durchführung der Hareschen Gedanken für die Wahl des Senats fallen gelassen und die Wahl statt dem Volke in einem Landeswahlkreis dem Parlamente anvertraut.

Noch in vielen anderen Staaten wird die Frage einer Wahlreform zu einem Dauerproblem. Die Versuche einer Wahlreform in der Richtung einer Abschwächung der Verhältniswahl mit Betonung der Persönlichkeitswahl werden von den Parteien selbst immer wieder abgetrieben. Denn gegen solche Pläne, die vom Parteienstaat zum Volksstaat führen könnten, erheben sich viele Gegner: diejenigen, die sicher sitzen; die gerne im Trüben fischen; die Ruhe haben wollen; und so wird die Verhältniswahl zum Ausdruck unserer Zeit, die dem Kampfe und jeder klaren Entscheidung abgeneigt ist, die vor der Losung: Alles oder nichts zurückscheut und die lieber mit Kompromissen und Halbheiten auszukommen sucht.

Die Beendigung des Mandats.

Das Mandat des Abgeordneten erlischt (außer durch den Tod):

1. mit der Auflösung des Parlaments, in das er gewählt wurde, sei es infolge Ablaufes der Gesetzgebungsdauer, sei es durch vorzeitige Auflösung; bei ständigen Parlamenten, wie z. B. Senaten, mit Ablauf der Wahldauer;
2. durch Ungültigerklärung der Wahl oder nachträgliche Änderung des Wahlergebnisses;
3. durch Wegfall der Wählbarkeit, d. h. wenn der Abgeordnete in einen Zustand eintritt, in dem er den Erfordernissen für die Wählbarkeit nicht mehr Genüge tut; hierzu gehört vor allem Verlust

der Staatsangehörigkeit, aber auch die Bestimmung des finnländischen und estländischen Gesetzes, wonach ein Abgeordneter, der den gewaltsamen Umsturz der Staatsordnung anstrebt, sein Mandat verliert; das Verbot der Partei des Abgeordneten zieht sonst nicht Mandatsverlust nach sich (Poetzsch-Heffter, Jb. ö. R. 1925, S. 102);

4. durch Mandatsverzicht;
5. durch Abberufung.
6. durch Aberkennung des Mandats wegen Mißbrauchs. Es handelt sich hier um den Schutz der politischen Lauterkeit und eine Abwehr der Korruption. Dieser Schutz ist noch wenig ausgebaut. So kann in Anhalt (V 23) und in Mecklenburg-Schwerin (V 39) der Staatsgerichtshof ein Abgeordnetenmandat aberkennen wegen Bestechung (Bestechlichkeit) und (schwerer) Verletzung der Schweigepflicht über Tatsachen, die in geheimer Sitzung des Landtags mitgeteilt sind; in Bayern (V 71), wenn Abgeordnete 1. in gewinnsüchtiger Absicht ihren Einfluß als Abgeordnete in einer die Ehre und das Ansehen der Volksvertretung gröblich gefährdenden Weise mißbraucht haben; 2. wenn sie vorsätzlich Mitteilungen, deren Geheimhaltung wegen Gefährdung des Vaterlandes oder der öffentlichen Sicherheit beschlossen wurde, in der Voraussicht, daß sie öffentlich bekannt werden, einem anderen zur Kenntnis gebracht haben. In Ungarn (WG. 180) kann auf Mandatsverlust erkannt werden, wenn nachgewiesen wird, daß der Abgeordnete von einem außerhalb des Hauses stehenden Faktor Weisungen entgegennahm, in der Tschechoslowakei wegen Mißbrauchs des Mandats zu gewinnsüchtigen Zwecken (s. Bd. I, S. 580). Alle diese Bestimmungen sind toter Buchstabe geblieben.

Hierbei bedürfen nur folgende Punkte einer näheren Erörterung.

1. Der Mandatsverzicht. — Wird das Wahlrecht individualistisch aufgefaßt, so steht der Verzicht auf das Mandat dem Gewählten selbstverständlich frei. Wird aber das Wahlrecht als öffentliche Funktion angesehen, dann ist erst recht das Abgeordnetenmandat eine öffentliche Funktion, die dem Träger Pflichten verschafft. Daher ist ein Verzicht auf das Mandat unmöglich. So steht noch heute England auf diesem Standpunkt. Im mittelalterlichen England hatte das Abgeordnetenmandat ausgesprochenen Pflichtcharakter und kein Gewählter durfte die Wahl ablehnen. Später wurde allerdings der Charakter der öffentlichen Dienstleistung verwischt; das Mandat

brachte nicht mehr allein Lasten, sondern auch Vorteile, so daß ein Wettbewerb um die Sitze stattfand. Dennoch besteht noch immer die Vorschrift, daß ein Abgeordneter nicht zurücktreten kann. Es gibt aber einen Ausweg: das amtsmüde Mitglied kann um die Verleihung eines der Kronämter ansuchen, die seit dem Gesetz aus der Zeit der Königin Anna mit der Mitgliedschaft unvereinbar sind. Das Amt, um das für diesen Zweck angesucht wird, ist das Amt der Stewardship of the Chiltern Hundreds, das heute nur dem Namen nach besteht und ursprünglich das Amt eines Verwalters königlicher Güter war. Durch die Gewährung dieses Amtes erlischt das Abgeordnetenmandat und darauf legt das ehemalige Mitglied sofort nach der Ersatzwahl in seinem Wahlkreis das Scheinamt zurück. — Auch in anderen germanischen Ländern tritt der Pflichtcharakter des Mandates in den Vordergrund. Dies war in vielen deutschen Einzelstaaten vor 1848 der Fall. Derzeit besteht noch in Norwegen die Annahmepflicht für das Mandat, von der ein gewählter Abgeordneter nur befreit werden kann, wenn er Staatsminister oder Staatsrat ist oder gewesen ist oder einen vom Storting anerkannten Verhinderungsgrund geltend macht. Auch kann derjenige, welcher während drei ordentlicher Stortinge Mitglied war, die Wahl bei der nächsten Wahl ablehnen (Grundgesetz Art. 63). In Schweden kann, wenn der Reichstag versammelt ist, kein Abgeordneter sein Mandat zurücklegen, es sei denn infolge eines Verhinderungsgrundes, der von der betreffenden Kammer genehmigt wird. (Reichstagsordnung § 29). Auch in einigen Schweizer Kantonen besteht »Amtszwang«, insbesondere in den kleinen Kantonen, wo wenig Leute für die Besetzung der zahlreichen durch Wahl zu vergebenden Ämter zur Verfügung stehen (Schollenberger S. 126), so für alle Wahlen in Nidwalden und Appenzell I.-Rh., für die Volkswahlen und die Landratswahlen in Uri und in Obwalden, für die Volkswahlen in Schwyz und in Luzern. Die Befreiung vom Amtszwange ist nur bei Vorhandensein eines Hinderungsgrundes möglich; als solche werden zumeist die Innehabung eines anderen, unvereinbaren Amtes, hohes Alter (60 und 65 Jahre), gefährdete Gesundheit angesehen. Die Weigerung, ein Amt anzunehmen, »Amtsverweigerung« hat entweder den Entzug gewisser Ämter überhaupt oder eine Geldstrafe zur Folge. — In Frankreich hatte sich schon 1789 die individualistische Auffassung durchgesetzt, daß ein Mandat jederzeit verzichtbar ist; diese Auffassung war nach 1848 auch in Deutschland und in den übrigen Ländern durchgedrungen.

2. Die Abberufung. — Der Inhalt des Abberufungsrechtes ist, daß das Parlament oder ein Abgeordneter vor Ablauf der gesetzlichen Mandatsdauer vom Wahlkörper seines Mandates entkleidet werden kann. Wir unterscheiden demnach:

a) Abberufung der gesamten Volksvertretung. Es ist dies die Schweizer Art des Abberufungsrechtes (Recall) und ist in einer Anzahl von Kantonen in der Verfassung vorgesehen. Es ist ein Ausdruck der Volkssouveränität. Rousseau sagte, daß das englische Volk nur im Augenblick der Wahl frei sei, dann gelangt es wieder in die Ketten seiner Gewählten. Um diese Folge auszuschalten und um zu verhindern, daß die Volksvertretung andere Wege gehe, als das Volk, soll das Abberufungsrecht als Werkzeug zur Sicherstellung der Volkssouveränität dienen. Das Abberufungsrecht — das auch gegen die Regierung des Kantons geltend gemacht werden kann — wird so gehandhabt, daß, wenn eine bestimmte Anzahl von Bürgern die Absetzung des Kantonsrates oder Großen Rates verlangt, die Regierung des Kantons diesen Antrag einer Volksabstimmung unterbreiten muß. Fällt diese zugunsten der Antragsteller aus, so gilt die Volksvertretung für abberufen und es haben sofort Neuwahlen ausgeschrieben zu werden; spricht sich die Mehrheit gegen die Abberufung aus, so bleibt die Volksvertretung im Amte. Das Abberufungsrecht besteht nur in einer kleinen Anzahl von Kantonen, wie nachstehende Aufstellung zeigt, die auch anführt, wieviele stimmberechtigte Bürger zur Stellung des Abberufungsbegehrens erforderlich sind.

Aargau	5.000	d. i.	8%	der Wählerzahl
Baselland	1.500	d. i.	7%	„ „
Bern	12.000	d. i.	6.6%	„ „
Luzern	5.000	d. i.	10%	„ „
Solothurn	4.000	d. i.	11%	„ „
Schaffhausen	1.000	d. i.	8%	„ „
Thurgau	5.000	d. i.	14%	„ „

In den drei zuletzt angeführten Kantonen richtet sich das Abberufungsrecht auch gegen die Regierung des Kantons. Im Kanton Tessin gibt es nur ein Abberufungsrecht gegenüber dem Staatsrat.

Das Abberufungsrecht hat in den Schweizer Kantonen mit der Einführung der unmittelbaren Volksrechte gegen Ende der Sechzigerjahre seine Bedeutung verloren. Wollte früher das Volk ein bestimmtes Gesetz haben und stemmte sich der Große Rat dagegen, so blieb dem Volke nichts anderes übrig, als den Rat abzuberufen. Seit der Einführung des Gesetzesbegehrens (Initiative) ist aber dem Volke der

Vorschlag gewünschter Maßnahmen viel leichter und einfacher gemacht, als bis dahin durch das Abberufungsrecht. Zuletzt wurde es in den Achtzigerjahren im Kanton Solothurn angewendet, um einen Kantonsrat, der durch seine Fahrlässigkeit den Zusammenbruch der Kantonsbank verschuldet hatte, zu beseitigen.

Größerer Beliebtheit erfreut sich das Abberufungsrecht in den deutschen Ländern, in deren Verfassungen es nach dem Kriege eingeführt wurde (nicht jedoch in die Reichsverfassung). Mit Ausnahme von Hamburg und Mecklenburg-Strelitz besteht in allen Ländern, ebenso auch in der Freien Stadt Danzig, die Möglichkeit der Auflösung des Landtages durch Volksbegehren und zwar muß zuerst eine bestimmte Anzahl von Unterschriften gesammelt werden (in Braunschweig tritt an Stelle dieser Sammlung eine Vorabstimmung). Die Zahl der Unterschriften, die für das Begehren verlangt werden, beträgt: $^1/_{20}$ der Stimmberechtigten in Hessen (Vf. Art. 24); $^1/_{10}$ in Sachsen (Art. 9 u. 36), Thüringen (§§ 16 u. 25), Braunschweig (Art. 23), Danzig (Art. 9 u. 47); $^1/_6$ in Mecklenburg-Schwerin (§ 30 u. 45); $^1/_5$ in Bayern (§§ 10 u. 30), Bremen (§ 18), Preußen (Art. 60), Württemberg (§ 16); $^1/_3$ in Lippe (Art. 11), Anhalt (§ 11), Schaumburg-Lippe (§ 11); ferner 20 000 Unterschriften in Oldenburg (§§ 55 u. 65) und 80 000 Unterschriften in Baden (§ 46). Wenn der Landtag dem Volksbegehren nicht zustimmt, kommt es zu einer Volksabstimmung, in der in der Regel die Mehrheit der Abstimmenden entscheidet, in Preußen, Thüringen, Braunschweig, Bremen und Danzig wird hingegen die Mehrheit der Stimmberechtigten und die Mehrheit der Abstimmenden, in Bayern eine ebensolche Beteiligung und eine $^2/_3$ Mehrheit gefordert.— Das Abberufungsrecht ist als Gegengewicht gegen den Landtag gedacht, da ein anderes Gegengewicht wie z. B. ein Staatspräsident fehlt und »auch sonst eine Stellungnahme des Landtags zu einer bestimmten Frage im Gegensatz zur Volksmehrheit denkbar ist, die ein Vertrauensverhältnis zwischen Wählern und Gewählten völlig zerstört und geeignet ist, größte Unruhe in das Volk zu bringen... Es ist deshalb zu begrüßen, daß (das Volk) auch hier in die Lage versetzt wird, seine Geschicke jederzeit nach eigenem Willen zu lenken« (Hartwig: Volksbegehren und Volksentscheid, S. 67). In der Praxis hat sich aber dieses Recht nicht als ein Abwehrmittel des Volkes gegen den Landtag erwiesen, sondern nur als ein Mittel, das von Parteien gegen andere Parteien im politischen Kampf verwendet wird, wenn nämlich bestimmte Parteien glauben, durch die Erzwingung der Auflösung des Landtags bei den kommenden Neuwahlen eine bessere Vertretung erzielen zu können. Dies war auch bei den bisherigen Fällen so: Braunschweig 1924: Vorabstimmung erfolgreich; der Landtag lehnte den Entwurf ab, worauf der Volksentscheid nötig gewesen wäre, doch löste sich der Landtag inzwischen auf; Lippe 1929: Eintragungsverfahren gescheitert; Mecklenburg-Schwerin: 1925 Eintragungsverfahren gescheitert; Sachsen 1922: Eintragungsverfahren erfolgreich; der Landtag beschloß selbst seine Auflösung; Schaumburg-Lippe 1924: Eintragungsverfahren erfolgreich, Volksentscheid gescheitert; Preußen 1931: Eintragungsverfahren erfolgreich, Volksentscheid gescheitert; Sachsen 1931/32: Eintragungsverfahren erfolgreich, Volksentscheid gescheitert; Lippe 1931: ebenso; Danzig 1932: Eintragungsverfahren erfolgreich, Volksentscheid gescheitert; Oldenburg 1932: Eintragungsbegehren und Volksentscheid erfolgreich.

Die Abberufung des Parlaments erfolgt selbsttätig in Estland, wenn ein von der Staatsversammlung abgelehntes Gesetz durch die Volksabstimmung angenommen wird; in Mecklenburg-Strelitz, wenn ein vom Landtag angenommenes Gesetz durch die Volksabstimmung abgelehnt wird.

b) Abberufung des einzelnen Abgeordneten. – Diese Frage hängt aufs engste mit der Frage: imperatives (gebundenes) oder freies Mandat zusammen. Das gebundene Mandat bedeutet die Abhängigkeit des Abgeordneten von den Instruktionen und Anweisungen der Wähler (Carl Schmitt S. 262) und war eine Einrichtung des ständischen Staates. Diese Weisungen aber waren im neueren England schon so unbestimmt gehalten worden, daß man in England seit dem 17. Jahrhundert von einem freien Mandat sprechen kann. In Frankreich waren den Abgeordneten zur Nationalversammlung von 1789 noch sog. »Cahiers«, also Weisungen mitgegeben worden; die Nationalversammlung selbst aber, um den Bruch mit der ständischen Verfassung kundzugeben, erklärte sich grundsätzlich für das freie Mandat und im Dekret vom 22. Dezember 1789, Art. 11 heißt es: »Ainsi les membres des assemblées de district et de département et les représentants à l'Assemblée nationale ne pourront jamais être révoqués, et leur destitution ne pourra être que la suite d'une forfaiture jugée.« Aber schon 1793 wurde im Konvent die große Bedeutung des freien Mandates und die sich daraus ergebende Unmöglichkeit der Rückberufung vergessen, und Robespierre erklärte in der Sitzung vom 10. Mai: »Un peuple, dont les mandataires ne doivent compter à personne de leur gestion, n'a point de constitution. ... Je veux que tous les fonctionnaires publics nommés par le peuple puissent être révoqués par lui, selon les formes qui seront établies, sans autre motif que le droit imprescriptible qui lui appartient de révoquer ses mandataires.« (Bei Esmein I, p. 484/85.) Trotz der Forderung Robespierres wurde aber das Abberufungsrecht nicht in die Verfassung aufgenommen. Aus der individualistisch eingestellten Staatstheorie verschwand aber die Forderung nach dem Abberufungsrecht nie. Sie wurde unterstützt durch die privatrechtliche Auffassung der Vertretung: zwischen Volk und Abgeordneten bestehe dasselbe Verhältnis wie zwischen dem Mandanten und seinem Anwalt, dem Mandatar. Leibholz hat recht, wenn er bemerkt: »Sprachlich ist die übliche, auch in der Gegenwart noch festgehaltene, zivilistische Ausdrucksweise, nach der der Repräsentant ein Abgeordneter und das zwischen ihm und dem Repräsentierten bestehende Verhältnis ein Auftragsverhältnis (Mandat) ist, allerdings irreführend. Denn der Tatbestand der Repräsentation kann nicht mit dem Hinweis auf diese der Herkunft nach rein privatrechtlichen Begriffe verständlich gemacht werden« (Repräsentation S. 84). Eine Folge der privatrechtlichen Auffassung des Mandatsverhältnisses ist die Forderung, daß es jederzeit gelöst werden kann, wenn der Mandant mit seiner Vertretung durch den Mandatar nicht mehr einverstanden ist. Hieraus ergibt sich das Abberufungsrecht, das Recall des einzelnen Abgeordneten durch seine Wähler. Wenn dieses auch nirgends in die Verfassung aufgenommen wurde, so ist es doch in der Praxis in mehrfacher Form üblich, vor allem durch die Blankodemissionen. Esmein führt als das in Frankreich übliche Verfahren an, daß das Wahlkomitee, das die Bewerbung unterstützt hat und das auch nach den Wahlen organisiert bleibt, sich die Kontrolle über den Abgeordneten vorbehält und ihn abberufen kann. Der Bewerber stellt noch vor der Wahl eine Demission ohne Datum aus; das Komitee hat im Falle es den Abgeordneten abzuberufen wünscht, nur das Datum auszufüllen und sie dem Präsidenten der Kammer einzusenden. Allerdings muß die Demission, um gültig zu sein, von der Kammer angenommen und zulässig erklärt werden. In anderen Ländern werden die Blankodemissionen zugunsten der Parteileitungen ausgestellt. Diese Demissionen können aber wirkungslos bleiben, wenn der Abgeordnete nicht zurücktreten will; es besteht keine gesetzliche Handhabe, ihn zum Rücktritt zu zwingen. Vgl. Entsch. des Danziger Obergerichts, Bd. I, S. 80.

Größere Bedeutung hat das Abberufungsrecht, das »Recall« in den Vereinigten Staaten. Schon die Vorläuferin der Bundesverfassung, die Articles of Confederation von 1778, sah vor, daß jeder Staat einzelne oder alle seine Delegierte zum Kongreß der Union vor Ablauf der einjährigen Amtsdauer abberufen könne. Da die späteren Verfassungen die Amtsfristen sehr kurz hielten, entfiel die Notwendigkeit zu einer vorzeitigen Abberufung. Erst seit Beginn dieses Jahrhunderts konnte das Recall in Staatsverfassungen Eingang finden. Die Bewegung für eine »Volksregierung«, die gegen die Allmacht der Parteien gerichtet war, erzwang zuerst 1908 eine Änderung der Verfassung von Oregon durch Aufnahme des Abberufungsrechtes gegenüber allen Gewählten, gegen die Mitglieder des Parlaments, die Beamten und schließlich gegen die Richter. Von Oregon verbreitete sich das Recall auf die anderen West- und Südstaaten. In der Praxis wandte sich das Recall weniger gegen Parlamentarier, als gegen korrupte Verwaltungsbeamte. Die Reinigungswelle war meist nur von kurzer Dauer. Die Parteimaschinen, gegen die das Recall gerichtet war, nahmen sich seiner an, um es zur Erzwingung der Absetzung von ihnen zu unabhängig scheinenden Beamten und von unbestechlichen Richtern — deren Macht wegen der Prüfung der Verfassungsmäßigkeit der Gesetze zu groß erscheint — auszunutzen. Damit das Recall nicht zu ständiger Beunruhigung der Wähler führe, hatte der Gesetzgeber seine Wirksammachung durch Erfordernisse wie einer Antragstellerziffer von 20—25% der Wähler und einer Sicherstellung für die Verfahrenskosten erschwert, so daß es jetzt nur von großen Gruppen mit fester Organisation, wie es die Parteien sind, ausgeübt werden kann.

Das Abberufungsrecht zeigt ein neues Gesicht im Nachkriegseuropa.

Die Verfassung der Russischen Sozialistischen Föderativen Sowjetrepublik (und ähnlich die Verfassungen der anderen Räterepubliken) bestimmt in Art. 78, daß die Wähler, die einen Abgeordneten in den Sowjet berufen haben, jederzeit das Recht haben, ihn zurückzuberufen und neue Wahlen vorzunehmen. Die Abgeordneten haben auch die Pflicht der Berichterstattung an ihre Wähler. Gemäß der Wahlinstruktion von 1925 haben 35% der Wähler das Recht, die Abberufung ihres Abgeordneten zu verlangen. Im öffentlichen Leben aber haben alle diese Bestimmungen keine Bedeutung erlangt; in der Praxis kommt dagegen die Amtsenthebung durch eine höhere Instanz häufig vor.

Wenn auch das »Recall« der Sowjets nur einen deklarativen Charakter hat, wie Mirkine-Guetzevitch (La Théorie générale de l'Etat Soviétique, p. 53) sagt, so ist es dennoch für die doktrinäre Demokratie der Nachkriegszeit von Einfluß geworden. Kelsen meint, das Abberufungsrecht hätte der Sowjetverfassung bei der Arbeiterschaft des Auslandes viele Sympathien verschafft (Demokratie II, S. 44). Außer dem russischen Vorbild aber hat die Verhältniswahl den bedeutendsten Einfluß auf die Neubelebung des gebundenen Mandats und des Abberufungsrechtes ausgeübt. »Nach dem System der Verhältniswahl wählt nicht das Volk, sondern die einzelnen Parteien ihre Vertrauensmänner in das Parlament, in dem jede Partei und so auch die Minoritäten im Verhältnis zu ihrer ziffernmäßigen Stärke vertreten sind.« (Kelsen, Allgemeine Staatslehre, S. 349). Diese Ansicht muß, wie Koellreutter (Die politischen Parteien im modernen Staate, S. 67) bemerkt, natürlich zur offenen Verwerfung des Repräsentativprinzips führen. Denn nun sind die Abgeordneten nicht mehr Vertreter des ganzen Volkes, sondern die einer Partei. Und es ist konsequent, wenn man sie dann durch ein gebundenes Mandat an die Partei bindet. Die moderne Form des Abberufungsrechtes ist also nicht mehr die Abberufung durch das Volk, sondern durch die Partei.

Nach dem württembergischen Landtagswahlgesetz vom 4. April 1924, Art. 7, Z. 6 verliert ein Abgeordneter seinen Sitz »durch Austritt aus derjenigen politischen oder anderen Vereinigung, in deren Auftrag er von einer Wählervereinigung auf ihre Vorschlagsliste gesetzt wurde«. Dies steht im Widerspruch zu Art. 22 der Verfassung, wonach die Abgeordneten Vertreter des ganzen Volkes und an Aufträge und Weisungen nicht gebunden sind. Der württembergische Staatsgerichtshof hat sich an die Bestimmung der Verfassung gehalten und sich nur bei freiwill. Austritt aus der Partei für Verlust des Abgeordnetenmandates ausgesprochen. Ebenso haben Art. 20 und 21 der Reichsverfassung über das Verbot des gebundenen Mandats in der Praxis die Bedeutung gewonnen, daß Abgeordnete, die nach der Wahl die Partei gewechselt haben, trotz des Widerspruchs der Partei, die sie aufgestellt hatte, im Reichstag geblieben sind. »Andere Abgeordnete haben es bei der bestehenden Listenwahl aber mit Recht für ihre Pflicht gehalten, beim Parteiwechsel ihr Mandat niederzulegen, da sie das Mandat der Partei verdankten«. (Poetzsch-Heffter, Jb. ö. R. 1925, S. 102.)

Rechtlich liegen die Dinge ebenso in Rumänien, wo der Art. 42 der Verfassung verkündet, daß die Abgeordneten die Nation repräsentieren, während der Art. 127 des Wahlgesetzes die Bestimmung enthält daß die Abgeordneten durch Austritt aus der Partei, durch die sie gewählt wurden, ihr Mandat verlieren. Mandatsverlust durch Parteiaustritt kennt auch der Art. 13 des jugoslawischen Wahlgesetzes vom 12. September 1931. In Italien ergibt sich nach den Parteisatzungen der Mandatsverlust aus dem Austritt oder Ausschluß aus der nationalfaschistischen Partei; die Anwendung von Disziplinarmaßregeln führt auf die Dauer dieses Zustandes den Ausschluß aus dem Parlament und den Verlust aller parlamentarischen Vorrechte nach sich (Geschäftsordnung der Abgeordnetenkammer, Art. 29).

Es klafft heute also ein Widerspruch zwischen dem Grundsatz des freien Mandats, wie er seit der französischen Verfassung von 1791 in den Verfassungen zu lesen ist, und dem der heutigen soziologischen Auffassung des Wahlrechts entspringenden gebundenen Mandat. So betrachtet Wittmayer (Reichsverfassung, S. 66) den ersten Grundsatz als Anachronismus, als »Urgroßväterweisheit«, Morstein Marx (AöR., N. F. 11, S. 439) als »ein fossiles Requisit aus der verfassungsgeschichtlichen Vorzeit«, während die Staatsgerichte an ihm als der hierarchisch höheren Rechtsnorm festhalten. Ein Ausweg läßt sich nur so finden, daß man den Grundsatz als sittliches Gebot ansieht, daß die Abgeordneten bei Ausübung ihres Mandats das Gesamtwohl höher stellen sollen, als ihr enges Parteiinteresse. Wird diese Ideologie »auch heute als wertvoll anerkannt, dann gilt es mit derselben Ernst zu machen und die in der Tat schwachen Sanktionen des Art. 21 (RV.), seine vor allem sittliche Verankerung durch stärkere Geltungsmittel zu ergänzen« (Tatarin-Tarnheyden im HdbDStR., Bd. I, S. 418). Oder aber man hält diese Ideologie für überlebt, dann hätte die Verfassungsbestimmung nur deklamatorischen Wert und es wäre das parteigebundene Mandat anzuerkennen, wobei die Frage, ob bei der Verhältniswahl der Abgeordnete sein Mandat wirklich nur der Partei verdankt, oder ob die Wähler seine Partei nur deshalb wählten, weil sie ihn wählen wollten, nicht übersehen werden darf.

Am weitesten vorgeschritten ist die Entwicklung zum gebundenen Mandat in der Tschechoslowakei. Hier stehen einander der § 22 der Verfassung, in dem gesagt wird: »Die Mitglieder der Nationalversammlung üben ihr Mandat persönlich aus; sie dürfen von niemandem Aufträge empfangen« und der § 13 des (einfachen, nicht Verfassungs-)

Gesetzes vom 29. Februar 1920 über das Wahlgericht (Nr. 125 Slg.) gegenüber: »Das Wahlgericht entscheidet, daß ein Mitglied der Nationalversammlung seines Mandates deshalb verlustig wird, weil es b) aus niedrigen oder ehrlosen Gründen aufgehört hat, Angehöriger jener Partei zu sein, aus deren Kandidatenliste es gewählt worden ist«. Der Bericht des Verfassungs-Ausschusses (2424) führte zur Begründung aus: »...Dies entspricht dem Grundsatze der verhältnismäßigen Vertretung, denn, wenn ein Abgeordneter aus der Partei, auf deren Kandidatenliste er gewählt wurde, austritt, kommt hierdurch die Wählerschaft, welche für diese Partei eingetreten ist, um ihre Vertretung. Freilich kann ein Abgeordneter bei seinem Austritt aus seiner Partei nicht unter allen Umständen des Mandats für verlustig erklärt werden, denn manchmal kann der Austritt unter solchen Umständen erfolgen, daß er dem Willen der Wählerschaft oder wenigstens eines solchen Teiles der Wählerschaft entspricht, welcher die auf einen Abgeordneten entfallende Anzahl darstellt. Deshalb erwog der Verfassungs-Ausschuß, daß ein Abgeordneter nur dann seines Mandates für verlustig erklärt werden solle, wenn sein Austritt aus der Partei unter Umständen erfolge, daß die Beibehaltung des Mandats der politischen Moral widerspräche. Das wäre aber ein sehr unklarer Ausdruck, weshalb der Ausschuß die Stilisierung beschloß, daß des Mandates verlustig gehe, wer aus niedrigen und ehrlosen Beweggründen aufgehört habe, Angehöriger der Partei zu sein.« (Epstein, Studienausgabe, S. 384.) Während der Gesetzgeber also nur beabsichtigte, möglichen Mißbräuchen vorzubeugen, hat sich das Wahlgericht auf den Standpunkt gestellt, daß auch ohne Rücksicht darauf, ob »niedrige oder ehrlose Beweggründe« zum Austritt aus der Partei maßgebend waren, und ohne Überprüfung, ob solche Umstände vorliegen, der Mandatsverlust auszusprechen sei, wenn ein Abgeordneter sich in einer Reverse für gewisse Fälle zur Mandatsniederlegung verpflichtet hat und dieser Verbindlichkeit über Aufforderung der Partei nicht ohne weiteres nachkommt. (Franz Adler, Jahrbuch öff. Recht, XVII/1929, S. 259.) Durch die Praxis des Wahlgerichtes ist also das gebundene Mandat entgegen dem Wortlaut der Verfassung wieder eingeführt worden. In die Fußtapfen des Wahlgerichtes ist dann das positive Recht getreten, indem durch das Gesetz über die Organisation der politischen Verwaltung vom 14. Juli 1927 Slg. Nr. 125, für die Mitglieder der Bezirks- und Landesvertretungen der Mandatsverlust sofort bei Austritt aus der Partei, aus deren Kandidatenliste sie gewählt wurden, eintritt; die auch für sie ursprünglich geltende Vorbedingung des niedrigen oder ehrlosen Beweggrundes wurde gestrichen. Auch in anderen Ländern scheint es, daß sich das parteigebundene Mandat von unten hinauf, das heißt, von den Gemeindevertretungskörpern zu der Nationalvertretung durchsetzte, z. B. in Österreich, wo der Verfassungsgerichtshof entschied: »Wenn eine Gemeindewahlordnung den Mandatsverlust an ein ‚Ausscheiden' aus der Partei knüpft und nicht ausdrücklich von einem ‚Austritt' spricht, muß angenommen werden, daß auch der Ausschluß aus der Partei den Verlust des Mandats zur Folge hat« (Slg. 316 Erk. v. 22. Januar 1930, Z. W. II 4/29).

Damit hätte nach Triepel, der auf dem Standpunkt steht, daß der Parteistaat noch nicht gekommen sei, endlich die Stunde für den Parteistaat geschlagen: »So stehen sich also hier nach liberalen Prinzipien geformtes Recht und massendemokratische Wirklichkeit unversöhnlich gegenüber. Noch behauptet das erste seine ererbte Stellung. Noch vermag es sich auch im rechtlichen Leben durchzusetzen. Noch zögern die Staatsgerichtshöfe, anzuerkennen, daß ein Abgeordneter durch Parteidiktat gezwungen werden könne, sein Mandat niederzulegen, oder daß er bei einem Ausschluß aus der Partei sein Mandat von selber verliert... Aber im Grunde handelt es sich hier doch um ein Rückzugsgefecht des Liberalismus gegen die Massendemokratie. Schon mehren sich die Stimmen, die nach dem imperativen Mandate als der letzten Konsequenz des demokratischen Gedankens rufen. Würde diese Forderung erfüllt, dann würde allerdings der alte Parlamentarismus durch den Parteienstaat endgültig überwunden worden sein.« (Die Staatsverfassung und die politischen Parteien, S. 33.)

Ersatzwahlen und Stellvertretung.

Wenn ein Abgeordnetensitz frei wird, so muß für dessen neue Besetzung gesorgt werden. Dies kann auf zweierlei Weise geschehen: entweder durch eine Ersatzwahl für den ausgeschiedenen Abgeordneten oder dadurch, daß schon bei der Hauptwahl neben den Abgeordneten besondere Stellvertreter bezeichnet werden.

Die Ersatzwahl (By-Election) ist die in England immer üblich gewesene Art der Ersetzung von Abgeordneten. Es hat in demselben Wahlkreise, den der ausgeschiedene Abgeordnete vertrat, eine neue

Wahl vorgenommen zu werden. Diese Nachwahl ist für England von größter Wichtigkeit: sie wird nicht nur als Wahl eines Abgeordneten angesehen, sondern gleichzeitig als Referendum der Wählerschaft eines Wahlkreises über eine bestimmte aktuelle Frage der Politik. Die Nachwahlen ersetzen daher das staatsrechtlich fehlende Referendum. Gerade wegen des plebiszitären Charakters der Ersatzwahl halten die Engländer hartnäckig an ihr fest.

Die Bezeichnung von Stellvertretern ist dagegen ursprünglich in Frankreich üblich gewesen. Nach dem Gesetz vom 22. Dezember 1789 wurden die Stellvertreter gemeinsam mit den Abgeordneten mittels relativer Mehrheit, gemäß der Verfassung vom 3. September mit absoluter Mehrheit gewählt. In jedem Departement wurden außer den Abgeordneten noch besondere Ersatzmänner gewählt, und zwar der Zahl nach ein Drittel der Zahl der Abgeordneten. Nach dem Vorbild der Verfassung vom 3. Sept. 1791 ging die Einrichtung in die spanische Cortesverfassung (in jeder Provinz wird für je drei Abgeordnete ein Ersatzmann gewählt) und in die norwegische Verfassung von 1814 über (Ersatzmann ist derjenige, welcher bei der Wahl nach den gewählten Abgeordneten die meisten Stimmen erhält). Während in Spanien die späteren Verfassungen die Einrichtung der Ersatzmänner über Bord warfen, wurde sie in Norwegen durch das Gesetz vom 1. Juli 1884 verbessert: es werden außer den Abgeordneten noch besondere Ersatzmänner gewählt. Dies geschieht auch in Belgien seit dem Gesetz vom 30. Dezember 1899, wonach gleichzeitig mit den Abgeordneten ebensoviele Ersatzmänner gewählt werden.

In Frankreich selbst wurde die Einrichtung durch die Konventsverfassung vom 24. Juni 1793 aufgehoben und es wurde zur Nachwahl übergegangen. Nach der Direktorialverfassung hatte eine solche Nachwahl nur stattzufinden, wenn der Bestand der beiden Räte durch das Ausscheiden von Mitgliedern auf zwei Drittel herunterging. Seit der Verfassung vom 5. Fructidor des Jahres III. wird dagegen bei jeder Erledigung eines Sitzes eine Ersatzwahl vorgenommen: eine Einführung, die sich seither erhielt. Nur während der Herrschaft der Listenwahl von 1885 bis 1889 und von 1919 bis 1927 gab es Ersatzmänner.

In Deutschland war die Wahl von Ersatzmännern nur vor 1848 üblich; sie stand meist im Zusammenhang mit der mittelbaren Wahl durch Wahlmänner. Seit 1848 wurde aber die mittelbare Wahl verdrängt und damit auch die Wahl von Ersatzmännern.

Die Wahl von Ersatzmännern gewann neuerdings an Boden durch den Vormarsch der Verhältniswahl. Belgien hatte 1899 den Anfang gemacht. In den folgenden Verhältniswahlgesetzen wurde aber überall auf die Wahl besonderer Ersatzmänner verzichtet und es werden diejenigen Bewerber, die in der Reihenfolge unmittelbar hinter den gewählten Bewerbern rangieren, zu Ersatzmännern erklärt. Diese Reihenfolge ergibt sich entweder, wie bei der starren Liste, aus der parteiamtlichen Bezeichnung, oder, wie bei der lose gebundenen und der freien Liste aus der Zahl der von ihnen erhaltenen namentlichen Stimmen. Eine Ersatzwahl ist mit der Verhältnis- und Listenwahl schwer zu vereinbaren. Da die Wahlkreise immer mehrere Abgeordnete entsenden, müßte die Wählerschaft eines derart großen Wahlkreises zur Ersatzwahl berufen werden. Sodann könnte der Abgeordnete nur mittels Mehrheit gewählt werden, was im Widerspruch zu dem für die Wahl aufgestellten Grundsatz der Verhältnismäßigkeit steht; der Sitz würde der stärksten Partei zufallen und wenn mehrere Sitze verschiedener Parteien während der Gesetzgebungsdauer im selben Wahlkreis der Reihe nach frei werden, so würde immer die stärkste Partei den jeweils zur Besetzung gelangenden Sitz erhalten, so daß schließlich keine verhältnismäßige Vertretung mehr vorhanden wäre. In der Praxis ist aber, wenn keine Ersatzmänner mehr zur Einberufung vorhanden sind, nichts anderes möglich, als Ersatzwahlen zu veranstalten, für die der Grundsatz der Mehrheit gelten muß. Das Bestreben der Gesetzgebung ist es, diese Möglichkeit einzuschränknen, indem eine bestimmte, ausreichende Anzahl von Bewerbern vorgeschrieben wird. So wurde 1929 in Belgien, wo bis dahin gleichzeitig mit den Abgeordneten ebensoviele Ersatzmänner gewählt wurden, vorgeschrieben, daß die Zahl der Bewerber für die Ersatzmänner das Doppelte der Zahl der Bewerber für die Abgeordneten sein muß. Nur der Irische Freistaat verbindet bewußt die Einrichtung der Ersatzwahl mit der Verhältniswahl. Dies ist einerseits eine Folge des Hareschen Verfahrens der übertragbaren Einzelstimmgebung, andrerseits will Irland auf die Vorteile der Ersatzwahl als politisches Barometer nicht verzichten.

Die Verhältniswahl gibt durch die Einrichtung der Ersatzmänner den Parteien ein wichtiges Mittel in die Hand, um die Abgeordneten nach ihren eigenen Wünschen auch nach den Wahlen auszuwählen, nachdem schon feststeht, wieviel Sitze die Partei erreicht hat, aber noch nicht, welche Bewerber gewählt sind. Durch die Entscheidung eines Abgeordneten, der in mehreren Wahlkreisen gewählt worden ist, welchen Sitz er annimmt, durch die Einrichtung besonderer Reichslisten u. a. hat die Partei die Möglichkeit, diejenigen Bewerber zu Abgeordneten zu bestimmen, die sie haben will, ohne Rücksicht auf das Volk; sie kann auf die verschiedenste Weise changieren, kann die auf die gewählten Abgeordneten folgenden Bewerber der Liste zu dauerndem oder vorübergehenden Verzicht bewegen, so daß schließlich in das Parlament Personen einziehen, die ursprünglich so ungünstig auf der Liste standen, daß mit ihrer Wahl nicht ernstlich gerechnet werden konnte.

Der Schutz des Wahlrechts und das Wahlprüfungsrecht.

1. Der Schutz des subjektiven Wahlrechts und der Wahlhandlung.

Die Bestimmungen zum Schutz des Wahlrechts können wir in drei Gruppen teilen: 1. die Vorschriften, die einer bestimmten Person einen erzwingbaren Anspruch und darum ein subjektives Recht gewähren, also Vorschriften zum Schutz des subjektiven Wahlrechts; 2. solche Vorschriften, deren vornehmster Zweck der Schutz des objektiven Rechtes ist, ohne daß ein Anspruch und damit ein subjektives Recht vorliegen würde; im ersten Falle ist der Gegenstand des Schutzes vorwiegend ein individuelles, im zweiten vorwiegend ein gemeines Interesse (Kulisch: Beiträge zum österreichischen Parlamentsrecht, S. 221). Zu diesen zwei Gruppen konnte eine dritte Gruppe von Vorschriften, die zum Schutz der Wahl des rechtmäßig gewählten Abgeordneten, gleichzeitig aber der objektiven Feststellung des Wahlergebnisses dienen: die Vorschriften über das Wahlprüfungsrecht.

Der Schutz des subjektiven Wahlrechts des Wählers fällt im allgemeinen mit dem Einspruchs- und Berichtigungsverfahren bei der Anlegung der Wählerverzeichnisse zusammen, denn erst die Eintragung in diese Verzeichnisse gewährt dem Wähler das Recht, zur Stimmabgabe zugelassen zu werden. Wo die Zulassung zur Stimmabgabe noch an einen besonderen Wählerausweis gebunden ist, gibt es oft noch ein Einspruchsrecht gegen die Verweigerung dieses Ausweises; ein solcher Einspruch besteht oft auch dort, wo die Stimmabgabe durch Anforderung einer Stimmkarte erleichtert wird, gegen die Verweigerung der Stimmkarte. Auf diese Schutzbestimmungen ist bereits im Abschnitt über die Wählerverzeichnisse hingewiesen worden. Im Abschnitt über die Wahlkreise wurde auf ein anderes Einspruchsrecht hingewiesen, das dem Schutz des subjektiven Wahlrechts dient: der Einspruch gegen die Einteilung der Stimmbezirke, denn eine willkürliche Einteilung kann das Stimmrecht ganzer Wählerkreise praktisch in Frage stellen. Schließlich ist das Recht der Benennung von Bewerbern ein Teil des subjektiven Wahlrechts; die Rechtsmittel gegen die Ablehnung von Wahlvorschlägen sind im Abschnitt über die Wahlbewerbung erwähnt worden.

Der Schutz des objektiven Wahlrechts umfaßt den Schutz der Wahlhandlung in ihrem ganzen Umfang. Das Ziel der Bestimmungen ist der Schutz der Reinheit, der Freiheit und — mit geringen Ausnahmen — auch der Geheimheit der Wahl. Wenn auch die Wahlfreiheit und das Wahlgeheimnis als individuelle Grundrechte aufgefaßt werden, so sind sie gleichzeitig Grundsätze, die im Interesse des Staates liegen, der ein solches an dem richtigen Zustandekommen eines der wichtigsten, oft des wichtigsten Staatsorganes hat. Die Vorschriften zerfallen in vier Gruppen:

1. verwaltungsrechtliche (polizeiliche) Schutzbestimmungen: Hierzu gehören alle Bestimmungen, kraft deren der Vorsitzende der Wahlbehörde die Reinheit und Ordnungsmäßigkeit der Wahlen sichern kann: durch Ausweisung von Nichtwählern, von bewaffneten Wählern, durch die Sorge für die Einrichtungen zum Schutz des Wahlgeheimnisses (Wahlumschlag, Urne, Stimmzelle), durch Inanspruchnahme bewaffneter Macht zur Herstellung der Ordnung. Der Vorsitzende wird hierbei von den Mitgliedern der Wahlbehörde beaufsichtigt und, infolge der Öffentlichkeit der Wahlhandlung, von jedem Wähler. Polizeilicher Art sind auch die Vorschriften über das Verbot des Ausschankes von Alkohol u. a.

2. strafrechtliche Schutzbestimmungen: diese erstrecken sich auf das ganze Wahlgeschäft mit allen seinen Stufen: Anlegung der Wählerverzeichnisse (Erschleichung einer mehrfachen oder unberechtigten Eintragung), die Wahlvorbereitung und Werbetätigkeit der Parteien (Schutz der Versammlungen und der Meinungsäußerung), die Stimmabgabe selbst (Wahlverhinderung, Wahlvereitelung, Wahlfälschung, Wahlnötigung, Stimmenkauf u. a.) und die Ermittlung des Wahlergebnisses (Wahlfälschung, Störung der Stimmenzählung

usw.). Von einer eingehenden rechtsvergleichenden Darstellung kann wegen des strafrechtlichen Charakters dieser Bestimmungen abgesehen werden. Diese Verbrechen, Vergehen und Übertretungen können von den Behörden selbst begangen werden oder von dritten; wenn sich Beamte dieser Verfehlungen schuldig machen, bestehen noch

3. disziplinarrechtliche Schutzbestimmungen, die die strafrechtlichen verschärfen.

4. verfassungsrechtliche Schutzbestimmungen: in manchen Ländern hat der Wähler, wenn die verfassungsrechtlich gewährleisteten Grundrechte, wie Versammlungs- und Pressefreiheit, Wahlfreiheit und Wahlgeheimnis ihm versagt werden, nach Erschöpfung des verwaltungsrechtlichen Rechtszuges eine Beschwerde an das mit dem Schutze der Verfassung betraute Organ offen (Verfassungsgericht in Österreich, Bundesgericht in der Schweiz u. ä.).

Trotz dieser gesetzlichen Vorschriften besteht noch ein weiter Spielraum für die Wahlmanöver, die Wahlschwindeleien und Betrügereien, die die Reinheit und Freiheit der Wahl sowie das Wahlgeheimnis gefährden. Wenn ihnen das Gesetz keinen Riegel vorschiebt, so bleibt es nur dem materiellen Wahlprüfungsrecht (das wir hier nicht weiter erörtern können) überlassen, sie einzudämmen. Die altösterreichische Praxis stellte sich auf den Boden des formellen Rechts, beschränkte sich auf die Überwachung, ob die äußeren Abstimmungsformen gewahrt blieben und überließ es dem Selbstbestimmungsrecht des Wählers, den verschiedenen Wahlumtrieben außerhalb des Wahlraums zu widerstehen. Auch der jetzige österreichische Verfassungsgerichtshof stellt sich auf formalrechtliche Grundlagen: »Die Tätigkeit, die seitens einer politischen Partei entwickelt wird, um anläßlich der bevorstehenden Wahl in einen allgemeinen Vertretungskörper möglichst viele Stimmen für ihre Kandidaten zu gewinnen, ist eine im weitesten Umkreis erlaubte. Sie kann die Gültigkeit der vollzogenen Wahl nur dann erschüttern, wenn die zum Schutze der Wahlfreiheit gesetzlich gezogenen Schranken überschritten würden (Slg. 47, Adamovich-Fröhlich: Die Verfassungsgesetze, 3. Aufl., S. 578). Die preußische Rechtsprechung hat eine Wahlbeeinflussung nur dann als rechtlich relevant bezeichnet, wenn sie tatsächlich auf den Wahlausgang von Einfluß war. Der französische Staatsrat hat sich dagegen für die Untersuchung der Freiheit und Reinheit der administrativen Wahlen auf den Boden der Moral und

Anständigkeit gestellt und Wahlbeeinflussungen, auch wenn sie nicht formal gegen das Gesetz verstießen, verurteilt, ganz im Gegensatz zu der politisch eingestellten Kammer, die nach Bedarf ein Auge oder beide zudrückt.

Ein Beweis dafür, wie sehr die Gesetzgebung von den wirklichen Bedürfnissen des Lebens beeinflußt wird, liegt darin, daß gerade die Gesetzgebung der Staaten, die in der Vergangenheit ein Tummelplatz der wildesten Wahlmanöver waren, vorbildliche Vorschriften über die Eindämmung des Wahlkampfes aussinnen, so z. B. Griechenland, Ungarn, Frankreich, vor allem aber die nordamerikanischen Staaten, wo besondere preßgesetzliche Vorschriften gegen die Auswüchse des Wahlkampfes wirken sollen. Auf diesem Gebiete, vor allem auf dem des Schutzes der Ehre des Politikers ist in Europa noch sehr viel zu machen.

Ein Mittel wirkt allerdings in dieser Richtung: die Verhältniswahl, die das Persönliche in den Hintergrund schiebt. Der Technik der Verhältniswahl schreibt Ball (Das materielle Wahlprüfungsrecht 1931, S. 215) auch zu, daß durch sie der Wahlbeeinflussung (auch der amtlichen) der Boden entzogen wurde. Nun haben wohl schon infolge des allgemeinen Wahlrechtes manche Formen der Wahlbeeinflussung, wie Stimmenkauf, ihren Boden verloren; infolge der Verhältniswahl geht es auch nicht mehr um das Ganze; dennoch kommt der Parteienstaat nicht ohne Wahlbeeinflussung aus. Die Vollzugsgewalt wird von den Parteien immer mehr für ihre Aufgaben in Anspruch genommen, so daß die Behörden bei Wahlen Handlangerinnen der Parteimaschine werden. Dadurch besteht die Gefahr, daß die ganze amtliche Wahlvorbereitung und die Wahlhandlung selbst parteipolitisch mißbraucht wird. Eine gewisse Kontrollmöglichkeit bieten noch Koalitionsregierungen, wo die Koalitionsparteien einander auf die Finger sehen, wenn sie es nicht für besser erachten, das Land in Interessensphären aufzuteilen.

Im Parteienstaat gewinnen auch die Wirtschaftsmächte einen immer größeren Einfluß und sie sind es auch, die durch die Bereitstellung von Geldmitteln eine Wahlbeeinflussung stärksten Ausmaßes in die Wege leiten. Gegen deren Einfluß kommt die Gesetzgebung nicht auf; es handelt sich auch nicht mehr um Einzelbeeinflussung, sondern Massenbeeinflussung. England, das am frühesten den Einfluß der Geldmächte auf den Wahlkampf kennenlernte, hat durch die Corrupt and Illegal Practices Act (Henry James Act) von 1883 einen

Versuch der Bekämpfung unternommen, der auf zwei Grundlagen beruht: der Festsetzung eines Höchstausmaßes, bis zu dem die Bewerber mit Geldausgaben für die Wahl gehen dürfen samt öffentlicher Rechnungslegung über die Wahlausgaben, und der Einsetzung eines Wahlagenten für jeden Bewerber, durch dessen Hände alle Ausgaben für den Bewerber zu gehen haben. Auf ihm »beruht in hohem Grade die Lauterkeit der Wahlen« (Lawrence Lowell: Die englische Verfassung, I, S. 213). Aber auch dieses Gesetz hat Löcher: wenn auch die Ausgaben des Bewerbers auf ein bestimmtes Maß eingeschränkt sind, so hindert nichts die Freunde des Bewerbers, aus eigener Tasche und aus eigenem Antrieb, ohne Wissen des Bewerbers, Ausgaben für die Wahlwerbearbeit zu bestreiten; wenn auch die Benutzung von Mietwagen zur Beförderung der Wähler zur Urne verboten ist, so können doch freiwillig zur Verfügung gestellte Privatwagen dasselbe zugunsten des Bewerbers erreichen. Unerforschlich sind die Wege, auf denen das Geld in die Politik findet.

2. Das Wahlprüfungsrecht.

Man unterscheidet formelles und materielles Wahlprüfungsrecht. Das letztere, das die Rechtsgrundsätze umfaßt, »nach denen die für die Wahlprüfung zuständigen Stellen über die Gültigkeit einer Wahl entschieden haben oder in Zukunft zu entscheiden haben« (Ball, Das materielle Wahlprüfungsrecht, 1931), muß hier übergangen werden; seine Behandlung würde selbst ein ganzes Buch verlangen, wie es Ball nur für das deutsche Recht geschrieben hat. Aber auch das formelle Wahlprüfungsrecht kann hier nur skizziert werden, und zwar soll hier auf die Entwicklung der Frage, wer die Wahlen prüfen soll und auf die Grundlinien der Organisation eingegangen werden, während bezüglich des Verfahrens auf den 1. Band verwiesen werden muß.

Auf die Frage: wer soll die Wahlprüfung vornehmen, gibt es eine dreifache Antwort: 1. das gesetzgebende Organ, denn es handelt sich ja um dessen Bestellung und das Parlament müßte sich seine eigene Grundlage entziehen, wenn es das Recht darüber, wer Sitz in ihm hat, einer außerhalb liegenden Macht zugestehen würde; 2. Organe der Verwaltung, denn die Wahl ist ja ein Verwaltungsakt, der unter Mitwirkung von Staatsorganen vorgenommen wird und ohne deren Mitwirkung null und nichtig ist; 3. das Gericht, denn die

Wahlprüfung ist ihrem Wesen nach eine Angelegenheit der Rechtsprechung.

Fassen wir die Rechtsnatur des Wahlprüfungsrechtes ins Auge, so fällt es nicht schwer, es als Rechtsprechung hinzustellen; denn es handelt sich um die Entscheidung, ob ein Abgeordneter rechtmäßig gewählt ist, wenigstens in dem Falle, wo eine Wahl angefochten wird, denn »das Charakteristikum der richterlichen Tätigkeit liegt in der Fürsorge für alles, was erworbenes Recht ist. Die Prüfung und Entscheidung einer solchen Legitimation trägt alle materiellen Merkmale eines Urteiles« (Kelsen, Kommentar zur österreichischen Reichsratswahlordnung 1907, S. 147).

Wenn diese Ansicht auch die herrschende ist (von Ball so bezeichnet; Kelsen stellte sie schon 1907, a. a. O. S. 148, als »von der Theorie allgemein akzeptierte Anschauung« hin), so hat die Praxis doch nicht die Folgerung gezogen, daß die Wahlprüfung durch Gerichte zu erfolgen hat. Diese erfolgt vielmehr in der überwiegenden Mehrzahl der Staaten durch die Parlamente, im Anschluß an die französische Doktrin der Nationalversammlung von 1789.

Es ist die Frage des Wahlprüfungsrechts gewesen, das den geschichtlichen Wendepunkt vom ständischen Staat zum modernen Repräsentativstaat geschaffen hat. Die beiden oberen Stände der Etats Généraux erklärten sich nach dem Zusammentreten für die Wahlprüfung der Abgeordneten durch den betreffenden Stand. Dieses ständische Wahlprüfungsrecht ergab sich aus der Selbstverständlichkeit, »daß derjenige, dem das Recht in einer ständischen Korporation zu sitzen und zu stimmen zusteht, dieses Recht beweist, daß er sich gegenüber dem Corpus, dem er anzugehören beansprucht, als Mitglied legitimiert« (Jellinek, Ausgew. Schriften und Reden, II, S. 406), ebenso wie auf einem Kongreß der Gesandte seine Vollmachten zur Prüfung vorlegt. Der dritte Stand verlangte dagegen gemeinsame Prüfung, und die Weigerung der anderen Stände führte dazu, daß der dritte Stand sich zur »Nationalversammlung« und seine Mitglieder zu Vertretern der ganzen Nation erklärte. Die Grundgedanken, auf denen das Wahlprüfungsrecht durch die Nationalversammlung sich aufbaute, waren: 1. der Montesquieusche Grundgedanke der Gewaltentrennung, aus dem folgt, daß die richterliche Gewalt sich in die Angelegenheiten der gesetzgebenden nicht hineinzumischen hat; 2. der Rousseausche Grundgedanke der Volkssouveränität, als deren höchstes Organ gemäß der Weiterbildung Rousseauscher Gedanken durch Sieyès die Nationalversammlung dargestellt wurde, von dem alle anderen Organe ihre Rechte ableiten, so daß es keinen Sinn hätte, wenn die Wahlprüfung von der Nationalversammlung untergeordneten Organen vorgenommen werden sollte. Schließlich war der praktische Anlaß ausschlaggebend: das Parlament sollte nicht vom Monarchen oder den von diesem ernannten Gerichten abhängig sein.

Aus diesen Gründen wurde das Wahlprüfungsrecht durch das Parlament in der Verfassung von 1791 (titre III, ch. I, sect. IV, art. 5) ausgesprochen und ging auch in die späteren französischen Verfassungen über, ebenso auch in die Verfassungen der anderen konstitutionellen Monarchien: Italien 1848, Deutsches Reich (zuerst Frankfurt 1849, dann Norddeutscher Bund und Reichsverfassung 1871), Preußen 1849, Österreich 1867, Belgien, Niederlande, Luxemburg, Liechtenstein, die nordischen Staaten und die osteuropäischen Monarchien: Rumänien, Bulgarien, Serbien (jetzt Jugoslawien), wobei der Grundgedanke der Gewaltentrennung und das Bestreben einer Unabhängigkeit der Volksvertretung vom Monarchen maßgebend war. Unter dem Einfluß des Grundgedankens der Volkssouveränität wurde das französische Vorbild von den Republiken übernommen: Schweiz, Portugal, Lettland und Litauen. Aber schon vor der französischen Revolution hatte sich die Bundesverfassung der Vereinigten Staaten für die Wahlprüfung durch das Parlament entschieden.

Gegen diese Art der Wahlprüfung bestehen eine Anzahl von Bedenken, die Jellinek (a. a. O. S. 413) folgendermaßen zusammenfaßte: 1. die Wahl von Mitgliedern der unterlegenen Partei ist nicht gesichert, denn bei der Wahlprüfung herrscht das Interesse der Mehrheit; 2. das Parlament pflegt ohne Begründung zu entscheiden (zum Unterschied von dem Richter); 3. die moralische Verantwortlichkeit eines Parlamentsmitgliedes ist viel geringer als die eines Richters; 4. die Voraussetzungen für eine konstante Praxis sind nicht gegeben (zum Unterschied von den Präjudikaten der Gerichte); 5. ein ungerechtes Urteil des Parlaments bedeutet eine tiefgehende Schädigung der parlamentarischen Einrichtungen überhaupt. — Durch dieses Verfahren ist eine Rechtsfrage zu einer Machtfrage geworden und die Giunta delle elezioni der italienischen Abgeordnetenkammer (3. Dezember 1915, Wahl Cipriani, Foro italiani, 1916, III, 113) erklärte:

»Wenn die Abgeordnetenkammer über die Wählbarkeit der eigenen Mitglieder entscheidet, übt sie nicht Funktionen, die rein richterlicher Natur sind, aus, sondern solche politischer Natur, und kann daher von der strengen Anwendung des Rechtes abweichen und sich an Gründe der Zweckmäßigkeit und der politischen Opportunität halten.«

Das Parlament steht in einem solchen Fall tatsächlich über dem Gesetze und es kann daher vorkommen, daß die Wahl eines Abgeordneten, der wegen Minderjährigkeit oder wegen Verbrechen nicht wählbar ist, für gültig erklärt wird, wenn es die Mehrheit wünscht.

Die Parteiwillkür war auch der Grund, der zur »Entpolitisierung« des Wahlprüfungsrechtes und zu seiner Übertragung an Gerichte führte. In England, wo die Versuche mit einem parlamentarischen Wahlprüfungsausschuß (Grenville Act 1770, 10 Geo III c. 16) fehlschlugen, wurde das Wahlprüfungsrecht 1868 (31 u. 32 Vict. c. 125) einem Wahlrichter, 1879 (Parliamentary Election and Corrupt Practice Act, 42 u. 43 Vict. c. 75) zwei Richtern, die seit 1881 jährlich der King's Bench Division des High Court of Justice entnommen werden, anvertraut.

Seit den 80er Jahren ging von Österreich, dessen Abgeordnetenhaus sich durch besonders krasse Parteiwillkür bei der Durchführung der Wahlprüfung oder richtiger bei deren Hinausschiebung bis in das letzte Jahr seiner Gesetzgebungsdauer auszeichnete, eine Bewegung für die Übertragung des Geschäftes an Gerichte aus und Georg Jellinek setzte sich publizistisch stark dafür ein, doch wurde die Frage in Deutschland für nicht zeitgemäß gehalten. Als jedoch 1911 eine Verfassung für Elsaß-Lothringen erlassen wurde, wurde darin das Wahlprüfungsrecht für beide Kammern an das Oberlandesgericht in Kolmar übertragen. Während des Krieges wurde im Reichstag eine Neuregelung des Wahlprüfungsverfahrens durch Einrichtung eines Wahlprüfungsgerichtes erwogen (siehe Kaisenberg im Hdb. DStR. Bd. I, S. 401), bis schließlich nach dem Kriege das Verfahren der Wahlprüfung durch Gerichte im Reich und einigen Ländern angenommen wurde. Inzwischen hatten sich dem englischen Vorbild noch andere Staaten: Ungarn, Schweden, Finnland und Griechenland angeschlossen, wo die eigentliche Wahlprüfung durch Verwaltungsgerichte (in Schweden: Regierungsgericht) bzw. ein eigenes Gericht in Griechenland vorgenommen wird, während die formale Prüfung der Legitimationen der Gewählten dem Parlament vorbehalten bleibt, wie es auch im englischen Unterhaus üblich ist.

Die Vorteile des gerichtlichen Wahlprüfungsverfahrens sind:

1. Entscheidung nach Rechtsgrundsätzen und nicht nach politischen Erwägungen; 2. Ausbildung einer ständigen Praxis, die zur Rechtssicherheit beiträgt; 3. rascheres Arbeiten, so war z. B. das Oberlandesgericht Kolmar schon 5 Monate nach der Wahl mit dem Geschäfte fertig. Diesen Vorteilen stehen auch manche schwerwiegende Nachteile entgegen, wobei wir von den Bedenken gegenüber dem englischen Verfahren absehen, das einerseits sehr kostspielig ist (der Beschwerdeführer muß 1000 Pfund hinterlegen, eine Vorschrift, die unernste Beschwerden abhalten soll), andererseits gewissen Erpressungen und Schachergeschäften Vorschub leistet. Das Hauptbedenken ist das der Hineinziehung der Gerichte in die Politik und der Präsident des Oberlandesgerichtes in Kolmar, Molitor (im AöR. Bd. 34, S. 245ff.) wandte sich gegen die Übertragung des Wahlprüfungsrechtes an das Gericht mit der Begründung: 1. es entspricht den Aufgaben der Gerichte nicht, sich mit politischen Angelegenheiten zu befassen, die ihnen fremd zu bleiben haben; 2. es entspricht den Interessen der Rechtspflege nicht, wenn die Gerichte unvermeidlich in den Streit der Parteien gezogen und zum Gegenstand der Befehdung durch politische Eiferer gemacht werden. Dieses Bedenken wird auch in den Vereinigten Staaten geltend gemacht, wo man außerdem die Macht der Gerichte nicht noch mehr steigern will.

Die Weimarer Verfassung überträgt die Wahlprüfung einem Wahlprüfungsgericht, einerseits wegen der Erfahrungen, die mit dem Wahlprüfungsrecht im alten Reichstag gemacht wurden, andererseits aus theoretischen Erwägungen: »Die Prüfung der Rechtsgültigkeit der Wahl ist eine durchaus richterliche Funktion, und zu einer richterlichen Funktion ist eine von Berufs und Amts wegen durchaus politische Körperschaft an sich nicht berufen« (Preuß, Drucks. d. Nat. Vers. Verh. Bd. 326, S. 290 D). Wenn nun auch ein Gericht geschaffen wurde, dessen Mitglieder unabhängig und nur dem Gesetz unterworfen sind, so handelt es sich beim Wahlprüfungsgericht beim Reichstag (und ebenso beim Preußischen Landtag, in Braunschweig, in Lippe sowie bei den Staatsgerichtshöfen in Hessen und Württemberg) nicht um wirkliche Gerichte, die aus Berufsrichtern zusammengesetzt sind, sondern um Organe, in denen die vom Parlament gewählten Abgeordneten die Mehrheit bilden. Man wollte nicht so weit gehen, »die Wahlprüfungen einer nur aus Berufsrichtern und Nichtparlamentariern bestehenden Behörde zu übertragen, da es einer solchen Behörde an der erforderlichen Kenntnis der einschlägigen praktischen

Verhältnisse, namentlich des Parteilebens und der Wahltechnik, fehlen würde« (Anschütz, Kommentar, 5. Aufl., S. 132). Wenn sich auch die Entscheidungen der parlamentarischen Wahlprüfungsgerichte gegenüber denen reiner Gerichte, wie des Staatsgerichtshofes, durch größere Wirklichkeitsnähe auszeichneten, so ist das sicher dem Einfluß der parlamentarischen Mitglieder zuzuschreiben; trotzdem aber bleibt das grundsätzliche Bedenken bestehen, ob die nur auf kurze Zeit (Gesetzgebungsdauer des Parlamentes) gewählten parlamentarischen Mitglieder in jedem Augenblick den Richter und den Parteimann streng auseinanderhalten. Dasselbe gilt auch von den Gerichten, für deren Mitglieder Unvereinbarkeit mit dem Abgeordnetenmandate besteht, die aber schon durch die Art ihrer Bestellung im Wege oder auf Vorschlag des Parlaments Parteimänner sind oder nahe Beziehungen zu Parteien aufzuweisen haben: das tschechoslowakische Wahlgericht und der österreichische Verfassungsgerichtshof. Wirkliche Gerichte entscheiden über Wahlanfechtungen in Polen (Oberstes Gericht), Danzig (Obergericht) und Estland (Verwaltungsabteilung des Staatsgerichtes) sowie in den auf S. 286 ang. Staaten.

Die Frage des Wahlprüfungsrechtes hat heute nicht mehr die Bedeutung wie früher. Ball geht sogar so weit, daß er der Wahlprüfung seit der Einführung der Verhältniswahl das politische Interesse abspricht, es bleiben nur mehr Formfehler übrig; daher gibt es nur mehr wahltechnische Fragen, keine politischen mehr. »Die Einführung des Verhältniswahlrechtes, welches technisch die Wirksamkeit von Wahlbeeinflussungen beseitigt hat, hat damit auch die Frage nach der zur Entscheidung zuständigen Stelle gelöst, indem sie sie gleichgültig machte« (a. a. O. S. 215). Diese Bewertung trifft auf viele außerdeutsche Verhältniswahlländer nicht zu und es bleibt weiterhin eine unabhängige und neutrale Stelle zur Ausübung des Wahlprüfungsrechtes und gegen seine mißbräuchliche Vornahme zugunsten bestimmter Parteien notwendig. Als solche kommen nur Gerichte in Frage, selbst auf die Gefahr der Belastung der Justiz, was Carl Schmitt (Der Hüter der Verfassung, AöR., N. F., 16. Bd., S. 229) zu bedenken gibt: »Aber man mißbraucht die Begriffe der Justizförmigkeit und Gerichtsbarkeit, wenn man in allen Fällen, in denen aus praktischen Gründen eine Unabhängigkeit und Neutralität zweckmäßig oder notwendig erscheint, gleich ein Gericht und eine Justizförmigkeit inszenieren will. Die Justiz würde in einer unerträglichen Weise belastet, wenn auf sie alle die Aufgaben und Funktionen gehäuft werden, für die eine Unabhängigkeit und Neutralität erwünscht ist.« Nun sind weder das Parlament, noch in ihrer Mehrheit aus Parlamentariern zusammengesetzte Wahlprüfungsgerichte trotz allen guten Willens der betreffenden Parlamentarier kaum die Körperschaften, die Unabhängigkeit und Neutralität besitzen. Eine solche wäre vielleicht eine aus ehemaligen Parlamentariern und aus Richtern auf lange Frist bestellte Körperschaft.

Die Wahlkosten.

1. Die amtlichen Wahlkosten.

Das wichtigste Kapitel im ganzen Wahlrecht ist das über die Wahlkosten; denn Wahlen sind Kriege — oder friedlicher ausgedrückt: Volkszählungen — und kosten Geld, Geld und nochmals Geld.

Wir haben zwei verschiedene Posten zu unterscheiden: die eigentlichen Wahlkosten, die durch die Vorbereitung und die Organisation der Wahlhandlung verursacht werden, und die Wahlwerbekosten der Parteien. Die eigentlichen Wahlkosten zerfallen in Sachkosten: Papier für die verschiedensten Vordrucke, wie Wählerverzeichnisse, Kundmachungen, Abstimmungslisten, Niederschriften, Stimmzettel, Wahlumschläge, dann die Wahlurnen und Wahlzellen, die Instandhaltung der Wahlräume; und in Personalkosten: die Entlohnung der Organe, die die Wählerverzeichnisse führen und die Wahlbehörden bilden samt Entschädigung der Reisekosten u. a.

Diese eigentlichen Wahlkosten werden fast ausschließlich von der Öffentlichkeit getragen und darin kommt am besten zum Ausdruck, daß das Wahlrecht eine öffentliche Funktion ist. Nur vereinzelt werden auch die Wahlbewerber zur Teilnahme an den eigentlichen Wahlkosten herangezogen: in Frankreich, wo sie die Kosten der Stimmzettel zu tragen haben, in der Tschechoslowakei, wo die Hälfte dieser Kosten auf sie entfällt, in deutschen Ländern, wo sie einen mäßigen Beitrag für Stimmzettelherstellung und -Versendung leisten. Die in verschiedenen Ländern üblichen Hinterlagen dienen nicht zur Deckung von Wahlkosten, sondern zur Abschreckung unernster Bewerbungen; sie ermöglichen dem Staate die einzige Einnahmepost, die aus dem schwer passiven Wahlgeschäft emporragt: so hat England bei den Wahlen von 1931 84 verfallene Hinterlagen in der Gesamthöhe von 12 600 Pfund eingenommen.

Die eigentlichen Wahlkosten trägt also grundsätzlich die Öffentlichkeit und daher letzten Endes der Steuerzahler; es ist eine reine Frage der Zweckmäßigkeit, welches öffentliche Organ sie zahlt: der Staat, ein höherer Gebietsverband oder die Gemeinde. In der Schweiz ist sie aber eine staatsrechtliche Frage: die Wahlkosten gehen den Bund nichts an, sondern nur die Kantone und die Gemeinden; die Nationalratswahlen von 1928 kosteten dem Bund nur Fr. 104.40 für die Druckkosten eines Kreisschreibens in einer dreisprachigen Ausgabe in der Auflage von 1050 Stück. In den Niederlanden werden alle Wahlkosten durch die Gemeinden getragen, ausgenommen die Aufwendungen für das Zentralstimmbüro, die den Staat mit einigen hundert Gulden belasten. Umgekehrt ist es in Frankreich der Staat, der für die amtlichen Kosten aufkommt.

Im allgemeinen gelten für die Kostenverteilung zwischen Gemeinde und Staat folgende Grundsätze: die Gemeinde übernimmt die Personalkosten für die Führung der Wählerverzeichnisse und die unteren Stimmstellen- und Gemeindewahlbehörden, an Sachkosten die Kosten der Bereitstellung und Instandhaltung der Wahlräume; weil es sich um Kosten handelt, die ein örtliches Organ leichter übersieht und daher leichter Ersparungen erzielen kann; der Staat trägt hingegen die Kosten für die Entschädigung der höheren Wahlbehörden und stellt seine Beamten und Ämter, insbesondere den statistischen Dienst zur Verfügung; an Sachkosten deckt der Staat die Ausgaben für die Drucksachen, sowie für die Wahlgeräte (Urnen, Zellen u. a.), weil diese in der Massenanfertigung billiger zu stehen kommen. Im Deutschen Reich und in Österreich ersetzt das Reich bzw. der Bund den Gemeinden einen Teil der Wahlkosten; die Rechnungslegung bietet eine Kontrolle über die Gemeindeausgaben und es werden die Ausgaben, die die Gemeinde freiwillig über das Gesetz hinaus gemacht hat, nicht berücksichtigt, wie z. B. Entschädigungen an die Mitglieder der Wahlbehörde, die ihr Amt grundsätzlich als Wahlehrenamt auszuüben verpflichtet sind.

So leicht die Frage: Was kostet eine Wahl? gestellt ist, so schwer läßt sie sich beantworten. Die Ausgaben, die die Gemeinden übernommen haben, sind zumeist vollkommen unerfaßbar. Dann entsteht eine große Schwierigkeit in den Ländern, die ständige Wählerverzeichnisse führen: wie weit sind die Kosten der Verzeichnisführung zu den Kosten einer bestimmten Wahl zu zählen? Schließlich werden, um Kosten zu ersparen, Wahlen zu verschiedenen Vertretungskörpern gleichzeitig vorgenommen; wie weit sind diese Kosten zu Lasten der Parlamentswahl zu verbuchen? Jede Antwort auf obige Frage wird unvollständig sein.

Die Kosten der Reichstagswahl vom 14. September 1930 können wie folgt angegeben werden: 1 932 028.92 RM. als Vergütung von 4/5 der Aufwendungen der Gemeinden durch das Reich, 379 171.70 RM. als Aufwendungen der Landesbehörden und Abstimmungsleiter und 79 634.62 RM. als Aufwendungen des Reichswahlleiters, so daß sich die Summe der Aufwendungen des Reichs auf 2 390 835.24 RM. stellt, zu denen noch weitere 11 000 RM. hinzukommen dürften. Wenn man das eine Fünftel der Gemeindeaufwendungen mit 483 007 RM. schätzt, so gelangt man zu einer Gesamtsumme von 2 873 842.24 RM. (zuzüglich etwaiger 11 000 RM). Hingegen war die Kostenlast bei der Reichstagswahl vom 20. Mai 1929 nur 1 866 007.17 RM., bei der vom 7. Dezember 1924 nur 1 301 766.58 RM., sie ist also steigend. — In Österreich war es durch strengere Kontrolle möglich, die Kostenlast des Bundes herabzusetzen: so betrugen die Kosten für Papier- und Drucksorten bei den Wahlen von 1927: 91 051.95 S, bei den Wahlen von 1930 : 69 158.63 S (vorläufig), die Vergütung eines Drittels der Aufwendungen der Gemeinden 1927: 220 411.48 S, 1930: 51 804.02 S (vorläufig). Wenn wir die vom Bunde nicht übernommenen 2/3 der Aufwendungen der Gemeinden noch schätzungsweise einsetzen, so ergibt sich ein Rückgang der Wahlkosten von 750 000 i. J. 1927 auf 225 000 S i. J. 1930; auf der anderen Seite stehen infolge der Einführung der ständigen Wählerverzeichnisse die vom Bunde getragenen Drucksortenkosten für die »Bürgerlisten« mit rd. 20 000 S jährlich und der laufende Aufwand der Bundespolizeibehörden für die Führung der Bürgerlisten von 1 547 187 S jährlich, so daß also die Kosten sich wesentlich erhöht haben. — Auch Großbritannien ist ein Land mit ständigen Wählerverzeichnissen und die jährlichen Ausgaben, die die Führung der Wählerverzeichnisse verursacht, können mit jährlich rd. 500 000 Pfund geschätzt werden; 1930/31: 254 645 Pfund, d. i. die Hälfte der Kosten; die andere Hälfte zahlte die örtliche Selbstverwaltung. Der Staat zahlt außerdem noch die Entschädigung der Wahlleiter und die Stimmzettel. — Die Ausgaben der Gemeinden können in allen Ländern, wo der Staat keine Kosten vergütet, nur ganz roh geschätzt werden. So betragen sie in Belgien (1929) rd.

2½ Millionen Franken, also fast soviel, als die Ausgaben des Staates für die Lieferung des Wahlpapiers, für Fahrtkostenentschädigung für die Wähler und Anwesenheitsglieder für die Mitglieder der Wahlbehörden, die sich auf 3½ Millionen Franken belaufen. Man dürfte daher wohl in der Regel die Gemeindeauslagen mit der Kostenlast des Staates gleichsetzen.

Ein internationaler Vergleich der Wahlkosten zeigt, daß auch im Wahlgeschäft der Großbetrieb rationeller ist, als der Kleinbetrieb. So stellen sich die Reichstagswahlen auf nur 0.067 RM. für den Wähler während die Wahlkosten auf den Kopf des Wählers in den anderen Ländern höher sind: Großbritannien 2.7 Pence (d. i. 0.16 RM.) jährlich, Ungarn 0.07 Pengö (d. i. 0.04 RM., aber nur die Staatsaufwendungen!), Estland 0.072 Kronen (d. i. 0.08 RM.), Finnland 1.37 M. (d. i. 0.11 RM.; nur Staatsaufwendungen!), Österreich 0.182 S (d. i. 0.09 RM. vor Einführung der ständigen Wählerverzeichnisse), Danzig 0.137 Gulden (d. i. 0.11 RM.), Belgien 2.40 Franken (d. i. 0.15 RM.). In Dänemark würden sich die Gesamtaufwendungen der Gemeinden, Amtskommunen und des Staates auf 1 Million bis 1.2 Millionen Kronen belaufen, also auf 0.55 Kronen (d. i. 0.44 RM.) für den Wähler, doch sind die kommunalen Wahlen inbegriffen. Wenn auch die Zahlen zeigen, daß die Kopfquote nicht sehr erheblich ist, so zeigt doch ein Vergleich dieser Kosten mit anderen, produktiven Ausgaben, daß durch die Wahlen große Beträge verpulvert werden, die der Aufbauarbeit im Staate entzogen werden.

2. Die Kostenlast der Parteien.

Die Wahlkosten der Parteien verteilen sich zum kleineren Teil auf die Wahlhandlung selbst, zum größeren Teil auf die Werbetätigkeit, um Stimmen zu erzielen. Die eigentlichen Wahlkosten für die Parteien sind nur die Kosten der Stimmzettel; der amtliche Stimmzettel nimmt den Parteien auch diese Kosten ab und ermöglicht damit das wagnislose Auftreten ganz kleiner Gruppen. Erfahrungsgemäß zahlen die Parteien oft kleinere Beträge an ihre Wahlhelfer, wie die Parteivertreter in den Wahlbehörden, doch wird der Großteil der Kleinarbeit unentgeltlich geleistet. — Der Löwenanteil der Parteiaufwendungen fällt auf das Gebiet der Wahlwerbearbeit, von dem ältesten Wahlwerbemittel, wie Flugzettel und Versammlungen, bis zu den modernsten Reklamemittel: Austeilung von Flugzetteln durch

Flugzeuge, Verwendung von Luftschreibern, Lichtreklame, Tonfilmbühne u. a. So gab die SPD. für die Wahlen 1930 5.8 Mill. RM. aus.

Die Technik der modernen Massenbeeinflussung verschlingt Geld und dieses fließt den Parteien aus verschiedenen Quellen zu. Die wichtigsten und laufendsten sind die Mitgliedsbeiträge und die Bezugsgelder für die Parteipresse. Die Parteipresse selbst und auch viele Parteiunternehmen, wie Druckereien, Gaststätten u. a. sind wohl nicht immer einträglich, eher sind es die mit den Parteien in einem mehr oder minder engen Zusammenhang stehenden Wirtschaftsgenossenschaften, Konsumvereine, Krankenkassen u. a. In diesem Fall verschwinden schon die Grenzen zwischen Partei und wirtschaftlichen Interessenten; vollends in Dunkel gehüllt sind die Zuwendungen bestimmter Organisationen und Interessengruppen. Die wirtschaftlichen und beruflichen Spitzenverbände haben das Interesse, im Parlament einen Einfluß geltend machen zu können und das geschieht auf dem Umweg über eine Partei. »Es ist längstens bekannt, daß solche Abmachungen heute in zahlreichen Fällen getroffen werden, und die Gegenleistung des Verbandes an die Parteien ist meistens auch bekannt. Handelt es sich um einen Verband, der sehr viele Mitglieder hat, so bekommt die Partei als Gegenleistung des Verbandes dessen Wahlparole, die den Mitgliedern eine Wahl dieser Partei in allen Wahlkreisen empfiehlt. Handelt es sich aber um einen Verband, der so gut wie gar keine Einzelmitglieder, aber um so mehr Kapital hat, man braucht nur zu denken an die großen Syndikate und Konzerne, dann besteht die Gegenleistung regelmäßig in einer Zahlung an die Parteikasse. Daß eine Wahl nicht ohne Geld gemacht werden kann, das weiß jedermann, es gilt daher heute in keiner Weise als anstößig, von einem Verband größere Mittel für den Wahlfonds einer Partei anzunehmen«, sagt Professor Bredt, der Führer der Deutschen Wirtschaftspartei (Volk und Reich der Deutschen, II, S. 291). In Frankreich ist es die Organisation der Schwerindustrie, das Comité des Forges, das seine wirtschaftlichen Interessen in erster Linie durch politische Mittel zu verteidigen sucht. Es ist ist bestrebt, die ganze Politik des Landes in einem seinen Wünschen entsprechenden Sinn zu beeinflussen. Es unterhält Beziehungen zu der Union des Interêts Économiques und ist dadurch in der Lage, die Zusammensetzung des Parlaments in weitgehendem Maße zu bestimmen (Kamm, Abgeordnetenberufe und Parlament, S. 40). Überall bedeutet das Vordringen des Kapitalismus eine Einflußnahme auf die Parteien, und ruft bei der Arbeiterschaft die Bildung von Abwehrverbänden hervor, die sich wieder zu wirtschaftlichen Trusts entwickeln und nach kapitalistischen Grundsätzen geleitet werden müssen.

Die Erringung der Herrschaft im Staate ist ein Ziel, das nicht zuletzt mit Rücksicht auf die Parteikasse angestrebt werden muß. Von verschiedenen Arten der Überschreibung öffentlichen Gutes in das Parteieigentum, wie die Sanierung von Parteiunternehmen aus öffentlichen Geldern, Vergebung von öffentlichen Aufträgen an Parteibetriebe u. a. muß hier abgesehen werden; das wichtigste Mittel ist das der Ämterpatronage. Die Partei hat Interesse an der Unterbringung ihrer Leute in den Ämtern nicht zuletzt aus materiellen Gründen: weil diese Angestellten Abgaben an die Partei zu leisten haben. Dasselbe gilt auch von den Mandataren der Partei. So bestimmt der § 25 des Statuts der Sozialdemokratischen Partei der Schweiz: »Die kantonalen und lokalen Organisationen sind berechtigt, Mitglieder, denen aus der Tätigkeit der Partei besondere materielle Vorteile erwachsen, sowie Mitglieder mit günstigen Einkommens- und Vermögensverhältnissen gesondert zu besteuern.« Durch das Regulativ der österreichischen Sozialdemokratie über die Sonderparteisteuern wird bestimmt:

»1. Angestellte der Partei und ihrer Unternehmungen haben, sofern ihr Jahresbezug 6000 Schilling übersteigt, eine Sonderparteisteuer zu leisten, die nach der Höhe ihrer Bezüge abgestuft ist und ein bis sieben Prozent des Jahresbezugs beträgt. 2. Mandatare der Partei haben einen Teil ihrer Aufwandsentschädigung an die Partei abzuführen und zwar: in Wien gewählte Nationalräte 25%; außerhalb Wiens gewählte Nationalräte, da sie größere Ausgaben haben, 15%; Bundesräte 25%; Gemeinde-, Bezirks- und Landesfunktionäre, deren Bezüge nicht höher als die eines Nationalrates sind, je nach der Höhe der Bezüge 10 bis 25%. 3. Hat jemand zwei Mandate, so darf er von der Gebühr des zweiten Mandates nur einen Spesenbeitrag von 100 Schilling behalten; alles übrige hat er an die Partei abzuliefern. Sollte jemand drei Mandate haben, so hat er die mit dem dritten Mandat verbundenen Einkünfte zur Gänze der Partei abzuliefern ...« So hat ein Wiener Abgeordneter von dem Monatsbezug von 690.64 S monatlich 172.66 S, ein anderer 103.59 S an die Parteikasse abzuliefern, ferner einen Beitrag von 47.50 S für das Parlamentssekretariat der Partei (Der Sozialdemokrat, Februar 1932, S. 12), so daß die Einnahme der Partei mit 12 900 S monatlich oder über 150 000 S jährlich geschätzt werden kann. Im großen Stil besteht diese Ablieferungspflicht in den Vereinigten Staaten.« In Philadelphia erfuhr man im Jahre 1913, daß von den Beamten und Angestellten der Stadt, die mit Hilfe der »Maschine« ihre Anstellung gewonnen hatten, je nach der Höhe des Gehaltes von 600 bis 12 000 Dollar jährlich, der Betrag von 3 bis 12%, also 18 bis 1440 Dollars abzuliefern waren; 94% der städtischen Angestellten bezahlten regelmäßig diese Abgabe an den »Boß« und die »Maschine«; wer nicht zahlte, wurde durch einen anderen ersetzt; in den 10 Jahren von 1903 bis 1913 sind über 4 Millionen Dollars auf diese Weise eingekommen.« (Rein bei Rohden, Dem. u. Partei, S. 104.) In der Geschichte der britischen Politik soll es nichts Neues darstellen, daß Titeln und Würden an reiche Parteimitglieder verliehen werden, die große Summen für Parteizwecke zur Verfügung stellen. Seit den Tagen des jüngeren Pitt seien diese Taktiken nachweisbar und sie standen vor allem in vollem Schwung in der Ära Disraelis, Gladstones und Lord Salisburys. So führte die »Daily Mail« 1927 aus, als Lloyd George vorgeworfen wurde, daß er als Ministerpräsident hohe Adelstitel, vom Sir bis zum Lord gegen Summen zugunsten des zu seiner Verfügung stehenden Wahlfonds verliehen hätte.

Gegen diese Eingriffe der Interessenten greift der neutrale Staat zu Abwehrmaßnahmen: zu mittelbaren und zu unmittelbaren. Zu den mittelbaren gehören vor allem die Einerwahl, weil bei dieser der Wähler doch seinen Einspruch gegen Abmachungen zwischen Partei und Interessentengruppe geltend machen kann, was bei der Verhältniswahl, insbesondere wo eine Reichsliste besteht, ausgeschlossen ist; und die Wahlpflicht, weil hier dem Treiben der Wahlschlepper ein Riegel vorgeschoben wird. Zu den unmittelbaren Maßnahmen gehören

1. Die Forderung der Öffentlichkeit für den Parteibetrieb, durch öffentliche Rechnungslegung. Dies ist in England verwirklicht durch die Corrupt and Illegal Practice Prevention Act von 1883 (in den Vereinigten Staaten nachgeahmt), wonach der Bewerber nur eine Höchstsumme für Wahlkosten ausgeben darf und durch seinen Wahlagenten binnen 35 Tagen über die Wahlkosten öffentlich Rechnung legen muß. Die Strafandrohungen des Gesetzes hatten tatsächlich einen Erfolg zu verzeichnen: so gingen die Wahlausgaben der Bewerber von 1 736 781 Pfund i. J. 1880 auf 1 026 645 Pfund i. J. 1885 und 624 086 i. J. 1886 zurück, und heute betragen sie über 900 000

Pfund (1923: 982 340, 1924: 921 165 Pfund). Trotzdem das Gesetz den Einfluß des Reichtums auf die Wahlwerbetätigkeit eingedämmt hat, so haben sich genug Löcher gefunden, durch die das Geld schlüpft: durch die freiwilligen Helfer von Parteifreunden und der Partei nahestehenden Vereine, die der Rechnungslegung entgehen. Dazu kommt noch, daß die Rechnungslegung sich nur auf die Kosten anläßlich der Wahl bezieht; nun steht aber die moderne Partei stets Gewehr bei Fuß und besonders in England ist es üblich, in der wahlfreien Zeit den Wahlkreis zu »pflegen«. Dieses »Nursing«, das doch ein Teil der Wahlwerbetätigkeit ist, kann jedoch nicht erfaßt werden.

Das englische Vorbild befolgten auch die Vereinigten Staaten, wo es zwar schon 1883 zu einem Verbot der »assessments«, d. i. der Zuschüsse der Unternehmer zu den Fonds politischer Parteien gekommen war, aber erst 1910 die öffentliche Rechnungslegung der Wahlgelder angeordnet wurde: die National Publicity Act vom 25. 6. 1910 (ch. 392, 36 Stat., p. 822), jetzt ersetzt durch die Federal Corrupt Practices Act v. 28. 2. 1925 (ch. 368, 43 Stat., p. 1070). Die Ausgabensumme für einen Bewerber für den Senat ist mit 10000 Dollars, für einen Bewerber für den Repräsentantenkongreß mit 2500 begrenzt, zuzüglich 3 Cents für jede bei der letzten Wahl abgegebene Stimme bis zu einem Gesamthöchstausmaß von 25000 bzw. 5000 Dollar. Diese Sätze gelten seit 1925 nur für die Wahl, nicht für die Vorwahl, doch sind außerdem noch persönliche Ausgaben, Ausgaben für Druckkosten, Fernsprecher u. a. zulässig. Viermal jährlich sowie am 15.—10. und am 5. Tage vor der Wahl hat der Schatzmeister eines politischen Komitees an den Clerk des betreffenden Hauses eine Rechnung zu liefern, am 30. Tage nach der Wahl eine Gesamtabrechnung. Diese Rechnungen haben zu enthalten: die Namen der Personen oder Körperschaften, die dem Ausschuß Geld oder Geldeswert von mehr als 100 Dollar gezahlt, versprochen, geliehen oder vorgeschossen haben sowie die Gesamtsumme der Einzelbeträge unter 100 Dollar; sodann die Ausgaben über 10 Dollar namentlich und unter 10 Dollar in einer Gesamtsumme. Auch der Bewerber hat Rechenschaft über die eingenommenen und ausgegebenen Gelder zu legen: 10—15 Tage vor der Wahl und 30 Tage nach der Wahl. Er hat auch einen Bericht über die Versprechungen, die er gemacht hat, zu liefern, z. B. daß er einzelnen Personen eine Anstellung zu Lasten der Grafschaft, des Staates oder des Bundes versprochen hat, wenn diese seine Bewerbung unterstützen. Alle diese Berichte sind vom Bewerber unter Eid oder eidesstattlich zu erhärten. Ähnliche Gesetze haben auch 17 Einzelstaaten angenommen. Die Erfahrungen der letzten 20 Jahre zeigen aber, daß alle diese gesetzlichen Bestimmungen nicht ausreichten, um die Korruption zu verhindern, noch die Wahlkosten einzuschränken.

2. Die wirtschaftliche Unvereinbarkeit, die schon früher behandelt wurde, soll eine politische Tätigkeit der Wirtschaftsführer und wirtschaftlichen Interessenten verhindern. Sie hat jedoch nur bewirkt, daß an Stelle des bekannten verantwortlichen Wirtschaftskapitäns ein weithin unbekannter Angestellter in die Partei und damit in das Parlament entsandt wird, wodurch die Beziehungen nur verschleiert werden.

3. Die Gesetzgebung gegen das Lobbying, die bisher in 32 Gliedstaaten der nordamerikanischen Union eingeführt wurde. Gemäß der von dem Senator Caraway für die Union eingebrachten Bill ist ein »Lobbyist jemand, der sich gegen Bezahlung verpflichtet, die Gesetzgebung des Nationalkongresses zu beeinflussen oder zu verhindern. Lobbying .. besteht aus jeder Bemühung, die Aktion des Kongresses hinsichtlich irgendeiner Sache zu beeinflussen, entweder durch Verteilung von Schriften, durch Erscheinen vor Ausschüssen des Kongresses, durch Befragung von einzelnen Mitgliedern des Repräsentantenhauses oder des Senats. Bevor jemand sich mit Lobbying beschäftigt, hat er sich beim Clerk des Repräsentantenhauses und dem Sekretär des Senats registrieren zu lassen und soll diesen Beamten seinen Namen, seine Anschrift und die Person, Vereinigung oder Körperschaft angeben, durch die er angestellt ist und in deren Interesse er als Lobbyist auftritt. . . . Er hat gleicherweise anzugeben, wie er bezahlt wird und was er zu erhalten hat.« . . . Die Anmeldung hat im »Congressional Record« kundgemacht zu werden und dort hat in jedem Monat ein Bericht kundgemacht zu werden über die von ihm in seiner Tätigkeit als Lobbyist ausgegebenen Gelder, an wen und zu welchem Zweck diese Gelder bezahlt wurden und über die von ihm angestellten Lobbyisten. Übertretungen werden schwer bestraft. — Die Erfahrungen, die mit diesen Gesetzen gemacht wurden, haben gezeigt, daß das Problem des Lobbying nicht gelöst und nicht einmal unter genügende Öffentlichkeit gestellt wurde.

4. Das Verbot der Verwendung von Gewerkschaftsgeldern zugunsten einer politischen Partei: besteht in England seit der Trade Union Act 1913 (2 u. 3 Geo. V, c. 30) und ist neu geregelt durch die

Trade Disputes and Trade Unions Act, 1927 (17 u. 18 Geo. V, c. 22). Nach dieser Neuregelung dürfen Beiträge für den politischen Fonds der Gewerkschaften nur auf Grund einer ausdrücklichen schriftlichen Erklärung des Mitgliedes und solange diese Erklärung nicht zurückgezogen worden ist, eingehoben werden. Andere Gelder dürfen dem politischen Fonds nicht überwiesen werden. Über die Beiträge besteht öffentliche Rechnungslegung. — Die Erfahrung zeigte, daß die Gewerkschaftsmitglieder es im allgemeinen scheuen, durch Nichtleistung des politischen Beitrages aufzufallen. Trotz fehlenden Zwanges haben 1924 von 1800000 Gewerkschaftsmitglieder nur 43430 die Zahlung von politischen Beiträgen abgelehnt, während Hunderttausende niemals die Labour-Partei wählten. Die politischen Beiträge der Gewerkschaftsmitglieder sind das Rückgrat in der Parteikasse von Labour; am 31. Dezember 1924 wurden 1189 Pfund als Beiträge der örtlichen Parteiverbände ausgewiesen gegen 36079 Pfund als Abgaben der Gewerkschaften. 1929 beliefen sich die Zahlungen der Gewerkschaften zu den Politischen Fonds auf 180000 Pfund oder 2% der Gesamtausgaben.

5. Die gesetzliche Beschränkung des Wahlanschlagwesens, so durch das franz. Ges. v. 20. März 1914: jeder Bewerber, ob arm, ob reich, erhält von der Gemeinde eine bestimmte Fläche für die Anbringung von Plakaten zugeteilt; außerhalb dieser Fläche darf er keine Plakate anbringen. Auf diese Weise wird im Wahlkampf in Frankreich viel Geld erspart.

Alle gesetzlichen Maßnahmen haben also nur sehr beschränkten Erfolg. »Aber diese verschiedenen Formen, in denen die Macht des Reichtums sich fühlbar gemacht hat (und bis zu einem gewissen Grad sich dann auch hat beschränken lassen müssen), zählen alle zusammengenommen nicht so viel als eine einzige Form des Einflusses, der jeder gesetzlichen Regelung zu spotten scheint. Das ist die Fabrikation der öffentlichen Meinung« (Bryce, Demokratie, III, S. 165). Die öffentliche Meinung tritt als neues Mittel der Staatswillensbildung in Wettbewerb zu jenem Organ, mit dem wir uns in diesem Buche beschäftigt haben, dem Parlament. Wie immer die Zukunft sein mag, »die echte Staatswillensbildung entsteht aus dem verantwortungsvollen Entschluß des schöpferischen Staatsmannes, der in sich das Lebensgesetz seines Volkes trägt«.

Aus dem Schrifttum.

A. Allgemeiner Schriftennachweis.

1. Allgemeine Staatslehre und allgemeines Staatsrecht: Anschütz und Thoma (Herausgeber): Handbuch des Deutschen Staatsrechts, Erster Band, Mohr 1930 (abg.: HdbDStR); Grabowsky: Politik, Spaeth & Linde 1932; Jellinek (Georg): Allgemeine Staatslehre, 5. Neudruck der 3. Aufl., Springer 1929 (abg.: Jellinek); ders.: Besondere Staatslehre in Ausgewählte Reden und Schriften, Bd. 2, Berlin 1911; Kelsen: Allgemeine, Staatslehre, Springer 1925 (abg.: Kelsen); Koellreutter: Der Sinn der Reichstagswahlen vom 14. Sept. 1930 und die Aufgaben der deutschen Staatslehre, Mohr 1930; ders.: Allgemeine Staatslehre im HWRechtsw., Bd. V, S. 582; Leibholz: Das Wesen der Repräsentation, de Gruyter 1929 (abg.: Leibholz); Preuß: Reich und Länder, Heymann 1928; Recht und Staat im Neuen Deutschland, hg. v. Harms, Hobbing 1929; Schmidt (Richard): Allgemeine Staatslehre, 1901; Schmitt: Verfassungslehre, Duncker & Humblot 1928 (abg.: Schmitt); Smend: Verfassung und Verfassungsrecht, Duncker & Humblot 1928 (zur Kritik: Kelsen, Der Staat als Integration, Springer 1930 und Koellreutter: Integrationslehre und Reichsreform, Mohr 1929 sowie in Südd. Monatsh., 26. Jg. 1929, S. 308); Smend: Die pol. Gewalt im Verfassungsstaat und das Problem der Staatsform, in Festgabe für Kahl, Mohr 1923; Stier-Somlo: Politik, 6. Aufl., Quelle & Meyer 1926; Thoma: Staat (Allgemeine Staatslehre) im Handwörterbuch d. Staatswiss., 4. Aufl., Bd. VII, S. 724 ff.; Triepel: Staatsrecht und Politik, de Gruyter 1927; Waldecker: Allgemeine Staatslehre, Rothschild 1927. — Über den Titel hinausreichend: Adler: Die Grundgedanken der tschechoslow. Verfassungsurkunde, Sack 1927; Tezner: Die Volksvertretung, Manz 1912; Wittmayer: Die Weimarer Reichsverfassung, Mohr 1922. — Insbes. zur Staatslehre d. franz. Revolution: Loewenstein: Volk und Parlament nach der Staatstheorie d. franz. Nationalversammlung, Dreimasken-Verl. 1922; Redslob: Die Staatstheorien der franz. Nationalversammlung, Veit 1912; Zweig: Die Lehre vom Pouvoir Constituant, Mohr 1909. — Franz.: Duguit: Manuel de droit const., Paris 1907; ders.: Traité de droit const., 2. Aufl., Paris 1921; Esmein (-Nézard): Eléments de droit const. français et étranger, 8. Aufl., Paris 1928; Hauriou: Précis de droit const., 2. Aufl., 1929; Mirkine-Guetzevitch: Les nouvelles tendances du droit const., Paris 1931. — Engl.: Dicey: Introduction to the study of the law of the Constitution, 8. Aufl., London 1926; Headlam-Morley: The new democratic Constitutions of Europe, Oxford 1929; Laski: A Grammar of Politics, 2nd ed., London 1930; ders.: Studies in Law and Politics, London 1931; MacIver: The Modern State, London 1926; Marriot: The Mechanism of the Modern State, Oxford 1927. — Amerika: Andrews: New Manual of the Const. of the U. S., New York 1930; Bacon: The Constitution of the U. S., Cambridge (U. S.) 1928; Garner: Political Science and Government, New York 1928; Munro: The Constitution of the U. S.; Willoughby: The Constitutional Law of the U. S., 2nd ed., New York 1929. — Zum deutschen Staatsrecht die im Bd. I S. 126 angeführten Schriften, insbes.

die Kommentare von Anschütz, 10. Aufl., 1929, Giese, 8. Aufl., 1931 und Poetzsch-Heffter, 3. Aufl., 1928; ferner Jellinek (Walter): Verfassung u. Verwaltung, in Teubners Staatskunde, 2. Bd., 2. H.

2. Das Wahlrecht im allgemeinen (Schriften zur Verhältniswahl s. unten): Below: Das parl. Wahlrecht in Deutschland, Berlin 1909; Fahy: Etude de droit comparé sur l'électorat pol., Paris 1897; Hatschek: Das Parlamentsrecht des Deutschen Reiches, Göschen 1915; Heller: Die Gleichheit in der Verhältniswahl, de Gruyter 1929; Jellinek (Georg): Bes. Staatslehre (s. oben unter 1); Kaufmann (Erich): Zur Problematik des Volkswillens, de Gruyter 1931; Kelsen: Kommentar z. öst. Reichsratswahlordnung, Manz 1907; Menzel: Die Systeme des Wahlrechts, Deuticke 1906; Meyer: Das parlamentarische Wahlrecht, Berlin 1901; Poensgen: Das Wahlrecht, Teubner 1909; Rehm: Deutschlands pol. Parteien, G. Fischer 1912; Savigny: Das parl. Wahlrecht im Reich und in Preußen, Berlin 1907; Smend: Maßstäbe d. parl. Wahlrechts, Enke 1912; Stier-Somlo: Vom parl. Wahlrecht in den Kulturstaaten der Welt, Berlin 1918; Tecklenburg: Wahlrecht und Wahlverfahren im Handbuch d. Pol., 3. Aufl. (1920), S. 258 ff.; Neues Wahlrecht, Beiträge zur Wahlreform unter Mitwirkung.. (versch. Verfasser) hgg. v. Johannes Schauff, Stilke 1929.

3. Demokratie und Parlamentarismus: a) Zur Demokratie: (vgl. auch noch die Angaben weiter unten): Bonn: Die Krisis d. europ. Demokratie, München 1925; Bryce: Amerika als Staat und Gesellschaft, Neuer-Geist-Verl. 1924; ders.: Moderne Demokratien, Dreimasken-Verl., 1923—1926; Hasbach: Die moderne Demokratie, G. Fischer 1912; Heller: Die pol. Ideenkreise d. Gegenwart, Hirt 1926; Hellpach: Politische Prognose für Deutschland, S. Fischer 1928; Interparl. Union: Die gegenwärtige Entwicklung des repräsentativen Systems, Heymann 1928; Kelsen: Vom Wesen und Wert d. Demokratie, 1. Aufl., Mohr 1920, 2. Aufl. 1929 (hierzu Koellreutter im AöR N. F. Bd. 17 S. 138 ff., Köttgen in Zs. f. ges. Staatswiss., Bd. 90, 1930, S. 97 ff.; ferner Horneffer: Kelsens Lehre von der Demokratie, 1926); ders.: Sozialismus und Staat, 2. Aufl., Hirschfeld 1923; ders.: Das Problem des Parlamentarismus, Braumüller 1925; Koigen: Die Kultur d. Demokratie, Diederichs 1912; Lowell in Rev. du Droit publ. Bd. 45 (1928), p. 571 ff.; Mises: Der Liberalismus, G. Fischer 1927; Probleme d. Demokratie (Vorträge v. Rich. Schmidt, Carl Schmitt, Heller u. a.); 1. Reihe Rothschild 1928, 2. Reihe 1931; Ruggiero: Geschichte d. Liberalismus in Europa, Dreimasken-Verl. 1930; Steffen: Das Problem d. Demokratie, Diederichs 1911; Thoma in Erinnerungsgabe f. Max Weber, Bd. 2; Weber (Alfred): Die Krise d. modernen Staatsgedankens in Europa, 1925; Weber (Max): Gesammelte pol. Schriften, München 1921; Wittmayer: Demokratie u. Parlamentarismus, Hirt 1928. — b) Zum Parlamentarismus: Hellpach: Die Krisis des deutschen Parlamentarismus, Braun (Karlsruhe) 1927; Kautsky: Parlamentarismus u. Demokratie, 4. Aufl., 1922; Müller-Meiningen: Parlamentarismus, de Gruyter 1926; Schmitt: Die geistesgeschichtliche Lage des heutigen Parlamentarismus, 2. Aufl., Duncker & Humblot 1926; ders.: Der Gegensatz von Parlamentarismus u. moderner Massendemokratie, im Hochland Bd. 23, S. 257 ff.; Thoma: Zur Ideologie des Parlamentarismus u. d. Diktatur, im Arch. f. Sozialwiss. u. Sozialpol., Bd. 53 (S. 214); Zenker: Parlamentarismus, Wien 1914. — c) Zum parl. Regierungssystem insbes.: Hasbach: Die parl. Kabinettsregierung, Deutsche Verl.-Anst. 1919; Herrfahrdt: Die Kabinettsbildung nach der Weimarer Verfassung, Liebmann 1927 (hierzu: Glum im AöR N. F., Bd. 15, S. 442 ff. und Rothenbücher in ZöR Bd. 7, S. 329 ff.); Klinghoffer: Das parl. Regierungssystem, Enke 1927; Nawiasky: Die Stellung d. Regierung im modernen Staat, 1925; Piloty: Das parl. System, 1917; Redslob: Die parl. Regierung, Mohr 1918;

ders.: Le régime parlementaire, Paris 1924; Schelcher im AöR N. F., Bd. 2, S. 257 ff.; Scheuner ebd. N. F. Bd. 13, S. 209 ff., 337 ff.; Wolgast: Zum deutschen Parlamentarismus, Curtius (Berlin) 1929. — d) Zu allen diesen Fragen noch: Adler (Max): Die Staatsauffassung des Marxismus, Wr. Volksbuchh. 1922; ders.: Politische oder soziale Demokratie, Laub 1926; Barthélemy: La crise de la démocratie contemporaine, Paris 1931; Brunstäd: Deutschland u. d. Sozialismus, 1924; Brusewitz: Was wird unter Parlamentarismus verstanden?, Graefe & Unzer 1930; Grabowsky in ZfPol. XV (1925), S. 123 ff.; Heller: Europa u. d. Faschismus, de Gruyter 1929; Jèze in Festgabe f. Fritz Fleiner, Mohr 1927, S. 101 ff.; Jung (Edgar): Die Herrschaft der Minderwertigen, 3. Aufl., Dt. Rundschau 1930; Liermann: Das deutsche Volk als Rechtsbegriff, Dümmler 1927; de Man: Zur Psychologie d. Sozialismus, Diederichs 1928; Marr: Klasse u. Partei, Frankfurt 1925; ders. in Großstadt u. Volkstum, Hanseat. Verl. 1927; Partei u. Klasse im Lebensprozeß d. Gesellschaft (insb. d. Beitrag v. Giovanoli), Hirschfeld 1926; Radbruch: Kulturlehre d. Sozialismus, Dietz 1922; Spengler: Neubau d. Deutschen Reiches, Beck 1924; Tönnies in Schmollers Jb., Jg. 51, S. 1 ff.; Verhandlungen d. Fünften deutschen Soziologentages, Mohr 1927 (Tönnies, Kelsen).

4. Die politischen Parteien: a) Juristisch: Burckhardt: Über die Berechtigung d. pol. Parteien, im Pol. Jahrbuch d. Schweiz. Eidgenossenschaft, Bd. 48 (1915), S. 137 ff.; Hartmann: Die politische Partei in der Tschechoslowakei. Rohrer (Brünn) 1931; Koellreutter: Die pol. Partei im modernen Staat, Hirt 1926; ders.: Der deutsche Staat als Bundesstaat und als Parteienstaat, Mohr 1927; ders.: Parteien und Verfassung im heutigen Deutschland, in der Festgabe f. Richard Schmidt, 2. Bd., Hirschfeld 1932; Radbruch im HdbDStR, Bd. 1, S. 285 ff.; Röder: Parteien und Parteienstaat in Deutschland, 1930; Triepel: Die Staatsverfassung und die pol. Parteien, 2. Aufl., Liebmann 1930. — b) Geschichtlich und soziologisch: Bergsträßer: Geschichte d. pol. Parteien in Deutschland, 5. Aufl., Bensheimer 1928; Calker: Sinn u. Wesen d. pol. Parteien, 2. Aufl., Mohr 1930; Croce: Grundlagen d. Politik, Meyer & Jessen 1928; Lederer: Das ökonomische Element u. d. pol. Idee im modernen Parteiwesen, ZfPol Bd. V (1912); Michels; Zur Soziologie des Parteiwesens in d. modernen Demokratie, 2. Aufl., Kröner 1925; Mommsen-Franz: Die deutschen Parteiprogramme 1918 bis 1930, Teubner 1931; Nawiasky: Die Zukunft d. pol. Parteien, München 1924; Ostrogorski: La démocratie et l'organisation des partis politiques, Paris 1903; Rehm: Deutschlands pol. Parteien, G. Fischer 1912; Rohden: Demokratie u. Partei, Seidel (Wien) 1932; Sultan im Arch. f. Sozialwiss. u. Sozialpol., Bd. 55 (1925), S. 91 ff.; Sulzbach: Die Grundlagen der politischen Parteibildung, Mohr 1921; Volk und Reich d. Deutschen, hgg. v. Harms, Bd. 2, Hobbing 1929; Wieser: Das Gesetz der Macht, Springer 1926.

5. Quellen- und Nachschlagewerke: Annuaire de l'Institut International du Droit Public, Paris, seit 1929. — Annuaire Interparlementaire, Genf, seit 1931. — Bollettino Parlamentare, Rom, seit 1927. — Dareste: Les Constitutions modernes, 4. Aufl., herausgegeben von Delpech und Laferrière, Bd. I und II, Paris 1928, Bd. III, Paris 1931. — Handwörterbuch der Rechtswissenschaft, hgg. v. Stier-Somlo und A. Elster, de Gruyter, ab 1926 (abg.: HWRechtsw.). — Jahrbuch des öffentlichen Rechts, Mohr (abg.: JböR). — Lammers und Simons: Die Rechtsprechung des Staatsgerichtshofs für das Deutsche Reich, Stilke, seit 1929 (abg.: Lammers-Simons). — Marschall von Bieberstein: Verfassungsrechtliche Reichsgesetze, 2. Aufl., Bensheimer 1929. — Reichsgericht, Entscheidungen in Zivilsachen, Anh.: Die Entscheidungen des Staatsgerichtshofes, de Gruyter (abg.: RGZ). — Triepel: Quellensammlung zum deutschen

Reichsstaatsrecht, 4. Aufl., Mohr 1926. — Politisches Handwörterbuch, hgg. von Herre u. Jagow, Koehler 1923. — Staatslexikon der Görresges., 5. Aufl., Herder seit 1926. — Union Interparlementaire: Compte Rendu de la XXVe conférence tenue à Berlin, 1928. — Veröffentlichungen der Vereinigung deutscher Staatsrechtslehrer, de Gruyter seit 1924, insbes. Heft 3 (1927): Gleichheit vor dem Gesetz und Heft 7 (1932): Die Reform des Wahlrechts (abg.: VDStRlehrer).

B. Besonderer Schriftennachweis.

Zur Theorie des Wahlrechts.

1. Begriffsbestimmung (S. 1). Weyr in Věd. roč. právn. fakulty Masarykovy University II (darüber bei Paul Hartmann: Die pol. Partei in der Tschechslow., Brünn 1931), sonst ist im allg. der Begriff der Wahl mehr vorausgesetzt als geklärt. — (S. 2): Gegen die kalvinische Wurzel: Hasbach, Die Demokratie, S. 2: »Die Wahl der Geistlichen in Genf bestand nur in einer Auswahl aus einer von den Predigern vorgelegten Kandidatenliste, also einer gemilderten Kooptation.« — Über den rein technischen Charakter der Wahl, die nicht Gewalt vom Volke auf die Regierenden überträgt, die Enzyklika Leos XIII. »Diuturnum illud« und das Rundschreiben Pius' X. vom 25. Aug. 1910 an die franz. Bischöfe über die Verdammung des »Sillon«. Ferner Hauriou: »Il ne faut attribuer au procédé de l'élection aucune valeur absolue. C'est un procédé empirique de désignation des représentants du peuple et rien de plus« (Précis du Droit const., 2e éd., 1929, p. 149). — Zur Repräsentation vor allem Leibholz: »Die Repräsentation« (de Gruyter 1929) und das dort angeführte Schrifttum; früher Rieker: Die rechtliche Natur der modernen Volksvertretung, Hirschfeld 1893; Ritterbusch: Parlamentssouveränität und Volkssouveränität in der Staats- und Verfassungsrechtslehre Englands, Weicher 1929; Max Weber: Wirtschaft und Gesellschaft, Mohr 1922: Wahl als herrschaftsfremde Umdeutung des Charisma; die Anerkennung durch die Beherrschten wird, statt als Folge der Legitimität, als die Legitimitätsgrundlage angesehen (S. 156; auch 765 ff.); neu: Ziegler: Die moderne Nation, Mohr 1931, insbes. S. 280; zum ganzen Abschnitt: Stapel: Die Fiktionen der Weimarer Verfassung, Hanseat. Verl., 1928.

2. Lehrmeinungen über die rechtliche Natur des Wahlrechts (S. 3): Vor der franz. Rev. wurde die politische Forderung des allg. Wahlrechts schon in der engl. Rev. von der Armee verlangt (Agreement of the People 1647; hierzu Hasbach S. 298). — Über die staatsrechtlichen Auffassungen der franz. Konstituante sei für hier und die Folge auf die drei Werke von Zweig, Redslob und Loewenstein verwiesen. — (S. 10): Über die Unzulänglichkeit der sog. juristischen Versuche der Analyse des Wahlaktes Leibholz in VDStRlehrer H. 7, S. 160, dem zu entgegnen ist, daß die auch hier behandelten Versuche sich auf das Wahlrecht beziehen, aber nicht auf den Wahlakt, also im wesentlichen statischer Natur sind.

3. Der Zweck des Wahlrechts (S. 11): Über die Lehre von den Staatsformen außer Aristoteles und Macchiavelli von den neueren Jellinek (w. o.); Bernatzik: Republik und Monarchie, 2. Aufl., Mohr 1919: Kelsen in der Allg. Staatslehre und in der ZöR., Bd. V, S. 73 ff.; Thoma im Handwörterbuch der Staatswissenschaften, 4. Aufl., Bd. VII, S. 724 ff.; Giese im Deutschen Staatsrecht (Spaeth & Linde 1930), dann Schmitt S. 200 ff.; Layer: Die Staatsformen unserer Zeit, Graz 1919. — Über die soziologischen Theorien eine Zusammenfassung bei Barnes: Staatslehre und Soziologie, Wagner (Innsbruck) 1927. — (S. 12): Über die Regierung: Nawiasky: Die Stellung der Regierung im modernen

Staat, Mohr 1925; Wittmayer im HdbDStR, Bd. 2; Gouet: De l'unité du Cabinet parlementaire, Paris 1930, und die unter A/3 angeführten Schriften. — (S. 13): Über die Staatsformen der einzelnen Länder und das Schrifttum vgl. den Bd. I. — (S. 17): Über den Begriff Parteienstaat besteht keine einheitliche Auffassung; vgl. die unter A/4 angeführten Schriften. In der Darstellung wurde als Kriterium für den Volksstaat die unbedingte Entscheidungsmöglichkeit des Volkes angenommen; der auf S. 18 geschilderte Zweiparteienstaat ist trotz des Vorhandenseins dieser Möglichkeit kein Volksstaat, weil die Vorbedingung: ein reifes oder politisch interessiertes Volk fehlt. — (S. 20) Über die Rechte des deutschen Reichspräsidenten: Herrfahrdt u. a. (wie oben A/3); ferner Koellreutter: DJZ 1925, Sp. 557 ff.; Die Rechte des Deutschen Reichspräsidenten, Schrift des Bundes zur Erneuerung des Reiches, 2. Aufl., 1930 mit reichhaltigen Schriftenangaben. — (S. 22): Zu den Aufgaben des Wahlrechts noch »Identität« (Carl Schmitt S. 257) und Legitimationsbegründung (Leibholz). Ähnliche Gedanken wie hier schon bei Kunwald (s. u. Verhältniswahl), Bonn (oben unter A/3), Heller in Probleme der Demokratie, I; dieser weist auch auf die Bedeutung der sozialen Homogenität für die staatliche Einheitsbildung hin; der Bedeutung der nationalen Homogenität wird die in Vorbereitung befindliche Untersuchung des Verfassers: Verfassung und Wahlrecht im Nationalitätenstaat gerecht werden. — (S. 25): Volksabstimmungen lehnten in den Jahren 1931 und 1932 Anträge auf Einführung der Verhältniswahl für die Regierungsräte in den Kantonen Neuenburg, Genf und Zürich ab, hauptsächlich aus dem Grunde, damit nicht an Stelle von das Vertrauen der Volksmehrheit genießenden, die Verantwortung tragenden Männern Abgesandte der Parteien die Regierung bilden. — Einen Versuch, die beiden entgegengesetzten Aufgaben der Wahl zu vereinen, liefern Pfister in der ZöR Bd. VIII, S. 188, der ein Parlament mittels Verhältniswahl, eine Regierung aber mittels relativer Mehrheit aus einem Vertretertag gewählt sehen möchte, und Friedrich Adler (Der Kampf, XVII, 1924, S. 306 ff., nach dem die sich zur Regierungsübernahme bereit erklärende Partei oder Parteiengruppe, auch wenn sie nicht die absolute Mehrheit der Sitze hat, diese mit Hilfe von Zusatzstimmen so lange gesichert haben soll, als sie nicht zerfällt oder eine andere, stärkere Gruppe die Regierungsübernahme verlangt. — (S. 26): Zum Problem der Führerauslese: Binder: Führerauslese in der Demokratie, Langensalza 1929; auch Staatsraison und Sittlichkeit, 1929 und Philosophie des Rechts, 1925; Simoneit: Der Führer, Königsberg 1925; Max Weber: Parlament und Regierung im neu geordneten Deutschland, 1918 und Politik als Beruf (2. Aufl., 1926); Alfred Weber, Kelsen, Laski, Steffen, Bryce, Michels wie oben unter A; neuestens Richard Schmidt in Probleme der Demokratie, 2. Reihe (Rothschild 1931), S. 1 ff. (früher in ZfPol. Bd. 15, 1926, S. 193 ff.) und Hermann Heller, ebendort S. 57 ff.; Geyer: Führer und Masse in der Demokratie, Dietz 1925; Hendrik de Man: Massen und Führer, Protte 1931; Nelson: Demokratie und Führerschaft, Neuer-Geist-Verl. 1920; auch Grabowsky: Politik S. 153 f.; Lent, Parlamentarismus und Führertum, Langensalza 1929; Nelson: Demokratie und Führerschaft, Neuer Geist-Verlag 1920; Mahraun: Das Jungdeutsche Manifest, 1927.

4. Die Gestaltung des Wahlrechts (S. 27): Es besteht in der deutschen Staatsrechtslehre vollständige Unklarheit über die Bedeutung der gegenwärtigen Lage und über das »Was weiter?« Für die weitere Entwicklung zum Parteienstaat: Kelsen (Demokratie, wie oben), Leibholz (VDStRlehrer, Heft 7, S. 164 ff.), Radbruch (s. oben A/4), Nawiasky in ZfPol. Bd. XVI, 1927 und AöR., N. F., 20. Bd., S. 161 ff.; für den verfassungsmäßig beschränkten Parteienstaat: Thoma (wie oben), Mises: Der Liberalismus, G. Fischer 1927, und vor allem der Bund

zur Erneuerung des Reiches; in dieser Reihe vielleicht auch Triepel (VDStRlehrer, H. 7, S. 197) und die anderen Vertreter der Rechtsstaatsidee; der Aktivierung der unmittelbaren Volksgesetzgebung in der deutschen Massendemokratie wird kaum das Wort geredet; Bedenken gegen ein Zweiparteiensystem im Deutschen Reich hat vor allem Thoma (Allg. Staatslehre, wie oben, und VDStRlehrer, H. 7, S. 201); vgl. auch Hula ZöR Bd. X, S. 441. — Welche Hoffnungen die amerikanische Demokratie auf den Präsidenten setzt, siehe Rein bei Rohden: Dem. und Partei; fernei Beck: Die Verfassung der Ver. Staaten, Hobbing 1926; früher schon Wilson: Congressional Government of the U. S. und Bryce, II; für die erhöhte Bedeutung des Reichspräsidenten außer bei Herrfahrdt (Die Kabinettsbildung, siehe oben unter A/3) vor allem Schmitt: Der Hüter der Verfassung (zuerst im AöR, N. F., 16. Bd., sodann Mohr 1931 selbständig); als Entgegnung: Kelsen: Wer soll der Hüter der Verfassung sein?, Rothschild 1931. Über die hohe Bedeutung der Verantwortung Heller in Probleme der Demokratie, 2. Reihe, S. 63, Rothschild 1931. — Über die Diktatur: Schmitt (Dorotic): Die Diktatur, Duncker & Humblot 1921; in ihrem Verhältnis zur Demokratie: Glum: Das geheime Deutschland, Stilke 1930; zur bündischen Bewegung: Posse: Die pol. Kampfbünde, 2. A., Juncker & Dünnhaupt 1931 und Liermann in Blätter für deutsche Philosophie, Bd. V (1931), S. 235 ff. — Über den ständischen Staat die unten (Die berufsständische Vertretung) angeführten Schriften. — (S. 30): Zur unmittelbaren Volksgesetzgebung: Hasbach, Bryce, Wittmayer (wie oben A/1 und 3); Curti: Geschichte der schweizerischen Volksgesetzgebung, 2. Aufl., 1885; ders.: Le Referendum, Paris 1905; ders.: Die Resultate des schweiz. Referendums, Dietz 1898; ders. im AöR, Bd. 28 (1912), S. 1 ff.; Funk: Die eidgenössischen Volksabstimmungen, Bern 1925; Klinghoffer in AöR, N. F., 14. Bd., S. 1 ff.; Schmitt: Volksentscheid und Volksbegehren, de Gruyter 1927; sehr wichtig: Annuaire de l'Institut International du Droit Public 1930 (Fleiner p. 282 und Garner p. 302) und 1931 (Carré de Malberg p. 256, Thoma p. 335 und Mirkine-Guetzevitch p. 285); Mirkine-Guetzevitch: Les nouvelles tendances du droit constitutionnel, Paris 1931; ders.: ZöR 1929, p. 161 und Interparl. Bulletin 1930, S. 1 ff., 65 ff.; Thoma in ZöR 1928, S. 489 ff.; s. auch Bd. I, S. 525; Lowell: Public Opinion and Popular Government, New York 1913 (franz.: Paris 1924). — (S. 34): Zum Mehrheitsprinzip: Starosolskij: Das Majoritätsprinzip, Deuticke 1916; Haymann: Die Mehrheitsentscheidung in Festgabe für Stammler, de Gruyter 1926, S. 395 ff.; Gierke in Schmollers Jahrbuch, 39. Jg., S. 565 ff.

Die Wahlpflicht.

1. Die Wahlpflicht in der Theorie (S. 34): Die umfassendsten Darstellungen sind Triepel: Wahlrecht und Wahlpflicht, Dresden 1900 (Gegner), ders. auch ZfPol. IV (1911) S. 597 ff.; Vutkovich: Wahlpflicht, Preßburg 1906 (Anhänger); Spira: Die Wahlpflicht, Manz 1909 (Gegner); mitbehandelt bei Meyer (grundsätzlich keine Bedenken, zweifelt jedoch an einem Erfolg, während Spira den Erfolg zugibt, aber grundsätzliche Bedenken sowohl politischer wie ethischer und juristischer Art hat, S. 149); Savigny (wie oben A/2) (Gegner); Kelsen: Kommentar (A/2) (grundsätzl. Gegner); Lie: Forholdsvalg og andre Reformer, Oslo 1915 (Gegner). — Eine ausgezeichnete parlamentarische Denkschrift von Joseph Barthélemy, Journal Officiel, Documents parlementaires, s. o., 1922, annexe no. 4738, p. 2317, tritt für die Wahlpflicht ein (sie ist rechtlich zulässig, politisch opportun und hat sich überall als wirksam erwiesen); ders. schon früher in: L'organisation du suffrage et l'expérience belge, Paris 1912. — Die Für und Wider zusammengestellt von Kahl in DJZ 28. Jg. (1923) Sp. 67 ff.,

der die Aussichten skeptisch beurteilt und mit einem »rein äußerlichen, formalen, schablonenhaften Effekt« nicht zufrieden ist; ferner Nawiasky in ZfPol. XVI (1927), H. VI., Kuenzer DJZ '6 (1931) und Medicus in ZfPol. XXI (1931), H. 2 dagegen.

2. Die Wahlpflicht in der Praxis (S. 36): Sozialdemokratische Stellungnahme bei Viktor Adler, Aufsätze, Reden und Briefe, X. Heft (Wiener Volksbuchh. 1929, grundsätzlich dagegen); Weiß (Friedrich): Politisches Handbuch (ebenda 1927) (dagegen). — Nach Kaisenberg (in Die Grundrechte und Grundpflichten der Reichsverfassung, hgg. von Nipperdey, Hobbing 1930, II. Bd., 170) widerspricht die Wahlpflicht dem Grundsatz der Wahlfreiheit (Art. 125 RV) nicht; nach Spira (S. 101/02) verstößt die Namenveröffentlichung der Nichtabstimmenden gegen den Grundsatz der geheimen Wahl. Der StGH. hat sich bisher noch nicht zu entscheiden gehabt; eine Anfechtung der Wahlpflicht nach dem mecklenburgischen Landtagswahlgesetz vom 17. April 1920 konnte aus formalen Gründen in dem mit der Entscheidung vom 17. Dez. 1927, StGH. 6/27 abgeschlossenen Verfahren (bei Lammers-Simons I S. 410) nicht mehr zugelassen werden. Solange keine Wahlpflicht gesetzlich besteht, ist es unzulässig, daß eine Gemeinde eine öffentliche Bekanntgabe der Nichtwähler beschließt (Rundschr. Reichsminister d. Innern vom 8. 6. 1925 — I 5413; ähnlich Entscheidung der Kreishauptmannschaft Bautzen als Verwaltungsgericht vom 6. April 1927; vgl. Kaisenberg: Die Wahl zum Reichstag, 3. Aufl., Stollberg 1928, S. 102).

Die Organisation der gesetzgebenden Körperschaften.

Zum Zweikammersystem im allgemeinen: Das Problem des Reichsrats, hgg. vom Bund zur Erneuerung des Reiches, Berlin 1930, mit überaus zahlreichen Schriftenangaben; Bryce wie oben (A); Dendias: Le problème de la Chambre Haute, Paris 1929; Lees-Smith: Second Chambers in theory and practice, London 1923; Marriot: Second Chambers, Oxford 1927; ders.: The Mechanism (oben A/1); Mendelssohn-Bartholdy im Handbuch d. Politik, Bd. I, 1920, S. 352 ff.; Peška: O dvoukomorové soustavě, Preßburg 1926. — Im Text wurde zur Bezeichnung des Oberhauses, Senats usw. nach englischem Vorbild (s. a. die Parliament Act von 1911) die Bezeichnung: Zweite Kammer gewählt, weil es eben die Kammer ist, die neben der Volkskammer als andere Kammer besteht, wobei die Rangordnung keine Wertung beinhaltet. Dagegen heißt diese Kammer im Staatsrecht Schwedens und der Niederlande: Erste Kammer. In Frankreich ist Chambre Haute gebräuchlich, in Deutschland sowohl Erste Kammer (Heuß, Leibholz) als auch Zweite Kammer (so vor allem vom Bund zur Erneuerung des Reiches gebraucht).

1. Das Zweikammersystem im monarchischen Staate (S. 46): Vgl. hierzu die unter den betr. Ländern im ersten Band angeführten Schriften; über Constant jetzt vor allem Schmitt S. 293 u. a.

2. Das Zweikammersystem in der Republik (S. 50): Zum franz. Senat vor allem das franz. staatsrechtliche Schrifttum: Esmein, Hauriou, Duguit u. a. (s. 1. Band); ebenso 1. Band unter Griechenland, Tschechoslowakei, Polen u. a. — Über das Einkammersystem nach der span. Verfassung vom 9. Dez. 1931: Asúa in Zs. f. ausl. öff. Recht und Völkerrecht, Bd. 3, Nr. 2, S. 282.

3. Die Zweite Kammer im Bundesstaat (S. 53): Über den Bundesstaat im Deutschen Reich, in Österreich und der Schweiz s. 1. Band; über die Ver. Staaten s. oben unter A; ferner: Kunz: Die Staatenverbindungen (im Handbuch des Völkerrechts, Kohlhammer 1929); Zasztowt-Sukiennicka: Fédéralisme en Europe

Orientale, Paris 1926 und die unter Sowjetunion, 1. Bd., S. 554 angeführten Schriften.

4. Die berufsständische Vertretung (S. 56): Neuere Gesamtdarstellungen: Herrfahrdt: Das Problem der berufsständischen Vertretung, Deutsche Verl.-Anst. 1921; Tatarin-Tarnheyden: Die Berufsstände, Heymann 1922; ders. in Schmollers Jahrbuch, 49. Jg. (1925) S. 169 ff.; ders. in ZfPol. Bd. XV (1925), S. 97 ff.; ders.: Berufsverbände und Wirtschaftsdemokratie, Hobbing 1930; Brauweiler: Berufsstand und Staat, Ring-Verlag 1925; kleiner: Latrille: Der berufsständ. und Rätegedanke, Berlin 1926; Lindner: Die Wirtschaftsräte in Europa, Berlin 1931; List: Der Berufsständegedanke, 1930; ältere Schriften: Schäffle: Bau und Leben des sozialen Körpers, I. Bd. (2. Aufl., 1896); De Greef: La Constituante et le régime représentatif, Brüssel 1892; Prins: La démocratie et le régime parlementaire, Brüssel 1884; Benoist: La crise de l'état moderne, Paris 1896. — Über einzelne Strömungen: Zum Gildensozialismus: Taylor (G. R. Stirling): Der Gildenstaat, Mohr 1921; Cole: Selbstverwaltung in der Industrie, H. R. Engelmann (Berlin) 1921; MacIver: Community, London 1917. — Pluralisten: Sidney Webb and Beatrice Potter: A Constitution for a Socialist Commonwealth of Great Britain, London 1920; Croker: The technique of the pluralistic State, Am. Pol. Science Review, Bd. XV, S. 185—213; ferner Duguit und Laski (oben unter A/1); Steiner (Rudolf): Die Dreigliederung des sozialen Organismus, 1917; auch Schmitt in Probleme der Demokratie, 1 Reihe. — Franz. Regionalisten: Brun (Charles): Le régionalisme, Paris 1911; Hauser: Le régionalisme, Paris 1924; Lambert: La représentation politique des intérêts professionels, Paris 1929; — Berufs- und Wirtschaftsparteien: Braunias in Schauff: Neues Wahlrecht, Stilke 1929, S. 110 ff. — Syndikalismus: Georges Sorel: Über die Gewalt, Wagner (Innsbruck) 1928; Pirou: Georges Sorel, Paris 1927; über seine Vorläufer: Gide-Rist: Geschichte der volkswirtschaftlichen Lehrmeinungen, Gustav Fischer, 3. Aufl. 1923; Carta di Carnaro: Auszug bei Marschak im Archiv f. Sozialwiss. u. Sozialpol., 53. Bd. (1925), S. 84 ff. — zum berufsständischen Parlament: ablehnend: Kelsen, Koellreutter (Sinn der Reichstagswahlen, Mohr 1930, S. 50); Glum: Das geheime Deutschland, Stilke 1930, S. 76; Leibholz (S. 182 ff.); anders: einerseits der Kreis um Spann (Zeitschrift »Ständisches Leben«), insbes. Spann: Der wahre Staat, 3. Aufl., G. Fischer, 1931; Heinrich: Das Ständewesen, ebd. 1932; Andreae: Staatssozialismus und Ständestaat, ebd. 1931; anderseits die Enzyklika Quadragesimo anno und die durch sie hervorgerufenen Auseinandersetzungen.

5. Die Lehrmeinungen über das Zweikammersystem (S. 68): Über die Konstituante: Zweig, Redslob, Loewenstein; für den deutschen Frühliberalismus: das Staatslexikon von Rotteck und Welcker. — Die heutige Stellungnahme zum Zweikammersystem ist für die Gegner beeinflußt von der demokratischen Doktrine so Kelsen, Laski, Mises, Leibholz (von dem repräsentativen Charakter); für die Anhänger überwiegend von pragmatischen Rücksichten, so bei den Franzosen Esmein, Duguit und Hauriou; Triepel (VDStRlehrer, H. 7, S. 197) (aus rechtsstaatlichen Rücksichten), Stier-Somlo: Das Reichsrats- und Staatsproblem in der Festgabe für Fritz Fleiner, Mohr 1927, sowie im AöR., N. F. Bd. 20; besondere Vorschläge: Apelt: Vom Bundesstaat zum Regionalstaat, Hobbing 1927, für Vereinigung von Reichsrat und RWR; ebenso Frielinghaus: Der dezentralisierte Einheitsstaat, Hobbing 1928; Medinger: Die internat. Diskussion über die Krise des Parlamentarismus, Braumüller 1926, S. 28, für Vertretung der Wirtschaftsverbände und der geistigen Pflegestätten im Senat; Grabowsky: Politik, S. 152: Oberhaus als Führerschicht; Stapel: Die Fiktionen der Weimarer Ver-

fassung, S. 109; Sitz für die Inhaber leitender Stellungen des Volkslebens und Berufung hervorragender Männer.

6. Allgemeine Grundsätze für die Einrichtung (S. 71): Zu den Parlamentskosten: Adametz-Moeßner: Die Deutsche Verwaltungs- und Verfassungsreform in Zahlen, 1928.

Die Stimmberechtigung.

1. Die Entwicklung und der gegenwärtige Stand des allg. und gleichen Wahlrechts (S. 91): Hierzu die Angaben im Bd. I; ferner: Philippson: Über den Ursprung und die Einführung des allgemeinen, gleichen Wahlrechts in Deutschland, Berlin, Leipzig 1913; über die franz. Nationalvers.: Zweig, Redslob, Loewenstein; über das Mehrstimmrecht: Jellinek: Das Pluralwahlrecht und seine Wirkungen, Dresden 1905; über »Das Wahlrecht der Auslandsdeutschen« Vier Arbeiten von Brode, Willms, Kurtzig, Wohl (Ausland u. Heimat Verlags A.-G., Stuttg., 1919) und Meyer in »Hilfe«, 36, 49, S. 1212—15 (6. Dez. 1930); über »Die Gleichheit vor dem Gesetz«: Leibholz (Liebmann 1925) und Aldag (Heymann 1925).

3. Die pol. Wirkungen des allg. Wahlrechts (S. 102): 1. über die außerparl. Bewegungen: Posse: Die pol. Kampfbünde, 2. Aufl. 1931; Liermann: in Blätter f. deutsche Phil. Bd. V (1931) S. 235 ff. — 2. Auf die pol. Folgen der Vergrößerung der Wählerzahl weist nachdrücklich Nawiasky im AöR. N. F. Bd. 20, hin. — 3. Zur Berufsgliederung der deutschen Parlamente: Kamm: Abgeordnetenberufe und Parlament, Braun (Karlsruhe) 1927; über die Unabkömmlichkeit der Wirtschaftsführer Schwarz in Probleme der Demokratie, 2. Reihe, und Schmitt, ebd.: ersterer, weil sie noch nicht das nötige Interesse haben; letzterer, weil sie kein Interesse an einer wertlos gewordenen politischen Betätigung mehr haben.

3. Zum Frauenstimmrecht: Welczek, Adelheid: Das Frauenstimmrecht in verschiedenen Ländern, Leipzig 1908; Deutsch, Regine: 25 Jahre Weltbund für Frauenstimmrecht, Berlin 1929, Herbig; Bernhard, Margarete: Frauenstimmrecht in der Gegenwart, Berlin 1929; über Wahlstatistik und Frauenwähler: Zurkuhlen in Jb. f. Nat.ök. und Stat., 3. F., 74, 5. S. 730—735 (Nov. 1928), Hartwig im Allg. Stat. Arch. Bd. 17 (1928), S. 497—512 und Bd. 21 (1931), S. 167 ff., Siemsen in Soz. Monatshefte, 1928, S. 573; Meyer in Dt. Stat. Zentralbl., 23, 3, Sp. 81—83. — 5. Wahlrecht der Jungen: Nawiasky in AöR. N. F. 20., S. 182, dafür; Kaisenberg in Zs. ges. Staatsw., 90. Bd., S. 474 ff.: neutral; Hachenburg und Bing in DJZ. 37, Sp. 461, für Heraufsetzung des Wahlalters; ebenso Grabowsky, Politik S. 138; Holtz: Verfassungs- und Verwaltungsreform, Stilke 1928, S. 257; Pohl und Giese in VDStRlehrer, 7. H., S. 137 und 157; Görlitzer Programm der Wirtschaftspartei (1926). »Die Forderung der Partei auf Heraufsetzung des Wahlalters auf 24 Jahre soll gleichzeitig die Verhetzung unter der Jugend eindämmen und die Abgeordnetenzahl verringern.«

Die Wählbarkeit.

1. Die Erfordernisse der Wählbarkeit (S. 108): Über die Residenzpflicht rechtsvergleichendes Material in der norwegischen Denkschrift (Indstilling VI fra den Parl. Valgordningskommission: Bostedsbaandet; Oslo 1920).

2. Unwählbarkeit und Unvereinbarkeit (S. 113): Vor allem Werner Weber im AöR. N. F. Bd. XIX, S. 161 ff., dessen Lehrer Carl Schmitt im deutschen Schrifttum wieder auf die Unvereinbarkeiten verwies (Verfassungslehre, S. 190, auch Der Hüter der Verfassung). — Joseph Barthélemy: Les incompatibilités parlementaires, Paris (Giard) 1922; Michel: Des incompatibilités en matière des

sociétés, Paris 1929. — Über das Beamtentum: Köttgen: Das deutsche Berufsbeamtentum und die parlamentarische Demokratie, de Gruyter 1928 (mit bes. Berücksichtigung des Auslandes; auch im HdbDStR, Bd. II, S. 1 ff.), ist für die Unvereinbarkeit; noch entschiedener Hellpach, Politische Prognose (oben A/3); Schiffer in Deutsche Justiz, 1928, S. 56 (für Unvereinbarkeit mit dem Richteramte). Die Botschaft des schweiz. Bundesrates v. 7. Juni 1920 (BB. 1930, 3, S. 577) schlug eine Einschränkung der Unvereinbarkeit für eidg. Beamte vor; die Vorlage wurde fallengelassen. — Über tatsächliche Verhältnisse: Oprecht in »Rote Revue« (Zürich) 9 (5), S. 168—174; Saemisch in »Tat« 22 (11), S. 878—885. — (S. 121) Eidesleistung: Eine erschöpfende, zugleich geistesgeschichtlich wie juristisch umsichtige Darstellung das aus der Schule Carl Schmitts stammende Buch »Der politische Eid« von Ernst Friesenhahn (Bonn, Röhrscheid 1928), auf das der Schreiber dieses mit Nachdruck hinweisen will, weil er dem Problem wegen seiner trotz Irlands nicht zu großen praktischen Bedeutung nicht die genügende Aufmerksamkeit zu schenken glaubte.

3. Wirtschaftliche Sicherstellung und Wählbarkeit (S. 122): Pitamic: Das Recht des Abgeordneten auf Diäten, Deuticke 1917. — Über die franz. Pensionskasse Delpech in der Revue du Droit Public, 1906, p. 515 ff.

Eine Anzahl von Staaten haben die Unverzichtbarkeit, Unübertragbarkeit und Unpfändbarkeit der Abgeordnetenentschädigung festgesetzt. Im Parteienstaat ist jedoch die Abfuhr eines Teiles der Entschädigung an die Parteikasse die Regel (s. S. 294). Die kommunistischen Abgeordneten übergeben die gefertigten Quittungen der Parteikasse und der Parteikassierer behebt mit ihnen die Entschädigung der Abgeordneten; diesen wird nur ein kleiner Teil bezahlt. Auch die Bewerber der NSDAP. haben sich zu verpflichten, die ihnen als Abgeordnete zukommende Entschädigung der Partei abzuliefern, von der sie einen Spesenbeitrag erhalten.

Die Wahlkreise.

1. Die Wahlkreiseinteilung (S. 127): Über die nationalen Kurien: Fischel, Nationale Kurien, Wien 1897; Bernatzik: Über nationale Matriken, Wien 1911; Woltzendorff: Grundgedanken des Rechts der nat. Minderheiten, Berlin 1921; Raschhofer: Hauptprobleme des Nationalitätenrechts, Enke 1930, u. a. — Der örtliche Wahlkreis wird nicht nur von den Anhängern einer berufsständischen Vertretung abgelehnt, sondern auch von Anhängern der Verhältniswahl: Kunwald (s. u.), Kelsen, Wittmayer, Demokratie und Parlamentarismus, S. 51; Hellmuth: Die Technik d. pol. Wahlen, S. 34; Kier, ZöR. XI (1931), S. 288; dafür sind jedoch Kaisenberg (z. B. in seiner Aussage vor dem StGH., bei Bumke, Ausgew. Entscheidungen, H. 2, S. 77), Tecklenburg (Schmollers Jahrbuch, 56. Jg., S. 62). — Hier sei festgehalten, daß der örtliche Wahlkreis noch immer gemeinsame Interessen verknüpft; auch der örtliche Wahlkreis ist ein besonderer Wirtschaftskörper. Tatsächlich haben die auf demselben Gebiet wohnenden Menschen gemeinsame Interessen: von dem Gedeihen der Stahlindustrie in einem Gebiete sind nicht nur die Arbeiter und die Unternehmer, Angestellten und Ingenieuιe abhängig, sondern auch die Gewerbetreibenden und Landwirte des Gebietes. Der Landwirt hat mehr gemeinsame Interessen mit dem Arbeiter seines Gebietes, der sein Konsument ist, als mit dem Landwirt eines anderen Teiles des Staates.

Die Wählerverzeichnisse.

(S. 140): Über die ständ. Verzeichnisse in den Ver. Staaten: Harris in Am. Pol. Science Review 23 (1929), S. 908—914. — (S. 147): Über die versch.

Arten der Wählerkartei: Kaisenberg: Die Wahl zum Reichstag, 4. Aufl. (Stollberg 1930), S. 79.

Die Wahlbewerbung.

1. Die Wahlbewerbung und die pol. Parteien (S. 155): Vor allem Hartmann: Die pol. Parteien in der Tschechoslowakei (Rohrer, Brünn 1931); Radbruch HdbDStR, 1. Bd., S. 290.

2. Das Nominationsverfahren (S. 160): Triepel: Die Staatsverf. u. d. pol. Parteien, 2. Aufl., Liebmann 1930; Ostrogorski w. o. (A/4); Hartmann wie unter 1. — Über am. Primary: Bryce, Amerika, 2. Bd., S. 51 ff.; auch Demokratie; Merriam and Overacker: Primary Elections, 2. Aufl., Chicago 1928; Overacker: The presidential Primary, 1926; Sait: American Parties and Elections, New York 1927; Beard: American Government and Politics, New York 1928. — (S. 162) Norwegen: Parl. Materialien: Justis — og Politidep. Ot. Prp. nr. 37 (1920) samt Bilag I und Indst. O. XV (1920); Morgenstierne: Laerebok i Den Norske Statsforfatningsrett, 3. utg., Oslo 1926, Bd. I, § 39. — (S. 163): R. K. Staatspartij: Kiesreglement 1927; Rapport der Commissie . . . 1923; Verslag der Kiesreglement-Commissie 1927; Verslag Kiesreglement-Commissie 1931; gegenwärtig wird eine Änderung vorbereitet, die hauptsächlich die Zahl der »freien Sitze« betrifft. — Für die Legalisierung der Parteien außer Kelsen Weyr: Soustava csl. práva státního (2. Aufl., Brünn 1924) S. 126, Hula in ZöR. VI, S. 229; Ziegler im Arch. f. Sozialw. u. Sozialpol. 55 Bd. (1926), S. 493, Leibholz (V (VDStRlehrer H. 7, 1932, S. 187; dagegen: Carl Schmitt (S. 247), Koellreutter ZfPol. XIV, S. 488.

Das Abstimmungsverfahren.

1. Geheime und offene Abstimmung (S. 168): Gegner der geheimen Abstimmung sind heute Smend und Carl Schmitt (S. 245). Hellpach (Politische Prognose) findet in der geheimen Wahl einen Widerspruch zur Demokratie: Die Demokratie ist keine, wenn die Gleichheit infolge der Notwendigkeit des Schutzes des Wahlgeheimnisses nur formell besteht. — Über die Schutzvorrichtungen u. a. Kaisenberg in »Die Grundrechte . . .«, hgg. von Nipperdey, Bd. II, S. 161 ff.

Die Mehrheitswahl.

(S. 178): Über die verschiedenen Formen eines zweiten Wahlganges: Hellmuth: Die Technik d. pol. Wahlen, Heymann 1930. — Über den Begriff der Mehrheit besteht international keine Übereinstimmung; so bedeutet Majority im englischen Wahlrecht (z. B. in der Ballot-Act v. 1872, s. Bd. I, S. 245) »relative Mehrheit«, wogegen es in den Vereinigten Staaten nur absolute Mehrheit bedeutet; für relative Mehrheit ist »Plurality« gebräuchlich. Im Deutschen wird »absolute Mehrheit« durch »unbedingte Mehrheit« leicht verdrängt, schwerer jedoch »relative Mehrheit« durch »bedingte«; erstere ist wirklich unbedingt, von keinen Bedingungen abhängig, eine Mehrheit »pure et simple« (auch einfache Mehrheit im Gegensatz zur erhöhten oder qualifizierten Mehrheit, z. B. 2/3, 4/5 usw.); die relative Mehrheit ist insofern bedingt, weil eine Partei, die die meisten Stimmen hat, diese Mehrheit nur unter der Bedingung hat, daß die anderen Parteien, die zusammen mehr Stimmen haben, sich nicht zu einer zusammenschließen. — (S. 186): Das Alternative Vote (in Australien preferential voting genannt) ist üblich in Kanada seit 1924 für die Wahlen der Parlamente von Manitoba und Alberta, in Australien für die beiden Häuser des Commonwealth (seit 1919), in Westaustralien (seit 1908) und Victoria (seit 1911) für beide Häuser und in Queensland (seit 1892) für sein einkammeriges Parlament. Ferner in Neusüdwales für das Unterhaus und in Südaustralien für beide Häuser.

Die Minderheitenvertretung.

(S. 188): Dieselben Schriften wie unten unter Verhältniswahl; ferner Dobranicki über das limitierte Votum im AöR., XXVII sowie die Öst. Statistik: Reichsratswahlen 1907 und 1911.

Die Verhältniswahl.

Allgemeines: Rosin: Minoritätenvertretung und Proportionalwahlen, Berlin 1892; Bernatzik: Das System der Proportionalwahl, Schmollers Jahrbuch, 17. Jg., 1893 (Besprechung des franz. Werkes: La Représentation Proportionnelle . . publiée sous les auspices de la Soc. pour l'Etude de la représentation proportionnelle, Paris 1888); Siegfried: Die Proportionalwahl, Berlin 1898; Saripolos: La démocratie et l'élection proportionnelle, Paris 1899; Goblet d'Alviella: La Représentation prop. en Belgique, Brüssel 1900; Meyer wie A/2 (1901); Klöti: Die Proportionalwahl in der Schweiz, Bern 1901; Springer: Mehrheits- oder Volksvertretung, Wien 1904; Luschka: Die Verhältniswahl im deutschen Verwaltungsrecht, Karlsruhe 1905; Tecklenburg: Die Proportionalwahl als Rechtsidee, Wiesbaden 1905; Kunwald: Über den eigentlichen Grundgedanken des prop. Wahlsystems, Wien (Manz) 1906; Commons: Proportional Representation, 2nd ed., New York 1907; Cahn: Das Verhältniswahlsystem in den modernen Kulturstaaten, Berlin 1909; Poensgen: Das Wahlrecht, Teubner 1909; Humphreys: Proportional Representation, London 1911; Lachapelle: La représentation prop. en France et en Belgique, Paris 1911; Barthélemy: L'organisation du suffrage et l'expérience belge, Paris 1912; Lie: Forholdsvalg og andre Reformer, Oslo 1915; Stier-Somlo wie A/2 (1918); Horwill: Proportional Representation, London 1925; Hoag-Hallett: Proportional Representation, New York 1926; Neues Wahlrecht wie A/2 (1929); Heller wie A/2 (1929); Fleischer: Öst. Wahlreform, Manz (Wien) 1929; Hellmuth: Die Technik der politischen Wahlen, Heymann 1930.

1. Die Aufgaben der Verhältniswahl (S. 191): Parlamentarische Materialien: Frankreich: Rapport de M. Charles Benoist sur la R. P., Journal Off., doc. parl., chambre, s. o. 1905, p. 471; Rapport de M. Buyat, ebd., p. 389; Rapport Buisson (10. 7. 1909), ebd., s. o., 1909, p. 2495; Rapport complémentaire, ebd., s. o., 1913, p. 1389 et 1425; Rapport P.-E. Flandin, s. o. 1919, f. 184, p. 2930; ferner im Band I unter Großbritannien, Dänemark, Schweden, Norwegen.

2. Zur Geschichte der Verhältniswahl (S. 195); Hare: The election of representatives, 3rd ed., London 1865; Naville: La question électorale en Europe et en Amérique, 1871; ders.: La démocratie représentative, 1881; D'Hondt: Système pratique et raisonné de représentation prop., Brüssel 1882; Hagenbach-Bischoff: Berechtigung und Ausführbarkeit der proportionalen Vertretung, Basel 1884; ders.: Die Frage der Einführung einer Proportionalvertretung statt des absoluten Mehres, Basel 1888; ders.: Die Anwendung der Proportionalvertretung bei den schweizerischen Nationalratswahlen, Basel 1892; ders.: Die Verteilungsrechnung beim Basler Gesetz nach dem Grundsatz der Verhältniswahl, Basel 1905; ders.: Zs. ges. Staatswiss., Bd. 64 (1908); Andrae (Poul): Andrae og hans opfindelse, Kopenhagen 1907; Tecklenburg: Die Entwicklung, des Wahlrechts in Frankreich seit 1789, Mohr 1911; Thiele: Om Flerholdsvalg Kopenhagen 1895; Phragmén: Proportionella val, Stockholm 1898.

3. Die Verfahren der Verhältniswahl (S. 204): Eine Systematik bei Hellmuth: Die Technik der pol. Wahlen, Heymann 1930; Mathematische Darstellungen: Tecklenburg in Schmollers Jahrbuch Bd. 45 (1921), S. 579; ders. in Zs. f. ges. Staatswiss., Bd. 64/1 (1908); in Schmollers Jahrbuch Bd. 56 (1932), S. 51; Annalen d. Deutschen Reiches, Bd. 50, S. 642 ff.; ferner in der Zs. f. ges. Staatswissenschaft: Polya Bd. 74 (1919), S. 297; Grävell Bd. 75 (1920), S. 499; Nybölle Bd. 76 (1921), S. 147 und Jordan Bd. 76 (1921) S. 487. — Huntington in Transactions of the Am. Math. Soc., vol. 30 (1928), nr. 1, p. 85 ff.; ferner auch die dänische Denkschrift (s. Bd. I, S. 74) und die schwedische (s. Bd. I, S. 498).

4. Die Mängel der Verhältniswahl (S. 221): Verschiedene Verfasser in »Neues Wahlrecht«, hgg. von Schauff, Stilke 1929; Ziegler im Arch. f. Sozialwiss. u. Sozialpol., 55. Bd. 1926, S. 471 ff.; Smend: Die Verschiebung der konstitutionellen Ordnung durch die Verhältniswahl, Bonner Festgabe für Bergbohm, 1919; Tecklenburg, Die Verhältniswahl im Brit. Reich in Schmollers Jahrbuch 49, S. 161 ff.; ders.: »Gebundene« und »freie« Liste, AöR, Bd. 38, S. 212 ff.; (S. 222): Die Vorschläge zur Reform der Verhältniswahl bei Kuenzer, DJZ. 36 (1931), Sp. 120 ff. zusammengestellt; mit den meisten Vorschlägen setzt sich auch die »Denkschrift des Reichsministeriums des Innern« vom August 1930 auseinander; von älteren Vorschlägen: Röder: Ein neues Reichstagswahlrecht, Berlin 1896; Entwurf d. Kgl. Sächs. Regierung v. 15. Okt. 1907; (badische) Denkschrift über die Einführung der Verhältniswahl bei den Wahlen zur 2. Kammer der Ständeversammlung, Karlsruhe 1913; Kantorowicz in ZfPol. 3, S. 552 ff.; von neueren Vorschlägen: Thoma: »Die Reform des Reichstags«, S. A. aus »Germania« Nr. 200 u. 202/1925; Tecklenburg: Persönlichkeitswahl, nicht Parteienwahl! Kirchhain N.-L. 1931; Richard Schmidt aus Gleiwitz: Verhältniswahl und Führerauslese, Kieler Diss., 1928. (S. 246): Über die Tücken und die Möglichkeiten des Mißbrauches der Prop. Mehrheitswahl: Zeuthen: Forholdstalsvalg og Enkeltmandsvalg in Nationalök. Tidsskrift, 1918, S. 350—381. — (S. 247): Über die Splitterparteien und die gesetzliche Bekämpfung besteht im Anschluß an die Entscheidungen des StGH. ein reiches Schrifttum: Heller: Die Gleichheit in der Verhältniswahl, de Gruyter 1929; Grau in JurWochenschr. 1929, S. 2380 ff.; Leibholz ebd., 1929, S. 3042 ff.; Koch-Weser ebd. 1930, S. 106 ff.; Kaisenberg in Reichs- u. PrVerwaltBl. 50 (1929), S. 597 ff.; Häntzschel ebd. S. 787 ff.; Braunias in ZfPol. 19 (1930), S. 473 ff.; Wenzel in HdbDStR. 1. Bd., S. 609 ff. und Walter Jellinek ebd. S. 625; letzterer nur registrierend, die übrigen für Beschränkungen; für solche aus moraltheologischen Gründen Seipel (Das Neue Reich, Bd. 13 [1930] S. 179): »Es handelt sich hier um eine Materie der 'justitia legalis', nicht der 'justitia commutativa'. Die 'justitia legalis', die gesetzliche Gerechtigkeit, regelt das Verhältnis der Glieder eines öffentlichen Gemeinwesens zu diesem, die ausgleichende 'justitia commutativa' betrifft das Recht der einzelnen Gemeinschaftsmitglieder den anderen Gemeinschaftsmitgliedern, nicht der Gemeinschaft selbst gegenüber. Nur bei ihr kommt es auf den arithmetisch genauen Ausgleich von Anspruch und Leistung an. Das Wahlrecht ist nun nicht ein privates Recht der Wähler . . . Die Ausübung des Wahlrechts ist vielmehr eine Funktion, die der Staatsbürger dem Staate gegenüber hat. Das erste und einzig wesentliche Ziel des Wählens ist, dem Staate den möglichst besten, daher auch möglichst aktionsfähigen Gesetzgebungskörper zu geben und in diesem eine regierungsfähige Mehrheit zu schaffen. Das Wahlrecht ist gar nicht primär danach zu beurteilen, ob es im Sinne der 'justitia commutativa' für den einzelnen Wähler 'gerecht' ist, sondern ob es dem Staate gibt, was der Staat braucht.« — Noch: Apelt in AöRNF. 18, S. 124;

Kier in ZöR. Bd. XI, S. 279 ff., Erwin Jacobi: Die verfassungsmäßigen Wahlrechtsgrundsätze als Gegenstand richterlicher Entscheidung» in Festgabe für Richard Schmidt, Bd. II, Morstein-Marx, Zs. ges. Staatsw., 89. Bd. (1930), S. 370 ff. — Das Für und Wider ist am besten in den Verhandlungen über die Verfassungsmäßigkeit des preuß. Landeswahlgesetzes zum Ausdruck gekommen, deren Verhandlungsschrift in dankenswerter Weise Bumke in seinen Ausgewählten Entscheidungen, Heft 2, Vahlen 1930, herausgegeben hat. — (S. 254): Gegen das Prämiensystem Nawiasky in ZfPol., Bd. XVI (1927), H. VI.

5. Zur Kritik der Verhältniswahl (S. 257): Über »Die Entscheidungen des Staatsgerichtshofes über Wahlgesetze« Urbich in Annalen des Deutschen Reiches, Bd. 63 (1930), S. 384 ff. — Über die Unvereinbarkeit der Unmittelbarkeit der Wahl mit der Verhältniswahl Pfister in ZöR., Bd. 8 (1929), S. 200, ebenso Leibholz (VDStRlehrer, Heft 7, 1932, S. 167); anderer Ansicht: Ziegler im Arch. f. Sozialwiss. u. Sozialpol. Bd. 55 (1925), S. 486. (S. 264): Für die Rückkehr zur Mehrheitswahl treten ein Smend, Koellreutter, Gerland (DJZ 33, 1928, Sp. 759 ff.); von Politikern: Mierendorff (bei Schauff, Neues Wahlrecht, S. 14), Teipel (ebd. S. 7), Heuß, Hellpach (Pol. Prognose), Wirth (auf der Interparl. Konferenz, Berlin 1928); nach Leibholz (VDStRlehrer, H. 7, 1932, S. 172) entfällt ihr nach der »Entwurzelung des repräsentativen Parlamentarismus verfassungstheoretisch die innere Berechtigung«; vgl. diesen Band S. 31, wonach der Weg wohl nicht mehr zum repräsentativen Parlamentarismus führen dürfte, jedoch aber von dem parteienstaatlichen Ziel abgehalten werden müßte.

Der Staatsgerichtshof f. d. Deutsche Reich ist in seinen Entscheidungen vom 17. Februar 1930, StGH. 12/28 (betr. preuß. Landeswahlordnung) und vom 21. Nov. 1930, StGH. 21/29 (betr. Provinziallandtagsordnung) unter formeller Aufrechterhaltung seiner bisherigen Ansichten zu einer realeren Anschauung gelangt, indem er sich an den Art. 22/2 RV. (»Das Nähere bestimmt das Reichswahlgesetz«) klammerte und Unterscheidungen im Erfolgswert der Stimmen für zulässig erklärte, »aber nur insoweit, als sie nicht willkürlich, sondern durch ein sachlich begründetes Bedürfnis gerechtfertigt sind und sich in engen, erträglichen Grenzen halten«.

Die Beendigung des Mandats.

(S. 265): Aberkennung des Mandats wegen Mißbrauches: Gerland: Der Rechtsschutz gegen politische Unehrlichkeit, Liebmann 1931. Eine Entscheidung in dieser Hinsicht fällte das Staatsgericht für Anhalt am 25. Mai 1931 (StGA. 1/30, wiedergegeben in der Zs. ausl. öR. u. Völkerr. Bd. 3, Nr. 2, S. 300); (S. 268) Abberufungsrecht: für die Schweiz: Schollenberger: Grundriß des Staats- und Verwaltungsrechtes der schweiz. Kantone, Zürich 1899/1900; für die deutschen Länder: Hartwig: Volksbegehren und Volksentscheid, Charlottenburg 1929; neuestens Nawiasky im AöR., N. F., Bd. 21 (1932), S. 173 ff., der Kautelen gegen den Mißbrauch des Rechtes zur Propaganda fordert (für das Recall in Amerika vgl. den Text S. 272), und Tecklenburg im AöR. N. F., Bd. 22, (1932), S. 74 ff.; Recall: Oberholtzer: The Referendum, initiative and recall in America, New York 1909; Rappard: The in., ref. and recall in Switzerland, Annals of the Am. Acad. vol. XLIII, 1912, p. 128; Gilberston: The Recall, ebd. p. 216. — (S. 270.) Zur Frage freies oder gebundenes Mandat: für die franz. Nationalversammlung, Zweig, Redslob und Loewenstein; ältere Darstellung von Seidler in Grünhuts Z. Bd. 24 (1897), S. 123 ff.; ders.: Grundzüge des allg. Staatsrechtes, Stilke-Manz 1929, S. 104; das Verbot des gebundenen Mandats sehen als veraltet an: Kelsen, Dem. 2. Aufl., S. 40 und Allg. Staatslehre S. 314, Wittmayer, Reichsverf., S. 66 ff. und Morstein-Marx:

Beiträge zum Problem des parlamentarischen Minderheitenschutzes, Hamburg 1924, S. 11 und im AöR., N. F., Bd. 11, S. 430 ff.; für das Zurechtbestehen: Giese, Kommentar, 8. Aufl., S. 88; Radbruch im HdbDStR., Bd. 1, S. 291 und Tatarin-Tarnheyden ebd., S. 420; Triepel: Die Staatsverf. u. d. pol. Parteien, 2. Aufl., Liebmann 1930, S. 28; Adler in ZfPol., Bd. XVIII, S. 137 und Die Grundgedanken d. tschechoslow. Verfassungsurkunde, Sack 1927, S. 70 ff.; über die Entscheidungen des Württembergischen Staatsgerichtshofes vom 15. Sept. 1921 und 3. Mai 1926 Pistorius im AöR., N. F., Bd. 11, S. 418 ff.; in diesen Entscheidungen wurde jedoch kein Mandatsverlust bei Ausschluß aus der Partei und bei Spaltung einer Partei ausgesprochen, dies schon wegen der Schwierigkeiten einer einwandfreien Feststellung, welcher Teil als ausscheidend zu betrachten wäre. — Aus ähnlichen Gründen hat eine Kommission der rumänischen Abgeordnetenkammer im April 1932 über die Mandate der Abgeordneten Goga und Gen., die aus der Volkspartei des Generals Averescu ausgetreten waren, nach ihrer Ansicht jedoch durch Ausschluß des Generals Averescu die richtige Volkspartei darstellten, nicht die Aberkennung ausgesprochen, obwohl die Abgeordneten ihrer Partei den Namen: Nationale Agrarpartei gaben. — Über die Wirksamkeit eines Blankoverzichtes die Entscheidung des Wahlprüfungsgerichts beim Reichstag vom 24. Jan. 1931 (mitgeteilt von Kaisenberg in DJZ., 36. Jg. [1931], Sp. 1259).

(S. 274) Die in der Geschäftsordnung der italienischen Abgeordnetenkammer angezogenen Disziplinarmaßnahmen sind folgende: Art. 17 des Statuts des PNF. (genehmigt durch kön. Dekret vom 20. Dez. 1929, Nr. 2137, Raccolta 1929, VI, p. 7192) Punkt 2: Suspendierung auf bestimmte Frist (von mindestens einem Monat bis höchstens einem Jahr); Punkt 3: Suspendierung auf unbestimmte Zeit; Punkt 4: Entzug der Mitgliedskarte; Punkt 5: Ausschließung aus der Partei. — S. (276) Außer den angeführten Fällen besteht Mandatsverlust bei Parteiwechsel noch nach dem oberösterreichischem Landesverfassungsgesetz (Gesetz vom 17. Juni 1930 über die Verfassung des Landes Oberösterreich, LGBl. Nr. 38/1930), Art. 28: »Ein Mitglied des Landtages wird seines Mandates verlustig . . . 2. wenn es aus der Partei, in deren Wahlvorschlag es aufgenommen war, ausscheidet oder ausgeschlossen wird; . . . In den Fällen 2 bis 5 des ersten Absatzes tritt der Mandatsverlust ein, sobald der Verfassungsgerichtshof ihn ausgesprochen hat.« — Dagegen lautet Art. 26: »Die Mitglieder des Landtages sind bei Ausübung dieses Berufes an keinen Auftrag gebunden.« — Und nach dem Gesetz einer badischen Gemeindeordnung vom 5. Okt. 1921 (Bad. G. u. VBl. S. 347): § 17. »Wer die Wählbarkeit verliert und aus der Partei oder Wählergruppe, auf deren Vorschlag er gewählt wurde, ausscheidet, verliert das ihm übertragene Amt.«

Der Schutz des Wahlrechts und das Wahlprüfungsrecht.

1. Der Schutz des Wahlrechts (S. 279): Rechtsvergleichend: Hatschek Das Parlamentsrecht des Deutschen Reiches, Göschen 1915; Tezner: Die Volksvertretung, Manz 1912, S. 606 ff.; Rosenthal: Über den reichsrechtlichen Schutz des Wahlgeheimnisses, Mohr 1918; Kaisenberg: Artikel 125 in »Die Grundrechte und Grundpflichten der Reichsverfassung«, hgg. v. Nipperdey, Bd. II, Hobbing, 1930, S. 161 ff.; Häntzschel im AöR., N. F., Bd. 14, S. 61 ff.

2. Das Wahlprüfungsrecht (S. 283): Hatschek wie oben 1; Jellinek: Ein Verfassungsgerichtshof für Österreich, Wien 1885; ders. in Ausgewählte Schriften und Reden, Bd. II, 1911; Jaques: Die Wahlprüfung in den modernen Staaten, Wien 1885; Seydel in Annalen des Deutschen Reiches, 1899; Csekey in Zs. f. Völkerrecht und Bundesstaatsrecht, VI. Bd. (1913), S. 450 ff. (ist für Über-

tragung der Wahlprüfung an den Verwaltungsgerichtshof); Duguit: Manuel de droit const., 1907 p. 841 (ist für Übertragung der Wahlprüfung an den Conseil d'Etat); Kaisenberg im HdbDStR., Bd. 1, S. 400 und im HWRechtsW., Bd. 6, S. 761; Ball: Das materielle Wahlprüfungsrecht, Liebmann 1931; Draht: Das Wahlprüfungsrecht bei der Reichstagswahl, Berlin 1927; Kühn: Formen des verfassungsgerichtlichen Rechtsschutzes, 1929.

Die Wahlkosten.

1. Die amtlichen Wahlkosten (S. 289): Statistik bei Kaisenberg im Allg. Stat. Arch., 20. Bd. (1930), S. 420 ff.

2. Die Kostenlast der Parteien (S. 292): Spengler: Untergang des Abendlandes, Bd. II, Beck 1922, S. 571 ff.; Max Weber: Wirtschaft und Gesellschaft im Grundriß der Sozialökonomik, Mohr 1922; Hermens: Demokratie und Kapitalismus, Duncker & Humblot 1931; Gerland: Der Rechtsschutz gegen pol. Unehrlichkeit, Liebmann 1931; über das Geld in der Politik der Ver. Staaten außer Bryce Demokratie II und Amerika sowie Ostrogorski II; neuestens: Herring (E. Pendleton): Group Representation before Congress, Baltimore 1929; Perry Belmont: Histoire d'une Loi. La publicité obligatoire des fonds électoraux, Paris 1926; Sait: Campaign expenditures in Am. Pol. Science Review 23 (Feb. 1929), p. 48—58 und Pollok: Campaign funds, ebd. p. 59—68.

(S. 293): In »Sozialdemokratischer Parteitag Leipzig 1931« sowie im »Jahrbuch der deutschen Sozialdemokratie 1931« finden wir folgende Angaben über das Jahr 1930: Einnahmen der Bezirke 12 846 000 RM., durch Sonderbesteuerung von Mitgliedern mit höherem Einkommen (nach einer Staffel von 2 RM. bei einem Bruttoeinkommen von 400—500 RM. bis 25 RM. bei einem solchen von 1100—1200 RM., wonach für jede weiteren 200 RM. sich der Zuschlagsbeitrag um 1% des Einkommens steigert) 434 000 RM.; Abfuhren der Reichstagsfraktion 48 141 RM., der preußischen Landtagsfraktion 67 500 RM. Die Parteivorstandskasse hat 4,1 Mill. RM. eingenommen. »Unter dieser Summe befinden sich 800 000 RM., die uns von 'befreundeten Organisationen' für Wahlzwecke übergeben wurden« (Parteitag S. 245). — (S. 297): Vgl. hierzu das öst. sog. »Antiterrorgesetz« (Bundesgesetz vom 5. April 1930 zum Schutz der Arbeits- und Versammlungsfreiheit, BGBl. Nr. 113): »Dem Arbeitgeber ist es untersagt, Vereins-, Gewerkschafts- oder Parteibeiträge von dem dem Arbeitnehmer gebührenden Entgelt abzuziehen oder bei der Auszahlung des Entgelts in Empfang zu nehmen«. — (S. 298): Das Schlußzitat aus dem Punkt 3 des Programms der Konservativen Volkspartei.

Sachverzeichnis.

Nachträge zum Ersten Band.

Veränderungen im Wahlrecht der einzelnen Staaten bis Ende September 1932.

zu S. 19. Belgien. Die Unvereinbarkeitsbestimmungen der Art. 228, 229 und 230 des WG. sind durch die Art. 1, 5 und 7 des Gesetzes Nr. 266 vom 6. August 1931, wodurch Unvereinbarkeiten und Verbote betreffend die Minister, ehem. Minister und Staatsminister sowie die Mitglieder und ehem. Mitglieder der gesetzgebenden Kammern aufgestellt werden (Recueil des Lois p. 1876), ersetzt worden. Das Gesetz stellt außerdem die Verbote auf: Vertretung der Interessen des Staates in einer Streitsache, Erteilung von Ratschlägen in solchen Sachen (Art. 1); Erwähnung der Abgeordneteneigenschaften in Dokumenten und Veröffentlichungen, die sich auf Gesellschaften mit Erwerbszwecken beziehen (Art. 2).

zu S. 115. Deutsches Reich. Mitgliederzahl des Reichstages (Wahlen vom 31. Juli 1932): 608; Landtage: Preußen: 425 (Wahlen 24. April 1932), Oldenburg: 46 (W. 24. April 1932), Thüringen: 61 (W. 31. Juli 1932), Mecklenburg-Schwerin: 59 (W. 5. Juni 1932).

zu S. 119. Lübeck. Durch das Gesetz vom 11. Februar 1931 ist das D'Hondtsche Verfahren eingeführt worden.

zu S. 133 (bzw. 623) Estland: Die Volksabstimmung vom 13.—15. August 1932 hat den Grundgesetzreformentwurf mit 345215 gegen 333978 Stimmen abgelehnt.

zu S. 176. Frankreich. Gemäß Gesetz vom 25. März 1932 betreffend die Wahl der Abgeordneten (Journal Off. v. 27. März 1932, p. 1932) beträgt die Mitgliederzahl der Abgeordnetenkammer 615; die Frist zur Anmeldung der Bewerber (S. 181) läuft bis zum 8. Tag vor dem Wahltag. — Zu S. 185: Gemäß Ges. v. 10. August 1929 sind die Fristen für die einzelnen Wahlgänge bei den Senatorenwahlen von 8—11½, 14—16, 18—20. Zu S. 189: Hinzuzufügen: Ges. v. 2. April 1932, wodurch das Gesetz v. 20. März 1914 über die

Regelung des Wahlanschlagswesens abgeändert wird (J. O. v. 5. April 1932, p. 3604).

zu S. 196. Griechenland. Mit Gesetz vom 30. März 1932 ist der Oberste Wirtschaftsrat als begutachtende Organisation mit 20 von der Regierung auf 3 Jahre ernannten Mitgliedern geschaffen worden. — Mit dem Gesetz Nr. 5493 vom 21. Mai 1932 ist Griechenland zur Verhältniswahl (Verfahren von 1926) zurückgekehrt. Das politische Ziel, das Venizelos mit dieser Reform verfolgte, war, eine royalistische Mehrheit, die sich angesichts der Unzufriedenheit weiter Volkskreise bei dem System der relativen Mehrheit leicht hätte einstellen können, zu verhindern. — Wichtigste Änderungen: Mitgliederzahl 247; Wahlkreise: 40 mit 1 bis 22 Sitzen; Drei Ermittlungsverfahren: Erstes E. V.: Aufteilung innerhalb des Wahlkreises mittels Wahlzahl (Stimmen durch Sitze + 1); im 2. E. V.: Verteilung der unbesetzt verbliebenen Sitze gemäß der Zahl der unverwertet gebliebenen Stimmen nach demselben Verfahren innerhalb von 9 Großwahlkreisen; im 3. E. V.: Verwertung der Reststimmen aus dem ganzen Land. Für das 2. und 3. E. V. eigene Wahlvorschläge; Beschränkungen: im 2. E. V. werden nur Stimmen jener Parteien berücksichtigt, die im 1. E. V. mindestens einen Sitz oder 10% der im Großwahlkreis abgegebenen Stimmen erhalten haben; ausgeschlossen sind die unabhängigen Listen und die Einzelbewerber; im 3. E. V. werden nur jene Parteien berücksichtigt, die mindestens ein Zehntel der im ganzen Staatsgebiet abgegebenen Stimmen oder ein Zwölftel der Sitze erhalten haben. Wenn nur zwei oder weniger Parteien diese Grenzen erreichen, werden auch jene Parteien zum 3. E. V. zugelassen, die im Staatsgebiet ein Zwölftel der Stimmen oder ein Fünfzehntel der Sitze erhalten haben. Zuteilung der Sitze an die Bewerber nach Maßgabe der Namensstimmen (Vorzugsstimmen). Bei Freiwerden eines Sitzes Nachrücken des Stellvertreters.

zu S. 263. Malta: Verfassung im Juni 1932 wieder eingeführt.

zu S. 268 (bzw. 273 und 624) Irischer Freistaat: Die Gesetzesvorlage über die Abschaffung des Treueides ist vom Dáil angenommen worden, vom Senat wurde jedoch der Art. 2 abgelehnt, was eine Aufschiebung auf 18 Monate bedeutet (vom 8. Juni 1932 an).

zu S. 317. Italien. Senat am 10. Juli 1932: 9 Prinzen und 377 Mitglieder.

zu S. 330. Jugoslawien. Gemäß Gesetz Nr. 190 vom 18. März 1932 (Služb. Nov. Nr. 69) Errichtung eines Wirtschaftsrates mit begutachtenden Aufgaben. 60 Mitgl. aus versch. Wirtschaftszweigen vom König auf 3 Jahre ernannt.

zu S. 359. Memelgebiet: Abänderung des WG. 72 durch Aufhebung des Quorums (Amtsbl. v. 6. April 1932 bzw. Vyr. Zin. Nr. 380/2614).

zu S. 421. Österreich. Zu den Unvereinbarkeiten noch hinzuzufügen: für Mitglieder des Obersten Gerichtshofs (BV 92). — Gemäß Bundesverfassungsgesetz vom 18. August 1932, betr. einige Abänderungen des Bundes-Verfassungsgesetzes in der Fassung von 1929, BGBl. Nr. 244, und Bundesgesetz vom 18. August 1932 über die Anlegung von Verzeichnissen der Wahl- und Stimmberechtigten (Bürgerlisten), BGBl. Nr. 245, sind die ständigen Wählerverzeichnisse aus Ersparungsgründen abgeschafft worden. Es werden nur jeweils vor einer Wahl Verzeichnisse angefertigt, in den Städten über 100000 Einwohner jedoch fortgeschrieben und jährlich berichtigt, aber mit Einspruchsverfahren nur vor der Wahl.

zu S. 451. Portugal. Zur Erlassung einer Verfassung ist es noch nicht gekommen; doch sind vorläufig Dekrete über die Wählerverzeichnisse vom 15. Juli 1931 und 5. Januar 1932, Diario do Governo von denselben Tagen, und über die Bildung eines politischen Nationalrates, vom 11. Oktober 1931, erlassen worden. Der Rat, bestehend aus dem Ministerpräsidenten, dem Innenminister, Präs. d. Obersten Gerichtshofes, dem Generalstaatsanwalt und 11 vom Präsidenten d. Republik ernannten Mitgliedern, hat in allen wichtigen politischen und Verwaltungsfragen befragt zu werden, insb. über den Entwurf der Verfassung.

zu S. 460. Rumänien. Durch Ges. v. 25. April 1932, Nr. 1495 (Mon. Of. Nr. 98 v. 26. April 1932) Schaffung des Rates der Nationalen Wirtschaft, dessen Anhörung für Gesetzesvorlagen wirtschaftl. und finanzieller Art verpflichtend ist. 9 Mitgl. von Amts wegen, 16 vom König auf 7 Jahre ernannt.

zu S. 519. Schweizer Kantone. Amtsdauer des Landrates von Baselland: 3 Jahre; Mitgliederzahlen: Luzern 151, Schwyz 101, Obwalden 32, Nidwalden 54, Glarus 73, Solothurn 131, Schaffh. 77, Appenzell I.-Rh. 65, Thurgau 146, Neuenburg 104.

zu S. 543. Sowjetunion: Durch ZIK-Beschl. v. Februar 1932 wurde in der Ukraine die Einteilung in 5 Gebiete durchgeführt. — Innerhalb der Tadsch. SSR. ist das Autonome Gebiet Gorno-Badaktschan geschaffen worden.

zu S. 563. Spanien: Die Wahlreform, die die Verhältniswahl vorsieht, ist bisher noch nicht angenommen worden; vgl. noch Dekret v. 26. Januar 1932 betr. die Bildung des Wählerverzeichnisses samt Instruktion (G. d. M. v. 28. Januar 1932 Nr. 28 S. 689/702 sowie v. 25. Mai 1932, Nr. 146, S. 1427).

zu S. 573. Tschechoslowakei: Gemäß Ges. v. 21. April 1932, Slg. Nr. 54, ist die Unvereinbarkeit zwischen Mitgliedschaft in der Nationalversammlung und im Vorstand einer Aktienbank sowie mit der Funktion eines Machthabers dieses Vorstandes, eines leitenden Beamten und eines Liquidators geschaffen worden. — zu S. 587: Der Beschluß d. WGer., Koschin Nr. 130, durch § 22 der WO. Nov. 205/1925 überholt.

FSC
www.fsc.org
MIX
Papier | Fördert
gute Waldnutzung
FSC® C083411

Kolibri 360 GmbH
Ferdinand-Jühlke-Straße 7
99095 Erfurt, Deutschland
produktsicherheit@kolibri360.de